无锡蓝皮书
BLUE BOOK OF WUXI

数字无锡
智创未来

无锡数字经济发展报告（2021）

无锡市新产业研究会

上海社会科学院出版社
SHANGHAI ACADEMY OF SOCIAL SCIENCES PRESS

要发展数字经济,加快推动数字产业化,依靠信息技术创新驱动,不断催生新产业新业态新模式,用新动能推动新发展。要推动产业数字化,利用互联网新技术新应用对传统产业进行全方位、全角度、全链条的改造,提高全要素生产率,释放数字对经济发展的放大、叠加、倍增作用。要推动互联网、大数据、人工智能和实体经济深度融合,加快制造业、农业、服务业数字化、网络化、智能化。

——2018年4月20日至21日,习近平总书记在全国网络安全和信息化工作会议上发表的重要讲话(摘要)

本书编委会

顾　　问：徐一平　高亚光　林国忠
策　　划：贡培兴　王中苏　张　健
主　　编：沈开艳
执行主编：胡　逸　张　建
编　　委：（按姓氏笔画排序）
　　　　　于燮康　左保春　朱剑明　刘　骁　刘海涛
　　　　　杨二观　季　震　胡新兵　施　娟　袁禄来
　　　　　桂　涛　徐重远　黄胜平　崔健敏　储红飙
编　　辑：倪自宏　朱玲燕　周及真　高　飞　盛　蔚
　　　　　王晓燕　浦　巍　张彤玉　孙　彦

拥抱数字化变革的新时代(代前言)

2020年,一场席卷全球的新冠肺炎疫情改变了世界。一方面,它给世界经济和人类的生产生活带来前所未有的冲击;另一方面,它催生了新一轮科技革命呈指数级的加速演进和发展,数字化变革所爆发出的巨大生产力,正成为改变这个时代的巨大推动力。正如革命导师恩格斯所言:"没有哪一次巨大的灾难不是以历史进步为补偿。"后疫情时代,我们正迎来一个全方位数字化变革和数字经济蓬勃发展的新时代!

当前,数字经济已经成为驱动中国经济高质量发展的核心关键力量。信息技术与实体经济加速融合,数字产业化规模不断壮大,产业数字化转型步伐加快。信息消费规模不断壮大,渗透到衣食住行娱各个领域,消费形式更加丰富多元。数字经济催生的新就业形态已经成为中国吸纳就业的重要渠道。数字经济持续快速增长,成为推动经济高质量发展的重要力量。中国数字经济总量跃居世界第二,中国成为引领全球数字经济创新的重要策源地。2020年,中国数字经济核心产业增加值占GDP比重达到7.8%。

面对后疫情时代全球政治经济格局的深刻演变,抢占数字经济制高点、赢得数字经济发展先机,已成为各国优先考量的国家战略。无疑,数字化将成为改变这个时代的最大变量,将成为推动新时代社会变革、产业创新、生态文明的最大动能。数字经济的本质是通过全方位数字化赋能,实现经济社会的数字化转型。其实现途径是通过在供给侧和需求侧两端实施数字化赋能,实现全新的生产要素的优化组合,从而创造新的生产力,形成新的生产关系和供求关系,重塑和再造社会生产系统、创新系统和组织系统,大幅提升全社会的生产效率、价值创造和管理效能，提升城市自我更新能力和综合竞争力。具体而言是，通过推进产业数字化，加快制造业转型升级，以新制造、新服务创造新产品、新供给，形成新生产力、新效率，创造新价值；通过推进数字产业化，创造新需求，催生大批在线消费、在线医疗、在线教育、在线娱乐、在线服务等新业态、新模式，开辟新的经济增长空间；通过推进数字化治理，打造全生命周期管理的"城市大脑"和覆盖全社会的智慧城市神经网络系统，实现"一屏观天下、一网管全城"，创造无所不能、无处不在、无时不连的城市智能新生态，最终为城市的动能转换、结构优化、实现高质量发展提供不竭的动力源泉。

无锡历来是一座勇立时代潮头、勇于创新、勇于变革、勇于超越的城市。近年来，无锡市委、市政府坚定不移实施产业强市主导战略和创新驱动核心战略，大力发展数字经济、总部经济和枢纽经济，全力推进太湖湾科创带规划建设，经济转型步伐加快，以数字经济引领的战略性新兴产业集群呈现快速发展的良好态势。突出表现在：一是数字经济规模快速增长，结构不断优化。形成了物联网、软件与信息服务、集成电路三大超千亿规模新兴产业集群。2020年，全市数字经济核心产业规模以上企业1 156家，实现营业收入5 572.78亿元，同比增长10.2%。其中，物联网产业实现营业收入3 135.93亿元，同比增长23%；集成电路产业实现产值1 403.69亿元，同比增长28.9%；软件与信息服务业实现申报销售1 601.79亿元，同比增长15.4%；大数据和云计算产业实现申报销售290.74亿元，同比增长30.4%。二是数字经济品牌影响力不断增强。从"感知中国"中心到成为国家级物联网先进制造业集群，打造全球物联网地标；从雪浪小镇的诞生到具有全国影响力的雪浪大会，"雪浪云国家工业互联网平台""唤醒计划""工厂大脑"等一系列数字化品牌，使无锡成为数字经济的"思想策源地、产业新跑道、资本新天地"。卓胜微、华润微、远景科技、先导智能、中环领先、华云数据等一批行业领军企业，成为数字经济领域声名卓著的"无锡军团"。三是数字经济赋能成效彰显，成为推动经济高质量发展的强大动能。数字化转型全面赋能无锡新制造、新消费、新服务、新治理，产业加快转型，动能加快释放，城市能级得到新的提升。2020年,在新冠肺炎疫情严重冲击的背景下,无锡实现GDP 12 370.48亿元,同比增长3.7%;人均GDP 16.59万元,位居全国大中城市第一。无锡企业资本市场总市值首次超过全市GDP的规模。2021年上半年,无锡实现GDP 6 499.21亿元,同比增长13.7%,增速高于江苏省平均水平。

  面向新时代,无锡将在新的起点上加快数字化变革,实现自我超越,勇当数字化转型和高质量发展的排头兵。为助推无锡数字经济在"十四五"期间实现更好更快的发展,无锡市新产业研究会会同无锡市大数据局共同策划撰写《数字无锡　智创未来:无锡数字经济发展报告(2021)》一书。全书包括三个部分,总报告主要阐述与分析无锡数字经济发展的历程、特点与前瞻,专题篇突出反映无锡数字经济的主要特色和创新优势,案例篇则以无锡生动的数字经济细胞,展现出无锡数字经济鲜活灵动、精彩纷呈的图景。撰写本书的初衷是希望通过全面系统总结无锡数字经济发展取得的阶段性成效、发展优势和成功案例,精准分析存在的差距和短板,有针对性地研究具有实践性、可操作性的数字经济解决方案,提供无锡数字经济发展的时代见证、版图索引,为加速推进"数字无锡"建设带来启迪和借鉴。

  本书在组织编撰的过程中,得到无锡市领导、各市(县)区和政府相关部门的大力支持。作为无锡数字经济工作的主管部门——无锡市大数据局对此项工作给予了积极的支持和帮助。无锡市委网络安全和信息化委员会办公室、无锡市发展和改革委员会、无锡市工业和信息化局、无锡市统计局、无锡市物联网促进中心、无锡市半导体行业协会、无锡市经济学会、无锡日联科技等许多单位和企业,为本书的编撰提供了大量的案例和多方面的宝贵支持。所有撰写人员克服时间紧、资料收集难等困难,不辞辛苦,尽心尽责撰写文稿。他们的辛勤付出得以为广大读者提供了一部内容丰富、资料翔实,具有较强实践性和指导性的数字经济专著。由于数字经济是一个全新的经济形态,专业性强,且在日新月异的发展变化中,尽管全体编撰人员付出了很大的努力,疏漏和差错在所难免,敬请读者谅解。

希望本书的出版,有助于引起无锡各界对加快数字化转型的重视和关注,进一步形成推进全市数字经济高质量发展的强劲合力,早日实现无锡"打造全国数字产业领军城市、全国产业数字化转型标杆城市、全国领先的数字治理模范城市"的奋斗目标!

目　　录

Ⅰ　总　报　告

B.1 无锡数字经济发展历程与现状 ………………………………… 3
 一、无锡数字经济发展的主要历程 ……………………………… 3
 二、无锡推进数字经济发展的主要举措 ………………………… 17
 三、无锡数字经济发展取得的主要成效 ………………………… 24

B.2 无锡数字经济发展的主要特色与优势 …………………………… 33
 一、以集成电路为核心的优势产业成为推动数字经济快速发展的
  有力支撑 ……………………………………………………… 33
 二、物联网产业成为驱动无锡数字经济快速发展的重要引擎 …… 37
 三、工业互联网成为无锡制造业数字化转型的突出亮点 ………… 39
 四、车联网成为无锡智慧城市建设和产业融合应用的新名片 …… 39
 五、数字"新基建"快速推进，成为筑牢"数字无锡"城市底座的重要
  保障 …………………………………………………………… 40

B.3 无锡数字经济与相关地区和城市的比较分析 …………………… 44
 一、规模比较 …………………………………………………… 44
 二、产业比较 …………………………………………………… 46
 三、动能比较 …………………………………………………… 50
 四、环境比较 …………………………………………………… 52

五、方向比较 ………………………………………………… 59

B.4 "十四五"时期数字经济发展趋势展望 ………………………… 62
　　一、全球数字经济发展的态势和趋势 ……………………… 62
　　二、"十四五"时期中国数字经济发展趋势展望 …………… 66

B.5 "十四五"时期无锡数字经济发展面临的机遇和挑战 ………… 70
　　一、机遇 ……………………………………………………… 70
　　二、挑战 ……………………………………………………… 77

B.6 "十四五"时期无锡数字经济发展总体目标、发展路径及战略重点
　　……………………………………………………………………… 81
　　一、"十四五"时期无锡数字经济发展目标 ………………… 81
　　二、"十四五"时期无锡数字经济发展路径 ………………… 86
　　三、"十四五"时期无锡数字经济发展战略重点 …………… 88

B.7 无锡打造全国数字经济示范城市的对策与建议 ……………… 94
　　一、提质"存量",加速推进产业数字化 …………………… 94
　　二、做大"增量",加快推进数字产业化 …………………… 97
　　三、适应"变量",打造数字经济发展最优环境 …………… 100

Ⅱ 专 题 篇

B.8 对标国际,开启太湖湾数字经济新时代 ……………………… 109
　　一、国际知名湾区数字经济发展历程及特点 ……………… 109
　　二、数字经济与湾区整体经济 ……………………………… 112
　　三、太湖湾科创带走进数字经济 …………………………… 113

B.9 加快数字城市转型步伐，建设国内一流智慧城市 …… 123
  一、重要意义 …… 123
  二、发展现状 …… 125
  三、面临挑战 …… 129
  四、总体架构 …… 130
  五、目标定位及实现路径 …… 140

B.10 发展智能制造，建设全国制造业数字化转型发展高地 …… 142
  一、无锡发展智能制造的主要情况 …… 142
  二、无锡发展智能制造的优势与挑战 …… 150
  三、加速制造业智能化改造、推进数字化转型的下一步工作举措
    …… 152

B.11 以数字经济引领，打造物联网产业标杆城市 …… 159
  一、物联网是无锡数字经济产业的重要内核 …… 159
  二、无锡物联网产业百花齐放 …… 165
  三、数字经济中的物联网产业对策建议 …… 169

B.12 培育世界级物联网产业集群，助推数字经济高质量发展 …… 173
  一、物联网集群助推数字经济高质量发展 …… 173
  二、无锡物联网集群发展现状 …… 175
  三、无锡物联网集群各层级情况 …… 180
  四、培育世界级物联网集群的思路和举措 …… 184

B.13 加快集成电路产业发展，为数字经济提供最强"芯"动能 …… 188
  一、无锡集成电路产业情况 …… 188
  二、数字经济背景下中国集成电路产业发展机遇与挑战 …… 193
  三、无锡集成电路产业促进数字经济高质量发展对策建议 …… 195

B.14 探索数字经济时代电子商务创新发展新动能、新路径 ………… 204
  一、数字经济与电子商务融合发展 ………………………………… 205
  二、无锡电子商务助力数字经济发展的特色与优势 …………… 206
  三、电子商务与数字经济融合发展面临的机遇和挑战 ………… 210
  四、加速数字经济赋能电子商务发展的路径 …………………… 212

B.15 建设国际一流数字化环保产业基地 ……………………………… 216
  一、当前数字环保产业的发展 …………………………………… 216
  二、发挥自身优势，奠定数字环保产业发展的坚实基础 ……… 217
  三、坚持"先行先试"，构建数字环保产业五大创新体系 ……… 219
  四、立足"四个领先"，探索形成引领中国环保产业高质量发展的
     "宜兴路径" ………………………………………………………… 226

B.16 抢抓数字经济发展新机遇，打造数字化新能源产业新高地 …… 230
  一、江阴新能源产业发展概述 …………………………………… 230
  二、江阴新能源产业数字化转型现状分析 ……………………… 235
  三、新能源产业数字化转型发展趋势分析 ……………………… 237
  四、打造数字化新能源产业的思路举措 ………………………… 240

B.17 无锡国家数字电影产业园领跑数字影视产业新赛道 ………… 244
  一、数字影视产业方兴未艾 ……………………………………… 244
  二、无锡数字影视产业发展步入快车道 ………………………… 246
  三、迈向国家级数字影视标杆园区 ……………………………… 250

Ⅲ 案 例 篇

B.18 数字经济的"雪浪范本"
  ——无锡雪浪小镇 ………………………………………………… 255

一、思想策源地：市场需求是产业发展动力 …………………… 255
二、产业新跑道：产业数字化与数字产业化 …………………… 257
三、资本新天地："创新资本"的能量 …………………………… 261

B.19 软件创新发展数字经济

——无锡软件园 ……………………………………………… 263
一、园区概况 ……………………………………………………… 263
二、发展历程 ……………………………………………………… 264
三、发展特色与思路 ……………………………………………… 266
四、迈向数字经济的明天 ………………………………………… 270

B.20 数据湖让城市大脑更智慧

——无锡数据湖信息技术有限公司 ……………………… 272
一、无锡数据湖发展方向 ………………………………………… 273
二、无锡数据湖的探索实践 ……………………………………… 275

B.21 车联网极速巨变，数字价值未来可期

——锡东车联网小镇 ……………………………………… 278
一、车联网小镇建设先行 ………………………………………… 279
二、夯实车联网数字化设施 ……………………………………… 281

B.22 打造数字交通国家质量基础设施

——国家智能交通综合测试基地 ………………………… 285
一、面向数字交通，打造国家质量基础设施中国方案 ………… 286
二、以国家质量基础设施为抓手，推动数字交通产业发展 …… 289

B.23 后摩尔时代为集成电路夯实基础

——华进半导体封装先导技术研发中心有限公司 ……… 291

一、半导体封测先导技术研发平台 …………………………… 292

二、集成电路产业的出色 CRO …………………………… 293

三、行业核心技术的突破 …………………………… 293

四、为国产封装材料填补空白 …………………………… 294

五、华进半导体创新探索 …………………………… 294

B.24 为制造业奏响数字化主旋律

——华中科技大学无锡研究院 …………………………… 296

一、建设制造业数字化创新平台——集聚资源，探索创新 …… 296

二、聚焦制造业数字化核心技术——技术创新，价值创造 …… 297

三、推动制造业数字化转型——需求牵引，数字赋能 ………… 299

四、创建制造业数字化新生态——资本研发，融合发展 ……… 301

五、培育制造业数字化人才——创新发展，人才为本 ………… 302

B.25 新能源产业数字化的领跑者

——远景科技集团 …………………………… 304

一、能源基础设施泛在互联——全球最大新能源资产智能物联操作系统 …………………………… 305

二、"数字化技术＋传感信息"——带来更低度电成本 ………… 305

三、数字化管理系统——实现资产运营优化 ………………… 306

四、明天远景科技集团——为 2030 年碳达峰、2060 年碳中和而战 …………………………… 307

B.26 传统中药数字化新路探索

——江阴天江药业有限公司 …………………………… 310

一、从天江药业发展成长看传统产业迈向现代数字化生产的轨迹 …………………………… 311

二、天江药业走向"数字化"的迫切性 ……………………… 312

三、天江药业"数字化"的探索之路 ············· 313
　　四、探索与思考 ····························· 315

B.27 让数字跳动在纺织服装生产线上
　　——江苏阳光集团 ······················· 317
　　一、染料配方数字化 ······················· 318
　　二、面料检验数字化 ······················· 318
　　三、裁剪数字化 ··························· 319
　　四、缝制传送数字化 ······················· 319
　　五、库存数字管理"网状化" ················· 320

B.28 在硅片数字化柔性生产的大潮中
　　——中环领先半导体材料有限公司 ········· 322
　　一、建设数字化工厂的动力 ················· 324
　　二、数字化实施路径 ······················· 324
　　三、数字化成效 ··························· 327

B.29 3G、4G、5G 数字化一路相伴
　　——俊知集团有限公司 ··················· 329
　　一、数字化升级路径 ······················· 329
　　二、通信制造业数字化探索 ················· 334

B.30 数字产业赛道的黑马
　　——江苏卓胜微电子股份有限公司 ········· 336
　　一、专注成就行业"黑马" ··················· 336
　　二、铸就数字产业里的"芯动力" ············· 337
　　三、数字产业建数字化运营体系 ············· 339
　　四、以人为本,构建数字人才高地 ··········· 340

B.31 中国企业数字化背后的力量
——华云数据控股集团有限公司 …………………… 342
一、华云数据与"信息技术应用创新" …………………… 343
二、华云数据与数字化之路 …………………… 344

B.32 "锂电池装备大王"的数字化之路
——无锡先导智能装备股份有限公司 …………………… 347
一、发展之路 …………………… 348
二、数字化工程 …………………… 349
三、数字化制造整体方案服务商 …………………… 354

B.33 X射线检测业隐形冠军的选择
——无锡日联科技股份有限公司 …………………… 356
一、日联科技发展历程 …………………… 357
二、数字化赋能企业的探索：数字化从技术到管理 …………………… 360

B.34 从传统物流业迈向数字化服务业
——江苏佳利达国际物流股份有限公司 …………………… 363
一、打造企业供应链数字生态圈 …………………… 364
二、搭建跨境电商数字生态圈 …………………… 368

B.35 踏上数字医疗征程
——江苏曼荼罗软件股份有限公司 …………………… 370
一、第一个试点 …………………… 370
二、重大疾病数字智能救治平台 …………………… 371
三、全息医疗大数据模式 …………………… 372

B.36 数字化催生养老新模式
——江苏中科西北星信息科技有限公司 …………………… 375

一、数字化养老实践 ································· 376
二、数字化养老产品特色 ····························· 377
三、数字化康养明天 ································· 380

B.37 "区块链+"赋能数字经济
　　——江苏恒为信息科技有限公司 ················· 382
一、各类平台建设 ··································· 382
二、恒为六年区块链之路印记 ························· 385
三、区块链明天的思索 ······························· 386

Ⅰ 总报告

当今,我们生活在一个数字化变革的伟大时代,数字化浪潮正在各行各业引发颠覆式革命,数字化技术向生产生活领域广泛渗透,数字经济在国民经济发展中的重要地位空前凸显。未来,5G、物联网、边缘计算、人工智能、机器人和增强现实(AR)等数字技术将成为基于数字共享经济的新产品、新制造流程和新商业模式的核心。我们要紧紧抓住新一轮信息革命的历史机遇,将建设"数字无锡"作为新时代实现无锡经济社会转型发展、跨越发展的重大战略选择,加快发展数字经济,推进数字产业化和产业数字化,推动数字经济和实体经济深度融合,打造具有国际竞争力的数字产业集群,为无锡争当全省高质量发展的领跑者,提供强大的数字动力!

B.1 无锡数字经济发展历程与现状

20世纪90年代以来,信息化浪潮席卷全球各行各业,国内外专家学者提出了知识经济、网络经济、互联网经济、信息经济、数字经济等新概念,试图描述新一代信息技术和经济社会的变革。进入21世纪,伴随着第四次工业革命的兴起,数字经济逐渐成为国际社会普遍公认的新经济形态,加快数字化转型,抢占数字经济发展的制高点,已成为各国的国家战略。

无锡数字经济的发展从20世纪集成电路产业的形成起步。伴随着互联网技术的广泛应用普及,以"互联网+"为特征的信息化技术迅速渗透应用于全社会各个领域,无锡的信息化步伐明显加快,制造业信息化水平全面提升。信息技术的广泛应用和相关信息产业基地、产业集群和产业园区的形成,为无锡的数字经济发展奠定了厚实的基础。进入21世纪,以物联网为龙头的新一代信息技术在无锡率先崛起,为推动无锡数字经济的发展注入了强劲的创新动能,加速了无锡数字经济全面发展的步伐。

一、无锡数字经济发展的主要历程

无锡是中国民族工商业发祥地之一,素有"开厂举业,实干兴城"的历史传承,拥有"中国第一工商名城"的美誉。改革开放以来,无锡工业化进程加快,优势突出。得益于国家战略布局,无锡较早成为国家"南方微电子基地",并带动了一批信息技术产业的发展,形成了产业链较为完整的电子信息产业集群。近年来,无锡通过坚定不移实施"产业强市+创新驱动"叠加发展战略,大力推动电子信息、工业化与信息化融合(简称"两化融合")、物联网等信息技术产业的发展,推动"数字无锡""智慧城市""软件名城"建设,聚力打造集成电路、物联网、智能制造等信息技术产业的新高地,走出了一条无锡数字经济高质量发展之路。

(一) 以集成电路产业为基础的电子信息产业形成发展阶段(1960—2002年左右)

1. 集成电路产业:起步于20世纪60年代

无锡是中国集成电路产业的"摇篮",产业发展一直走在全国前列。1960年,在无锡市棉花巷成立的国营江南无线电器材厂,开展半导体晶体管生产,主要是生产二极管。1963年,该厂被归属到国家四机部,国营江南无线电器材厂代号"国营七四二厂"(简称"742厂")。1968年,响应国家关于"大力发展电子工业"的号召,无线电机械学校和742厂合并,从事新型半导体器件的研发和生产。1978年,742厂开始承担国家双极型线性集成电路工程项目(简称"'六五'工程"),国家投资2.76亿元,从日本引进彩色电视机配套用线性电路生产线,年设计生产能力2 648万块集成电路。这是20世纪80年代中国引进的规模最大、涵盖全产业链的首条集成电路生产线。1983年,由742厂和电子工业部1424研究所无锡分所组建无锡微电子科研生产联合体,1985年该联合体正式注册为无锡微电子联合公司;同时,无锡被确定为国家南方微电子工业基地,基地的重要组成部分——"无锡微电子工程"落户无锡微电子联合公司(简称"'七五'工程")。1986年5月,无锡微电子联合公司研制出中国第一块64K DRAM(动态随机存储器)。1987年,无锡集成电路年产量超设计能力达3 003万块,占全国产量的近40%,获得电子工业部通令嘉奖。1988年1月,"七五"期间国内最大的微电子基地——无锡微电子工程奠基。1989年8月,以无锡微电子联合公司为主体,联合国内65家企业、研究所、学校成立中国华晶电子集团公司(简称"华晶电子"),同时设立中国华晶电子集团中央研究所。1990年8月,机械电子工业部提出关于集成电路的"908工程"规划,目标是在"八五"(1991—1995年)期间半导体技术达到1微米线宽。规划总投资20亿元,其中15亿元用在华晶电子,建设月产能1.2万片的晶圆厂(简称"'八五'工程")。1993年,华晶电子制造出中国第一块256K DRAM。1998年1月,"908工程"华晶电子项目通过对外合同验收。华晶电子被誉为"中国微电子产业的黄埔军校",承担国家微电子"六五""七五""八五"三个五年计划的大工程,为无锡集成电路产业的发展积累了雄厚的产业基础。2000年8月,无锡以华晶电子为主体建立无锡市微电子高新技术工业园区,这是中国首个微电子工业园,为推动无锡微电子产业和信息化建设起到领航作用。2002年9月,香港华润集团收购华晶电子,并将其更名为"无锡华润微电子有限公司"。

江苏长电科技的前身是1972年创办的江阴晶体管厂。从1985年起,在742厂的帮助和支持下,江阴晶体管厂为742厂配套加工,企业生产经营稳定发展。1992年江阴晶体管厂更名为长江电子实业公司。1998年亚洲金融危机时,该厂开始进军国产分立器件封装市场,当年产能即从3亿颗猛增至13.5亿颗,从而成为中国最大的分立器件制造商。2000年,长江电子实业公司改制成立江苏长电科技股份有限公司(简称"长电科技")。2002年,长电科技形成了年产100亿只分立器件、10亿块集成电路的能力,在国内同行中处于领先地位。2003年6月,长电科技A股上市,成为中国半导体封装测试行业第一家上市公司。

2. 制造业信息化:应用示范项目启动

"九五"期间,在国家科技攻关计划和863计划的大力推动下,无锡一批制造业企业实施了CAD应用工程和863/CIMS应用示范工程,在实际运行中取得显著的经济效益,综合竞争力明显提高。1999年12月,无锡动力工程股份有限公司、市建筑设计研究院和江阴市建筑设计研究院被认定为全国首批CAD应用工程示范企业。无锡威孚集团有限公司、法尔胜集团公司被认定为全国首批CIMS应用工程示范企业。示范工程的单点突破开启了无锡制造业信息化的进程。

3. 计算机及相关制造业和技术服务业:重大项目率先突破

无锡计算机及相关制造业和技术服务业起步于"六五"期间。1980年4月,无锡市电子计算机厂成立,1983年6月研制生产出MC6800汉字微机系统，解决了汉字输入输出的问题。1983年11月，首家计算机技术开发单位——无锡市计算机应用服务开发中心成立，承接开发的无锡交电站计算机管理网络系统，是国内首家实现了计算机实时开票、记账、统计等多功能应用系统。1989年，该项目获得商业部科技进步奖三等奖。1992年11月，中外合资无锡丽浦电子有限公司开业，主要生产销售微型电子计算机及散件。1994年12月，中外合资无锡夏普电子元器件有限公司成立，承建国家"八五"重点项目——大型STN-LCD显示器件生产基地。无锡从此起步、发展成为长三角地区重要的液晶产业基地。1996年，美国通用电气公司投资的独资企业——通用电气医疗系统有限公司在无锡高新区成立，成为通用电气全球超声主机和探头的最大生产基地。

2000年9月，TCL数码科技（无锡）有限公司成立，主要生产高清晰数字彩电、网络高清晰电视、笔记本电脑和网络接入设备等高科技产品，奠定了无锡发展新一代电子整机制造综合基地的基础。

4. 互联网：开通接入服务

1996年5月，中国公用计算机互联网江苏接入网开通，无锡电信成为江苏省第二个数据出口局，无锡也正式跨入互联网时代。2001年7月，无锡电信宽带IP城域骨干网正式投入运行，无锡跨入了宽带时代。2001年用户数不到1万，2002年用户数增加到约2万。企业黄页、信息发布、门户网站、网络推广、电子邮件等服务开始步入市场，带动了梦之岛数码港等专业电脑市场的兴起。

此阶段是无锡数字经济发展的起步期。以发展电子工业为起点，无锡抢抓中国首次引进成套集成电路生产线的历史机遇，集聚了一批科研机构、产业项目、科技人才、产业资金等发展资源，形成了集成电路及其相关配套产业发展的先发优势和率先发展信息化、自动化的初步条件。随着电子信息技术产业、互联网技术服务业开始起步，作为信息产业的核心产业——集成电路及其相关配套产业的形成和发展，为无锡后续信息产业的蓬勃发展奠定了基础。

(二) 以"互联网＋"为特征的信息化建设融合发展阶段(2002—2008年左右)

互联网快速发展的第二次浪潮之下,无锡实施信息产业发展与信息化建设"双轮驱动",进入"互联网＋"信息化融合发展阶段。2002年,无锡推出"数字无锡"发展规划,信息化建设全面开启,信息化的活力向经济社会各个领域迸发。

1."数字无锡"规划建设:地级城市率先启动

2001年,无锡市信息化办公室成立,负责对全市信息化工作进行统筹规划和部署,先后制定《无锡市"十五"(2001—2005)国民经济和社会信息化建设规划》《关于加快推进国民经济和社会信息化进程的若干意见》等政策,把"数字无锡"建设列为2002年的工作重点。2002年6月,推出《"数字无锡"建设发展规划》,作为全市信息化建设总体方针,政务网网络管理中心系统、中小企业服务平台、旅游管理信息系统三个项目开建。2005年5月,《无锡信息港建设纲要》出台,以公众服务、电子政务、企业信息化、信息产业等七大工程为抓手加快无锡信息港建设,推进"数字无锡"建设进程。2006年4月,设立信息化建设发展基金,专门用于全市信息化项目建设和信息产业发展。2008年2月,IBM宣布在无锡太湖新城科教产业园建立第一个云计算中心。

2.电子信息产业:推动"三谷三基地"建设

2001—2003年,国家集成电路设计无锡产业化基地建成,承担国家集成电路设计战略目标的重大任务。2004年,东南大学集成电路分院在无锡微电子产业园揭牌成立。2005年,无锡"硅谷"标志性外资项目"海力士-意法半导体"获批,这是江苏省当时最大的外商独资项目,也是全国单体投资规模最大的半导体项目。2006年8月,无锡制定了《无锡市"三谷一基地"(硅谷、液晶谷、药谷、动漫产业基地)产业发展规划》,提出到2010年"三谷"产业将成为全市的支柱产业;2007年12月,"三谷一基地"升级为"三谷三基地",增加了信息外包基地、流程外包基地。2008年,无锡成为继上海之后第二个由国家发展改革委认定的国家微电子高新技术产业基地。同年6

月,无锡首个银行数据中心——瑞穗银行(中国)有限公司数据中心揭牌。

3. 制造业信息化：重点实施"1225"示范工程

2002年起,制定《无锡市制造业信息化工程(2002—2005)行动方案》,重点实施"1225"示范工程(一批示范企业、两个示范行业、两个示范区域、五个示范乡镇),形成了机械、纺织两个示范企业先行、带动效应,列入省、市制造业信息化示范企业80多家,其中重点示范企业8家。2003年6月,惠山区被列为全市首个江苏省制造业信息化示范工程试点区。2003年11月,召开全市制造业信息化工作会议,对威孚条形码装配信息工程等23个项目、无锡联发软件工程有限公司等4家制造业信息化咨询服务单位和50名个人予以表彰。到2008年底,企业上网率达90%,大中型企业上网率达100%;近80%的企业拥有网站或网页,近一半的企业通过互联网销售产品。

4. 软件产业：实现特色鲜明的快速发展

2005年,《无锡市使用正版软件工作实施方案》出台;2006年,《关于加快无锡市软件产业发展的若干意见》出台;2007年,《无锡市软件产业发展四年行动计划》《加快服务外包及软件出口发展的"123"计划》实施;2008年,无锡被国家知识产权局批准为国家知识产权示范城市创建市,大力推动软件著作权的"双软"(软件产品、软件企业)认定工作。无锡软件销售收入从2000年的4亿元增加到2008年的265亿元。2008年,无锡经国家认定的软件企业为178家,登记的软件产品为613件;无锡软件企业从业人员超过5万人。无锡先后建成无锡软件园、信息外包园、科技创业园、蠡园开发区、创新创意产业园、创业中心、国际技术转移中心等一批与软件产业相关的园区,基本形成了基础办公软件、嵌入式软件和行业应用软件、出口外包软件、IC设计、数码影视动漫软件等特色软件门类。无锡和北京、上海、深圳等7个内地城市成为国家级IC(集成电路)设计基地,是其中唯一的地级市。全市拥有60多家IC设计企业,经过国家信息产业部认定的IC设计企业有14家,占全省总量的50%。

此阶段是无锡数字经济发展的加速期。互联网快速应用普及,有力促

进了以"数字无锡"规划、信息港建设为标志的信息化建设,加速了"互联网+"信息技术在全市各个领域的全面广泛应用,有力促进了无锡电子信息产业重大项目的突破和行业领域的拓宽,并形成了信息技术产业基地、产业集群、特色园区的聚合效应。为下阶段新一代信息技术产业发展、工业化与信息化深度融合和智慧城市建设奠定了良好的基础。

(三)以物联网为龙头的新一代信息技术产业崛起发展阶段(2009—2018年左右)

以物联网为龙头的新一代信息技术及电子信息产业、"两化融合"与智慧城市建设"三箭齐发"。2009年,"国家传感网创新示范区"诞生于无锡,标志着无锡成为中国物联网产业的发源地,开启了"打造物联网先锋城市"的新征程。自此,无锡数字经济在全社会各个领域进入了深度融合的新阶段。

1. 物联网:"诞生"于无锡

早在2006年,无锡就提出发展微纳传感网产业,并建立国内"微纳传感网国家产业园"。经过两年的精心培育,2009年8月7日,时任国务院总理温家宝在视察中科院无锡高新微纳传感网工程技术研发中心时,看到了无锡在传感器研究方面的技术积累、在集成电路与传统制造业的产业积淀和人才储备时,非常高兴,提出"在传感网发展中,要早一点谋划未来,早一点攻破核心技术,尽快建立'感知中国'中心"。11月,国务院批复了无锡建设《国家传感网创新示范区(国家传感信息中心)》规划方案,并批复了由江苏省政府、中科院、无锡市政府共建中国物联网研究发展中心的协议书。这是物联网产业具有里程碑意义的历史记忆,无锡开始跨入物联网发展的新时代。此后,无锡制定出台了物联网发展规划和一系列发展政策。2012年《无锡国家传感网创新示范区发展规划纲要(2012—2020年)》获得国务院批准,无锡以物联网为龙头的战略性新兴产业又迎来了一个重大发展机遇。以物联网为龙头的新一代信息技术相关的信息产业、传感产业、基础设施的应用示范项目,以及特色小镇、特色园区和技术开发迅速在无锡布局建设。

2016年底,无锡高新区实施产城融合发展,充分挖掘人文底蕴和生态禀赋,以"智慧工业、智慧旅游、智慧农业"为核心,创新建设发展模式,以龙头项目带动、人才计划引领,开启无锡鸿山物联网小镇建设。2017年6月,无锡高新区联合中电海康、朗新科技、江苏物联网发展研究中心等骨干企业,围绕芯片存储、数据传输、数据处理、智能应用等,在太湖国际科技园核心区域打造慧海湾物联网小镇,为数字经济大发展作了良好的诠释。2017年9月,工信部、公安部、江苏省人民政府在无锡共同建设国家智能交通综合测试基地,LTE-V2X车联网小范围的应用测试在物博会期间亮相,获评国际5G汽车通信技术联盟优秀案例。

2. 集成电路产业:重大项目"纷至沓来"

"国字号"科创机构、载体、平台加速集聚。2009年6月,国家集成电路(无锡)设计中心项目开工建设,总投资20亿元,由中国电子科技集团公司与滨湖区共同打造,中科芯集成电路、先进技术研究院、中微爱芯、十一科技华东分院等重点企业先后入驻。2012年3月,清华大学与无锡市人民政府签署协议,联合共建"清华大学无锡应用技术研究院"。2013年7月,《无锡市微电子产业规划(2013—2020)》出台。2015年,十一科技与江苏省首家上市公司太极实业实施资产重组。2018年5月,无锡国家集成电路设计产业园在无锡高新区揭牌;同年12月,无锡成功获批建设国家"芯火"双创基地,是全国获批8个城市中唯一的地级市。"十三五"是无锡集成电路重大产业项目史上最好的时期。2017年6月,无锡SK海力士二工厂项目开工,总投资86亿美元。2017年8月,无锡市人民政府与上海华虹(集团)有限公司签署战略合作协议,总投资超100亿美元的华虹集团集成电路研发和制造基地项目正式落户高新区,并于2018年3月项目开工。无锡高新区成为无锡集成电路外资项目的集聚地,全讯射频、力特半导体、英飞凌科技、欧司朗光电半导体等重大项目建成投产,并扩大投资。集成电路研发设计中心园区的建设和重大产业项目的突破,是无锡以物联网为龙头的新一代信息技术产业发展的基石。

3. 智慧城市建设:打造物联网特色的领军城市

随着3G、4G移动通信技术和智能终端的推广普及,无锡跨入移动互联网时代,"数字无锡""无锡信息港"建设升级,拉开无锡智慧城市建设的大幕。2012年,《无锡市国家智慧城市试点实施方案(2013—2020)》出台。2013年2月,无锡列入住建部公布首批90个国家智慧城市试点名单。2014年3月,《智慧无锡建设三年行动纲要(2014—2016年)》公布实施。同年8月,无锡入选国际电气和电子工程师协会(IEEE)倡导的全球智慧城市试点计划,成为全球3个试点城市之一。2015年,无锡市建成全国首个"高标准"全光网城市。2017年,《无锡市信息基础设施专项规划(2016—2020)》公布。2018年9月,《无锡市推进新型智慧城市建设三年行动计划(2018—2020)》实施,提出更加系统化、纵深化打造具有物联网特色的"智慧名城"。2012—2018年,无锡连续7年在"中国智慧城市发展水平评估"中名列前茅,稳居第一方阵。2018年无锡入选"全球20大智慧城市",排名全球第十七、全国第一。无锡在国内率先建成了城市大数据中心和电子政务、城市管理、民生服务、经济运行四大综合信息平台,实现"基于蜂窝的窄带物联网"全域覆盖,成为全国首个物联网全域覆盖的地级市。

无锡建设了具无锡特色的数字算力基础设施。2016年,国家超级计算无锡中心获国家科技部批准组建、揭牌。该中心依托"神威·太湖之光"计算机系统,完成超千万个应用课题的解算任务,涉及航空航天、海洋环境、生物信息、石油勘探等20多个领域,其中无锡地区的解算任务约占十分之一。2018年,该中心发布"无锡超算云平台",设立10个产业化平台,推动超算直接为实际应用和产业服务。

4. 软件产业:全面升级,创建"中国软件名城"

2009年,无锡市获得"2009中国软件与信息服务外包示范城市最佳投资环境奖";中国(无锡)国际数据中心正式落成投运。2010年10月,无锡国家数字电影产业园获国家广电总局批准成立,由国家广电总局与江苏省人民政府共建,打造中国数字电影产业标杆园区,入驻软件及服务外包、影视动漫文化、传感网络、教育培训为主的创意创新产业企业800多家。2010年7月,《关于更大力度推进我市软件和信息服务外包若干政策意见》出台,开始实施包括物联网、微电子、软件业等八大战略性新兴产业的产业规模

"双倍增计划"。同年10月,无锡入选全国首批云计算试点城市,是其中唯一的地级市,先后建成曙光城市云、IBM太湖云、政务公有云和外网云等。2013年,无锡云计算企业约有140多家,完成销售收入306.3亿元。2012年7月,无锡市人民政府与工信部软件服务业司、江苏省经信委签订《部省市共同推动无锡市创建中国软件名城合作协议》。无锡国家软件园、山水城科教产业园和无锡惠山软件外包园作为无锡核心园区载体,建设成效显著,到2018年底建成软件产业相关园区23个,国家级园区1个,省级园区9个。无锡骨干软件企业加速成长,涌现出以永中、华润矽科微电子、软通动力、天脉聚源、CNTV等为代表的一批骨干企业。2013年,无锡正式成为国家知识产权示范城市,计算机著作权登记和软件正版化工作成果进一步显现。2014年,全市认定软件企业累计735家,登记软件产品累计达到3963项。

5. "两化"融合:企业信息化进程加快,实施智能制造工程

2009—2014年,无锡企业信息化进程明显加快。工业企业网上查询、网上发布信息、局域网、网站网页等应用已普及。无锡大宗商品电商发展特色鲜明,无锡市不锈钢电子交易中心、远东集团的电缆买卖宝、江苏太湖国际纸浆交易中心在业界知名度较高。无锡企业信息化建设从单一的信息系统应用逐步转向关键业务的深度支持和系统间的集成整合,涌现出如无锡一棉、海澜、新日等一批在信息化建设上应用效果显著、示范作用突出的优秀企业。2012年10月,华中科技大学无锡研究院成立,由华中科技大学与无锡市人民政府、惠山区人民政府共建,2015年10月加入江苏省产业技术研究院,并共同成立数字制造装备与技术研究所。制造业信息化公共服务平台、中小企业信息化服务平台等一批面向企业信息化建设的公共服务平台相继在无锡建成,企业信息化建设环境有了较大进展。

2015—2018年,实施智能制造工程,推进"两化"深度融合。2015年12月,《关于加快推进智能制造的实施意见》公布。2016年5月,《无锡市企业互联网化提升计划》实施。2017年3月,《无锡市智能制造三年行动计划(2017—2019)》实施;6月,无锡市委、市政府制定《关于深化现代产业发展政策的意见》。这四年期间,无锡发力推进"以'四化'引领、打造产业高地"

发展战略,以制造业智能化为主线,以智能工厂、智能产品、智能装备为主攻,着力推进企业研发、生产、管理和服务的智能化。截至2018年底,全市国家级应用示范项目累计达到7个。全市98个车间被评为省示范智能车间,数量列全省第二,4家企业入选国家级"两化融合"示范企业,249家企业入选省级示范和试点企业。无锡工业互联网取得突破。瀚云、雪浪云成为全国首批8个通过四星级及以上评测的国家工业互联网平台;观为监测等6个平台被评为省重点工业互联网平台,5家单位被评为省级制造业互联网"双创"平台。2018年无锡市被列为"国家级两化深度融合试验区"。

此阶段是无锡数字经济发展的深化期。在产业强市主导战略、创新驱动核心战略引领下,以物联网为龙头的新一代信息技术产业在无锡率先崛起,并在全国发展新一代信息技术产业中产生了领先的创新示范效应,为推动产业结构调整和转型升级、带动战略性新兴产业快速发展注入了强大的创新动能。无锡物联网产业研发策源地、创新示范区、产业聚集区和应用示范区的规划建设,确立了无锡物联网技术创新和产业发展在全国的重要地位,也为无锡大力发展数字经济积蓄了创新动能、奠定了坚实基础、创造了良好环境。

(四)以数字产业化、产业数字化为主线的全面数字化发展阶段(2019年至今)

2019年,是中国5G网络商用元年,新一代信息技术全面赋能城市数字化转型,"数字中国"建设加快推进,无锡迈向"万物互联、智能主导、数字赋能"的新阶段。这一年,无锡正式将数字经济确定为"三大经济"之首,推动经济转型、提质、增效,实现高质量发展,标志着无锡进入数字经济起航的新阶段。

1. 数字经济:体系化政策措施密集出台

2018年7月,中共无锡市委十三届六次全会首次明确提出"大力发展数字经济、总部经济、枢纽经济"的战略决策。2019年12月,无锡市委、市政府正式出台《关于加快推进数字经济高质量发展的实施意见》,通过数字经济赋能、总部经济引领、枢纽经济支撑,加快培育经济高质量发展新引擎。在发展数字经济上,无锡确定"数字产业化、产业数字化"为主线,大力发展以物联网为龙头的新一代信息技术产业,深入推进信息技术与实体经济特别是制造业相融合,更大力度建设新型智慧城市,争创全国数字经济示范城市。2020年4月,《无锡市加快推进数字经济高质量发展三年行动计划(2020—2022年)》实施。同年,推出《无锡市加快发展以物联网为龙头的新一代信息技术产业打造世界级产业集群三年行动计划(2020—2022年)》《无锡市工业互联网和智能制造发展三年行动计划(2020—2022年)》《无锡市促进软件产业高质量发展的若干政策》等一揽子行动措施。

2. 新型基础设施建设:5G 网络应用和产业发展全面推进

在国家提出"新基建"前,无锡在全省率先开展 5G 网络试点建设和应用探索。2019 年,无锡超前进入商用和普及推广阶段。11 月,《关于进一步加快推进第五代移动通信网络建设发展的若干意见》出台,全面推进 5G 网络建设、5G 应用和产业发展。2020 年 3 月,《无锡市 5G 产业发展规划(2020—2025 年)》公布,确定"十四五"时期全市 5G 产业发展的总体目标:建成国际一流的 5G 精品网络,构建全国驰名的 5G 产业基地,建设全国领先的 5G 应用示范城市。2020 年底,累计建成近 8 700 个 5G 基站,覆盖密度、流量驻留比等核心指标全省领先,国内率先实现商用 NB-IoT 全域覆盖和 IPv6 规模商用网络部署。

3. 产业项目:新一代信息技术产业、智能制造项目加快推进

在物联网方面,2019 年 5 月,工信部正式批复支持创建国家级江苏(无锡)车联网先导区,无锡成为全球首个建成城市级的车联网(LTE-V2X)应用示范项目的城市,奠定了无锡在国家车联网发展战略布局中的重要地位,全年完成全市 280 个路口和 500 余个点段的路侧设施数字化升级改造。2020 年,中电海康物联网产业基地、朗新科技产业园、航天科工人工智能与物联网安全基地等一批重大项目陆续开工或签约。2021 年 5 月,无锡被列入智慧城市基础设施与智能网联汽车协同发展第一批试点城市,新基建将对接"新城建",引领城市转型发展。

在集成电路方面,2019年4月,总投资86亿美元的SK海力士二工厂竣工投产。9月,总投资30亿美元的中环领先集成电路用大直径硅片项目生产线、华虹半导体无锡基地12英寸生产线建成投产。2020年3月,连城凯克斯半导体高端装备研发制造项目开工,达产后预计年产值超35亿元。5月,无锡高新区与阿斯麦(ASML)公司签署战略合作协议,扩建升级阿斯麦光刻设备技术服务(无锡)基地。8月,总投资100亿元的闻泰科技超级智慧产业园落户无锡高新区,将建设世界最先进水平的1+8+N智慧超级工厂及研发中心,达产后年销售规模将达500亿元。2021年2月,总投资100亿元的无锡先导集成电路智能装备及材料产业园项目开工,达产后将形成国内领先的半导体装备与核心零部件材料产业集群。

在智能制造方面,2019年,先导智能等4家无锡企业荣膺国家制造业单项冠军示范企业(产品),获评数位居全省第二。10月,国家工业互联网创新工程项目——南京理工大学工业互联网平台工程实训基地、红豆集团工业互联网平台应用创新推广中心在无锡揭牌,江南大学智能制造协同创新中心与长三角企业项目、无锡制造企业和长三角智能制造服务商项目等6个合作项目集中签约。2020年4月,捷普电子入选工信部"5G+工业互联网"十大集成创新应用。6月,经中共无锡市委常委会审议,同意对丁汉院士顶尖人才创业团队给予1亿元资金支持。以丁汉院士领衔的华中科技大学无锡研究院落户惠山区八年,建成了拥有300多名高层次人才的"大院强所",成为国内标志性新型研发机构,累计申请各类知识产权成果220余项,累计转化金额3700余万元,成果转化率超过30%;研究院与无锡透平叶片共同研发的高端机械装备的智能加工关键技术研发与应用项目,获得了江苏省科学技术奖一等奖。11月,无锡小天鹅电器有限公司荣获国家智能制造标杆企业称号,成为本次公布的5家标杆企业之一,也是本次全省唯一入选企业。无锡高新区、锡山经济技术开发区、惠山经济开发区入围全省"互联网+先进制造业"基地。

4. 科创平台品牌:熠熠生辉

2019年11月,雪浪数制研发的工业大脑"雪浪OS"工业数据操作系统,获得2019世界互联网大会科技大奖。2020年5月,工信部正式批复依托华进半导体封装先导技术研发中心有限公司,组建"国家集成电路特色工艺及封装测试创新中心",这是无锡第一家国家级制造业创新中心,也是全省首家新一代信息技术领域国家级创新中心,汇聚中国集成电路封测与材料领域的骨干企业和科研院所力量,将推动无锡集成电路产业创新发展。7月,国家数字化设计与制造创新中心江苏中心在惠山区揭牌,无锡再添"国字号"科创平台。2021年3月,无锡物联网集群入选全国唯一的物联网领域国家先进制造业集群,无锡物联网创新中心成为唯一一家物联网国家先进制造业集群促进机构,双双跻身"国家队"。无锡已基本形成了多主体、多层次的物联网标准研制工作体系,50%以上的国际标准由无锡制定,具有行业"话语权"。

5. 软件产业:展现"名城风采"

2019年3月,浪潮大数据产业园先期项目无锡城市大数据中心正式启动试运行。4月,量子计算教学机在无锡量子感知研究所问世,信息安全等级保护关键技术国家工程实验室物联网安全分实验室、大数据算法与分析技术国家工程实验室工业大数据融合创新中心落户无锡。9月,无锡与华为达成战略合作协议,引入华为云服务,上线华为无锡软件开发云创新中心。11月,博世创新与软件研发中心落户无锡,未来主要方向涵盖互联网解决方案、大数据平台等。2020年5月,华云数据牵头共建的江苏省信创产业生态基地正式运营,华云数据荣登中国软件百强榜单,发布国内首款国产通用型云操作系统安超OS™,联合华为发布首款国产化安超云一体机。7月,浪潮集团总投资10亿元的新项目落户高新区。12月,无锡物联网创新促进中心和无锡赛迪公司研究团队共同制定的《无锡市人工智能应用场景需求清单》发布,帮助人工智能企业对接应用场景、拓展市场。2020年,无锡的软件与信息服务业销售1 601.79亿元,增长15.4%,规模居省内第三;大数据和云计算产业实现申报销售290.74亿元,增长30.4%。华云数据控股集团有限公司和朗新科技集团股份有限公司入围"2020年度软件和信息技术服务企业竞争力前百家企业";华云数据控股集团有限公司、无锡市不锈钢电子交易中心有限公司入围"2020年中国互联网综合实力前百家企业"。江苏卓易信息科技股份有限公司是国家规划布局内重点软件企业，是全球四家之一、国内唯一的X86架构BIOS独立供应商，主要为政企客户提供端到端云服务解决方案。近年来，企业自主开发的基于大数据的"环保云""政务云"，为全省近180万家企业用户提供200余项在线应用服务，为政府部门数据共享、协同治理、精心决策提供了有效依据。无锡国家数字电影产业园拥有华为5G数字影视创新中心、影视后期制作线上协同平台、数字虚拟影棚等国内技术领先的影视科技平台，为数字科技拍摄制作、数字影视IP开发以及电影衍生产业开发提供全产业链服务体系。园内聚集了数字影视企业1000余家，产业规模位居全国前列。

此阶段是无锡数字经济发展的提升期。从20世纪60年代起，经过50多年不懈努力，无锡积累了促进数字经济发展的厚重基础，铸就了"国家集成电路摇篮城市""中国物联网之都""物联网特色智慧名城"等品牌。无锡《关于加快推进数字经济、总部经济、枢纽经济高质量发展的实施意见》的出台，标志着无锡全面开启了以顶层设计、全面规划、政策支撑为统领，以数字产业化、产业数字化为主线的全面数字化提升阶段，围绕创建"全国数字经济示范城市、全国数字产业化发展领军城市、全国产业数字化转型标杆城市、全国领先的数字治理模范城市"的四大目标，无锡正在大力加快数字经济发展步伐，努力培育经济高质量发展的新引擎，全力构筑无锡现代产业新高地。

二、无锡推进数字经济发展的主要举措

（一）加强顶层设计

1. 完善数字经济领导机构

为加强组织领导，无锡成立以市委书记为组长的市现代产业发展领导小组，建立跨部门联合工作机制和市区联动机制，形成多方参与、资源共享、协同推进的工作格局。市委主要领导担任无锡集成电路产业链链

长,下设副市长担任组长的数字经济专项工作组,更加高效、协同推进无锡数字经济高质量发展。实施重点产业链(集群)市领导挂钩联系制度,着力将集成电路、物联网、云计算和大数据、软件及信息服务等打造成为无锡产业地标。

2. 制定专项发展规划

2012年以来,无锡结合数字经济发展的产业特色,先后制定并实施了相关产业的专项规划,确定中长期发展目标、实施路径和保障措施。2020年9月,《无锡太湖湾科技创新带发展规划(2020—2025)》提出坚持产业主导,聚焦集成电路、物联网、人工智能、生物医药产业和智能装备产业发展,抢占未来产业发展制高点、产业主导权、发展主动权。

表1-1　　　　无锡数字经济的相关专项规划(2012—2020年)

年份	规划名称
2012	无锡国家传感网创新示范区发展规划纲要(2012—2020年)
2013	无锡市微电子产业规划(2013—2020)
2016	无锡市"十三五"制造业转型发展规划(2016—2020年)
2016	无锡市信息基础设施专项规划(2016—2020)
2018	无锡市集成电路产业发展规划(2018—2020年)
2020	无锡市5G产业发展规划(2020—2025年)
2020	无锡太湖湾科技创新带发展规划(2020—2025)

3. 建立健全政策体系

"十三五"以来,无锡先后出台智能制造、新一代信息技术产业、新型智慧城市建设等若干配套政策文件,确保产业强市主导战略加快实施、产业专项规划如期实现。数字经济被确定为无锡未来三大发展方向后,相继出台加快推进数字经济高质量发展的实施意见、行动计划和工作要点,建立"五年有实施意见、三年有行动计划、年度有工作要点"的推进体系。设立科技创新与产业升级引导资金、物联网发展专项资金、现代产业发展资金、工业发展资金等,完善财税、金融、人才、土地等配套支持政策,集中资源、集中力量办大事。

表1-2　　　无锡发展数字经济的重要政策(2015—2021年)文件

年份	文件名称
2015	关于以智能化绿色化服务化高端化为引领,全力打造无锡现代产业发展新高地的意见
2017	无锡市智能制造三年(2017—2019年)行动计划
2017	无锡市加快发展以物联网为龙头的新一代信息技术产业三年(2017—2019年)行动计划
2017	关于深化现代产业发展政策的意见
2018	关于进一步支持以物联网为龙头的新一代信息技术产业发展的政策意见
2018	无锡市推进新型智慧城市建设三年行动计划(2018—2020年)
2019	中国(无锡)跨境电子商务综合试验区实施方案
2019	关于加快推进数字经济高质量发展的实施意见
2019	关于大力发展工业互联网深入推进智能制造的政策意见
2019	关于进一步深化现代产业发展政策的意见
2020	无锡市加快推进数字经济高质量发展三年行动计划(2020—2022年)
2020	无锡市加快发展以物联网为龙头的新一代信息技术产业打造世界级产业集群三年行动计划(2020—2022年)
2020	无锡市工业互联网和智能制造发展三年行动计划(2020—2022年)
2020	无锡市促进软件产业高质量发展的若干政策
2021	实施"十百千万"工程推进企业智能化改造数字化转型三年行动计划(2021—2023年)

(二)加快数字经济与实体经济融合

1. 加速制造业数字化转型

近年来,无锡坚持把智能制造作为制造业转型升级的主攻方向,系统推进、协同发展,加快提升全市智能制造整体水平。主要措施包括:降低项目投资门槛,让更多工业投资项目进入市重点工业投资计划和"千企技改"计划。放宽制造业企业上云扶持政策,加强政策普惠性。支持企业示范引领,鼓励企业建设省级以上试点示范的工业互联网平台、工业互联网标杆工厂、智能车间和智能工厂。鼓励智能制造服务商做大做强,对首次列入国家智能制造系统解决方案供应商推荐目录、江苏省智能制造领军服务机构的单位,给予一定额度的奖励。大力实施"双百"行动,组织100家企业开展智能制造诊断咨询,每年滚动推进100个智能化建设重点项目。实施"千企上云"行动,鼓励扶持中小企业使用云平台。2020年,进一步出台《无锡市工业互联网和智能制造发展三年行动计划(2020—2022年)》,以制造业数字化、网络化、智能化为主线,全力构建智能制造生态体系。这些举措确保无锡在"智造"的道路上获得源源不断的前进动力。

2. 推动服务业数字化发展

2013年开园以来,无锡国家数字电影产业园抓住国际电影数字化契机,围绕数字影视科技这一关键要素,以科技拍摄和数字制作为核心,走出一条有无锡特色的电影工业化发展之路。鼓励企业发展动漫网游、数字音乐等数字内容产业和虚拟现实等数字文化装备,支持5G、人工智能等新技术在文化领域的运用,对符合条件的企业给予一定比例的奖励。搭建旅游服务智慧监管服务平台,为游客提供包括在线预订、景点介绍、旅游路线推荐、周边酒店餐饮、在线投诉等一站式旅游服务。抓好国家跨境电商综合试验区建设,建设完成省内第一批跨境电商专业服务平台,实现省内首家跨境电商进口代理企业直接对外付汇。2020年4月,无锡市政府与阿里巴巴签署"春雷计划"合作协议,协同帮助无锡企业在电商平台实现订单数量突破性增长;协同推动无锡商业网点数字化进程取得突破性进展。

3. 促进农业数字化提升

无锡持续推进数字技术在农业农村的融合应用,助力美丽乡村建设。一是注重生产高效率,实施"互联网+"农业工程,推动物联网技术在种植养殖、设施栽培、环境监测等农业生产各领域各环节应用推广;对符合条件的农业物联网示范项目,给予一定额度的奖补。二是在优化产销衔接上做文章,对农产品电子商务培育项目给予一定额度的奖补;鼓励开展生鲜农产品"基地+社区直供"业务,打通农产品进城"最后一千米"。三是积极打造应用示范项目。新吴区鸿山物联网小镇建成"瀚云农业云平台",在农业大数据及智慧气象站的精确控制下,自动进行水肥一体化灌溉;利用5G的高速传输,对葡萄园实施远程VR监控葡萄的生长状况以及病虫害情况。

（三）持续壮大数字产业

1. 坚持重大项目引领

一是聚焦产业链招商。突出新一代信息技术产业等重点产业招引方向，围绕"延链、强链、补链、造链"，瞄准大型央企、行业领军企业、链主企业等目标企业，上门精准招商，促进产业集群发展。二是以营商环境招商。通过上线无锡市投资服务云平台、建立优秀企业"白名单"制度和招商护商专员制度等举措，打响"无难事、悉心办"品牌，打造最优营商环境城市，以良好生态吸引企业投资落户。三是以商引商。引进功能性外资项目，从而实现以商引商的带动效应。例如与世界知名咨询机构开展战略合作，以其丰富的客户资源和全球化网络开展精准招商，引进日本金融机构，带动日企跟进投资。

2. 推动数字经济载体建设

一是推进标志性创新载体平台建设。无锡成功引进国家级工程实验室，上线软件开发中心、工业互联网创新中心、国家智能交通综合测试基地等，软硬件实力持续提升。出台相关政策争创国家级创新中心，牢牢锁住在新一代信息技术产业领域的竞争优势。二是促进特色产业园区规划建设。无锡坚持特色化、差异化建设思路，聚焦综合集成应用、工业互联网、智能传感器全产业链等主题打造物联网特色小镇，加速创新要素集聚。按照"一区一特色"原则促进软件产业园有序协调发展，遴选一批重点产业园纳入全市软件产业规划总体布局，优先保障发展用地，加强公共配套设施建设。易华录（无锡）数据湖产业园、浪潮大数据产业园、中物达大数据产业园、锡山台湾农业创业园等一批园区建设不断推进。

3. 培育壮大龙头骨干企业

一是培育上市后备资源发力资本市场。无锡把物联网、集成电路、高性能计算等高技术领域的龙头企业、地方支柱企业、高新技术企业列为培育对象，对企业实施上市股份制改造、境内外上市、新三板挂牌等做法，给予一定额度的奖励。二是支持领域内龙头骨干企业做大做强。认定为总部企业的可以获得相应奖励和补助政策；根据获得的荣誉，按照"就高不重复"原则给予企业一次性奖励。三是加大领域内龙头企业引进力度。发布重点产业集群产业链图谱和招商指导目录，赴上海、深圳、南京等地开展车联网、人工智能等领域的产业推介交流活动，有针对性地开展产业招商。

（四）构建数字治理新模式

1. 推动公共服务数字化转型

无锡从民生领域入手，积极推动公共服务数字化转型，提高城市生活品质。建成全民健康信息平台，有效支撑区域医疗健康信息共享与业务协同。全力打造"智慧人社"，审批服务事项全部实现在线办理，在省内率先启用养老保险关系转移"跨省通办"、新设企业"零材料"网上参保登记等服务，在较大程度上实现便企利民。开通"锡慧在线"综合服务平台，实现跨区域、跨学校教育资源共享。数字技术的应用促进了无锡公共服务均等化、普惠化、便捷化水平的提升，让市民在共享数字化发展成果上有了更多获得感。

2. 推动社会治理数字化转型

公共安全、城市管理、市场监管、生态环境等城市治理领域智慧化建设有序推进，各类智慧应用逐步深入，城市治理能力和治理水平不断提升。大力推进"技防城"建设，"雪亮工程"基本实现"全维感知、全程采集、全网融合、全域应用、全时掌控"。智慧城管综合性平台初步搭建完成，加速由数字城管向智慧城管迈进。深入推进"智慧315"公众服务平台、农贸市场远程智慧监管平台等平台建设，全力提升市场监管智慧化水平，营造安全放心的消费环境，提升广大群众获得感和满意度。实施"感知环境、智慧环保"无锡环境监控物联网应用示范工程，构建全天候、系统性、现代化的天地一体生态环境监测网络。

（五）加强新型基础设施建设

1. 完善信息通信基础设施

一是大力推进全光网城市建设。无锡分别与江苏电信、江苏移动签署战略合作协议，共同推进"智慧无锡·全光网城市"建设。这一系列合作协议为无锡全光网城市建设插上腾飞的翅膀,无锡进入千兆光网互联时代。二是持续完善NB-IoT窄带物联网建设。无锡加速NB-IoT全域布局,持续深化NB-IoT在智能抄表、智慧停车、智慧医疗等领域的应用,全面助力城市发展和居民生活。同时,把完成NB-IoT优化列入新型智慧城市建设三年行动计划发展目标,不断推进。

2. 提前布局新型基础设施

一是率先实现IPv6规模部署。作为全国首批两个试点城市之一,无锡2009年启动IPv6现场试验。从实验网到商用网,从区域试用到规模部署,无锡实现IPv6网络部署全覆盖,为5G网络建设提供了丰富的地址资源,也为新一代信息技术应用构建了良好的网络环境。二是加快5G网络建设。出台"加快推进5G网络建设发展若干意见""5G基础设施空间布局规划""5G产业发展规划"等多个指导性文件,为5G建设和发展保驾护航。2020年底累计建成5G基站近8 700个,主城区、工业园区、景区、交通枢纽等热点区域实现5G网络全覆盖。与四大运营商签署新一轮战略合作协议,持续巩固数字经济领跑优势,为数字经济发展注入新动能。

(六) 强化支撑能力建设

1. 加强人才队伍建设

人才是数字经济发展的第一资源。2006年,无锡创造性地提出"530"人才计划,即5年内引进30名海外高层次创新创业人才,加盟无锡创新型城市建设。以"530"计划为突破点,无锡陆续实施"后530"计划、"泛530"计划、"十百千万"计划和"千人计划",大批高层次人才赴锡创新创业,一批成长性较好的项目从中孵化出来,为新兴产业发展提供了重要支撑。打造"无比爱才,锡望您来"引才聚智新名片。2016年出台"太湖人才计划",2019年将其升级至2.0版,2020年制定"锡引惠才"12条、优秀大学生"锡引"工程升级版8条举措,2021年无锡人才金融港正式开港,持续保持人才政策的含金量和竞争力。定期举办高层次人才创新创业无锡交流大会、海内外系列招才引智等活动,集聚国际化创新要素。设立奖励项目,支持在锡高校新设物联网、集成电路相关专业；推行校企联合培养模式，鼓励技工院校与企业联合开设企业新型学徒制班、订单班和冠名班，以此扩大人才培养规模。

2. 加强网络信息安全保障

作为信息产业大市，无锡从"统筹要更强、技术要更优、宣传要更广"三个角度着手，推动城市安全发展体系构建。将网络安全工作纳入全市高质量发展综合考核体系，把网络安全工作责任制从"软约束"变成"硬指标"。在全省率先建立首席网络安全官制度，制定实施《关于加快建立无锡网络综合治理体系的实施意见》等相关文件，进一步拧紧责任链条。开展专项整治行动，"全身体检"精准排查问题。引入"国家队"力量，与国家计算机网络与安全管理中心江苏分中心签署协议，共建无锡网络安全技术支撑中心。与此同时，无锡以网络安全宣传周为窗口、实训基地为阵地、专家智库为支撑、对抗实战为助力，大力推进网络安全人才培育，为网络安全产业发展贡献"无锡担当"。

3. 构建地方法规体系

在数字经济时代，数据是新的生产要素。近年来，无锡制定出台《无锡市促进信息化发展办法》《无锡市使用财政性资金的信息化项目管理办法》等相关政策，对公共数据发展和规范管理起到一定作用。但随着工作不断推进，公共数据管理面临一些困难和难题，迫切需要全面的法治保障。2020年，无锡颁布《无锡市公共数据管理办法》，首次提出"数据治理"的概念，建立公共数据的全生命周期管理。这是全国首个地级市公共数据管理办法，无锡公共数据管理由此进入法治化、科学化、规范化的新阶段，对政府治理能力和公共服务水平提升具有积极的促进作用。

三、无锡数字经济发展取得的主要成效

（一）数字经济引领战略性新兴产业快速增长

在"十二五"后期，无锡主要经济指标增速在省内有所下降。2015年，无锡确定创新驱动核心战略和产业强市主导战略后，逐渐走出低位徘徊的困境。2017年实现地区生产总值10 511.8亿元，跻身全国万亿GDP城市，

经济发展实现历史性跨越,城市能级和综合实力迈上新台阶。此后,无锡的数字经济发展较快,对全市经济社会高质量转型发展的贡献进一步提高。数字经济核心产业增加值占全市GDP比重由2018年的10.2%上升至2020年的10.4%;规模以上数字经济核心产业企业的数量由2018年的980家增加到1 156家,净增176家。在八大战略性新兴产业中,以物联网为龙头的新一代信息技术产业规模最大、发展较快,发挥着引领作用。2020年,154家规模以上制造业企业的营业收入达到1 816.6亿元,占规模以上战略性新兴产业(制造业)的比重最高,达到29.3%,同比增长8.8%,高于战略性新兴产业平均增速2.9个百分点。在9个规模超千亿的产业集群中,物联网、软件与信息服务、集成电路3个集群"领跑",2020年营收分别达到3 135亿元、1 601亿元、1 421亿元。

(二) 数字经济推动生产方式、消费方式和生活方式变革,创造了新供给、新需求、新动能

"十三五"时期,无锡在线新经济蓬勃发展,电子商务规模品质持续提升、结构效益更加优化、创新融合不断加速、引领作用日益突显。网上零售总额从2015年的470亿元增长到2020年的850亿元。

1. 电子商务及跨境电商规模持续增长

2020年全市电子商务网络零售交易额突破5 000亿元。限额以上批发零售业实现网络零售额101.47亿元,增长25%;限额以上住宿餐饮业通过网络实现餐费收入15.11亿元,增长112.8%。全市跨境电商进出口交易额达25.7亿元,同比增长19.8%,综试区线上综合服务平台入库跨境电商企业超600家。目前,无锡已形成一批在全国具有较高知名度和影响力的电子商务平台和龙头企业。红豆实业获评商务部线上线下融合发展数字商务企业;宜兴远东买卖宝、江苏麦乐多等6家企业获评省级首批数字商务企业。全市新增50多家省级以上各类电商示范单位,恒生科技园等7个园区获批省级电商示范基地;海澜之家电子商务有限公司等17家企业获评省级电商示范企业。中国最大的纱线坯布面料企业——大耀纺织打造了网上集

订单、电子单据、在线交易、在线支付、物流配送及信息技术服务于一体的纺织品电子交易服务平台。跨境电商成为促进国际贸易的新业态。自2018年获批设立国家跨境电子商务综合试验区以来,无锡跨境电商产业形成了一定的产业集群和集聚效应。"全球贸易精准营销大数据平台"为用户提供全球近200个国家和地区的国际货物贸易进出口数据源查询,通过精准的大数据资源及数据分析结果,帮助企业掌握全球买家、卖家资源,精准定位海外市场。"产业转型跨境电商全流程辅导平台"为传统外贸企业转型升级、开展跨境电商及海外营销进行服务。截至2020年,无锡跨境电商综试区建设取得省内7个第一,省市两级公共海外仓达到15家,其中省级5家,数量排名全省第一。农村电商和直播电商成为电商新亮点。围绕乡村振兴发展目标,积极推动农产品走"基地化+电商"的销售之路,实现品牌化、多元化、标准化发展,助力农产品实现价值增值和溢价。无锡阳山水蜜桃、宜兴茶叶、宜兴紫砂、阳氏草莓等农副产品网上销售规模不断扩大。2020年,全市农产品电商实现网络销售15.5亿元,同比增长15.5%。受新冠肺炎疫情影响,直播电商成为数字经济的新形态。无锡为推动电商直播、网红经济等新业态快速发展,对直播销售无锡产品及直播电商平台企业予以政策奖励。积极探索"直播+电商""粉丝"流量变现的"眼球经济",构建一批直播电商产业集聚区,培育一批直播机构、多渠道网络(MCN)机构。据统计,2020年无锡参与直播的商品实现零售额104.8亿元,新增网络零售企业17家,29家规模以上电商企业纳入社零统计。

2. 服务线上化趋势明显

随着时代变迁,在线经济的规模和内涵不断拓展,已逐渐打通办公、娱乐、医疗、教育等多个领域,解锁的应用场景愈发丰富,在线模式日渐多元化。2020年上半年无锡共有119家企业开展线上零售业务,盒马鲜生、朝阳到家等在线平台已成为消费者购买生鲜的重要渠道之一;"直播+电商"的新零售模式助力出口拓内销,"海购无锡·云启未来"的直播间累计吸引165.7万人次观看,销售金额超过4 760万元;消费促进季"人间·梁溪"通过"线上+线下""销售+体验""展示+交易"等新零售模式进一步推动商文旅融合发展,此举被列入全省新模式新消费典型案例。互联网医疗领域,市妇幼保健院等5家医院获批互联网医院牌照,开启市民全新就医体验;市二院、市中医医院率先实现医保脱卡结算,市级公立医院实现医疗收费电子票据全覆盖。

3. 在线经济重构就业模式

基于平台经济、共享经济、网红经济等的新业态发展迅猛,带动了一批新的就业岗位和工作方式。电子商务、网络约车、网络送餐、快递物流、直播带货、数字化管理等新业态企业对人力资源的需求明显增加。无锡的一批传统企业引入新业态,如红豆、万斯、雅迪、凤凰画材、林丰陶瓷等知名企业加入直播平台,打破了传统的到固定地点、有固定工作时间的"上班"模式,变成了灵活工作、身兼数职、随时随地工作。为确保就业稳定,2021年6月无锡制定出台了《关于多渠道促进灵活就业支持平台企业发展的实施办法》。

(三)产业数字化推动智能制造加快升级

传统制造业是无锡经济社会发展的根基,也是转型升级的主阵地。近年来,无锡准确把握产业融合趋势,坚持以智能制造为主攻方向,大力推进新一代信息技术与传统制造业相互赋能,以"鼎新"带动"革故",以增量带动存量,构建自主可控的现代产业体系,高水平打造"智造强市"。

1. "无锡智造"跑出"加速度"

智造水平明显提升。2020年全市100个智能化重点项目完成投资258.5亿元,规模以上工业企业90%以上实施了技术改造。服务支撑能力不断加强。锦明机器人等3家企业中标工信部智能制造系统解决方案供应商项目,先导智能等16家机构入选省智能制造领军服务机构。

示范带动效应凸显。据统计,无锡目前累计建成国家级智能制造示范应用项目10个,无锡普洛菲斯电子有限公司、无锡小天鹅电器有限公司荣获国家智能制造标杆企业称号。拥有工信部认定的制造业与互联网融合试点示范项目1个,制造业"双创"平台试点示范项目2个。建成省级制造业

"双创"平台7个、省级智能工厂3家、省级示范智能车间161个。认定市级智能车间211个、市级两化融合示范企业390个。这些企业以点带面引导全市企业实施智能化改造。

2. 工业互联网发展冲上"新高度"

2020年底,全市拥有省重点工业互联网平台12个、省工业互联网标杆工厂9家。瀚云、雪浪云分别通过国家五星级和四星级工业互联网平台测评;拥有省级上云企业562家,其中四星级、五星级上云企业340家,数量排名全省第二。拥有国家工业互联网创新发展工程项目2个、工业互联网平台试点示范项目3个;建成省"互联网+先进制造业"基地3个。

(四) 数字化转型促进智慧城市建设

无锡新型智慧城市建设水平全国领先,连续10年位列全国智慧城市第一方阵,获评"2020中国领军智慧城市""中国智慧城市示范引领奖""2020中国智慧城市示范城市奖",以及中国电子信息产业研究院"2019智慧城市十大样板工程"。根据《中国地方政府竞争力系列报告》,无锡在省级以下(含副省级市)地方政府智慧为民能力前30强中位列第9位。

1. 政务服务推出新模式

无锡在省内率先推出"政府G端+银行B端+客户C端"的政务服务新模式,打造"成全e站"政务自助终端。开展电子证照底图入库工作,共入库29个部门的122类证照;持续做好电子证照数据归集,全年共新增电子证照和数据批文8 270份,实现了与省电子证照库和市电子印章系统的互联互通。推动电子营业执照跨区域跨部门跨领域互通互认互用,至2020年底,全市已累计发放卡片式电子营业执照13.1万余份,手机版电子营业执照下载量达14.6万,对接无锡市政务服务管理平台、无锡市社会法人公共信用评价系统、无锡政务服务惠企通等应用平台27个,实现可操作事项235项。

2. 公共服务感受度提升

"灵锡"App通过"数据惠民"牵引城市大数据的汇聚、治理与应用,以

"互联网＋政务＋民生"为切入点,真正实现"让数据多跑路、让群众少跑腿",提升群众对于无锡新型智慧城市建设的体验感与获得感。到2021年5月,"灵锡"App注册用户超过260万,日活跃用户峰值突破20万,上线超540项服务,涵盖数字身份、智慧社区等多个数字生活场景。"无锡停车"公众号用户突破10万人,完成8371个场库、121.56万个泊位静态数据采集录入,291个场库、7.2万个泊位动态信息联网。全民健康信息平台通过国家互联互通标准化成熟度五级乙等测评。"文化无锡"云平台汇聚超100家文化单位服务平台。建成智慧旅游综合管理服务平台,全市4A级以上旅游景区全部实现智能导览。2020年底,全市建成276所智慧校园试点学校,智慧校园覆盖率达到67%。

3. 城市治理有序推进

全市公共安全、公共交通、城市管理、市场监管等城市治理领域智慧化建设有序推进,各类智慧应用逐步深入,城市治理能力与水平不断增强。新一代"雪亮技防工程"建设应用经验在全省推广,获得省厅重大改革创新项目金奖,智慧技防小区增至2288个,实现封闭式小区全覆盖。数字城管建设成效显著,基本建立了城市管理问题快速发现、精确派遣、按期处置和绩效评价体系。市场监管服务能力进一步提升,建有"智慧315"公众服务平台、全市农贸市场管理平台等多个市场监管平台。"感知环境、智慧环保"示范工程搭建了生态环境监测监控体系,实现全市生态环境要素的物联网感知监测。

(五) 数字化治理有效应对新冠肺炎疫情

在2020年新冠肺炎疫情初期,无锡在全省率先研发上线"锡康码""疫情防控一点通""返锡通""疫情管理通"等数据产品助力科技抗疫,建设太湖云"复工宝"管理平台实现精准防控和有序复工复产。在疫情防控常态化阶段,超前部署进口冷链食品申报追溯系统、大规模人群核酸筛查信息系统等,实现了关口前移、主动预防。无锡在全国率先建设"视频云"平台,在省内率先建设"智能防控识别圈"、实行视频监控"户籍化"管理。发挥车联网基础设施的功能,实时掌握车辆和道路状况,保障救护车辆、防疫车辆以及应急物资运输车辆优先通行。

执笔:倪自宏 盛 蔚

附表1-1　　1963—2021年无锡数字经济发展重要事件摘录

年 份	事 件
1963年	国营江南无线电器材厂成立,专业生产半导体晶体管归属国家四机部,简称"742厂"
1972年	江苏长电科技有限公司的前身江阴晶体管厂成立
1978年	国家计委批准742厂扩建并引进双极型集成电路工程项目(国家"六五"工程)
1983年	742厂和电子工业部1424研究所无锡分所共同组建无锡集成电路科研生产联合体,国家南方微电子工业基地中心落户无锡
1986年	无锡微电子联合公司研制出中国第一块64K DRAM
1988年	"七五"期间国内最大的微电子基地——无锡微电子工程奠基(国家"七五"工程) 东南大学和无锡市合作共建东南大学无锡分校
1989年	在无锡微电子联合公司基础上,组建中国华晶电子集团公司,成立中国华晶电子集团公司中央研究所
1990年	华晶电子承担"908工程"(国家"八五"工程)
1995年	希捷国际科技(无锡)有限公司落户无锡,成为国内规模最大的计算机硬盘生产基地 英飞凌科技(无锡)有限公司落户无锡,并成为国内最大的IGBT生产基地
1996年	无锡接入中国公用计算机互联网,正式跨入互联网时代
2000年	"永中科技"在无锡高新区创立,作为中国首家开发具有自主知识产权办公软件系列产品的企业,获得科技部重大项目支持,2009年永中科技重组改名"永中软件" 全讯射频科技(无锡)有限公司落户无锡,2019年被美国高通公司收购,成为高通在中国唯一生产移动通信设备、消费电子、汽车电子用声表面波元件及模块产品的生产基地
2002年	香港华润收购华晶电子,更名为"华润微电子" 《"数字无锡"建设发展规划》发布
2003年	江苏长电科技A股上市
2005年	总投资86亿美元"海力士-意法半导体"获批,成为当时国内单体投资规模最大的半导体项目,至今已累计投资达到205亿美元,主要生产10纳米级DRAM,并已建立江苏省大容量高频率存储器件工程技术研究中心

续表

年份	事件
2006年	"无锡市'三谷一基地'(硅谷、液晶谷、药谷、动漫产业基地)产业发展规划"出台,后升级为"三谷三基地",增加了信息外包基地、流程外包基地
2007年	无锡太湖国际科技园挂牌成立
2008年	国家发展改革委认定无锡国家微电子高新技术产业基地 无锡成为国家级IC(集成电路)设计基地 无锡首个银行数据中心——瑞穗银行(中国)有限公司数据中心揭牌
2009年	无锡物联网产业研究院成立 时任国务院总理温家宝在无锡视察时,提出"尽快建立'感知中国'中心"。同年,国务院批复了无锡建设《国家传感网创新示范区(国家传感信息中心)》规划方案
2010年	无锡国家数字电影产业园获批成立,2019年获批"江苏省电影产业创新实验区" 无锡入选全国首批云计算试点城市 举办首届中国国际物联网博览会,此后每年举办一次 江苏省人民政府与中科院合作成立江苏物联网研究发展中心 时任全国人大常委会委员长吴邦国视察无锡物联网产业研究院
2012年	无锡市人民政府与工信部软件服务业司、江苏省经信委签订《部省市共同推动无锡市创建中国软件名城合作协议》 欧司朗光电半导体(无锡)有限公司落户无锡 无锡深南电路有限公司在无锡成立,成为在华东地区的重要研发和生产基地
2013年	《无锡市微电子产业规划(2013—2020)》出台 无锡列入首批90个国家智慧城市试点名单 无锡被国家知识产权局批准为国家知识产权示范城市
2015年	无锡市建成全国首个"高标准"全光网城市 无锡市《关于加快推进智能制造的实施意见》公布
2016年	国家超级计算无锡中心获国家科技部批准组建,神威·太湖之光超算中心位列全球第一 中国国际物联网博览会获批更名为世界物联网博览会 无锡鸿山物联网小镇启动建设
2017年	总投资超100亿美元的华虹集团集成电路研发和制造基地项目落户无锡高新区 江苏长电科技成功并购新加坡的"星科金朋",一跃成为世界第三大封装测试公司 无锡慧海湾物联网小镇建设启动
2018年	无锡市委十三届六次全会首次明确提出"大力发展数字经济、总部经济、枢纽经济"的战略决策 无锡市被列为"国家级两化深度融合试验区" 无锡国家集成电路设计产业园在高新区揭牌 无锡成功获批建设国家"芯火"双创基地 中国大数据准独角兽企业排行公布,华云数据位列第四 南京信息工程大学滨江学院迁址无锡

续表

年 份	事 件
2019年	无锡市委、市政府出台《关于加快推进数字经济高质量发展的实施意见》 工信部批复支持创建国家级江苏(无锡)车联网先导区 浪潮大数据产业园无锡市大数据中心正式启动运行 信息安全等级保护关键技术国家工程实验室落户无锡 大数据算法与分析技术国家工程实验室工业大数据融合创新中心落户无锡 总投资30亿美元中环领先集成电路用大直径硅片项目生产线在无锡宜兴建成投产 总投资100亿美元华虹半导体无锡基地12英寸生产线在无锡高新区建成投产 江苏卓胜微电子股份有限公司上市,目前市值超千亿元
2020年	《无锡市加快推进数字经济高质量发展三年行动计划(2020—2022年)》实施 工信部批复在无锡组建国家集成电路特色工艺及封装测试创新中心 国家数字化设计与制造中心江苏中心在惠山区揭牌 江苏省政府、中国船舶集团与无锡市共同组建深海技术科学太湖实验室 无锡市新发集团与海力士合作投资20亿元开发建设"新发集成电路产业园" 江阴市和南京理工大学合作共建的长三角(江阴)数字创新港启用 南京理工大学江阴校区启用 东南大学无锡国际校区启用
2021年	无锡物联网集群入选全国唯一物联网领域国家先进制造业集群 无锡物联网创新促进中心获批国家先进制造业集群培育机构 无锡上市公司华润微电子、先导智能市值达到千亿元,成为行业龙头 南京信息工程大学滨江学院经教育部批准转设为无锡学院

B.2 无锡数字经济发展的主要特色与优势

无锡数字经济发展依托自身独特的产业基因和资源禀赋，着眼于做强做优支撑数字经济的基础产业、核心产业，聚焦打造数字经济核心竞争力，在产业数字化、数字产业化和数字化治理方面，紧密结合无锡的产业特点和城市内生发展要求，以战略眼光和前瞻性举措，紧紧抓住决定无锡城市能级和持久竞争力的战略性、先导性、基础性的前沿产业和支柱产业，围绕构建现代产业体系，突出重点，强攻关键，保持定力，锲而不舍，在打造以数字经济为引领的新一代信息技术产业发展上，形成了具有全国影响力的无锡品牌、无锡特色和无锡优势。

一、以集成电路为核心的优势产业成为推动数字经济快速发展的有力支撑

集成电路产业作为大国重器是整个现代产业的基础和核心，已成为当今世界竞争最为激烈的前沿产业，成为各发达国家争夺核心竞争优势的关键产业。集成电路是数字经济发展的基石，是构建智能产业系统和"城市大脑"的细胞和神经元，是决定一个城市数字经济产业水平和竞争力的基础性、关键性的核心要素。近年来，无锡始终把加快集成电路产业高端化发展作为推动全市产业能级提升的主抓手，不断做强做优集成电路全产业链，发挥集成电路对全市经济的带动和支撑作用，为无锡数字经济发展提供强劲"芯"动能。

(一) 集成电路产业原始创新能力不断增强,产业爆发力日益显现

近年来,无锡聚力推动集成电路平台型、链主型企业加速集聚,引导集成电路向产业链、价值链高端攀升,产业原始创新能力不断增强。从2001年无锡获批国家集成电路设计产业化基地,到2019年国家工业和信息化部批准无锡建立国家"芯火"双创平台,再到2020年华进半导体成功获批建设"国家集成电路特色工艺及封装测试创新中心",无锡集成电路产业技术创新体系不断完善,创新能力不断增强,集成电路产业创新体系所发挥的支撑作用日益明显。"十三五"期间,无锡集成电路产业产值从770.87亿元增长到1 421.47亿元,复合增长率达13%,产业规模接近翻番。2020年无锡集成电路产业主业(设计、制造和封测三业)实现销售收入993.91亿元,同比增长23.34%,占江苏省集成电路产业比重达45%,排名全省第一。尤其是代表集成电路核心技术和产业链、价值链高端环节的设计业取得了长足的发展。集成电路规模以上设计企业从"十三五"期初的45家增加到期末的54家;集成电路设计业营销收入从期初的84.6亿元,增长到期末的185.1亿元,年复合增长率达21.62%。2020年,在江苏省集成电路设计企业销售收入前十榜单中,无锡企业占4家:江苏卓胜微电子股份有限公司、中科芯集成电路股份有限公司、无锡新洁能股份有限公司、无锡力芯微电子股份有限公司。

表 2-1　　　　无锡市集成电路主要技术创新平台

序号	技术创新平台名称	所在区域	获批、建设或揭牌时间
1	国家集成电路设计无锡产业化基地	无锡高新区	2001年
2	江苏省集成电路测试服务中心(无锡) (省科技厅授牌无锡中微腾芯电子有限公司)	无锡高新区	2008年
3	无锡集成电路快速封装服务平台 (授予无锡中微高科电子有限公司)	滨湖区	2008年
4	国家集成电路(无锡)设计中心	滨湖区	2016年6月
5	无锡国家"芯火"双创基地平台 (以江苏集萃智能集成电路设计技术研究所为主建设)	无锡高新区	2018年12月

续　表

序号	技术创新平台名称	所在区域	获批、建设或揭牌时间
6	江苏集萃集成电路应用技术创新中心	锡山	2020年3月
7	江阴集成电路设计创新中心	江阴高新区	2020年6月
8	国家集成电路特色工艺及封装测试创新中心	无锡高新区	2020年8月
9	"两芯三云"集成电路创新平台	惠山区	2020年10月
10	清华大学无锡应用技术研究院"集成电路创新服务平台"	滨湖区	2020年11月
11	宜兴创成汇"三招三引"平台、创成汇江苏运营中心	宜兴	2021年5月

（二）集成电路产业生态日趋完善，产业集聚力、吸引力、扩张力不断增强

近年来，无锡市委、市政府以科学的态度孜孜不倦深入研究，精准制定符合集成电路产业发展规律、优化集成电路产业生态的政策举措，形成了全链条、全要素、全覆盖的支撑集成电路产业发展的政策体系，构建了在全国具有较强竞争力的产业生态环境，为集成电路优质企业、优质资源的集聚创造了良好的环境。"十三五"期间，无锡集成电路产业超百亿重大项目从1个增加到4个，上市公司从4家增加到10家，规模以上企业从100家增加到150家，从业人员从5万人增加到10万人，产值从771亿元增长到1 421亿元（排名全国第二）。根据2021年3月"芯思想研究院"公布的集成电路产业竞争力排名，无锡在中国15个领先城市中居第三位，比2020年上升一位，其中设计业竞争力居第四、制造业居第三、封测业居第一。在2020中国半导体"十大（强）企业"三个榜单中，SK海力士、华润微、长电科技、全讯射频、海太半导体、新洁能名列其中。

表2-2　　2020年无锡集成电路产业链发展情况及地位

集成电路产业链主业	2020年营销收入及在省内、全国的比重	优势企业	发展态势
设计业	185亿元，占江苏省的37%，占全国的5%	江苏营销前十企业中，无锡占4家：卓胜微、中科芯、新洁能、力芯微	速度加快

续 表

集成电路 产业链主业	2020年营销收入及在 省内、全国的比重	优 势 企 业	发展态势
晶圆制造业	290亿元,占江苏省的 76%,占全国的11%	江苏营销前八企业中,无锡占 5家:SK海力士、华润微、新 顺微、无锡中微、江苏东晨	优势明显
封装测试业	518亿元,占江苏省的 39%,占全国的21%	江苏营销前十企业中,无锡占 5家:长电科技、全讯射频、海 太半导体、英飞凌、中芯长电	国内领先
配套支撑业	427.56亿元,占江苏省 的68.94%	江苏营销前十企业中,无锡占 4家:江化微、润玛电子、吉姆 西半导体、创达新材料	发展迅猛 优势明显

(三)集成电路产业带动作用不断增强,形成产业链布局合理、优化发展的良好格局

集成电路产业的快速发展,带动了相关配套支撑服务业的强劲增长,2020年,全市配套支撑服务业营业收入达427.56亿元,同比增长86.05%,占全省配套支撑服务业比重达68.94%。2020年,江苏省集成电路支撑企业销售收入前十榜单中,无锡企业占4家:江阴江化微电子材料股份有限公司、江阴润玛电子材料股份有限公司、吉姆西半导体科技(无锡)有限公司、无锡创达新材料股份有限公司。各板块围绕打造自身特色的集成电路产业优势,发挥龙头企业的带动作用,建园区、筑平台、聚人才,形成了各具特色的集成电路产业集群。无锡高新区(新吴区)是无锡集成电路产业的主要集聚区,无锡高新区的无锡国家集成电路设计产业园集中了全市约80%的集成电路企业和70%的集成电路产业产出,是无锡集成电路产业发展的主阵地。新吴区、滨湖区在晶圆制造、芯片设计、生产测试、封装、模组、功率器件及整机方面已具备发展优势,拥有海力士、华虹半导体、中科芯等一批核心企业。江阴市在全球封装测试、电子化学品领域占得一席,拥有长电科技、中芯长电、江化微等龙头企业。宜兴市在芯片设备、材料上抢抓龙头,落地中环大硅片等重大项目。锡山区集聚了连城凯克斯、拉普拉斯等十余家半导体装备项目,引进瀚昕微芯片、翼盟电子、微视传感等芯片设计企业。

二、物联网产业成为驱动无锡数字经济快速发展的重要引擎

物联网作为数字经济时代的基础设施,是实现数字经济与实体经济深度融合的重要工具。随着云计算、大数据、人工智能、区块链等新一代信息技术得到广泛应用,无锡成为中国最具影响力的物联网创新应用先导区和示范区。无锡充分发挥制造业发达的优势,将物联网技术转化为工业互联网应用优势,大力实施制造业"唤醒计划",全力推进传统制造业加快向智能制造转型升级,积极打造"数字车间"和"工厂大脑",努力创建中国智能制造标杆城市。

(一) 物联网产业已成为无锡最具影响力的产业名片

自 2009 年无锡被批准为中国首个国家传感网创新示范区以来,无锡举全市之力抢抓时代机遇,以国家传感网创新示范区为载体,经过合理化探索、产业高地崛起和产业化集群发展三个阶段,无锡物联网产业规模不断壮大,集聚物联网相关企业 3 000 余家,无锡物联网集群和物联网创新促进中心双双跻身"国家队"。"十三五"以来,无锡物联网产业保持年均 20% 以上高速增长,2020 年在遭遇新冠肺炎疫情严重冲击的背景下,无锡物联网产业规模达 3 135.93 亿元,同比增长 23%;营业利润实现增长 40.9%;产业规模相较 2009 年的 220 亿元,增长超 13 倍。无锡物联网产业产值占全国比重稳定在 20% 左右,占全省比重稳定在 50% 左右,已成为中国物联网产业发展的核心区。在无锡举办、创始于 2010 年的"世界物联网博览会"是物联网领域规格最高、规模最大的国家级博览会,已成为行业内极具影响力的国际交流合作平台、行业趋势发布平台、技术成果展示平台、产业发展投资平台和高端人才集聚平台,受到国内外物联网业界、社会各界的广泛关注,逐步形成"世界物联网看中国,中国物联网发展看江苏,江苏物联网高地看无锡"的共识。

(二) 行业标准拥有全球话语权，应用示范工程遍布海内外

目前，无锡已基本形成了多主体、多层次的物联网标准研制工作体系，无锡企业主导或参与制定物联网国际标准12项、国家标准62项、行业标准17项，主导或参与制定的国际标准占全球50%。2018年，由无锡物联网产业研究院牵头制定物联网顶层架构标准(ISO/IEC30141)，通过了国际标准草案(DIS)投票。这标志着中国在物联网国际标准方面实现了历史性的突破，也代表中国占据了全球物联网技术产业发展的制高点。2021年3月，由无锡物联网产业研究院作为主编辑制定的物联网金融国际标准ISO/IEC 30163正式发布，这是中国专家作为主编辑制定的全球首个物联网金融领域国际标准，标志着无锡在物联网金融标准领域拥有了全球话语权。应用示范"走出无锡、走出国门"，无锡在全国率先部署电力、食品溯源、水利、车联网等国家行业主管部门支持的重大应用示范工程22个，并逐步拓展到全市300多个细分行业，无锡企业承接的物联网工程已遍及全球72个国家和地区的830多座城市。

(三) 物联网产业空间布局持续优化，协同发展态势良好

无锡物联网集群坚持特色化、差异化、品牌化建设思路，物联网产业空间格局逐渐成势，形成了区县各有侧重、小镇各具特色、园区各显差异的发展格局。截至2020年底，新吴区物联网产值超1250亿元，江阴市物联网产值超1000亿元，梁溪区物联网产值超340亿元，滨湖区物联网产值超200亿元，宜兴市物联网产值超135亿元，锡山区物联网产值超60亿元，经开区物联网产值超48亿元。雪浪小镇、南山车联网小镇、鸿山物联网小镇、慧海湾小镇4个物联网小镇，分别以工业大数据、车联网、智慧城市、先进感知为主题专业化、特色化发展，形成各自的特色和优势。无锡市列入统计的16个专业园区，2019年共实现营业收入超500亿元，引进企业近400家。其中，智能交通、智慧健康、智慧体育、智能传感器、软件园等专业园区，依托重大示范工程的支撑带动作用，引导新一批物联网项目实现"归类"和"扎堆"发展，既推动产业集聚，又彰显产业特色，形成了"龙头企业＋配套企业"的

发展模式。

三、工业互联网成为无锡制造业数字化转型的突出亮点

无锡以智能制造为主攻方向、以工业互联网为重要抓手,全面提速产业数字化转型。截至2020年,全市共获国家智能制造示范应用项目10个,拥有国家智能制造标杆企业2家,位列全省第一;省级示范智能车间数量排名全省第二;12个平台列入省重点工业互联网平台,全省领先。目前,全市拥有省重点工业互联网平台12个、省工业互联网标杆工厂9家。江苏省入选国家"工业互联网平台功能性能评测"四级、五级星级平台有8家,无锡占2家——无锡瀚云和雪浪云工业互联网平台。红豆集团、观为监测2家企业入选工信部工业互联网试点示范项目。瀚云工业互联网平台凭借在智能制造、边缘计算、数字孪生等方面的领先技术和自主创新能力,为无锡产业转型发展注入新动能。目前瀚云工业互联网平台已连接了近4 000家企业,1 500多万台活跃设备,覆盖能源、电力、高端装备等行业和领域。雪浪小镇积极探索"小镇+平台+生态+集群"的产业发展路径,搭建起互联网企业和制造企业的联动生态,并以小镇为依托每年举办雪浪大会,助力新一代信息技术与制造业深度融合,现已成为国内工业互联网及人工智能领域的后起之秀。累计引进重大创新平台8家,新增了物联网、大数据等领域的50多家科创企业,跑出了"每2天落户1家科创企业"的加速度。远景智能以赋能企业与城市加速数字化转型为使命推出的智能物联操作系统,已连接管理全球超过6 000万个智能终端设备和超过100 GW能源资产。

四、车联网成为无锡智慧城市建设和产业融合应用的新名片

从国家首批车联网示范应用城市,到获批建设首个国家级车联网先导区,无锡始终走在中国车联网发展最前沿。基于在物联网、集成电路等领域的领先优势,早在2017年无锡就启动车联网的建设,确定了C-V2X的技术路线;2019年5月,工信部批复支持创建江苏(无锡)车联网先导区。到

2021年4月,无锡已累计完成600多个路口基础设施的改造升级,实现LTE-V2X通信网络全覆盖超350平方千米,实现"人、车、路、网、云"数据的高效互联互通,用户总量超10万。无锡以车路协同为代表的车联网技术应用取得初步成效,并进一步带动无锡汽车产业发展,从车联网赋能整车和供应链影响整车两方面推进汽车电子与车联网的融合发展与深度应用。

五、数字"新基建"快速推进,成为筑牢"数字无锡"城市底座的重要保障

(一)率先推进信息通信基础建设应用

无锡在全省率先推进5G网络建设和示范应用。2019年就开始布局5G网络建设、5G应用和产业发展。无锡的5G覆盖网络质量全省第一、全国领先。苏南硕放国际机场成为省内首个开通5G网络的国际机场。

无锡在国内率先实现窄带物联网全域覆盖和IPv6规模部署。截至2020年底,累计建成窄带物联网基站超6 300个,覆盖商业用户超150万户,移动物联网连接数突破1 500万,成为全国第一个物联网连接规模超千万的地级市。无锡率先建成国内高标准全光网城市,城域网和IDC出口带宽分别达到10.6 Tbps和12.5 Tbps,"千兆到户、万兆到楼"的光纤网络接入能力全覆盖,户均带宽超过150 Mbps,实现全市重点区域无线专网全覆盖。

(二)率先推进数据要素市场培育工作

一是推进公共数据资源共建共享的制度先行。在全国地级市中,无锡是首个制定《公共数据管理办法》的城市。2020年7月,无锡市公共数据开放平台正式上线,22类领域主题、9大应用场景的超2 500万条结构化数据对市民免费开放。据复旦大学和国家信息中心数字中国研究院联合发布的《中国地方政府数据开放报告》,无锡公共数据资源开放水平在地级市综合排名中位列江苏第一、全国第六。

二是数据技术赋能城市服务。城市级App"灵锡"利用人工智能、大数据、区块链等新一代信息技术,采取数据驱动主动服务模式,除提供政务服务外,还提供城事生活、医疗健康、专区服务、交通出行等全方位城市服务,重新定义了衣食住行娱,实现"指端"办理。

三是推进数据中心建设向集约化、高效率转变。鼓励数据中心企业高端替换、重组整合,促进存量的小规模、低效率的分散数据中心向集约化、高效率转变。目前,无锡已有15个成规模数据中心。在公共数据中心建设方面,2019年9月无锡城市大数据中心二期上线,有效支撑无锡智慧城市建设。2021年7月,全国地级市首个工业数据中心——无锡工业大数据中心建成,其定位是工业互联网平台之上的综合性平台,目前已接入瀚云、浪潮等主流工业互联网平台,将逐步实现全市工业互联网"一张图",促进制造业企业的数字化转型。

(三)新型数字园区成为数字经济创新创业重要载体

无锡以载体建设为抓手推进数据产业发展。近年来,无锡数据港产业基地、朗新科技产业园、中物达大数据产业园、浪潮大数据产业园、国家数字电影产业园、空港大数据产业园、无锡数据湖产业园等项目已投运或开建。至2021年4月,无锡拥有大数据、云计算相关企业433家,较2019年底的330家,净增103家。江苏省上榜"2020中国大数据企业50强"的三家企业——华云数据、帆软软件、浪潮卓数均为无锡企业。

执笔:倪自宏 高 飞

附表 2-1　无锡市数字经济核心产业上市公司情况

序号	企业名称	国家数字经济及其核心产业统计分类(2021) 代码	名称	上市板块	股票代码	股票名称
01	数字产品制造业					
1	江苏卓胜微电子股份有限公司	0105	电子元器件及设备制造	深交所创业板	300782	卓胜微
2	华润微电子有限公司	0105	电子元器件及设备制造	上交所科创板	688396	华润微
3	无锡新洁能股份有限公司	0105	电子元器件及设备制造	上交所主板	605111	新洁能
4	无锡力芯微电子股份有限公司	0105	电子元器件及设备制造	上交所科创板	688601	力芯微
5	无锡芯朋微电子股份有限公司	0105	电子元器件及设备制造	上交所科创板	688508	芯朋微
6	江苏长电科技股份有限公司	0105	电子元器件及设备制造	上交所主板	600584	长电科技
7	无锡先导智能装备股份有限公司	0105	电子元器件及设备制造	深交所创业板	300450	先导股份
8	无锡和晶科技股份有限公司	0105	电子元器件及设备制造	深交所创业板	300279	和晶科技
9	无锡市太极实业股份有限公司	0105	电子元器件及设备制造	上交所主板	600667	太极实业
10	帝科电子材料股份有限公司	0105	电子元器件及设备制造	深交所创业板	300842	帝科股份
11	江化微电子材料股份有限公司	0105	电子元器件及设备制造	上交所主板	603078	江化微
12	江苏雅克科技股份有限公司	0105	电子元器件及设备制造	深交所主板	002409	雅克科技
13	江苏利通电子股份有限公司	0105	电子元器件及设备制造	深交所主板	603629	利通电子
14	无锡宝通带业股份有限公司	0106	其他数字产品制造业	深交所创业板	300031	宝通科技
15	无锡信捷电气股份有限公司	0106	其他数字产品制造业	上交所主板	603416	信捷电气
16	展鹏科技股份有限公司	0106	其他数字产品制造业	上交所主板	603488	展鹏科技
17	江苏俊知集团有限公司	0106	其他数字产品制造业	香港联交所	01300	俊知集团
18	江苏享鑫科技有限公司	0106	其他数字产品制造业	香港联交所	01085	享鑫科技

续 表

序号	企 业 名 称	国家数字经济及其核心产业统计分类(2021) 代码	名 称	上市板块	股票代码	股票名称
19	神字通信科技股份有限公司	0106	其他数字产品制造业	深交所创业板	300563	神字股份
20	无锡路通视信网络股份有限公司	0106	其他数字产品制造业	深交所创业板	300555	路通视信
02 数字产品服务业						
03 数字技术应用业						
21	江苏卓易信息科技股份有限公司	0301	软件开发	上交所科创板	688258	卓易信息
22	朗新科技股份有限公司	0301	软件开发	深交所创业板	300682	朗新科技
23	无锡线上线下通讯信息技术股份有限公司	0302	电信广播电视和卫星传输服务	深交所创业板	300959	线上线下
24	第七大道控股有限公司	0304	信息技术服务	香港联交所	00797	第七大道
04 数字要素驱动业						
05 数字化效率提升业						
25	江苏天奇物流系统工程股份有限公司	0502	智能制造	深交所主板	002009	天奇股份
26	江苏哈工智能机器人股份有限公司	0502	智能制造	深交所主板	000584	哈工智能
27	无锡智能自控工程股份有限公司	0502	智能制造	深交所主板	002877	智能自控
28	无锡工大道科技有限公司	0507	数字社会	纳斯达克	EDTK	能工教育
29	博耳电力控股有限公司	0509	其他数字化效率提升业	香港联交所	01685	博耳电力
30	江阴弘远新能源科技有限公司	0509	其他数字化效率提升业	香港联交所	01597.HK	纳泉能源科技

注：按照国家统计局《数字经济及其核心产业统计分类(2021)》，将数字经济产业范围确定为：01 数字产品制造业、02 数字产品服务业、03 数字技术应用业、04 数字要素驱动业、05 数字化效率提升业等 5 个大类。

B.3 无锡数字经济与相关地区和城市的比较分析

当前,数字经济成为新一轮工业革命的核心力量,也是全面提升城市能级的核心抓手。通过与先进城市的对比,可以更好地筑长板、补短板,构筑无锡数字经济的核心产业优势。

一、规模比较

数字经济是随着不断发展、快速演进的数字技术应用于各行业而形成的一种新的经济形态,对其没有也难有一致的认识。如何准确衡量数字经济,对全世界的统计学家和经济学家都是一个巨大挑战。BEA、信通院等机构做了积极的探索和尝试,对提升人们对数字经济的认识水平、完善数字经济测算方法起到了重要作用。数字经济是继农业经济、工业经济之后的新经济形态,它包括数字产业化(即数字经济基础部分)和产业数字化(即数字经济融合部分)两个方面。由于数字经济融合应用部分指各部门通过使用数字技术而带来的产出增加和效率提升的这部分增加值,无法直接核算,各地一般通过界定数字经济核心产业统计分类目录,对数字产业化部分开展数字经济核心产业动态监测分析。2018年浙江省印发了《浙江省数字经济核心产业统计分类目录》,确定了7大类128个小类行业作为数字经济核心产业统计范围。其他城市在开展数字经济统计时,大多参考浙江省分类目录进行,即选用计算机通信和其他电子设备制造业、电子信息机电制造业、专用电子设备制造业、电信广播电视和卫星传输服务业、互联网及其相关服务业、软件和信息技术服务业、文化数字内容及其服务业这7个大类进行分析。本报告测算比较总量规模数据均为数字经济核心产业数据。

（一）在总量方面，北京、上海、杭州、重庆位于第一梯队

就省外城市而言：北京、上海、杭州、重庆四地数字经济核心产业增加值总量测算均超过4000亿元，城市数字经济发展处于第一梯队。2020年，北京数字经济核心产业实现增加值5849亿元，发展水平远高于其他城市，占GDP比重为16.6%。重庆、杭州、上海位居其后，总量均超过4000亿元。其中，重庆数字经济核心产业增加值为4576亿元，占GDP比重为18.3%；杭州和上海分别为4290亿元和4141亿元；杭州数字经济增加值占GDP比重位居首位，达到26.6%。据测算，2020年无锡数字经济核心产业增加值为1291亿元，总量跟第一梯队城市相比有较大差距。从省内城市看，苏州、南京2020年数字经济核心产业增加值分别为2804亿元和1971亿元，占GDP比重分别为13.9%和13.3%，两大城市数字经济核心产业增加值在GDP中占比相当，分别高于无锡3.5个和2.9个百分点。无锡数字经济核心产业增加值为1291亿元，占GDP比重为10.4%，规模有待提升。

（二）结构上服务业占比超70%是趋势

从数字经济核心产业软硬结构比较看，大部分城市以服务业为主体。北京以互联网和软件服务业为主，百度、京东、字节跳动等互联网巨头聚集，2020年北京数字经济中服务业占比为90.1%。杭州以电子商务和云计算著称，电子商务产业和云计算与大数据产业占数字经济比重为45.6%和39.7%，2020年杭州服务业数字经济核心产业占比为74.8%。即便是比重较低的重庆，数字经济中服务业占比也达到35.8%。苏州以计算机、通信和其他电子设备制造业为主，2020年该行业增加值超1800亿元，占数字经济增加值比重超60%，结构与无锡最为相似。2020年无锡数字经济核心产业规模以上企业中五成以上为电子信息机电制造业企业和计算机通信和其他电子设备制造业企业，分别为307家和280家，2020年共实现增加值743.76亿元，营业收入4260.50亿元，占全部数字经济核心产业规模以上企业营业收入的76.6%。

表 3-1　　　　　　2020 年数字经济核心产业增加值情况

地区	数字经济核心产业增加值(亿元)	占 GDP 比重(%)	制造业数字经济核心产业占比(%)	服务业数字经济核心产业占比(%)
苏州	2 804	13.9	83.0	17.0
北京	5 849	16.2	9.9	90.1
上海	4 141	10.7	26.8	73.2
杭州	4 290	26.6	25.2	74.8
南京	1 971	13.3	28.6	71.4
重庆	4 576	18.3	64.2	35.8
无锡	1 291	10.4	84.0	16.0

资料来源：各地统计局。

二、产业比较

从产业结构看，无锡数字经济产业发展以集成电路、云计算和车联网等产业发展较好。从行业结构看，电子信息制造业、互联网和软件信息服务业是无锡数字经济发展的重头戏。本报告以这些行业和产业为重点，分析无锡数字经济发展与其他城市相比的优势与差距。

(一)集成电路产业——无锡与上海对比

上海作为整个长三角地区集成电路产业的龙头，集成电路产业企业主要涉及芯片设计、芯片制造、设备材料、封装测试等领域，已经形成了以张江科技园为主，以嘉定区、杨浦区、青浦区、漕河泾开发区、松江经开区、金山区和临港地区为辅的产业格局。2020 年上海集成电路产业实现销售收入 2 071.33 亿元，同比增长 21.4%。其中，设计业实现销售收入 954.15 亿元，同比增长 33.39%；制造业实现销售收入 467.18 亿元，同比增长 19.9%；封装测试业实现销售收入 430.9 亿元，同比增长 12.6%；装备材料业实现销售收入 219.1 亿元，与 2019 年基本持平。浦东张江已集聚了集成电路设计、芯片制造、封装测试、设备材料等企业共 200 余家，2020 年产业营收规模首超千亿元，达 1 027.88 亿元，同比增速高达 22.5%。

无锡是曾经的国家微电子产业"南方基地",是8个国家集成电路设计产业化基地之一,集成电路产业发展在无锡有底蕴。无锡新加坡工业园开发建设以来,引进了德国英飞凌、欧司朗等一批国际著名的集成电路封装测试企业。2017年华虹集成电路无锡研发和制造基地、SK海力士二期、天津中环大硅片等一批重磅项目相继落地无锡,为打造无锡集成电路全产业链夯实了基础,集成电路产业发展在无锡有前景。2017年,无锡市委、市政府出台《无锡市加快发展物联网为龙头的新一代信息技术产业三年(2017—2019年)行动计划》,明确提出瞄准集成电路技术前沿和产业高端领域,以高性能集成电路设计和先进封装为核心,重点发展面向网络通信、智能终端、工业控制与驱动、汽车电子、医疗电子等应用芯片设计和先进封装领域,带动晶圆制造、芯片测试、半导体关键设备和高性能材料研发等集成电路产业链上下游全面发展。无锡重点建设无锡国家集成电路设计园、无锡国家高新区超大规模集成电路产业园、江阴新潮集团集成电路产业园,保持全省集成电路领军城市和全国集成电路先进城市地位。目前,无锡集聚了近200家集成电路企业。2020年无锡集成电路产业规模以上企业实现销售收入1421.4亿元,同比增长27.5%。其中,设计业实现销售收入185.10亿元,增长32.5%,增速与上海相当,但总量差距较大;制造业实现销售收入290.09亿元,超过上海的六成,增速快于上海;封装测试业实现销售收入518.72亿元,增速20.5%,总量较上海多87亿元,增速快于上海7.9个百分点;装备材料业实现销售收入427.56亿元,总量较上海高出200亿元,增速快于上海40个百分点。

总结:上海集成电路产业生产工艺和生产规模全国领先强大的设计业成为上海集成电路产业发展的主引领,无锡则在封装测试和配套支撑环节实力较强,芯片设计短板有待提升。

(二)云计算和大数据产业——无锡与杭州对比

浙江省将发展数字经济列为"一号工程",推进国家数字经济示范省建设,实施数字经济五年倍增计划,杭州云计算和大数据产业已经成为杭州数字产业化的重要内容、产业数字化的有力抓手、城市数字化的坚实保障。杭州的云计算与大数据产业走在全国前列。杭州是全国5个云计算服务创新发展试点示范城市之一，获评"中国大数据发展五星城市"称号。在"大数据发展指数"城市排名中，杭州位列第三。2020年，杭州云计算与大数据产业主营业务收入（限上）超过3 000亿元，增速超过15%；增加值接近1 500亿元，增速16.5%，占杭州整个GDP超过10%，云计算与大数据产业日益成为杭州经济增长的新动能和主引擎。杭州的业务上云、整体云化等深度用云水平大幅提升，打造了一批可复制的深度用云行业解决方案，培育了一批知名的云计算平台和服务商，形成了完善的云计算产业生态体系，有效提升了杭州作为全国云计算大数据产业中心和国际级软件名城的地位和影响力。2020年杭州市新增上云企业超过3万家，累计上云企业超过10万家，7个云平台被评为浙江省行业云应用示范平台，15家上云企业被评为浙江省上云标杆企业；13家企业成为浙江省第四批大数据应用示范企业，占全省58%。杭州的"企业上云"总量、增速和标杆数量等各项指标均在浙江省遥遥领先。

无锡是全国唯一的国家传感网创新示范区，也是全国大数据战略节点城市和国家云计算服务创新试点示范城市。近年来，无锡大力实施创新驱动核心战略和产业强市主导战略，坚持把发展具有比较优势的战略性新兴产业作为优先选项，着力推动大数据、云计算、物联网等产业加快发展，集聚了一批在国内外具有较强影响力的行业龙头企业。2020年，无锡共有大数据企业超过400家，年销售超过280亿元，云计算与大数据产业连续两年营业收入增长超过30%，成功举办2020数字经济高峰论坛，国家数字化设计与制造创新中心江苏中心落户惠山。浪潮大数据产业园覆盖商品零售、企业画像、环境、农业、金融、交通等10个领域超过30多类数据资源，以立足无锡、应用全国、服务全球为战略方向，加快推动大数据应用推广和产业化发展，成为城市管理"大脑"的大数据中心。雪浪数制"工业大脑"雪浪云业务包括智能设备管理套件、智能生产管理套件、高级工具服务、工业物联服务等，以营造工业互联网生态为目标，打造超过4 800亿元的蓝海市场。

总结：杭州云计算和大数据产业规模全国领先，云计算产业生态体系建设完整。无锡云计算和大数据产业总体规模提升空间较大,以数据产业园和云业务为抓手,运用领域表现抢眼,未来发展后劲较好。

(三) 车联网——无锡与重庆对比

车联网产业是汽车、电子、信息通信、道路交通运输等行业深度融合的新型产业形态。作为重要的汽车产业基地、国家物联网产业示范基地以及智能网联汽车测试基地,重庆拥有特有的山地、桥隧复杂环境,具备作为车联网攻关研究及应用示范的基础和优越条件。2016年,中国智慧交通车联网产业创新联盟在重庆正式成立,致力于打造智慧交通网络,涉及云计算、大数据、人工智能、智能驾驶等相关新技术、新产品专利8 000余项,可广泛应用于智慧交通领域。2020年,仅在重庆南岸区,就已集聚车联网企业近百家,形成了百亿元产业规模。重庆建成了"全国车联网监管与服务公共平台""全国道路货运车辆公共监管与服务平台""车生活后服务平台""车联网开放平台""电子智能卡系统"等五大全国领先的产业平台。2020年,五大平台的总用户数已突破2 000万。重庆非常重视5G应用和发展。2021年国家工信部支持重庆(两江新区)创建国家级车联网先导区,目标在重点高速公路、城市道路规模部署蜂窝车联网C-V2X网络,做好与5G和智慧城市发展的统筹衔接,完成重点区域交通设施车联网功能改造和核心系统能力提升,带动全路网规模部署。

车联网是物联网产业延伸的重要方向,是传统汽车产业转型升级的重要抓手。作为中国的物联网之都、汽车零部件产业重地,无锡把大力发展车联网作为创新驱动和产业强市的切入点和突破口。2017年,无锡市选取3.7千米开放道路,完成了全球首个基于开放道路的LTE-V2X试点验证;2018年,启动建设城市级规模示范应用;2019年大力推进国家级车联网先导区建设,旨在集聚整合产业链企业,探索商业运营模式,向无锡以外拓展车联网应用;2020年,无锡获批国家智能交通综合测试基地、全球首个车联网城市级应用、国家级江苏(无锡)车联网先导区。结合5G、人工智能等,无锡目前已吸引80余家车联网(智能网联汽车)企业落户,累计完成全市600个路口基础设施改造升级,覆盖350余平方千米。

总结：车联网产业链条长,产业角色丰富,从上游到下游涵盖制造业和服务业两大领域。重庆汽车制造业中整车厂作为核心位置,作为车联网产业终端、软件、服务的集成者,具有较大的话语权。无锡以汽车零部件产业为主体,加速释放物联网产业基础优势,强化路侧和车端产品的研发,持续提升软件、算法、平台的研发能力,聚力招引核心骨干企业,培育本地创新企业,促进传统汽车零配件企业转型升级。

三、动能比较

"十三五"以来,各级地方政府纷纷将大力发展数字经济作为推动经济高质量发展的重要举措,区域数字经济发展百花齐放。各区域、各城市数字经济发展依托本地创新、产业、区位、政策等优势,形成了各具特色的数字经济发展之路。北京、上海、杭州、重庆作为全国数字化变革的领军城市,在数字化转型方面的大视野、大气魄、大手笔、大格局,以及敢为人先、善谋善断、勇于创新、大胆突破的做法和经验令人印象深刻,深受启发。取长补短有利于更清晰明确无锡数字经济的发展模式、路径和定位。

(一) 综合经济实力驱动型——上海

从区域和城市数字经济竞争力整体排名来看,上海作为国内经济发展程度高、综合实力好的地区,数字经济发展程度与综合经济发展水平基本一致。2020年,上海全口径数字经济增加值占GDP比重已超过50%,占据主导地位。其中,产业数字化已成为驱动上海数字经济发展的主引擎,占GDP比重超过40%。上海在全国首创"政务服务一网通办"和"城市运行一网统管",快速推动城市治理体系和治理能力现代化的转变。

一是高新企业成为主力军。2020年上海市高新企业数量达到14 624家,居全国第五。优质的投融资环境是支撑数字经济建设的后备力量,上海市上市企业共有2 099家,占比0.07%,远高于全国平均水平。二是"新基建"提供新动能。上海工业物联网相关企业数量占比达69.15%,高于全国平均水平的55.34%，是当前上海"新基建"发展的优势领域。上海"新基建"建设不仅具备了大量的企业数量基础，还具备鲜明特色、释放新活力，为上海数字经济发展提供了重要支撑。三是工业互联网发展迅猛。2020年，上海市工业互联网相关企业有547家，数量位居全国第三，拥有3个及以上专利企业占比为50.28%。2020年，上海市软件和信息技术服务业有专利企业占比为4.62%，高于全国水平的77.77%。上海市互联网和相关服务业有专利企业占比3.36%，超全国水平4倍以上。

（二）创新要素驱动型——北京

数字经济的发展离不开研发创新与人才投入等关键生产要素。北京市是全国创新要素最为集中的区域，充分发挥全国科创中心优势，软件和信息服务业、电子信息制造、互联网等数字产业保持良好发展态势，对地区经济的拉动作用持续增强。

一是软件和信息服务业领跑全国。2019年北京软件和信息服务业实现营业收入13 464.2亿元，占全国软件和信息服务业营业收入比重的23.0%，居全国首位。云计算、大数据、人工智能、区块链、网络安全等数字经济相关技术支撑产业发展水平领先全国。在"软件百强""互联网百强""综合竞争力百强"等国内重要榜单中，北京市入选企业数量均居全国首位。二是电子信息制造业规模持续提升。北京市集成电路产值稳居国内前三，5G、新型显示产业引领发展，传感器和物联网等产业发展态势持续向好。2019年，北京获高精尖产业资金支持电子信息产业项目9项，达到7 957万元，引导了一批重大项目落地投产。三是互联网和相关服务业发展整体向好。2019年，北京市互联网业务收入增速达23.9%，超过全国平均水平。互联网平台服务收入增速快速回升，生活服务、生产服务类平台回升明显，在线教育、在线娱乐、在线游戏、在线体育4个领域企业营业收入同比增长30.4%。

（三）政策环境驱动型——杭州

浙江省将发展数字经济列为"一号工程"，大力推进数字产业化，加快建设国家数字经济创新发展试验区,形成一批具有国际竞争力的数字产业集群,数字经济核心产业增加值年均增长保持在10%以上,省会杭州则致力于打造"数字经济第一城"。2021年3月,杭州召开数字化改革推进大会,发布《关于"数智杭州"建设总体方案》,努力打造全球数字变革策源地。2020年,杭州数字经济核心产业实现营业收入1.29万亿元,同比增长15.4%;增加值达到4 290亿元,同比增长13.3%,占全市GDP比重高达26.6%。阿里、海康、网易、大华、新华三五大龙头企业营收约占全市数字经济核心产业营收的65.7%。

一是打造创新平台。全力服务浙江大学、之江实验室等创新大平台建设;云栖小镇、梦想小镇等成为互联网创业者的集聚地和向往地,云栖大会、智涌钱塘大会等已成为行业风向标。二是落地创新成果。围绕以5G为代表的新一代数字经济基础设施建设,制定出台5G产业发展规划和产业发展政策,加大5G商用和产业化,推进国家(杭州)新型互联网交换中心建设。三是聚集创新人才。互联网人才和海外人才净流入率连续居全国城市首位。杭州突出数字经济需求导向、深入开展与名企名院名校的战略合作,目标引育20名数字经济领军人物、10名创新人才团队、2 500名"数字工匠",进一步形成数字英才齐聚杭州的良好局面。

四、环境比较

数字经济已经成为驱动中国经济社会发展和技术变革的重要力量,各地针对当地的实际情况制定了数字经济相关发展规划及扶持政策。以下梳理不同地区数字经济行业发展目标、行业重点和扶持政策,为无锡"十四五"发展提供引领参考。

(一)目标定位

随着"数据"成为新的生产要素,与劳动、资本、技术、土地一起形成新的经济范式,中国从工业经济时代迈入数字经济时代。在中央数字经济政策出台的同时,地方层面也不断加强数字经济的战略引导,2020年,31个省、自治区、直辖市的政府工作报告中，26个省份明确要大力发展数字经济。到2020年底，除新疆、宁夏，其余省份均出台了数字经济专项政策，包括数字经济发展行动计划、产业规划、扶持政策等60余项，新疆、宁夏在政府工作报告中也提到了支持数字经济发展，数字经济国省二级政策体系基本成型。从各省份2021年工作规划和"十四五"布局来看，数字经济成为各地城市经济发展的新动能。在全国31个省份2021年政府工作报告中，均对数字经济进行了布局。其中，有10个省份量化了2021年数字经济规模或增速目标，如福建提出2021年数字经济增加值达2.3万亿元，增速为15%左右；北京的目标则约为1.7万亿元，增速在25%以上；数字经济增加值预计突破30%的则有海南和江西，且有望打破贵州增速连续排名全国第一的局面。从重点城市看，北京2021年数字经济整体规模要求达到1.7万亿元，增速在25%以上，占全市GDP比重达44%左右；杭州2022年数字经济总量目标达到1.2万亿元以上；无锡则对物联网产业、集成电路产业的产业规模提出具体要求。

表3-2　　　　　　　　　主要省市数字经济发展目标

区域	省/市	目标
京津冀	北京	2021年，数字经济达到1.7万亿元，增速在25%以上，占地区GDP比重达44%左右；2022年，数字经济增加值占地区GDP比重达到55%
	天津	2023年，数字经济占地区GDP比重全国领先
	河北	2021年，数字经济超过1.1万亿元；2025年，电子信息产业主营业务收入突破5 000亿元
长三角	上海	2025年，数字经济增加值占全市GDP比重预期将超过60%
	浙江	2022年，浙江省数字经济增加值将达到4万亿元以上，占地区GDP比重超过55%
	宁波	2022年，数字经济占地区GDP比重达到45%以上
	杭州	2022年，数字经济达到1.2万亿元以上
	南京	2022年，数字经济增加值占地区GDP比重56%以上
	无锡	2021年，数字经济核心产业规模以上企业营业收入突破6 000亿元

续　表

区域	省/市	目标
珠三角	广东	2022年,数字经济规模达6万亿元,占地区GDP比重接近55%
	深圳	2022年,数字经济增加值突破2400亿元,年均增速在15%左右;信息传输、软件和信息技术服务业营业收入突破8000亿元,年均增速15%左右;软件业务收入突破1万亿元,年均增速15%左右
	佛山	2035年,数字经济总体规模达2万亿元
西南	重庆	2022年,数字经济总量达到万亿级规模,占地区GDP比重达40%以上,对地区GDP增长的贡献率达60%以上
	四川	2022年,数字经济总量超2万亿元
	贵州	2025年,数字经济规模占地区GDP比重超过33%
	成都	2022年,数字经济重点领域产业规模达3000亿元
其他	福建	2021年,数字经济总量突破2.3万亿元
	新疆	2020年,力争数字经济增加值达到3700亿元,占地区GDP比重达27%以上
	福州	2022年,数字经济规模达5000亿元以上,占地区GDP比重达40%以上
	武汉	2022年,数字经济占地区GDP比重超过50%
	江西	2021年,数字经济规模1.1万亿元,占地区GDP比重38%左右;2022年数字经济总量达1.5万亿元
	山西	2022年,数字经济规模突破5000亿元
	湖南	2025年,数字经济规模进入全国前10强,突破2.5万亿元
	广西	2025年,数字经济规模占地区GDP比重达35%
	甘肃	2025年,数字经济规模总量突破5000亿元
	西安	2020年,数字经济规模达到3500亿元,2021年超过4000亿元,2022年接近5000亿元
	黑龙江	2025年,数字经济规模占地区GDP比重超过36%

资料来源：各地政府工作报告和行动计划报告。

(二) 行业重点

物联网、云计算、车联网、集成电路,数字经济的关联性使得其互联互通的发展方向较多,为进一步促进数字产业化和产业数字化的推进,各地在建设数字车间、智能工厂、推动企业"上云上平台"和加快5G基站建设、推广应用方面,明确了未来数字经济发展重点和方向。

1. 建设数字车间、智能工厂

数字车间、智能工厂是智能制造的主线和载体,是传统制造业数字化转型的体现,也是产业数字化的主攻方向。在工业4.0、工业互联网、物联网、云计算等热潮下,为推进传统制造业转型升级,各省份纷纷加快了数字车间、智能工厂建设。汇总各省份此前规划,2020年中国将建成1万家智能车间,如江苏省提出到2020年建成1000家智能车间,重庆提出到2020年建成20个智能工厂和200个数字化车间。2021年作为"十四五"开局之年,进一步加快制造业企业数字化普及,加快数字车间、智能工厂建设,仍然是各省份数字经济发展重点。很多地区对建设数字车间、智能工厂有了明确的布局规划,如天津提出建设数字车间、智能工厂100家;山西和安徽则提出培育数字化车间、智能工厂200家以上;无锡在《工业互联网和智能制造发展2021年工作要点》中提出,建设智能工厂培育库,新增省级智能车间30个,市级智能车间60个;苏州则提出建成15个市级以上智能工厂、300个示范智能车间。

表3-3　　　　各地区2021年数字车间、智能工厂建设规划

地　区	数字车间、智能工厂
天津	建设数字车间、智能工厂100家
山西	培育200家智能工厂和数字化车间
内蒙古	建设一批工业互联网平台、智能工厂、数字车间
甘肃	建设一批数字化车间和智能化工厂
宁夏	新认定绿色智能工厂和数字车间25个
辽宁	布局一批智能工厂、智能车间、智能生产线
安徽	培育数字化车间、智能工厂200家以上
湖北	建设智能化工厂、数字化车间
湖南	发展更多自动工位、智能车间、智能工厂
上海	建设100家标杆性无人工厂,打造10家示范性智能工厂,搭建10家垂直行业工业互联网平台

续 表

地区	数字车间、智能工厂
杭州	建设数字化车间30家、未来工厂6家
苏州	建成15个市级以上智能工厂、300个示范智能车间
无锡	建设智能工厂培育库,新增省级智能车间30个、市级智能车间60个

资料来源:各地政府工作报告和行动计划报告。

2. 推动企业"上云上平台"

2018年8月,工信部发布《推动企业上云实施指南(2018—2020年)》,提出到2020年,全国新增上云企业100万家,形成典型标杆应用案例100个以上,形成一批有影响力、带动力的云平台和企业上云体验中心。支持企业上云,有利于推动企业加快数字化、网络化、智能化转型,提高创新能力、业务实力和发展水平,促进互联网、大数据、人工智能与实体经济深度融合。2021年各省份政府工作报告的数字经济规划中,企业上云仍然是发展重点。无锡提出持续推进"千企上云",新增省星级上云企业50家,四星级30家。

表3-4　　　　　各地区2021年企业"上云上平台"规划

地区	企业"上云上平台"
河北	新增1万家企业上云
陕西	积极推动企业"上云上平台"
甘肃	推进普惠性"上云用数赋智"服务
青海	开展企业上云三年行动
广东	坚持产业链企业"上云上平台"
广西	实施产业"上云用数赋智"工程
辽宁	启动企业"上云用数赋智"行动
福建	推动5 000家企业"上云上平台"
江西	深入开展企业"上云用数赋智"行动
河南	推进5万家企业上云
湖南	引导中小企业上云用云
无锡	持续推进"千企上云",新增省星级上云企业50家,四星级30家

资料来源:各地政府工作报告和行动计划报告。

3. 加快5G基站建设、推广应用

5G基站是数字产业设备,是数字经济发展的基础。根据工信部《"双千兆"网络协同发展行动计划(2021—2023年)》,2021年全国新增5G基站超过60万个。根据各地区发布的2021年政府工作报告,2021年江苏5G基站建设目标为6万个,新建数量全国最多;湖南5G基站建设目标为5.5万个;河南5G基站建设目标为5万个;山东紧随其后,5G基站建设目标为4万个。重点城市中,北京5G基站建设目标是新增6 000个,无锡的目标是新增4 000个。

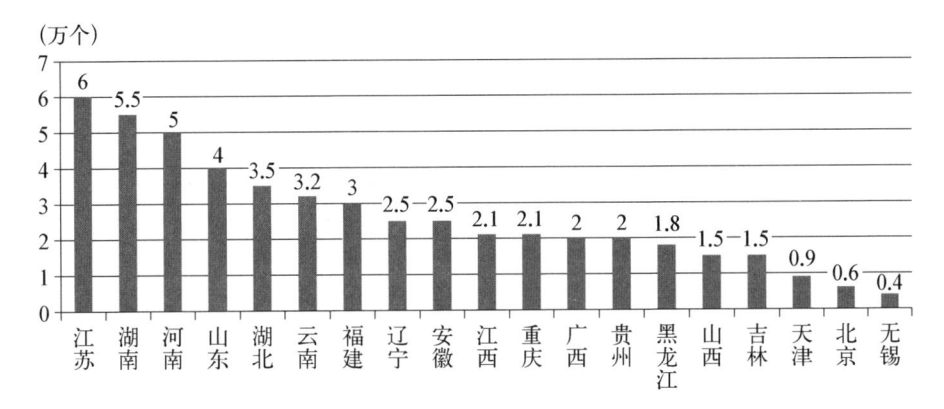

(万个)

江苏	6
湖南	5.5
河南	5
山东	4
湖北	3.5
云南	3.2
福建	3
辽宁	2.5
安徽	2.5
江西	2.1
重庆	2.1
广西	2
贵州	2
黑龙江	1.8
山西	1.5
吉林	1.5
天津	0.9
北京	0.6
无锡	0.4

图3-1 部分地区2021年5G基站新建规划

(三) 政策扶持

2020年底,除新疆、宁夏,其余省份均出台了数字经济专项政策,包括数字经济发展行动计划、产业规划、扶持政策等60余项。新疆、宁夏在政府工作报告中也提到了支持数字经济发展。各地城市政策也陆续出台,数字经济国省市三级政策体系初具雏形。

1. 省级层面政策

从省级数字经济扶持政策来看,广东、江苏、福建、贵州、上海、重庆等多个地区出台了针对细分领域的财政扶持政策,支持人工智能、工业互联网、大数据等产业发展。河北、山西、湖北、山东、安徽五个省份出台了数字经济专项扶持政策,政策覆盖范围包括整个数字经济产业。安徽省单个企业最

高可获得500万元扶持;山东省对集聚区建设扶持力度最大,提出:对新认定的国家级大数据综合实验区或产业集聚区,给予最高3 000万元的支持;对创新平台建设最高扶持1 000万元,同时给予数据中心电价优惠,用电价格通过各级财政奖补等方式降至0.33元/千瓦时左右等。

2. 市级层面政策

从市级扶持政策来看,温州、福州、济南、抚州等市出台了比较详细、全面的数字经济扶持政策。济南于2019年1月发布《关于印发济南市促进先进制造业和数字经济发展的若干政策措施的通知》,提出对新引进或培养的国内外顶尖人才和团队,给予最高1亿元的综合资助,对跨行业跨领域工业互联网平台建设最高资助2 000万元。温州提出按企业税收贡献最高扶持2 000万元,对重点项目引进采取"一事一议"政策。福州在企业数字化改造、公共平台建设方面扶持力度较大,对智能装备生产企业技改奖励最高800万元;支持数字经济行业龙头企业建设公共服务云平台、大数据中心、软件创新中心,最高扶持1 000万元。

3. 重点领域政策

多个城市根据自身产业基础特点,出台了针对重点发展方向如5G、大数据、人工智能等细分领域专项政策,促进数字经济的应用与发展。广州市对人工智能、区块链、智能制造等领域设有专项资金扶持。深圳对《国家重点支持的高新技术领域》研发项目最高扶持1 000万元,对数字经济产业链关键环节提升、公共服务类、高端展会类单个项目最高资助金额均为300万元。上海发布《中国(上海)自由贸易试验区临港新片区集聚发展人工智能产业若干政策》,对认定为国家重点实验室、国家级企业技术中心的,最高扶持1亿元。北京以"一事一议"方式给予最高2亿元资金支持。杭州发布《杭州市建设国家新一代人工智能创新发展试验区若干政策》,对人工智能基础理论研究和关键核心技术研发最高扶持2 000万元。无锡出台《加快推进数字经济高质量发展三年行动计划(2020—2022年)》,强化现有各类产业政策对数字经济的支持力度,加大对数字经济关键领域、重大项目等方面的扶持力度。无锡发挥市政府投资基金作用,成立数字经济重点领域子基金,三年累计规模突破50亿元。

五、方向比较

面对长三角区域城市数字化转型步伐不断加快、数字经济蓬勃发展的强劲态势,对照江苏省委、省政府对无锡提出的"当好全省高质量发展领跑者"的目标要求,对标上海、杭州等国内数字经济产业重城,无锡要以强烈的使命感抢抓机遇,勇立数字化潮头,扬长避短,发挥优势,不断提升无锡数字经济的竞争力和首位度,成为长三角区域数字经济的标杆城市和全省数字化转型的领跑者。

(一)将数字化转型作为资源整合的方向

上海充分发挥城市数字化转型工作领导小组作用,建立健全统筹协调和推进机制,做好重大政策举措的统筹推进和考核评估,加强跨区域、跨部门、跨层级的组织联动。杭州成立由市委改革办为统领、各相关部门组成的"数智杭州"建设领导小组,办公室设在市委改革办,承担领导小组日常工作,负责统筹协调数字化改革推进过程中遇到的具体问题,及时梳理全市和各条线推进落实的难点、堵点,协调相关部门提出的对策建议,助推问题的及时解决。

无锡应加强顶层设计的决策力和组织领导力,增强部门板块的执行力,提高基层企业机构的行动力;进一步理顺体制机制,加强部门协同,努力实现城市数字化的系统布局和整体推进;聚焦惠企惠民等重点领域,谋划推进一批跨部门、跨业务协同应用综合集成的标志性项目,可采取领导约谈、联席会议、工作例会等方式,统筹联动,打破条块分割,破除信息孤岛,实现整体数字化重塑再造。

(二)将数字化转型作为推动城市能级的方向

作为推动经济高质量发展和城市能级提升的重要抓手。上海出台《关于推动工业互联网创新升级 实施"工赋上海"三年行动计划(2020—2022

年)》,提出打造10个"5G+工业互联网"先导应用,工业App和微服务组件有效下载不少于2万个,建设10个以上工业互联网标识解析二级节点;打造工业互联网头部企业,建设服装、建筑、工程机械、高端装备等20个具有全国影响力的工业互联网平台。杭州出台《关于加快建设"未来工厂"的若干意见》,到2025年,将力争培育"聚能工厂""链主工厂"和"智能工厂"150家以上,培育"数字化车间"1 000个以上,培育高等级"样板园区"10个,高能级"赋能工场"10个,高标准"智造工场"30个。

无锡数字化转型要因地制宜、因业制宜,发挥制造业强大的优势,寻找城市自己的赛道,打造自身独特的优势。建立链主工业互联网,由重点制造龙头链主企业主导,联合数字科技企业搭建工业互联网平台,引导上下游中小企业坚定不移上平台。应在制造企业与数字科技企业、工业互联网平台之间搭建沟通桥梁,建立友好传导机制,充分发挥龙头制造企业作为"甲方"数字化转型的主动性和引领性,改变"乙方"数字科技企业"唱独角戏"的局面。同时,应积极引进和加快培育数字产业化的头部企业,创造更优的数字化转型生态环境。应加强对中小微企业政策宣传的针对性,聚焦"增订单、减成本、提效益"等企业关注的重点、痛点、难点,提高相关支持政策的实施效果,持续增强企业数字化转型的信心和投入。

(三) 将数字化转型作为增加居民幸福感的方向

上海、杭州在推进数字化转型中始终坚持以人为本价值取向,围绕人的全生命周期,以问题为导向,推动智慧医疗、智慧教育、智慧养老等更多智慧应用场景从理念走向落地,呼应群众反映强烈的热点难点,打造城市治理新生态。上海把生活数字化转型作为践行人民城市重要理念的有力抓手,打造11个老百姓最关心、最直接、最受用的标杆应用;构建7个数字化便捷就医场景,提升患者体验度;全面构建数字交通"新场景",明确60项任务,打造有温度的交通生活服务生态;针对老年人数字鸿沟问题,实施长者服务"银色数字工程",拓展"为老服务一键通"。杭州围绕十二大应用场景和"未来社区、数字乡村、智慧亚运"三大综合应用场景,推进跨部门多业务协同应用综合集成，实现制度和流程重塑，让数字社会服务更有温度。杭州的智慧化医疗遍及城乡，实现先看病、后付费，分时预约，最大程度优化了就医流程，改变了在大医院"排队3小时看病3分钟"的现象。

无锡应深入践行"人民城市为人民"理念，将物联网、大数据、云计算等新一代信息技术应用到社会生活的全领域、全过程，围绕人的全生命周期，构建更多智慧应用场景，让城市更聪明、环境更优美、生活更美好。继续推进城市运营现代化服务管理中心建设，推动城市治理由数据化向智能化、智慧化转变，打造一流智慧经济、高效政府、舒适生活、便捷交通、创新服务和宜居环境。应加强社区新型基础设施建设，高质量提升社区治理服务效能。应开展"未来社区"试点建设，打造具备归属感、舒适感、体验感的新型城市功能单元，重塑智慧城市生命体。

执笔：朱玲燕

B.4 "十四五"时期数字经济发展趋势展望

从全球视角分析,数字经济已成为信息社会的主要经济形态,"十四五"期间将成为全球复苏新引擎,产业发展空间巨大,产业数字化成为发展主战场,各国聚焦数字经济发展的战略升级、竞合加剧。从中国视角分析,数字经济已成为经济高质量发展的新动能,数字化转型向深度和广度推进,数字技术将实现自主创新,数字产业化稳步增长,产业数字化快速增长,数字化治理逐步完善,数字价值化稳步推进。

一、全球数字经济发展的态势和趋势

(一)数字经济成为信息社会的主要经济形态

数字经济是继农业经济、工业经济、服务业经济之后的新经济形态,呈现出高成长、广覆盖、强渗透和跨界融合、开放共享的趋势特征,更容易形成规模经济和范围经济,实现全域性的经济增长,成为当今世界的主要经济形态。在"十四五"期间,数字经济将成为各国实现经济复苏、推动转型发展的关键抓手。其中,产业数字化成为发展主战场,是全球数字经济发展的主导力量。

一是数字化的知识和信息是数字经济关键生产要素。进入数字经济时代,数据成为新的关键生产要素。网络数据、信息正成为企业经营决策的新驱动、商品服务贸易的新内容、社会治理的新手段,能够实现新的价值增值。相比土地、资本、技术等传统要素,数据资源具有可复制、可共享、无限增长和供给的禀赋,能够打破传统要素有限供给对增长的制约,带来经济社会各领域全要素生产率的提升,实现持续增长和永续发展。

二是数字技术是数字经济发展的基石。近年来,大数据、物联网、移动互联网、云计算等数字技术的突破和融合发展推动数字经济快速发展,成为数字经济发展的中坚力量。人工智能、虚拟现实、区块链等前沿技术正加快进步,产业应用生态持续改善,不断强化未来发展动力。数字技术带来的感知、连接、数据无处不在,改变了基础设施的基本形态,5G通信设备、人工智能、工业互联网、物联网等成为数字经济时代的新型基础设施,具有与生俱来的强大经济带动效应。

三是数字产业化和产业数字化构成数字经济的内核。数据生产要求发展一系列高新技术及产业,这个要求既推动了电子信息制造业、信息通信业、软件服务业等信息产业的发展,又催生了以共享经济、平台经济等为代表的一系列全新的商业模式,是为"数字产业化";用数字技术改造提升农业、工业、服务业等传统产业,在数字技术开发利用集成基础上开展的全部产业、贸易、金融、消费等经济活动,是为"产业数字化"。2019年,全球产业数字化占数字经济比重达到84.3%,占全球GDP比重为35.0%,产业数字化成为驱动全球数字经济发展的关键主导力量。

四是全球数字治理规则将进入重构关键期。数字全球化既是新一轮全球化的重要标志,也带来重大挑战,呼唤构建新的全球数字治理体系。从全球数字治理议题来看,以货物贸易电子化、数字鸿沟为代表的治理规则正日趋成熟;数据跨境流动、个人信息保护、计算设施本地化、数字知识产权、平台治理与中介责任、数字税、人工智能治理、数字货币治理等相关规则在竞争中构筑。未来十年将是全球治理体系深刻重塑的十年。

(二)全球数字经济产业发展空间巨大

数字经济改变世界贸易和投资合作方式。数字经济带来巨大的市场需求和增长潜力,引发全球经济体系重构。近年来,以商品贸易为标志的经济全球化开始出现停滞,全球商品贸易总额占世界GDP的比重下降到了40%。而全球数据流动大约增长了45倍,主导着经济全球化新的演进路径。数字经济还为企业"换道超车"、迈入前沿带来重大机遇,一些新兴科技企业抓住"技术变轨"的机会窗口进入世界领先行列,成为改变世界贸易投资格局的重要力量。

数字经济深刻地改变人类的生产和生活方式。数字化引发生产制造技术和产业组织方式变革,制造业服务化、专业化、产业链分工精细化等特征凸显,进一步促进国际生产格局向网络化、分布式方向发展,个性化定制、大规模定制,以及社交化的制造平台等新制造模式不断涌现。数字化推动社会组织方式和服务方式变革,互联网平台创造了全新的商业环境,各种类型、各种行业、各种体量的企业通过接入平台获得了直接服务消费者的机会。数据的流动与共享,推动商业流程跨越企业边界,形成全新的资源网络、生态网络和价值网络。数字经济借助数字化的互联网技术深入各个垂直行业,逐步由消费互联网向产业互联网转变。

数字经济推动基础设施不断升级。万物互联的人机物共融是各国对世界未来发展趋势的共识。世界各国信息基础设施的规划与部署面临着扩域增量、共享协作、智能升级的迫切需求。在连接形式上,目前主导的手机与其他消费终端的连接方式,将转变为工业及机器设备间的连接。除了工业设备互联,传统基础设施也在逐步展开"大智物联"等新一代信息技术的深度融合,向智能电网、智能水务、智能交通、智能港口转型升级。随着万物互联时代的到来,连接设备的数量、产生的收入和数据量将呈现惊人的增长。美国有线电视协会预测,到2025年,物联网销售收入将达到1.6万亿美元;麦肯锡则预测物联网销售收入将达到6.1万亿美元。

(三)各国不断升级数字经济发展战略

美国作为率先提出并支持数字经济发展的数字强国,始终保有强烈的争先意识和忧患意识,在多项政策举措上精准发力,力争在全球范围内保持领跑地位。近年来,美国锁定大数据、人工智能、5G应用等领域,推动原有战略的持续升级,相继发布《数据科学战略计划》《维护美国人工智能领导力的行政命令》《5G加速计划》《美国国家网络战略》等战略计划。另一方面,为美国企业在全球市场中保驾护航。2016年7月,美贸易代表办公室成立

"数字贸易工作组"，帮助本国企业扫清阻碍全球数字贸易的壁垒。

欧盟制定一系列数字化转型战略规划、法案。近年来，先后制定《欧盟人工智能战略》《塑造欧洲的数字未来》《欧洲新工业战略》《欧洲数据战略》《人工智能白皮书》等；2021年3月，《2030数字指南针：欧洲数字十年之路》公布，涵盖了欧盟到2030年实现数字化转型的愿景、目标和途径。欧盟重视数字经济立法，《网络与信息系统安全指令》《通用数据保护条例》《非个人数据自由流动条例》《网络安全法案》等先后颁布施行。

日本奉行实用主义，重视数字经济服务于社会。一方面，积极推进产业数字化转型。2017年，日本经济产业省发布"互联工业"战略，积极推动人工智能、物联网、云计算等科技手段应用到生产制造领域。另一方面，加速智能型社会建设。2016年，日本政府首次提出超智能"社会5.0"概念，旨在交通、医疗、养老等领域推动数字化转型，形成适合日本发展需要的新型社会形态。此后，相继发布《下一代人工智能推进战略》《科技创新综合战略2017》《集成创新战略》等纲领性文件。

近年来，面对日新月异的全球大数据战略竞争态势，中国国家主席习近平先后在G20杭州峰会、世界经济论坛、党的十九大等重要场合多次指示，要把握好数字经济带来的机遇，做大做强数字经济。党中央、国务院审时度势、精心谋划，不断完善顶层设计和决策体系，加强统筹协调，围绕国家大数据战略作出实施创新驱动发展战略、网络强国战略、"互联网＋"行动、《中国制造2025》等一系列重大决策，开启了数字中国建设的新征程。

（四）各国在数字经济关键领域竞合加剧

2016年，G20杭州峰会通过了《二十国集团数字经济发展与合作倡议》，这是全球首个数字经济合作倡议。中国倡议建设的"数字丝绸之路"科研水平领跑全球，前景可期。数字丝绸之路建设，特别是数字基础设施建设，是"一带一路"国际合作进程中最为关键的内容之一，也是中国参与和推动全球数字经济合作的重要途径和手段。2020年11月，中国与东盟10国，以及日本、韩国、澳大利亚、新西兰共15个国家正式签署《区域全面经济伙伴关系协定》(RCEP),其中明确了电子商务项下各成员方制定数据本地化和数据跨境流动政策的基本原则。

国家间围绕数字经济竞争加剧。由于数字软硬件设施和服务系统渗透到国民经济、社会生活和政府治理的方方面面,伴随着海量数据生成和传输,一些国家担心如果不能实现核心数字科技和系统的自主,个人隐私与信息安全、产业安全、政治安全、国防安全等方面会面临巨大风险。因此,围绕数字科技和数字产业发展,主要国家不约而同地加强布局,不断推出支持数字经济发展的法律、战略和政策,甚至不惜采取违反国际经贸规则的做法对其他国家的技术和产业发展进行遏制。

二、"十四五"时期中国数字经济发展趋势展望

(一) 数字经济成为经济高质量发展的新动能

数字经济正成为培育经济发展新动能的主引擎,通过产业创新和技术创新,提高产品和服务质量,提升全要素生产率变革,通过创新商业模式和组织模式,数字化丰富组织生产要素,网络化提高要素配置效率,智能化提升投入产出水平,全面推动经济发展质量变革、效率变革、动力变革。"十四五"期间,数字技术将加速群体突破,数字化转型将在更广范围、更深层次加速推进,信息革命正向新高度、新阶段持续跃升。根据中国信息通信研究院预测,到2025年中国数字经济规模将达到60万亿元,有望实现年均9.0%左右的名义高速增长。从数字经济内部结构看,数字产业化占比逐年下降、产业数字化占比逐年提升是数字经济发展的必然趋势。

(二) 数字化转型的深度和广度将大幅提升

"十四五"时期,数字化转型受疫情冲击短暂下行后,将进入全面扩张、深度拓展的加速发展新阶段。从短期看,在疫情冲击下,企业会因收入降低,导致数字化投入能力下降,拖累转型步伐。从中长期看,一旦从疫情中恢复,数字化转型将快速反弹进入加速发展轨道。疫情倒逼转型意愿、需求、供给和环境等方面变化较大。数字化转型已经成为广大企业的共同选

择，叠加新一代信息通信技术加快成熟，经济社会各方面都将经历深刻的数字化转型，数字化转型的行业广度和业务深度将得到极大拓展。城市数字化转型全面开启。城市数字场景化应用全面拓展，更加聚焦城市微单元，数字乡村、未来社区、数字家庭建设将成为新方向，并可能取得突破性进展。

(三) 数字技术将实现更高层次的自主创新

"十四五"时期，数字化发展中将更加重视数字技术自主创新，以攻克"卡脖子"的关键核心技术为突破口，顺应当前全球信息技术从单品竞争到生态系统竞争的趋势，推进核心电子元器件、高端并行计算芯片、分布式计算操作系统、新型数据库、工业软件等基础研究实现重大突破，围绕新算力、新算法、大数据、数据安全等积极布局数字技术新赛道，实现高端芯片、智能互联网、脑机接口、认知智能、泛物联网、超级自动化、量子计算等前瞻性技术"从0到1"的突破，将构建起自主可控的数字技术创新链、产业链、价值链和生态系统。

(四) 数字产业化将向"技术＋平台＋应用"的数字化生态发展

"十四五"时期，以电子制造、软件、互联网、5G、物联网、大数据、人工智能等为代表的数字产业将高速发展。以 5G 产业为例，预计 2020—2025 年 5G 商用将带动1.8万亿元的移动数据流量消费、2万亿的信息服务消费和 4.3 万亿元的终端消费。以云计算为核心的数字化平台将成为数字经济时代协调和配置资源的基本商业平台，数据驱动的平台化模式引领各行各业衍生出更多的新业态和新模式，将成为推动价值创造和价值聚集的重要载体。各行业利用数字产业化技术进行转型升级，实现产业的数字化渗透、交叉和重组，进一步形成集资源、融合、技术和服务性为一体的全业态、全社会的数字产业生态系统。

(五) 产业数字化将向场景化、专业化、平台化和智能化升级

"十四五"时期，数字技术和实体经济深度融合将加速推进，数字化将继

续推动消费互联网发展,衍生出更加丰富的线上场景,推动在线办公、远程医疗、网络教育、智能交通、智能家居等数字经济新业态新模式蓬勃发展,工作和生活领域的数字化应用将向更高品质和更多样化升级。在大数据、云计算、5G等数字技术的赋能下,各个行业的数字化生产将进一步向专业化纵深发展,细分行业将成为数字化转型的主力军,生产性服务业也将向专业化和价值链高端延伸。大型平台则进一步面向中小微企业、创客共享开放,深挖发展空间。人工智能技术逐步商业化,"智能+"有效推进,产业数字化转型将会迈向"万物互联、数据驱动、平台支撑、软件定义、智能主导"的新阶段。

(六) 数字经济法治建设和数字化治理更加健全完善

"十四五"时期,中国互联网法治建设将从细化重点法律制度、协调整体立法体系、探索新技术、新应用立法等方面进一步充实法律制度,提高整体治理水平。2021年2月,国务院反垄断委员会发布《关于平台经济领域的反垄断指南》。4月,国家市场监管总局对阿里巴巴实施"二选一"垄断行为作出行政处罚,罚款182.28亿元。该案是中国平台经济领域第一起重大典型的垄断案件,标志着平台经济领域反垄断执法进入了新阶段,释放了清晰的政策信号,即国家在鼓励和促进平台经济发展的同时,强化反垄断监管,有效预防和制止平台企业滥用数据、技术和资本等优势损害竞争、创新和消费者利益的行为,规范和引导平台经济持续健康创新发展。数据安全、个人信息保护法等立法正在推进中。

数字化浪潮也在深刻重塑数字政府和数字社会。数字技术得到应用,网络互联、数据融合、信息共享、业务协同不断深化,倒逼和催生政府管理体制改革、管理方式变革、业务流程再造、服务模式优化。"十四五"时期,随着国家一体化大数据中心的建设,数字政府建设将进入新阶段,政府管理和服务模式将逐步向数字化演进,公共数据资源全面实现共享开放和跨部门开发利用,在线政务服务全面实现"协同办、指尖办"转变,数字政府架构、数字政府服务流程、公共数据治理、公共数据安全将更加优化和成熟,"新型智慧城市""数字孪生城市""城市大脑""治理现代化指挥中心"等建设将更加务实和体现绩效。

（七）数据要素将成为推动经济高质量发展的关键生产要素

中国数据资源在全球占有重要地位，数据已经成为重要的生产要素，成为推动经济发展质量变革、效率变革、动力变革的新引擎。数据流带动技术流、资金流、人才流，促进资源配置优化和全要素生产率提升，对经济发展、社会进步、民生改善和国家治理将产生深刻的影响。"十四五"时期，数据要素市场化将全面推进，将构建起对数据权属、数据价值贡献、数据定价、按贡献参与分配等数据生产要素市场化配置机制，数据产权制度的完善与探索将加速推进，数据立法、数据标准化、数据安全监管等支撑体系将构建，数据主权、网络数据安全、数据隐私保护、数据跨域流动等将成为关注的焦点。

执笔：倪自宏

B.5 "十四五"时期无锡数字经济发展面临的机遇和挑战

机遇与挑战总是相伴而来、融合而生。从国内外数字经济发展的态势、趋势看,"十四五"期间,无锡面临的机遇总体上多于挑战。在顶层政策规划、数字新基建、疫后市场促进、传统产业数字化转型等方面的机遇较多。但需及时有效应对"卡脖子"压力传导、长三角区域城市竞争加剧、前沿技术市场风险较大及无锡自身的研发能力较弱等挑战,特别是在不可预知的关键时点,无锡的相关行业产业、资源要素可能受到严峻的挑战和困难。

一、机遇

(一) 数字新基建将加快推进

"十四五"时期,国家、省市将在多层面、多领域系统化加快推进新型基础设施建设。2020年1月,国务院国资委新闻中心明确指出新基建的七大领域,即5G、特高压、城际高速铁路和城际轨道交通、充电桩、大数据中心、人工智能、工业互联网,这将给无锡数字经济发展带来重大机遇。5G、大数据、工业互联网、人工智能等是数字新基建的核心,将成为今后一段时期建设重点,已列入国民经济和社会发展"十四五"规划建设任务,列入城市总体发展规划和专项发展规划。据估算,今后5年中国新基建将带动投资约11万亿元,平均增速约10%。对于无锡来讲,5G网络、大数据中心、物联网、能源互联网、新型智慧城市、量子计算、区块链等基础设施建设,既能够产生长期性、大规模的投资需求,拉动有效投资增量,又能够直接有力促进无锡数字经济产业发展和城市数字化治理水平提升。

1. 5G 网络建设方面

"十四五"时期,中国将建成系统完备的 5G 网络,网速进一步提升、网络覆盖进一步扩大。依据国家工信部等十个部门制定的《5G 应用"扬帆"行动计划(2021—2023 年)》,到 2023 年,每万人拥有 5G 基站数超过 18 个,建成超过 3 000 个 5G 行业虚拟专网。无锡提出,2022 年基本实现全市覆盖、人口覆盖率超过 95%;到 2025 年,将实现全市室内外 5G 网络全覆盖、行业应用网络需求全面承载。不断推进的网络建设,不仅需要机房、管道、网线等配建工程和芯片、器件、材料、精密加工等硬件的配套,也需要操作系统、云平台、数据库等行业的支撑。这些需求将促进无锡数字产业的发展。

2. 大数据中心建设方面

2020 年 12 月,国家发展改革委发布《关于加快构建全国一体化大数据中心协同创新体系的指导意见》,从国家层面对大数据中心的整体发展规划和建设标准做出方向指引。该项政策势必带来新一轮的产业增长,规划类、基建类、供货类、开发类、运营类企业都会享受到产业增长带来的红利,有利于无锡城市大数据中心、国家超算无锡中心和各类云平台推进数据市场化应用和加快数据价值化进程。

3. 工业互联网发展方面

工业互联网与物联网在技术创新和市场应用上能够互融互促、比翼齐飞,更加彰显无锡先进制造业和物联网发展的独有优势。工业互联网与新基建的其他六大领域均可融合发展,相互促进,为经济社会发展提供新动能。工业互联网与 5G、人工智能、大数据中心结合,可实现 5G+工业互联网应用、工业智能化应用和建立工业互联网大数据中心。5G 与工业互联网的广泛融合,将帮助实体经济从单点、局部的信息技术应用向无人化、数字化、网络化和智能化转变。这将有利于无锡制造业体系把握技术融合渗透的发展机遇,享受新一轮政策红利。

4. 人工智能方面

国家"十四五"规划纲要对未来十余年中国人工智能的发展目标、核心技术突破、智能化转型与应用,以及保障措施等多个方面作出了部署。人工智能已经成为新一轮国际竞争的焦点和经济发展的新引擎,也将为无锡开启现代化建设带来新机遇。从横向看,人工智能与其他科技领域的学科交叉、协同发展所形成的"AI+X"组合模式有利于无锡实施"创新驱动核心战略""产业强市主导战略",有利于加快太湖湾科技创新带建设,建设国家科技基础设施,加强核心技术突破,构建产业科技创新体系,建设国内一流、具有国际影响力的产业创新名城。

从纵向看,人工智能可以与多个产业相结合从而促进相关产业链上下游的发展,进而拉动消费端对高科技产品的消费需求。在产业链端,引入人工智能所带来的对算法、算力、数据的持续需求可以带动很多相关产业链的发展。例如,云上人工智能服务的发展必然会在电子设备(服务器设备)、集成电路(处理器)、通信运营(5G)领域带动产业链发展;自动驾驶等需要在终端部署的人工智能应用,往往需要针对不同的应用设计专用的处理器和电路系统,以调和算力需求与功耗、响应速度、设备体积之间的矛盾,同样会带动集成电路、电子系统、精密制造等领域的产业发展。在消费端,人工智能技术可以带动传统应用场景的数字化转型和智慧化改造,通过科技赋能带动消费需求增长。人工智能与各种应用场景相结合,有望通过科技体验升级拉动新需求。智慧公共服务、智慧社区、智慧零售等诸多"智慧+"的生活图景,其背后都伴有基础的人工智能应用。

(二) 2020年后市场数字化转型将加快

2020年新冠肺炎疫情暴发催生了数字经济的加速发展与创新发展。经过抗"疫"这个特殊时期的洗礼,无锡数字经济快速发展将面临新机遇。

对企业生产来讲,数字化转型成为关键策略。相关调研成果显示,企业的数据化程度越高,受疫情冲击的影响越小,而那些传统生产方式的企业很难应对产业链和供应链的急剧变化。绝大多数企业对大数据、云计算、人工智能、智能制造等数字化技术的认知更加清晰,对相关技术的应用更加积极主动。无锡企业将加快改造传统生产设备,推进设备向数字化、网络化、智能化方向转型;加快进入"云端"速度,降低生产成本,实现共享制造,构建数字生态共同体。

对居民消费来讲,线上消费趋势更加强化。疫情防控期间,人们对本地生活服务电商、在线教育、在线医疗等服务需求大增。用户通过不同App满足社交、资讯、休闲、购物、医疗等生活需求。消费行为从线下大规模转到线上,推动了消费新业态、新模式的蓬勃兴起,如直播带货、"云"看房、生鲜电商等。传统实体零售业全面触网销售,电商巨头注重布局线下实体店,双方合作共赢,让服务直达社区、家门。后疫情时期,无锡零售企业面临线上线下融合渗透的机遇,以完善的后端供应链和配送服务抢占市场份额。

对中间物流而言,智能化物流成为服务新范式。通过对疫情期间物流业的复盘,可以预见未来物流业的发展趋势和机遇。一是"无接触配送"更加普及,成为物流业发展方向。这对于研发生产智能货柜、无人机、无人送货车、智能机器人、智能仓储等"黑科技"的无锡企业是很好的市场机遇。二是智能化设备升级。受劳动力短缺的影响,未来的生产物流设备更趋智能化、无人化,向无人园区、无人仓库、无人码头、搬运机器人等方向发展。这将有利于无锡以新一代信息技术打造智慧物流,进一步巩固提升全国性综合交通枢纽地位。

另外,数字贸易成为服务贸易增长主动力。近年来服务贸易加速发展,尤其是随着人工智能、大数据、区块链等数字技术和应用的发展,服务贸易范围越来越广,很多不可贸易产品逐渐变为可贸易产品,全球贸易失衡将显著改善。在信息技术推动下,跨境电子商务将快速发展,包括数字贸易在内的服务贸易潜力逐渐释放。在国家双向开放战略的作用下,作为开放前沿城市的无锡,在数字贸易方面大有可为。

(三)世界科创中心东移,前沿技术加速突破

中国面临世界科技创新中心东移的历史机遇。进入21世纪以来,全球科技创新版图出现重大调整,亚洲国家崛起势头清晰,近年亚洲引领技术革新的格局较为明显。从2020年公布的PCT数据看,2019年超过一半(52.4%)的专利申请来自亚洲,位列前十的申请公司中有7家来自亚洲。2020年全球信息通信基本建设(Global Information Infrastructure，GII)显示，全球前100个科技创新集群分布在26个国家和地区。美国拥有25个领先的科技创新集群，是全球科技创新集群数量最多的国家。中国凭借拥有17个全球领先的科技创新集群排名第二。中国互联网公司重写了网络世界的旧格局，在5G、高铁、特高压、可再生能源、新能源汽车和数字货币等诸多领域，中国都居技术前排。

从前沿技术和新兴产业发展的态势来看，真正具有激进式、颠覆式特征，且有望在未来2—3年内加速实现大规模商业化应用的前沿技术，可能会集中在新一代信息技术(含5G/6G技术、智能机器人、无人驾驶等)、生物医药与健康、新能源(含新能源汽车)、新材料等技术及交叉领域。无锡的集成电路、物联网、生物医药、新能源、新材料等新兴产业面临丰富的技术产业化机遇，将助力无锡做强产业集群、延伸产业链条。

1. 集成电路技术方面

2020年8月，国务院印发《新时期促进集成电路产业和软件产业高质量发展的若干政策》，聚焦高端芯片、集成电路装备和工艺技术、集成电路关键材料、集成电路设计工具、基础软件、工业软件、应用软件的关键核心技术研发。国家"十四五"规划纲要提出重点攻关第三代半导体等领域，集成电路设计工具、中电装备和高纯靶材等关键材料研发、集成电路先进工艺和绝缘栅双极型晶体管(IGBT)、微机电系统(MEMS)等特色工艺突破，先进存储技术升级、碳化硅、氮化镓等宽禁带半导体发展。

2. 数字技术方面

国家"十四五"规划纲要提到，聚焦高端芯片、操作系统、人工智能关键算法、传感器等关键领域，加快推进基础理论、基础算法、装备材料等研发突破与迭代应用。加强通用处理器、云计算系统和软件核心技术一体化研发。加快布局量子计算、量子通信、神经芯片、DNA存储等前沿技术。同时，培育壮大人工智能、大数据、区块链、云计算、网络安全等新兴数字产业，提升通信设备、核心电子元器件、关键软件等产业水平。构建基于5G的应用场景和产业生态，在智能交通、智慧物流、智慧能源、智慧医疗等重点领域开展试点示范。

3. 生物信息技术方面

作为新兴交叉学科,生物信息技术既涉及生物科学又涉及计算机科学,它伴随基因组研究而产生,因此其研究内容紧随着基因组研究而发展。生物信息学的发展为生命科学带来革命性的变革,其成果不仅对相关基础学科有着巨大的推动作用,而且还对医药、卫生、食品、农业等产业产生巨大的影响,引发新的产业革命。如在医药领域,借助计算机辅助药物设计技术,企业可降低药物及新材料开发的费用和周期,从而赢得竞争优势。中国在生物信息技术方面起步较晚,但近年来投入发展势头较猛,无锡具有新一代信息技术与生物技术融合发展的基础优势,应抢占生物信息技术投入研发、试验应用、产业化的制高点。

(四) 传统产业数字化转型空间巨大

数字化转型可以为传统产业转型升级提供支持,并在此基础上建立完善数字经济体系。党的十九大报告提出,"加快建设制造强国,加快发展先进制造业,推动互联网、大数据、人工智能和实体经济深度融合"。以互联网、大数据等为代表的数字技术及产业,正在成为推动中国经济高质量发展的重要驱动力,同时为中国传统产业的转型升级提供了发展机遇。制造业是无锡传统产业的主体,其数字化发展大多数仍处于管理运营的信息化提升和生产流程的自动化或机器换人阶段,广大的中小制造业企业有待深入推进数字化、智能化、网络化改造转型,这也是有效突破资源要素制约、提升行业竞争力的有效路径。

从企业转型看,智能制造有利于推动传统制造业的升级,数字化转型有利于推动传统服务业向现代服务业升级。数字技术与制造业的融合可促进制造企业实现智能化生产,优化制造业的内部结构,加强设计、生产、物流、仓储等环节高效协同,助力传统制造业升级。无锡既有智能生产线、智能车间、无人工厂的示范引领作用将更加彰显。对于无锡传统商圈的大型购物中心等商业实体店,顺应以消费者为中心的趋势,将数字技术与实体店深度融合,抓住消费服务本地化、社区化、居家化的新机遇,开创更多的智慧商圈、智慧零售、智能居家等数字消费场景,提供数字生活、数字金融、数字健康、数字娱乐等多样化服务。

从行业升级看,专业化的产业互联网、云平台、数据中心是推进无锡传统行业产业链升级的基础支撑。目前,无锡拥有瀚云工业互联网平台、雪浪云工业互联网平台、太湖云、浪潮云等"网云平台"。无锡面广量大的配套型中小微企业,将面临加入专业化、系统化的产业互联网的许多机遇,有利于稳固提升在细分行业产业链的地位。无锡旗舰型企业将面临连接全产业链的"网、云、数"的建设或提升机遇,扩大行业内的头部地位。推进"企业上云"、广泛工业物联网应用,将加速企业生产端与市场需求端的紧密连接,促进制造业与服务业跨界融合,催生出更多的新技术、新业态、新模式。

从园区发展看,园区数字化改造有利于各类产业平台整合提升。产业园区是无锡产业转型发展的主阵地,对引导产业集聚、促进体制改革、改善投资环境发挥了重要作用。以园区数字化改造带动各类产业平台整合提升,是变革传统生产方式、组织方式、管理方式的基本路径,是驱动传统产业数字化转型的重要支撑。重点推进园区数字化建设,建立以园区管理、运营平台为基础,以产业服务平台为核心,以大数据运营平台为支撑的智慧园区不仅可以全方位有效服务传统企业,还可以推动相关的新动能培育,打造良性循环的数字化生态。

(五) 政策举措增强数字经济发展动能

近年,从中央到地方有关"数字经济"的政策规划集中爆发,多以行动计划为主。至 2020 年底,中国 60 余项与数字经济相关的政策中,约 65% 的政策是在 2019 年后提出。2020 年各地颁布的数字经济相关政策数量最多,占比达到 37%,主要以行动计划和产业规划为主。其中约 49% 的政策是行动计划,37% 为产业规划。国家、江苏省、无锡市三个层次的顶层政策规划为无锡"十四五"时期数字经济发展指明了方向,增强了政策促进力。

无锡数字经济高质量发展的三大定位已经确立。2019 年 12 月,无锡市委、市政府正式印发《关于加快推进数字经济高质量发展的实施意见》，提出"打造全国数字产业化发展领军城市、全国产业数字化转型标杆城市、全国领先的数字治理模范城市"三大发展定位。2021年3月，无锡市政府正式印发《无锡市国民经济和社会发展第十四个五年规划和2035年远景目标纲要》。在这份文件中，相关关键词出现的频率分别是："数字经济"出现11次，"大数据"出现18次，"信息技术"出现13次，"人工智能"出现11次，"工业互联网"出现7次。无锡规划到2025年数字经济核心产业营业收入突破8500亿元，年均增长率10%；聚焦"数字产业化、产业数字化"主线和数字园区建设提出发展策略；在16个先进制造业集群和4个未来产业集群中，有15个产业集群与数字经济相关产业直接相关。

另外，"十四五"期间，无锡将延续执行"十三五"既定的集成电路、工业互联网、以物联网为龙头的新一代信息技术等数字产业政策，新制定大数据产业、数字经济等专项规划或政策。太湖湾科创带建设将加快推进。《无锡太湖湾科技创新带发展规划（2020—2025年）》提出新一代信息技术、生物医药产业和智能装备三大产业发展成为千亿级先导产业集群，加快发展物联网、集成电路、车联网、软件和信息服务、云计算和大数据、5G、人工智能、信息安全和区块链等领域，打造具有国际影响、国内领先的新一代信息技术产业高地。

二、挑战

（一）国外"卡脖子"压力传导

2018年以来，西方发达国家对中国发动"贸易战""科技战"，尤其针对高科技领域频繁使用"芯片断供、5G弃用、限制清单"等招数，不断推出所谓的"黑名单"，对中国科技硬核企业、高校和个人下手。进入"十四五"，这些国家综合应用外交、经济、政治、军事等手段"拉帮结派"围堵中国，"贸易战"转向"科技战"的趋势更加明显。

上述招数瞄准中国的人工智能、芯片、超算、无人机、航天、深海和超材料等高科技领域，从长期来看将激发中国科技自立自强的决心信心和有效应对,让中国的科技创新目标规划更清晰。但中短期内的不利影响也客观存在。这种不利影响也必然向无锡数字技术研发应用、数字经济相关产业传导。主要体现在:无锡集成电路企业关键技术设备引进的难度增加,无锡物联网企业"走出去"困难增多,智造企业的高端零部件、工业设计软件、工业控制系统等强基工程项目受到影响,关键产品产业链的供应安全受到威胁,相关产品出口下降。无锡企业对外国科技企业投资收购的难度增加,在海外资本市场融资的困难增多;关联行业外资企业对无锡的投资合作可能暂停,特别是日韩企业可能由于美国阻挠而观望;还会影响无锡与发达国家地区的科研人才合作交流等。

(二)前沿技术市场风险较大

任何新技术在其诞生之初都面临着两个不确定性,即技术前景的不确定性和市场前景的不确定性。对于前沿性、颠覆性的数字技术同样如此,风险始终动态伴随着而生。当前,全球对具有高度复杂性和不确定性的前沿科技风险的治理,缺乏达成全球共识的治理标准。如,人脸识别技术中的公民隐私与数据安全问题;再如,人工智能领域内信息伪造和算法安全性引发了人们的担忧,人脸"深度伪造"(Deepfakes)技术对个人隐私和财产安全都形成了巨大挑战,语音合成技术也达到了以假乱真的效果。深度神经网络算法虽然大大提升了计算机视觉识别的准确度,但受过数据训练的算法对于图像像素或颜色的轻微调整仍会做出错误判断,并且至今无法准确解释这种失误。人工智能算法的识别结果尚不稳健,这些算法如果应用到自动驾驶、图像识别等技术中,有可能产生更大的安全风险。

中国在5G/6G、量子计算/通信、超算、区块链、物联网、车联网等"并跑""领跑"领域,除技术线路复杂性外,进入"无人区"也预示着难以预知外部环境的风险。对无锡来讲,物联网技术和标准的多样性,及其与人工智能技术、大数据技术的融合不确定性,可能衍生出难以想象的风险。另外,从新型智慧城市建设、企业数字化转型等市场应用看,前沿数字技术迭代原有技术,可能导致应用平台反复"推倒重建、投资归零",投资风险增加。

（三）无锡城市能级存在短板

长三角区域竞合呈现新态势。《长江三角洲区域一体化发展规划纲要》提出"加强数字经济跨区域合作，共同打造数字长三角"。目前，在网上联动审批、教医文旅资源共享、信用体系共建、生态环境协同共治等数字化治理领域的合作较多，但对于科创策源、尖端人才、产业项目等数字经济内核，省域之间、都市圈之间，特别是城市之间竞争并未减弱，高能级城市的长板可能更长，低能级城市的短板可能更短。

在数字产业化方面，在"大者恒大、强者恒强"的当下，无锡受到电商巨头城市的"夹击、瓜分"。在物联网、集成电路、工业互联网等新基建领域，无锡的技术、人才、资金被虹吸的趋势可能越发明显，制造业、服务业的盈利空间被竞压的趋势客观存在。在产业数字化方面，无锡的传统产业数字化转型进程有待加快。

（四）无锡自身研发能力较弱

无锡数字经济产业中大多数企业处于发展期，研发能力较弱，附加值较高、知识密集型的企业数量少、规模小，不少高校和企业的产学研结合还处于建设期，需要进一步探索实现科技成果转化的机制和模式；近年来引进的新一代信息技术企业和人才，重点放在推进市场化应用上，核心研发功能缺乏；主导产业的链主企业产业数字化研发投入有待增加，数字新技术的应用范围以及新技术的研发有待扩大。无锡拥有的工程技术中心、国家和省级重点实验室、众创空间、科技企业孵化器的数量与重点城市比，仍然存在差距。

在人才培养方面，无锡高校数量较少，虽然设置了一些数字技术相关的专业，但人才培养体系与产业升级引发的人才需求变化仍不匹配，数字技术人才社会化培训力量较弱，从业者专业素养和技能还不能适应企业数字化转型需要。无锡的数字经济实践基地建设、企业的数字化人才培养工作等仍有待推进。数字经济相关的高技能人才较为紧缺。根据无锡市人社局公布的 60 种 2021 年度高技能人才紧缺目录，相关工种的有 10 种，主要为互联网、半导体、物联网、电子通信、机器人等行业的技术人才。

在人才总量、高层次人才数量和高技能人才数量等方面，无锡与一些主要城市存在差距。无锡对数字技术人才吸引力偏弱，无锡籍高校毕业生返锡率有待提高，人才流入/流出比达0.5以上，为人才净流出状态。无锡人才竞争力整体不强。无锡数字人才学历主要集中在本科生阶段，数字人才本科生占比超过2/3，硕士占比不足1/3，博士占比低于3%。

（五）无锡数字领域的领航龙头较少

无锡的主导产业龙头企业颇多，多年省内独占鳌头，国内知名度高。无锡入围2020中国企业500强、中国制造业企业500强、中国服务业企业500强榜单的企业共计58家，占江苏省入围数的40.3%，居全省首位。目前，无锡已涌现出远景能源、卓胜微、朗新科技、易华录等一批数字经济新锐，2020年帆软软件和华云数据入选全国大数据50强，华云数据、不锈钢电子交易中心入选2020年全国互联网企业100强。但是在数字经济领域，无锡的龙头企业相对还较少，以数字经济企业为主体的251家"2020年中国独角兽企业名单"中，无锡仅有华云数据一家独角兽。

无锡缺乏像BAT（百度、阿里、腾讯）、拼多多和华为、中兴等航母级的数字经济领军企业。在细分领域，拥有核心产品和较强竞争力的无锡数字经济企业也不多，无锡数字经济产业发展处于"有高原、无高峰"的状态。无锡缺少能够辐射全国、拥有广泛用户基础的大平台，导致数据要素汇聚能力和各行各业数据应用能力偏弱，产业集聚力和带动力不强。因此，无锡在广泛布局数字经济产业的同时，应聚焦三个500强榜单的企业和其他榜单企业，支持做大做强数字经济的新锐企业，提高行业的地位和话语权，形成"群星璀璨"的发展格局。

执笔：倪自宏

B.6 "十四五"时期无锡数字经济发展总体目标、发展路径及战略重点

"十四五"时期是无锡全面数字化转型、引领全方位赋能、推动经济社会高质量发展的关键阶段。无锡以往的数字化历程，为无锡奠定了坚实的数字经济基础。面向未来，网速巨变、数字赋能、智能加持，数字经济带给人类更大发展空间。国家"十四五"规划纲要以浓墨重彩描述了"数字中国"的美好愿景，一个充满科技感的数字时代已经到来。

一、"十四五"时期无锡数字经济发展目标

（一）总体目标

聚力推动以物联网为龙头的新一代信息技术产业发展，构建全国数字产业化发展领军城市。聚力推动以智能制造为主攻方向的制造业数字化转型升级，构建全国产业数字化转型标杆城市。聚力推动以全面数字治理为路径的数字社会建设，构建全国领先的数字治理模范城市。打造国家数字经济示范城市，推动高质量发展再领跑。

（二）规模目标

到2023年，无锡数字经济规模实现明显提升，全市数字经济核心产业增加值占GDP比重达到15%。技术创新实现突破，研发一批核心技术，建设一批平台载体，引育一批创新主体。数字产业蓬勃发展，优势产业领先地位不断巩固，核心产业持续对上赶超，前沿产业逐步前瞻探索。探索政府"以数治理"路径，试点城市"以数运营"模式，用数字化思维、数字化方式全

面推进全流程的场景再造、管理再造、服务再造,加快建立适应数字化需求的发展环境。谋划建设若干数字化转型示范项目,统筹整合各条线资源,强化应用场景集成,打造一批体现集中度、显示度的新标杆、新模式。

到2025年,无锡数字经济整体规模和竞争力实现大幅提升,全市数字经济核心产业增加值占GDP比重达到18%,形成物联网产业、集成电路产业、软件产业这3个两千亿级产业。数字经济体系全面发展,建立创新能力突出、数据资源丰富、产业实力雄厚、基础设施完善、人民幸福感大幅提升的数字经济生态体系。

表6-1　　　　无锡市"十四五"时期数字经济发展主要指标

	指　　标	2023年	2025年
总体水平	核心产业增加值占GDP比重(%)	15	18[1]
	核心产业规模以上企业数量(家)	1 300	1 600[2]
创新指标	准独角兽企业数量(家)	80	110
	高新技术企业数量(家)	2 800	3 250
基础设施	5G网络人口覆盖率(%)	95	98
	千兆光纤网络覆盖率(%)	98	100
	城域网出口带宽(T)	8.7	15[3]
数字产业[4]	物联网营业收入(亿元)	4 000	5 000[5]
	集成电路产业产值(亿元)	1 800	2 000[6]
	软件与信息服务产业销售收入(亿元)	1 800	2 000[7]
制造升级	大数据(云计算)产业销售收入(亿元)	380	500[8]
	人工智能核心产业规模(亿元)	200	300
	数字化转型标杆累计(家)	2 500	3 500
	规模以上企业设备数字化率(%)	65	68
	优势数字化转型服务机构累计(家)	75	100
	智能化场景(个)	180	300
数字社会	"一码通城"建设进度	初步实现	基本实现
	公共数据资源目录完整性(%)	100	100

续 表

指　　标		2023 年	2025 年
数字社会	依申请政务服务事项可办率(%)	100	100
	企业"一件事"与个人"一件事"事项清单(项)	30	40
	城运中心建设与运行进程	基本建成	全面运营

注：1. 国家"十四五"规划此项目标为 10%。
2. 计算方法：2020 年上半年无锡市数字经济核心产业规模以上企业数量为 1 170 家，2023 年前增速预估 5%，2023—2025 年增速预估 10%。
3. 指标出自《无锡市"十四五"信息化专项规划》。
4. 指标出自《无锡市推进数字经济高质量发展的实施意见》。
5. 指标出自《无锡市国民经济和社会发展第十四个五年规划和 2035 年远景目标纲要》。
6. 指标出自《无锡市国民经济和社会发展第十四个五年规划和 2035 年远景目标纲要》。
7. 指标出自《无锡市"十四五"软件和信息技术服务业发展规划(征求意见稿)》。
8. 指标出自《无锡市国民经济和社会发展第十四个五年规划和 2035 年远景目标纲要》。

(三) 结构目标

1. 数字产业化

完善数字产业链和数字化生态，建成物联网、高性能集成电路、高端软件、大数据云计算 4 个地标性产业集群，产业集聚效应与高端人才吸引力进一步提升。

2. 产业数字化

一二三产业数字化转型持续深化，以智能制造为主攻方向，并着力发展数字文创、数字体育等新业态。基本形成数据资源汇聚共享、数据流动安全有序、数据要素市场化配置的良性发展格局，突破制约数字经济发展的机制瓶颈。

3. 数字新基建

信息基础设施支撑能力显著提升：中心城区光纤网络全覆盖，5G 信号室外基本连续覆盖，建成感存算一体化数据中心，全面实现铁路、公路、航运、电力、建筑等城市基础设施智能化。

4. 数字化治理

推进数字化转型，探索建设数字孪生城市。系统建成城市大数据中心，形成城市数据资产，支撑政府决策科学、治理精细，支撑开发丰富、便捷的应用示范,市民数字化服务能力和城市现代化治理水平领跑全国。

(四) 赋能目标

1. 赋能产业

实施制造业转型升级工程,聚焦"十百千万",推进企业智能化改造、数字化转型。提升以 10 条重点产业链为代表的行业数字化转型水平。围绕集成电路、生物医药及医疗器械(材)、汽车及零部件、高端纺织服装等重点产业链(集群),联合 10 家智库创新机构和平台,以龙头企业为引领,智库为依托,带动上下游企业协同推进数字化转型。到 2025 年,10 条产业链企业基本普及数字化,产业链重点骨干企业初步实现智能转型。实施百个智能化重点项目建设行动。加快推进企业智能化改造,扩大数字化、智能化装备应用规模,每年滚动推进 100 个智能化建设重点项目,加大投资力度,扩大企业智能化建设成效,到 2025 年培育 300 个智能化应用场景。

2. 赋能民生

要加强数字化和人才建设,不断提升数字能力,让数字经济在民生领域释放出巨大红利。要把以人为本的理念贯穿到生活数字化的全过程、各领域,以人的需求为导向,从用户视角出发,充分考虑人的体验,让广大市民可感、可知、可及,更好满足人民对美好生活的向往。在场景发现、应用设计具体实施过程中,要从群众方便不方便,体验度好不好的角度来审视问题、重构流程。要满足人的多样化需要,不断提升底线民生的均衡性,基本民生的精确性,质量民生的多元性,不断满足新需求、创造新体验。要重视解决农村低文化群众和老年人等特殊群体"数字鸿沟"和"数字贫困"问题,让所有人都能享受"数字红利"。

3. 赋能社会治理

打造数字政府"总入口"及移动端入口,开发城市管理、市场监管、应急管理、治安管理等移动执法设备应用,提升政务人员数字化办公服务效率。打造致密立体的城市平安网络,推进"天网地网一体、人防技防对接"建设,构筑起全方位、全时空、立体化的城市平安网络。建设"一网通办"智慧平台,创新构建移动端平台,全面融合市、市(县)区、镇(街道)三级智慧平台,支持业务无缝对接、联勤联动、高度融合。探索建立无锡城市运管体征指标体系,推进市域治理"一网统管"相关数据汇聚,形成主题数据库、资源目录及全市"一网统管"一张图,实现"纵览全城、预知全城、调度全城、号令全城"的智慧基础。实现"一网统管"。打通网格化治理与城市现代化治理智能系统,协调数字公安、数字城管、应急管理、"互联网+"监管等系统,优化完善"大数据+网格化+铁脚板"的治理模式,逐步推动"一网统管"事项全覆盖。强化各类态势感知能力,实现城市数据全汇聚、全感知、全可视,形成"横向到边、纵向到底、三级联动"的全过程、全天候、全方位、全覆盖的现代化治理体系。

4. 赋能智慧城市

着力打造以数字化为核心的新型数字智能基础设施和以人工智能、云计算、边缘计算、5G、脑机科学等新一代信息技术相结合的数字经济服务平台,促进数字经济与城市建设深度融合,有效赋能无锡智慧城市建设。新基建正在构造数字孪生世界的底座。要充分发挥数字孪生技术,在智慧城市规划、建设、运维中的作用,在城市现有的基础上,打造一个数字孪生体,对已有的传统设施数字化实现全生命周期的城市规划与建设,让它发挥最大的效益,给城市创造更多的价值,让整个城市的市民生活更幸福。

5. 赋能政府服务

以数字经济的支撑,丰富政府服务场景,完善政务数据治理,优化政府架构、政府流程和政府服务。政府由职能驱动、被动服务向需求驱动、主动服务转变,由单向治理向共建共享治理转变,由人力分析向智能决策转变,由政府主导向社会化运营转变。政府内部信息传递模式走向数字化,政府内部组织结构趋于扁平化,政府运作趋于整体化。政府的经济调节、市场监管、社会治理、公共服务、环境保护等履职能力全面提升,政府的治理体系和能力将趋于现代化,实现政府决策科学化、社会治理精准化以及公共服务高效化的目标。

二、"十四五"时期无锡数字经济发展路径

数字化转型事关无锡的未来，必须确立战略眼光和全球视野，放在长三角一体化和经济全球化的大格局、大背景下谋划无锡数字经济的未来发展战略和发展路径，实施"两个对标"、加快"两个接轨"、实现"两个融入"，跑出数字化转型加速度，打造无锡数字经济发展新优势。

（一）"两个对标"

一是对标上海、杭州等国内数字经济一流城市，确立奋斗达标的高定位、高标杆。作为全国数字化变革领军城市，上海和杭州两市在数字化转型方面领时代潮流、创变革之先，始终走在全国前列，新模式、新标杆、新应用、新场景、新生态层出不穷，数字经济的示范效应、引领效应不断增强，许多经验做法值得无锡学习借鉴。上海确定了"整体性转变、全方位赋能、革命性重塑"的整体战略构想，以加快构筑数据新要素体系、数字新技术体系和城市数字新底座为统领，充分释放数字化蕴含的巨大能量，加快打造具有世界影响力的国际数字之都的战略目标。上海在全国首创提出"政务服务一网通办"和"城市运行一网统管"，快速推动城市治理体系和治理能力现代化的转变。杭州围绕"数智杭州"建设，努力打造全球数字变革策源地，以"城市大脑""产业大脑"对应承接五大综合应用。其中，"城市大脑"对应党政机关整体智治、数字政府、数字社会、数字法治，支撑数字治理第一城建设。"产业大脑"推动数字经济与制造业高质量协同发展，支撑数字经济第一城建设。无锡要积极主动对标上海、接轨上海，充分借助上海的高端要素和优质资源，学习借鉴上海数字化转型的新经验和新模式，不断提升无锡数字经济发展的层次和水平。要将上海在数字化创新方面的核心优势、核心资源与无锡在制造业转型升级方面的需求紧密结合，加强与上海大数据、云计算、区块链、人工智能等领域的头部企业的合作，将无锡打造成上海数字化创新应用的试验基地和示范基地，打造一批具有世界影响力的智能制造示范项目和应用场景，充分放大上海数字创新的溢出效应。

二是对标国际一流数字化城市，将无锡打造成国际知名的数字化智造

之城。要对标德国等的工业4.0标杆城市，加快无锡制造业转型升级步伐，实施制造业数字化全生命周期管理，大力推进精益制造、智能制造，运用数字化技术以客户需求驱动供应商、生产商、服务商，通过数字化转型实施组织再造、流程再造，推动制造模式变革，推动大数据在工业研发设计、生产制造、经营管理、市场营销、售后服务等产品全生命周期、产业链全流程各个环节的应用，分析感知用户需求，提升产品附加值，打造智能工厂，重塑制造业微笑曲线，创造全新的数字化、智能化生态系统，培育一大批具有国际一流竞争力的隐形冠军企业，将无锡打造成为国际一流的数字化智造之都。

（二）"两个接轨"

一是接轨国家数字经济发展战略。认真贯彻国家"十四五"规划纲要和国务院关于《促进大数据发展行动纲要》的要求，全面落实国家有关数字化转型和发展数字经济的目标要求，围绕无锡城市数字化转型和智能制造高地建设，加快制定《推进无锡经济数字化转型赋能高质量发展行动方案（2021—2023年）》《推进无锡生活数字化转型构建高品质数字生活行动方案（2021—2023年）》《无锡市促进城市数字化转型的若干政策措施》《关于推进无锡新一代人工智能标准体系建设的指导意见》等政策文件，建立完善的推动数字经济发展的政策体系和工作体系。

二是接轨长三角区域数字化发展战略。要深入研究长三角主要城市数字经济发展定位、特色和优势，厘清自身的发展思路和目标定位，根据无锡的资源禀赋和产业特色，筑长板、补短板，制定符合无锡数字经济发展规律的路径，在长三角一体化格局中，找准定位，形成特色。要主动加强与长三角区域城市在数字化转型方面的交流合作，对接交流的工作机制，使无锡数字经济的发展战略与长三角数字化发展融为一体，实现相互借鉴、取长补短、互利合作、共赢发展。

（三）"两个融入"

一是融入"数字长三角"一体化发展。无锡应结合城市"十四五"规划和太湖湾科创带规划的实施,在长三角一体化的大格局中,周密研究制定无锡面向未来的数字产业地图,打造无锡数字经济新的增长极。要按照高端化导向、特色化取向、集群化方向,优化数字经济产业定位与功能布局,遴选培育一批规模大、带动性强的数字经济龙头企业,集聚一批前景好、成长快的创新型企业,使之成为无锡数字经济发展的新平台、新引擎、城市形态的新窗口、科产城人融合的新样板,在融入数字长三角一体化进程中,体现无锡担当、发挥无锡作为、作出无锡贡献。

二是融入世界数字化发展潮流。新一轮数字化转型全球城市同场竞技。当前,在世界范围内运用大数据推动经济发展、完善社会治理、提升政府服务和监管能力已成为一股蓬勃发展的时代潮流,各发达国家纷纷制定实施数字经济发展战略文件,大力推动数字经济发展。一些发达国家凭借科技创新优势,在数字经济的关键核心技术,以及人工智能等新一代前沿技术领域占据明显的先发优势。无锡具有对外开放得天独厚的基础和优势,要积极抢抓新一轮世界科技革命的发展机遇,尤其是要加强在新一轮信息技术革命和数字化变革方面与国际一流企业的交流与合作,全面提升无锡数字产业国际化水平,加快现代产业园区数字化转型升级步伐,打造一批具有国际竞争力的数字经济产业园区,使无锡成为全省数字经济国际化转型的标杆城市。

三、"十四五"时期无锡数字经济发展战略重点

紧紧围绕产业强市、创新驱动战略,突出重点,聚焦关键,打造产业新赛道、创新新高地、发展新优势。

(一)聚焦太湖湾科创带,打造数字经济最佳示范区、引领区

太湖湾科创带是无锡发展数字经济的重要增长极、前沿阵地和主要战场,数字经济是引领和驱动太湖湾科创带发展的重要引擎。由此,应推动科创企业、科技人才集聚太湖湾,全面推进湾区数字经济高质量发展。

一是面朝广阔太湖,依托便利交通,以现有得天独厚的营商环境为核

心,加快引育数字化产业发展项目,打造高端地标性总部研发基地,培育智能制造、精密机械、科创研发等绿色高科技产业集群。更加精准、前瞻和优化地布局科创带产业,精准发力数字经济、总部经济、枢纽经济,着力构筑特色鲜明、自主可控、具有核心竞争力的强劲增长极,带动产业强市水平跃升至一个新能级。

二是以《无锡太湖湾科技创新带发展规划(2020—2025年)》为引领,突出规划先行,紧跟落地实施,将数字经济发展任务放在关键位置。以太湖湾数字产业集群为依托,聚焦应用场景引领、平台引领、创新引领(包括模式引领、生态引领)等。加强与杭州在数字经济领域的互动合作,推进阿里巴巴飞凤平台、中电海康慧海湾小镇等项目建设,探索与浙江湖州南太湖新区等重点创新平台对接合作,聚焦生物医药、电子信息、节能环保等现代产业集群,推进苏浙跨区域多领域协同发展。

三是充分发挥高校、科研院所、研发机构带动牵引作用,打造太湖湾数字产业人才高地。实施更具竞争优势的人才引育政策,围绕数字经济优势产业集群和新兴产业领域,集聚和培育一批创新创业人才、高端骨干人才、高级技能人才。对能引领战略性新兴产业发展方向、示范带动行业关键技术突破、支撑传统产业转型升级的人才和团队,给予优先支持。构建更加开放多元的人才引育平台,搭建"双招双引"活动平台,打造高端创新创业平台,建设异地创新创业平台,引进专业化引才平台。

(二) 凸显数字经济优势产业,彰显特色个性

1. 集成电路产业

成为中国集成电路产业创新引领区和全球集成电路创新应用领先区。着重提升高端芯片设计业竞争力,拓展5G通信、汽车电子、超高清视频等领域市场份额,积极布局用于数据中心和服务器等的高端通用芯片技术研发,围绕5G通信、人工智能、智能终端、物联网、汽车电子、超高清视频等高端新兴应用领域的市场需求,强化产品开发能力,鼓励企业面向前沿设计应用开发高端技术,为高端芯片研发提供技术支撑。

2. 物联网产业

成为中国物联网技术创新策源地和全球领先的物联网创新应用先导区,打造物联网世界级先进制造业集群。立足无锡、面向全国、放眼全球,积极借助各种国际机构力量,在产业、科技、人才、管理等开展全方位合作;积极用好国内资源,推动优质物联网资源在无锡交汇;充分发挥技术的链接作用,搭建产业间信息交互和技术协作平台,不断提高产业链发展水平。

3. 软件产业

以创建中国软件名城为目标,引领全省软件产业发展。建设成为国内领先的软件创新引领区、产业聚集区和应用先导区;培育一批具有国际竞争力的软件企业,打造中国软件名园,产业集聚发展水平国内领先;软件对全市经济社会高质量发展驱动作用凸显,软件人才支撑有力。

4. 大数据和云计算产业

努力建成国际领先的长三角区域大数据应用先行区和产业集聚区,做大做强大数据基础支撑产业,做优做深大数据服务产业,促进大数据与各行各业融合创新发展。努力打造一批国内领先的云计算运用示范工程,推动公有云、私有云等多模式协同发展,加强区块链基础研究和关键技术攻关。

5. 信息技术应用创新产业

以打造完善的工业互联网产业生态为主线,着力推进工业互联网网络建设改造与优化,加快发展工业互联网平台,提升产业关键支撑能力与综合集成水平,促进工业互联网融合应用,打造线上线下全面安全体系,努力建成创新驱动、应用引领、生态活跃的全国工业互联网领先地区。

6. 人工智能和区块链产业

加快建设全国人工智能创新应用先导区,全面落实新一代人工智能发展行动计划,夯实人工智能算法、芯片等核心环节,发展无人驾驶、智能家居、图像识别等人工智能产品,推动人工智能特色应用示范,促进技术攻关、产品应用和产业培育"三位一体"发展。加快推进区块链技术应用及产业发展,建立完善区块链安全有序发展体制机制。着力攻克区块链关键技术,加强共识机制、数据存储、网络协议、加密算法、隐私保护和智能合约等技术研发。

(三) 引育龙头企业、平台企业,构筑数字经济高地

一手加快培育数字产业龙头企业,一手积极引进数字产业头部企业。扶持无锡数字经济创新型企业发展,关注一批行业准独角兽企业与瞪羚企业,实施一对一精准培育工程;对外引入数字经济"链主"企业,沿着"造链、强链、补链、延链"既定方向,开展靶向招商、行业收购兼并式招商,引一批数字经济龙头企业,促一批重大项目落地。同时,加紧培育一批具有高成长性、拥有自主知识产权的数字经济骨干企业,尤其在人工智能、物联网、云计算、大数据等产业主要细分领域的单打冠军。

强化公共平台赋能,提升公共业务技术平台功能。建设全市数字经济基础平台,升级改造业务中台,完善数字服务后台。一是推进互联网平台应用。快速培育发展一批面向不同场景、具有自主知识产权的App;加快5G应用由碎片化向深层次延伸;加快推进企业业务上云;丰富完善互联网产业生态供给资源池。持续推进分布式处理架构、时序数据库等工具在平台的部署和应用,构建和丰富互联网平台算法库,提升互联网平台数据质量、数据管理和分析处理能力。二是推进创新平台建设。引导大学、科研机构开展数字经济关键技术平台建设,充分发挥江南大学无锡智能制造协同创新中心、华中科技大学无锡研究院、无锡物联网创新促进中心、国家超级计算无锡中心等创新平台的优势,面向产业企业重点开放感知物联网、政务区块链、人工智能等公共技术服务平台,不断增强新技术驱动能力。三是支持行业龙头企业、专业孵化器、企业新型研发机构与中心牵头建设面向产业的各类服务平台,如中试基地、技术研发外包平台等。推动平台企业深度整合多样化制造资源,发展"平台接单、按工序分解、多工厂协同"的共享制造模式。

(四) 关注数字经济前沿产业,占领技术制高点

人工智能产业是数字经济前沿重点,是新一轮科技革命的领头羊,无锡要在该领域缩短与先进城市的差距。汇聚现有数字资源,引进国内外优质人才团队,加强计算机视觉技术、自然语言处理技术、跨媒体分析推理技术、智适应学习技术、自主无人系统技术、智能芯片技术等核心技术攻关,实现由专用人工智能向通用人工智能、自主创新人工智能转化。打造"基础资源—技术架构—应用服务—配套器件—配套服务"全产业链。推进人机交互、智能机器人等应用场景开发,加快推动人工智能在智能制造、医疗健康、金融商贸、交通运输、数字教育、文化旅游、智慧农业等场景的融合应用。积极创建国家新一代人工智能创新发展试验区。

在区块链产业,要支持技术引进、研发、试验,加快智能合约技术、多重共识算法、非对称加密算法、分布式容错机制、分布式存储等关键技术研发。无锡重点推进数字金融、智能制造、供应链管理、医疗、农产品追溯、数字资产交易等应用场景融合创新,探索推进区块链服务网络建设。

在量子通信与计算业,要研发城域、城际量子通信技术、面向多用户联网的通用量子计算原型机和成套设备,开展超导量子计算、核磁共振量子计算、半导体量子点技术、拓扑量子计算方案等关键技术攻关。发展量子科技产业,形成多元、融合、共享的量子信息产业生态,探索建立量子科技示范区。

在数字安全产业,围绕网络、数据安全领域,以创新链培育产业链,加快形成一批具有自主知识产权的原创性成果,引领数字安全先导产业前瞻布局,支撑数字安全产业科技创新发展,如在保密科技、商用密码细分产业领域,推动关键技术研发,提升保密数字化技术水平。鼓励龙头企业发挥示范带动作用,多种方式与中小企业合作,共同发展数字安全产业。

(五)依托数字经济园区,建设一流产业生态

未来几年,推动无锡数字经济园区载体建设是关键。应制定全市统一数字经济载体规划,产业空间每年以10%以上的速度增长。应大力推进太湖湾科创带、无锡高新区物联网产业园、无锡高新区(综保区)集成电路产业园、国家集成电路设计无锡产业化基地、南山车联网小镇、雪浪小镇、数据湖产业园等相关产业园、基地建设,创建数字技术应用创新试验区,加快建设特色数字产业创新基地。各板块间应协同建设、合作开发、融合创新,错位竞争,探索数字经济细分行业小微园区建设,打造协同发展的特色产业链,形成有竞争力的数字产业集群。

梁溪区数据湖、经济开发区雪浪小镇、新吴区软件园、鸿山小镇、锡山区南山车联网小镇、宜兴中软国际数智云园、江阴霞客湾科技城等,要提升现有园区质量水平,增量空间在更高起点上定位,走在全国园区的前列。例如,无锡数据湖产业园项目总占地面积171亩,建筑面积约28万平方米。项目要按照2000PB的光磁一体存储能力进行整体规划建设,实现"城市全域全量数据""分布式存储""收存—挖掘—融通"一体,实现AI普惠的完整产业链,成为推动数字经济、数字政府、数字社会、数字生态发展的战略高地。要建设制造业数字化专业园区,保持无锡制造产业强劲发展、领先态势,以智能制造为核心,积极对上争取,致力建设国际供应链创新示范区。要推动数字产业相关要素资源进一步集中、集聚,推动产业链向价值链高端攀升,保障产业链、供应链安全稳定。

执笔:周及真

B.7 无锡打造全国数字经济示范城市的对策与建议

"十四五"时期中国进入新发展阶段,贯彻新发展理念、构建新发展格局,催生新发展动能、激发新发展活力,数字经济"一片蓝海",大有可为、大有作为。无锡要发挥自身优势,抢抓新一轮科技革命和产业变革加速演进的历史性机遇,强力推进产业数字化、数字产业化、城市数字化,努力发展万亿产业集群,致力打造全国数字经济示范城市、领军城市。

一、提质"存量",加速推进产业数字化

2020年无锡规模以上工业企业实现总产值17 594.5亿元,实现增加值3 968.8亿元,同比增长6.6%,增速位列苏南第一。这是无锡领先发展数字经济的最大潜力、最大优势。要专注于存量产业的数字化转型,充分发挥数字赋能作用,大力推动产业数字化、高端化发展。

一是持续推动数字化改造,大力发展智能制造。要加大工作力度、加快推进步伐,综合运用要素价格杠杆,以结果为导向,倒逼引导企业积极利用AI、5G、大数据、云计算等新一代信息技术加速推进智能化建设,提升研发设计、生产制造、经营管理、售后服务等环节的数字化和智能化水平,逐步实现由产品制造商向综合解决方案提供商转变。要支持企业加大创新研发力度,加强产学研合作,鼓励国家知名高校、大院大所及国内外知名研发机构在无锡建立实验室或研发中心,抓住长江经济带发展和长三角区域一体化发展国家战略叠加的历史性机遇,加强与数字经济重点区域和先进城市的协同联动和优势互补,参与组建产业技术创新战略联盟,全力推动各类数字

创新资源向无锡汇聚、为我所用,通过"一企一策"推动企业实现数字化升级,创新顾客对工厂(C2M)的个性化、智能化、柔性化制造模式。要积极推动工业互联网创新应用示范,加大政策支持力度,鼓励重点企业建设"双跨"(跨行业、跨领域)工业互联网平台,按照"大企业坚定不移建平台,小企业坚定不移上平台"的思路,鼓励各行业龙头企业建设行业级工业互联网平台,建设工业互联网标杆工厂,以"链主"地位引领产业链上各相关中小企业提升数字化水平,推动城市产业基础高级化和产业链现代化。要加大统筹力度,结合市域内各板块产业实际,明确数字化改造工作重点和目标,形成布局合理、联动一体、整体竞争力强的发展格局。重点鼓励江阴市在能源、冶金、纺织等优势行业开展数字化改造,宜兴市在环保、陶瓷耐材、铜材加工等领域开展物联网、大数据应用,锡山区在精密机械、电子信息制造等领域开展数字化升级,惠山区在先进制造业和现代物流业加快数字化转型。

二是充分利用先发优势,大力发展新一代信息技术产业。数字经济发展的基石在集成电路。要继续保持集成电路产业强劲发展、领先态势,积极对上争取,致力建设国际供应链创新示范区,推动集成电路相关要素资源进一步集中、集聚,推动产业链向价值链高端攀升,为保障国内集成电路产业链、供应链安全稳定,提升中国产业国际竞争力,体现"无锡担当",作出"无锡贡献"。要抓住无锡物联网集群和物联网创新促进中心成为全国唯一一个物联网国家级先进制造业集群和唯一一家物联网国家级先进制造业集群促进机构的领先优势,按照"系统化、生态化、高端化、国际化"的思路,以更大的力度、更实的举措、更优的环境,扎实推进无锡物联网集群迈上更高台阶。要鼓励企业加大科技创新力度,突破一批物联网基础共性技术和关键技术。推动物联网在交通、公共安全、环保等方面的示范应用,加快示范应用成果推广。要推动物联网、智能网联汽车、5G通信、高端功率器件等领域的芯片研发,做大做强设计主业,支持晶圆制造的扩产与技术改造,支持封装测试业优势企业整合增效、技术升级。要以建设国家级车联网先导区为契机,加快车联网(LTE-V2X)城市级示范应用项目建设,推进车联网商用场景验证和用户推广。要优化车联网创新生态,培育车联网产业生态,重点发展车载核心零部件、车用芯片、智能网联汽车决策控制系统、车联网无线通信产品、数据中心平台和智能车载终端等，不断巩固提升我市数字经济支柱领域的先发优势和支柱产业的竞争优势。

三是协同推进产业结构优化升级，大力推动服务业数字化。产业数字化是一项系统工程，需要协同发力、整体推进，才能占据数字经济发展的制高点。要在持续深化智能制造的同时，大力推动生产性服务业数字化，支持信息技术与工业设计、金融服务、现代物流等融合发展，深化互联网和大数据在电子商务、智慧商业、动产质押、实体经济资产证券化、个人和企业征信等领域的应用，依法依规向金融机构开放相应数据，促进金融更好服务实体经济和数字经济发展。要推动大数据、自动驾驶、物联网等新技术与物流的融合应用，建设智能物流骨干网络，探索消费需求预测、无人快递配送等新模式，推动新物流和新零售的融合发展，打造绿色、高效、安全的物流体系，积极发展共享经济、平台经济。要推动生活性服务业数字化，支持信息技术在文化创意、旅游休闲、医疗服务、健康养老、体育健身行业的创新应用。以创建中国电影产业创新实验区为抓手，促进数字创意消费，推动影视传媒、动漫网游等产业的数字化升级，推进超高清视频内容供给和传输覆盖，繁荣发展广播电视和网络视听产业，打造"区域性文化中心城市"和"文化影视之都"。推动国家跨境电子商务综合试验区建设，支持大中型生产制造企业加快电子商务应用，引导电子商务企业集聚发展。建设旅游大数据整合分析平台、旅游公共管理与服务平台、智慧旅游营销平台，打造国家全域旅游示范区。构建智慧医疗新体系，利用大数据技术，加快区域人口健康、生物医药、电子病历等健康医疗数据汇聚整合，形成全市公共卫生监测网络。建设智慧体育综合服务平台，丰富公共体育服务和体育产品供给。推广使用全市智慧养老信息服务管理平台，支持社区和养老机构依托信息技术创新发展家政服务、心理康复护理、家庭用品配送服务，提高养老服务数字化水平。

四是致力打造产业数字化示范引领区，加速推动开发区数字化转型。从1992年无锡第一家开发区——无锡高新区成立至今，仅仅30年时间，无锡14个省级以上开发区以不到全市1/5的土地面积，创造了全市50%以上的经济总量、60%的一般公共预算收入和80%的外贸进出口、90%以上的到位外资,集聚了超过全市60%的战略性新兴产业和70%的高层次人才。2018年9月,位于无锡高新区的博世汽车柴油系统有限公司被世界经济论坛评为全球首批9家先进"灯塔工厂"之一。可以说,开发区内的产业数字化水平直接决定着城市产业数字化水平,开发区产业数字化是城市产业数字化的引领、带动、决胜者。要加强顶层设计,坚持全球标准、世界定位,抓紧制定开发区产业数字化专项规划,明确发展目标和具体路径,不断激活开发区追求创新的天然基因,强化开发区企业"以新求变"的价值认同,依托开发区优越的数字经济基础和发展体制机制,努力把开发区打造成为引领无锡高质量发展走在前列的主力军、主阵地。要大力支持开发区探索建立具有自身特色的"灯塔标准",鼓励引导开发区内工业领军型企业和高成长型企业建立国际一流的智能制造标准体系,开展"灯塔工厂"试点示范,分层次、分类别、分梯队培育"灯塔工厂"后备力量。要依托开发区内"灯塔工厂"在大规模采用新技术方面展现出的强劲实力,发挥其在传统生产方式的变革上、在整个价值链的创新设计上、在具有颠覆潜力的新兴商业模式构建上的领先优势,加大激励力度,增强示范效应,引领区域内广大中小企业"想转、敢转、会转"到数字化发展方向。

二、做大"增量",加快推进数字产业化

中共无锡市委关于《制定无锡市国民经济和社会发展第十四个五年规划和2035年远景目标的建议》提出,到2035年在2020年基础上人均地区生产总值实现翻番。无锡资源匮乏,土地开发强度大,要实现以上目标,必须依托有限资源实现"无限发展",抢抓数字经济发展机遇,立足于在"数字空间"做大经济发展增量,强力推进数字产业化。

一是做强数字经济核心先导产业。推动人工智能产业发展。布局大数据智能、跨媒体群智计算、自主协同与决策等基础理论研究,组织机器学习、人机交互、计算机视觉等关键共性技术研发,推动人工智能芯片、智能机器人、智能化系统集成与软件的研发和产业化。加快人工智能场景应用,发展智能装备、智能终端、工业机器人、无人机等研发和产业化。抢抓大数据产业机遇。发

无锡数字经济研究院、江南大数据研究院等智库作用,加强大数据产业顶层设计,出台大数据产业发展政策,设立大数据产业发展专项资金。做强大数据产业特色园区,推动大数据产业集聚发展。鼓励利用开放数据与互联网、物联网等数据进行融合创新、深度加工和增值利用。探索立足华东的区域性数据资源交易市场建设,创新运营方式,强化价值性驱动,打造"无锡样板"。做大云计算产业规模。创新云计算商业模式创新,促进一批信息服务重点企业向云服务方向转型。鼓励有实力的大型企业兼并重组,吸引产业链上下游企业集聚发展,打造云计算产业集聚区。以虚拟化技术、云计算平台核心中间件、大型网络安全、大型系统性能评测、分布式海量数据存储与管理等为突破口,加快关键技术的研发。提升农业数字化水平。构建农业数字基础资源体系,推进农业生产数字化,推动"农业+互联网"新业态发展,促进农业服务数字化和基于数字技术的冷链物流、农业观光、乡村旅游等涉农产业一体化发展。

二是布局数字经济前沿新兴产业。加强区块链、虚拟现实、量子信息、柔性电子等关键技术研究与产品开发,拓展应用场景,探索行业应用,推动产业快速发展。推进"区块链+"。加强产学研用紧密合作,瞄准区块链前沿技术,在分布式账本技术等领域,实施一批重大科技专项,突破一批关键共性技术,培育发展一批区块链龙头企业。加快推进区块链金融及"区块链+"制造、医疗、教育、贸易、政务服务,打造新型应用模式。研究数据要素市场运行机制,搭建基于区块链等技术的数据安全共享与开发平台、数据资源交易平台,探索建设数据交易中心,启动数据资本化试点。发展区块链产业经济,努力打造区块链创新之都。完善虚拟现实产业链。加强虚拟现实核心芯片、显示器件、光学器件、人机交互等关键技术环节的产学研联合攻关。加快VR产业链延伸,形成涵盖VR软硬件研发、内容运营平台等环节的完整VR产业链,形成独具品牌特色的VR创新孵化平台,打造VR产业全国领先的集聚区。加快网络安全产业发展。支持重点企业、高校、科研院所开展网络信息安全核心技术攻关。加大对工业互联网安全技术研发和成果转化的支持力度,强化标识解析系统安全、平台安全、数据安全、5G安全等相关核心技术研究,加强攻击防护、漏洞挖掘、态势感知等安全产品研发,推动建设无锡市工业互联网安全监测与态势感知平台。

三是打造长三角区域数字产业化"黄金湾"。要以规划建设太湖湾科创带这个"十四五"发展重中之重的"头号工程"为突破口,以建设国家级新区和新发展理念实践示范区为目标,深层对接长三角区域一体化发展国家战略,深度融入上海大都市圈合作体系,深化推进环太湖科创圈建设,深入实施创新驱动核心战略和产业强市主导战略,以湖湾为纽带、科创为支撑、科产城人融合为动力,大力挖掘优质数字资源、集聚高端数字资源、用好市场数字资源,着力做优数字产业化发展的生态系统和科技创新体系,不断提高科创带"数字"含量、"产业"质量、"带"的能量,致力打造长三角区域数字产业化的"黄金湾"。要抓住省、市和中国船舶集团联合共建深海技术科学太湖实验室的历史性机遇,聚焦国家战略需求和地方发展需求,以建设国家实验室为动力,创新"核心+基地+网络"方式,整合"洞—池—湖—海"试验研究体系和国家超级计算无锡中心,重点在深潜、深网、深探等3个研究领域取得新突破,把无锡建成中国深海技术科学领域和太湖湾科创带原始创新、自主知识产权重大科研成果策源地。要着力构建太湖湾科创带数字产业化共同体,重点支持宜兴市打造"太湖湾科创带南翼动力源",加快建设宜兴环科新城,以大拈花湾项目为链接载体,发挥西太湖岸线纵深土地资源优势,制定专项规划,主动接受周边板块科创资源辐射带动,着力推动锡宜数字产业化一体协同发展。重点支持滨湖区打造"太湖湾科创带引领区",发挥域内科研、人才资源丰富的优势,建设具有全国影响力的芯片设计研发、工业设计、数字影视创新中心,促进国家集成电路(无锡)设计中心、无锡国家工业设计园和无锡国家数字电影产业园发展;吸引信息安全企业落户山水城科教产业园,打造信息安全产业园;发挥"神威·太湖之光"超级计算机等重大数字科研平台的优势,增强服务中小企业数字需求的能力。重点支持无锡经济开发区打造"太湖湾科创带核心引领区",加快建设雪浪小镇,引导工业互联网平台、数据分析应用、数据安全等领域的应用落地,打造以太湖新城大数据产业园为核心的大数据产业集聚区,建设无锡工业大脑和国家级工业互联网平台,增强对区域服务的辐射能力,为长三角地区广大制造企业降低成本、增加效益，提高产品质量、管理效率和市场竞争力，率先转型发展产业数字化提供数字技术支撑。重点支持新吴区打造"太湖湾科创带核心示范区"，加快建设"无锡国家传感网创新示范区"核心区，在数字制造、物联网、集成电路等领域建设具有全国影响力的数字技术科创高地；加快建设慧海湾小镇、物联网小镇，推动中电海康物联网基地、朗新科技园建设。江阴市、梁溪区、锡山区、惠山区要主动对接、承接太湖湾科创带创新溢出资源，发挥自身优势，积极策应太湖湾科创带发展。重点支持江阴市加快建设长三角（江阴）数字创新港，以南京理工大学江阴校区作为智力支撑，推动以工业互联网为主导产业的数字经济取得突破性进展，建设国内外有影响力的工业互联网数字经济重镇。重点支持梁溪区发挥区位优势，开展城市更新，提升城市数字化治理水平；聚焦服务业数字化，推动信息技术与金融服务、商贸流通等行业深度融合。加快建设易华录数据湖产业园和中物达大数据产业园，大力发展数据存储和信息安全产业。重点支持锡山区加快建设锡东新城，引导传统系统集成企业转型，加速招引大数据、工业互联网领军企业落户。重点支持惠山区加快建设惠山新城，依托惠山软件园和恒生科技园，加速数字化产业集聚。以太湖湾科创带为"高峰"，全市域一体、高位规划布局数字产业化，推动无锡成为中国数字经济发展的"高原"。

三、适应"变量"，打造数字经济发展最优环境

大力发展数字经济是推进高质量发展的必然选择。但数字经济是新生事物，具有原创性、虚拟性、融合性等特征，其发展路径有很大的"不确定性"。无锡要实现数字经济率先、领先发展，必须适应数字经济发展实现路径的"不确定性"，深入探求其中"变量"元素中的"定量"因子，遵循发展规律，保持战略定力，一心一意打造适合数字经济发展的最优环境，以"追求不变"的最优营商环境适应"千变万化"的数字经济发展路径。

（一）积极创建一体化发展数字经济的工作推进机制

增强加快发展数字经济的责任感、紧迫感，提到重要议事日程，建立市

委、市政府主要领导任组长的"双组长"领导小组,明确领导小组办公室及其工作职责,建立健全配套的统筹协调和推进机制,强化土地、资金等要素保障,强化市委、市政府相关重大决策部署落实的督促检查和考核评价力度,加强跨板块、跨部门、跨层级的组织联动和区域外的相关工作对接,形成一体化推进数字经济发展的体制机制。坚持规划引领,摸清底数,借鉴先进,提高站位,瞄准目标,科学制定行动方案,强化政策的精准性、可操作性和便利化,实现全市统筹、竞合发展、整体提升。发挥市场配置资源的决定性作用和更好发挥政府作用,依托高等院校及各级党校(行政学院),制度化开展相关专业知识系统化培训,切实提高各级领导干部对数字化时代的认知程度和思维水平,对发展数字经济的领导能力。强化全民"数字素养"教育,鼓励在锡院校、社会力量等面向各类人群建立数字化技术终身学习平台和培训体系,多措并举,积极引导广大市民群众通过平台载体,参与所适宜层次的数字化技术学习。坚持面向市场、基层和公众,更多运用群众喜闻乐见的融媒体方式,大力宣传发展数字经济给城市经济、文化、社会、生态文明建设和人民日益增长的美好生活需要带来的正向变化,不断推动广大市民群众在数字经济发展中的获得感、幸福感、安全感提升,营造起人人支持、参与、推动数字经济发展的浓厚社会氛围。

(二)尽快布局完善数字基础设施建设

数字基础设施是发展数字经济的前提和条件。要完善信息通信基础设施。推动基础网络升级。优化城市光纤宽带网络,完成光纤到户改造。建设下一代广播电视网(NGB),实现网络 IP 化,打造多网融合和多屏融合的广电新平台。推进移动通信宽带化,持续优化 4G 网络,实现全业务 IP 承载。优化 NB-IoT 网络建设,实现市域范围全覆盖;拓展 NB-IoT 网络应用,开放应用场景,有效提升网络接入量和业务量。推动三网融合发展。推动下一代广播电视网和有线、无线、卫星融合一体化建设,推动面向智能电视的融媒体平台建设,推动高清数字电视、高清互动电视、高清全媒体应用、可视通信应用的普及。

要加快城市基础设施数字化升级。推动物联网、空间地理信息、遥感遥测、航空摄影等技术在交通、能源、通信、环保、给排水、防灾等行业中的应用，推动无锡空港、无锡东站、惠山城际站、新区城铁站、江阴高铁站、宜兴高铁站、无锡中央车站等枢纽门户的数字化建设，以空港枢纽、高铁枢纽、陆港枢纽的数字化提升推动数字经济与枢纽经济的融合发展。加强市政公用设施数字化升级，推动智能传感器、摄像头、射频识别（RFID）电子标签等感知设备在市政公用基础设施中广泛部署，推动公用设施、电网、水网、地下管网、交通运输网等智能化改造，全面构建数字交通"新场景"，打造有温度的交通生活服务生态，实现从"走得了"到"走得好"。加强民生基础设施数字化升级，推动医疗、教育、社保等民生领域基础设施的信息化建设，构建互通互联的信息基础网络，切实利用信息技术改善和保障民生。

要提前布局新型基础设施。建设数据采集新型基础设施。加快5G网络规模建设和商用进程，推动5G与物联网、大数据融合创新，开放5G应用场景。加快智能传感器部署，推动物联网的规模化集成应用，建设泛在智能的感知网络。建设数据存储新型基础设施。推动通信运营商数据中心规模化发展，完成中国电信、中国移动和中国联通数据中心的建设和扩容，支持云服务提供商建设先进、绿色、高效的数据中心，发展应用承载、数据存储、容灾备份等数据服务。建设数据应用新型基础设施。加快人工智能技术创新，推动人工智能算法研究，探索数据算法库建设，提升海量数据应用能力。

（三）加快推进城市治理数字化转型

要深化全国智慧城市领军城市建设，以城市治理数字化驱动需求变革、引导供给改革，推动城市治理数字化整体性转型。要推动政务服务数字化转型。夯实政务数据基础。完善政务信息资源目录，建立跨部门数据采集机制。建立全市政务数据资源标准规范体系，提升数据治理能力。建设城市大数据中心，完善人口、法人单位、自然资源和空间地理、社会信用、电子证照五大基础数据库，建立大数据辅助决策的城市治理新模式。建立公共数据资源开放目录，推动数据开放。优化政务办公系统。坚持集约化、一体化、高效化原则,优化升级基于电脑端的政府办公自动化系统,开发建设基于移动终端的办公协作平台,连接覆盖各级各部门公务人员,进一步提高行政办公效率。提升政务服务能力。围绕"政务服务一体化、公共支撑一体化、综合保障一体化"建设要求,进一步优化服务流程,规范网上政务服务,全面推行"一网通办""一网统管",构建市域内上下贯通、左右协调"王"字形的数字政务治理模式,以践行"整体政府"服务理念,加强数字底座赋能,以数据为基础精准施策和科学治理,推动政府以数据驱动流程再造,变"人找政策"为"政策找人"。

要推动公共服务数字化转型。建设城市公共服务超级门户。汇聚全市各部门、各国有企业的基础数据,建立统一的身份认证系统,建设个人数据银行,开展千人千面的定向服务,建设全国领先的城市服务统一入口,打造适合电脑端、移动终端、自助终端、智能电视等多渠道应用的平台。建设企业公共服务云平台。完善政策服务、专项申报、行政服务、信用评价等功能和身份认证体系,探索实现技术创新、知识产权、人才培养、投融资咨询、品牌推广、项目对接等功能。推动电子证照共享利用,实现与各类企业服务平台的互联互通、资源共享。加强重点民生服务应用。通过建设数字人社、智慧教育、智慧健康、智慧交通、智慧文体、智慧旅游等工程,提升公共服务数字化水平。

要推动社会治理数字化转型。促进无锡大安全治理。推动雪亮工程、数字应急信息系统、"互联网+大数据+信访平台"、智慧安全无锡等项目建设,深化网格化与联勤联动的治理模式,完善全市各级社会治理系统,建设全市统一的城市数字化治理综合运营中心,全面提升"铁脚板+网格化+大数据"模式的社会治理水平。加快宜居无锡建设。建立覆盖生态环境全要素的大数据指挥中心,促进生态环境保护治理联防联控。加快城市管理信息化建设,着力治理道路交通拥堵、城市停车难、破坏市容市貌等问题。推动"互联网+监管"工作。利用信息技术创新监管方式,构建全市联网、信息共享、依法监管、多方联动的监管"一张网",实现对监管的"监管"。

(四)注重引育高端人才

数字经济是"智慧型"经济,对高端人才的依赖性更强,高端人才直接决定着数字经济发展的规模和水平。要加强高端人才引进。组建无锡市数字经济发展专家咨询委员会,依托江苏省人才信息港建设,加大市内对数字经济领域的倾斜,制定有利于吸引人才的优惠政策,简化引进高层次专家、学术带头人、高新技术骨干和各种优秀中青年人才的流程手续,充分利用"太湖人才计划"等人才政策,着力吸引高新技术产业发展急需的各类专业人才,加快引进一批数字经济领域学科带头人、技术领军人才和高级管理人才。

要创新人才培养模式。支持国内外知名高校院所在锡设立研究生院,鼓励在锡高等院校增设数字经济相关专业,鼓励高校和重点龙头企业联合探索多元化的产教培养模式,共建实习实训基地,加强专业教育和融合型、实用型人才培养。鼓励采取跨校联合培养等方式开展跨学科大数据综合型人才培养,大力培养具有统计分析、计算机技术、经济管理等多学科知识的跨界复合型人才。

要建立人才培训机制。研究制定适应数字经济发展特点的就业制度,设立数字经济培训专项资金,依托第三方机构,不定期组织数字经济基础知识、技术理论、产业发展环境、产业发展链条等相关职业技能培训。针对在职人员,开展开班授学、在线学习等在职培训,加大对机关干部、企业高层管理人员数字思维的培训教育力度,提升全社会的数字素养。

要拓宽人才就业渠道。支持平台经济、共享经济、众包、众创等数字经济新模式、新业态发展,支持自主创业、自由职业、兼职就业等灵活就业模式,推动技能人才通过培训学习向高技能就业岗位转移,带动就业结构优化升级。

(五)努力构建法治体系

法治是最优的发展环境,对于刚刚起步的数字经济,更要未雨绸缪,注重从法制保障着手,进一步完善法治体系,推动其依法规范、可控、有序、高效发展。

要建立数据安全管理制度,加强数据资源在采集、存储、应用和开发等环节的安全管理,组织开展数据安全审查,开展个人信息和重要数据出境安全评估,加强对涉及国家利益、公共安全、商业秘密、个人隐私等重要信息的保护。加强网络信息安全保障。压实网络安全工作责任。落实网络安全等级保护制度,实行信息系统分级保护,切实落实全市网络安全保障各项工作。强化网络安全监管。建设网络安全监测预系统,完善全市网络安全监测预警、通报、应急响应体系,提升全市网络安全态势感知、应急处置能力。深化网络安全宣传教育。贯彻落实《网络安全法》等法律法规,开展普法宣传。支持本地院校和机构开展网络安全宣传、教育、培训工作,建设无锡市网络安全和网评教育培训基地。

要构建地方法规体系。围绕数字经济发展特点及发展需求,适时修订《无锡市促进信息化发展办法》,加快大数据地方立法进程,形成具有无锡地方特色的数字经济法规体系。加强机制体制创新,开展符合数字无锡特点的数字经济统计监测和评估评价体系研究,探索数字经济统计监测方法,定期发布数字经济运行监测分析及对经济社会发展贡献评估报告。继续深化"放管服"改革,优化数字经济领域行政审批流程,降低数字经济新业态企业设立门槛。推动技术标准制定。引导基础共性标准、关键技术标准的制定及推广,加快物联网、工业互联网、车联网等细分领域的标准化工作,推进大数据采集、管理、共享、交易等标准规范的制定和实施。

要加大知识产权保护力度。数字产权是数字经济"含金量"最重要的支柱。要探索建立知识产权保护统一平台,规避合同风险,创新产业模式,强化维权意识,从源头上避免权属纠纷。要完善知识产权保护相关法律和权利人维权机制,加强知识产权综合行政执法,将侵权行为信息纳入公共信用信息管理系统并上传至全国信用信息共享平台。要建立知识产权保护的互联互通工作机制,加强版权管理、市场监督、司法等部门之间的沟通协调,形成保护数字知识产权的合力。

(六) 积极营造开放环境

立足构建以国内大循环为主体,国内国际双循环相互促进的新发展格局,发挥数字经济的高渗透性优势,利用开放生态赋能包容性发展,扩展全球合作,提升产业层次和产业竞争力。

要强化政策支撑。出台专项优惠支持政策。集成国家和省、市对大数据产业在土地、税收、资金、人才、投融资、研发、知识产权、招商等方面的优惠政策，向在无锡市落地的数字经济企业倾斜，对属于产业发展重点领域且为产业链缺失环节的重点产业化项目予以重点支持。为数字经济企业重组并购创造更加宽松的金融政策环境，支持数字经济相关企业利用资本市场融资，鼓励符合条件的大数据企业通过上市、发行企业债券、公司债券、短期融资和中期票据等方式融资。完善数字经济政策实施保障措施，制定完善政策实施细则，明确政策实施部门。强化政策导向，引导政策由结构性倾斜向支持关键环节的功能性政策为主、兼顾结构性政策的转变。加强对政策的宣传推广，积极开展政策解读工作。

要加强区域融合。积极融入长三角数字经济一体化。立足苏锡常经济圈，广泛开展协同联动和优势互补，提升无锡数字政务与数字金融服务能力。加强区域合作，充分发挥物联网高地、智慧名城、制造业重镇的引领作用，全力推动长三角区域各类数字技术、资本、人才等数据资源和创新资源向无锡汇聚，抢占数字经济发展制高点，推进区域数字一体化发展。发挥无锡区域中心优势，积极促成区域沟通，促进无锡数字经济及服务走出去，依托无锡国际数据中心积极为周边企业及组织提供优质数字化服务。

要深化对外合作。推动跨境贸易，促进无锡数字经济相关产品及服务走出去，发展经济外循环。积极推进世界知名企业在无锡设立区域总部或研发中心，鼓励国家知名高校、大院大所及国内外知名研发机构在无锡建立实验室或研发中心，支持组建产业技术创新战略联盟。积极举办国际会议，借助"世界物联网博览会""雪浪大会""数字中国建设峰会""数字经济产业博览会""大数据产业博览会"等契机，打造新型数字经济全球重要会展和高端对话平台，汇聚国际资金、人才、技术等资源。支持国外企业与本市企业共建高端技术实验室、合资开办工厂。积极参与"数字丝绸之路"建设，支持企业走出去加强技术合作交流，掌握数字化关键技术，提高国际话语权。鼓励企业主动融入"一带一路"建设，紧抓中国-东盟信息港建设机遇。支持数字经济优势企业利用建设"一带一路"机遇、中国-东盟信息港等战略平台，开展境外投资、承包境外项目。

执笔：胡新兵

Ⅱ 专题篇

  无锡数字经济发展具有鲜明的城市特色和独特的产业禀赋。近年来,无锡市委、市政府紧密结合无锡实际,突出重点,强攻关键,以构建太湖湾科创带数字生态圈、建设智慧城市为战略重点,努力打造无锡数字经济独特竞争优势,市工信、科技、商务、大数据等职能部门,江阴、宜兴、滨湖、新吴区等各板块、产业园区,以及市半导体行业协会、无锡物联网创新促进中心、无锡物联网研究院等行业协会、企事业单位在各自领域积极创新实践,形成了以物联网、集成电路、智能制造、智慧能源、数字环保、数字影视等为特色的数字经济产业生态,在这些数字经济的新领域提供了无锡探索、无锡经验和无锡方案,成为无锡数字经济的城市名片。

B.8 对标国际,开启太湖湾数字经济新时代

在全球经济发展中,湾区经济已成为许多世界级城市发展的共同趋势,如美国东部的纽约湾区、西部的旧金山湾区、日本的东京湾区。它们皆以开放性、创新性、宜居性和国际化为重要特征,发挥着引领创新、聚集辐射的核心作用,成为拉动全球经济发展的核心增长点和驱动技术革新的领头羊,尤其是在新经济引领上当仁不让,在当代数字经济及其产业方面更是尽领风骚。无锡太湖湾科创带的定位、体量和位置与这三大湾区相比都有很大不同,但是,不论是这三大湾区还是太湖湾科创带,本质上都是一种高效率组织的空间结构形态,极化效应和扩散效应强、经济结构开放、资源配置能力高效、对外交流网络发达,具有显著的提升区域内要素配置效率、产品流通便利度的作用。所以,三大湾区在新经济领域尤其是数字经济领域的发展路径、面临问题和先进经验,对于无锡太湖湾科创带数字经济的发展,具有很好的借鉴作用。

一、国际知名湾区数字经济发展历程及特点

纽约、旧金山、东京三大知名湾区,现在不再是重要的货品输出地,而是全球数字经济关键技术、重要技术的重要输出地。这是世界知名湾区发展的一个显著新特征。世界三大湾区的经济发展路径都是一个不断脱胎升级的历程,大致经历了港口经济、工业经济、服务经济、创新经济几个阶段。创新经济的重要内容支撑孕育和推动了当今数字经济的蓬勃发展。

纽约湾区素以"金融湾区"著称,但近几年特别是新冠肺炎疫情流行一

段时间后,纽约出台减税降费等政策,积极推进新一代互联网信息技术、人工智能等数字技术业的研究和应用落地。现在,纽约的人工智能技术研发和应用,在一些领域比"硅谷"还要发达,形成了数百家创新企业聚集的"硅巷"。不少"硅谷"工程师闻风而动,"飞"至东海岸落户"硅巷"。纽约由此成为美国东海岸数字经济重镇、"东部硅谷",有专家预言它将成美国"新科技首都"。

东京湾区同样在悄然向数字经济中心转型,已从"世界最大工业地带"转向"知识型湾区"。该湾区内六大港口依然通过自身的升级,持续为湾区经济注入新的活力。被誉为"产业湾区"的东京湾区,如今更加重视鼓励和保护科技创新,现已跃升为全球科技创新高地,也成为日本数字经济的旗杆。湾区内的筑波科学城,聚集大量国际知名科研机构和实验室,成为具复合功能的科技新城、智能产业新城,已然是日本的科学中心、科创发动机。

纽约和东京湾区,范围比较大,分别处于美国和日本的金融及政治中心,承担着比较多的核心都市的功能。相对而言,位于美国西部加州的旧金山湾区,人口规模为760万人,只有纽约湾的三分之一和东京湾的五分之一,规模和无锡接近,更加可以作为无锡太湖湾科创带的借鉴标杆。作为全球数字经济发展的核心与引擎,旧金山湾区目前仍处于经济高速增长、创新高度活跃的时期,主导领域信息产业继续保持着发展潜力。该湾区是全球信息技术和数字经济发展的标杆地区,行业巨头集聚、创新环境优越,近年来持续保持着很高的经济活力,增长主要得益于信息技术领域的创新,数字经济的比例不断提高。

从发展历程来看,三大湾区数字经济的发展,得益于高度开放、创新引领和宜居宜业的三大功能共性。

首先,开放是湾区经济发展的先决条件和根本优势,湾区经济兴盛很大程度上由于率先接轨海外经济,吸纳外商直接投资,引进国外先进技术和生产方式。其次,湾区城市在对外开放中,汇集最新的信息和人才资源,可激发创新活力,催生创新机构,孵化大批创新成果。以旧金山湾区为例,信息技术产业飞速发展,创新资源和高素质人才加速集聚,对旧金山湾区的数字经济增长贡献率巨大。一方面,信息技术企业的销售额远超其他行业。2011—2018年,在旧金山湾区上榜美国财富500强企业中,信息技术领域企业的销售额占比保持在60%左右。2007—2017年,旧金山湾区信息产业生产率年均增长4.6%,同期全产业生产率年均增速仅为1.8%。特别是苹果、谷歌和脸书(Facebook)这三家旧金山湾区科技领军企业保持着超高发展速度。最后,生态宜居是旧金山湾区魅力所在。旧金山湾区经济崛起的决定性因素之一就是宜居宜业的环境优势,良好的宜居宜业环境是世界级湾区吸引人才的关键。

从发展经验来看,国际先进湾区在数字经济方面的核心竞争能力主要来源于以下三个方面。

一是企业巨头集聚。如总部位于旧金山湾区的数字经济企业巨头数量远多于其他同类地区。上市值在全球名列前茅的苹果、谷歌、Facebook三家公司总部均位于旧金山湾区,且都是互联网企业,广泛涉及消费电子、搜索引擎、数字社交等领域,在全球数字经济企业中具有领军地位。同时,有33家500强企业总部位于旧金山湾区。这些公司的市值总和约80%的业务集中在信息技术领域,其余部分广泛涉及消费品、金融服务、医疗保健等领域,但是几乎都与数字经济和信息技术息息相关。除了18家传统意义的信息技术公司Google/Alphabet、Apple、Facebook、Oracle、Intel、Hewlett-Packard、Cisco Systems、Western Digital、Adobe Systems、Nvidia等,还有Visa、PayPal等数字金融公司,Tesla等无人驾驶汽车企业,以及Netflix等数字媒体平台,涵盖极其多样的数字经济技术领域。

二是创新力成为湾区数字经济充足动能。以旧金山湾区为例,湾区的专利数量具有绝对优势。2015年,湾区专利授权量为24 350件,是纽约都市区的3倍多,占美国当年全国专利授权量的17.3%;百万人专利拥有量为3 683件,同样远超美国的其他知名都市区。旧金山湾区经济发展正在提供越来越多的高技术劳动岗位。自2008年经济大萧条以来,湾区高技术劳动岗位增加了45%,年均增长5%。其中,圣何塞都市区和旧金山-奥克兰都市区的高技术劳动岗位集中度在全美都市区中名列前茅,分别居全美第1

位和第3位。

三是人力资源教育水平极高。旧金山湾区数字经济保持竞争力的重要原因之一在于区域内劳动力受教育程度很高、人力资源充足且富有创业精神。2016年,旧金山湾区25岁以上的成年人中拥有大学及以上学历的人数占46%,这个数字远高于31%的美国平均水平。一方面,美国吸收了大量来自世界各地的高素质劳动力流入,其中相当多的数字经济发展需要的高质量人才在湾区工作和定居。另一方面,旧金山湾区本地人口受教育程度也很高,还拥有斯坦福大学、加州大学伯克利分校等世界一流大学,培养了世界上最具创业精神的学生。从2009年到2017年,斯坦福大学的1 929名毕业生创办风投企业1 673家,收到风投资金409亿美元;加州大学伯克利分校1 433名毕业生创办风投企业1 275家,收到风投资金223亿美元。在这些企业中,有Snap、Zynga、Opendoor等著名"独角兽"公司。获得风险投资的学生通常把公司建在就读地区或附近,能够为该地区带来商业和资本机遇。

二、数字经济与湾区整体经济

从国际知名湾区的情况来看,数字经济的发展和兴盛同湾区整体经济发展之间是相互促进、相辅相成的。数字经济与湾区其他实体经济不断融合,进一步促进了实体经济创新发展。

第一,数字经济为湾区内实体经济输入智能技术。各大湾区都聚集了一大批制造企业,在已有机械化、自动化武装的制造业基础上,数字经济为制造业赋予了智能化,放大了其价值。5G技术飞速发展,以关键制造环节智能化为核心,以网络互联为支撑,将智能技术贯穿于设计、生产、管理、服务等制造活动的各个环节,有效缩短了产品研制周期,降低了资源能源消耗,降低了运营成本,提高了生产效率,提升了产品质量。

第二,数字经济与实体经济融合,激发湾区内实体经济活力,为实体经济创新发展打开空间。在融合过程中,参与组合的数据要素被不断激活,要素结构配置的灵活性不断增强,使企业组织作为要素配置的母体,摆脱地理、交通、人才、能源等传统要素的限制,依托信息网络、平台应用和数据资源,利用各企业闲置的设备来组织生产,促进数据流通交易和数据红利全面释放,使产业生态更加健康和可持续。

第三,数字经济发展促进湾区产业形成集聚、规模效应。纵向上,形成数字经济的不同产业链,横向上形成不同产业的规模集聚,推动先进制造业集群发展,构建各具特色、优势互补、结构合理的战略性新兴产业增长引擎,培育新技术、新产品、新业态、新模式。在以数字科技为依托的设施建设和全产业链布局基础上,实现产业全要素、全流程、全生命周期数字化转型与融合创新,从而构建数字驱动、智能主导的数字经济高融合生产体系。

2019年底开始暴发的新冠肺炎疫情给世界带来巨大变化,也给数字经济的加速发展带来机会和挑战。受疫情影响,人流物流受限,全球许多海运、空运航线停运。三大湾区的研发机构和企业,大多是全球布局,供应链遍及世界各地,因此受疫情影响极大,产业链、供应链一度阻断。在此背景下,国际三大知名湾区,都加大了对5G等新一代信息技术、人工智能高端产业的研发力度。在这些产业领域,关键的、核心的、重要的技术,都坚持以我为主。目前,三大湾区及全球在新一代电子信息产业、未来产业等领域的争夺都非常激烈。

三、太湖湾科创带走进数字经济

经过改革开放四十多年建设发展,无锡已经迈上万亿元GDP城市台阶,国家创新型城市创新能力评价位居前列,营商环境持续提档升级,已经成为长三角区域一体化、苏南国家自主创新示范区、无锡国家传感网创新示范区等国家布局的重要战略支点。作为国家创新体系的有机组成部分,近年来无锡紧扣"建设具有国际竞争力的产业科创名城"战略定位,坚持科技政策和科技改革"两深化"、科技企业与科技人才"两手抓"、创新平台与创新服务"两着力"、科技创新实力实现"新跃升",总体呈现创新指标"进"的步伐持续加快、创新主体"增"的势头持续强劲、创新载体"建"的力度持续加大、创新资源"聚"的效应持续凸显的良好发展态势。

太湖湾周边地区,事实上正在成为支撑带动无锡创新驱动与高质量发展的科技高地、产业高地、人才高地,在坚实基础和良好条件的支撑下,无锡以"科产城人融合"为建设导向,启动规划建设"太湖湾科技创新带",并上升为无锡"头号工程"。部署建设太湖湾科创带,是新时期推动无锡在新经济条件下以超前思维强化布局、以超前部署应对复杂严峻形势、塑造无锡城市竞争硬核实力、打造新时期无锡城市名片的重要战略,对统筹发挥太湖湾沿线各板块的区位优势、特色优势和竞争优势,协同参与、全面融入长三角区域一体化发展有重要且积极的意义。

无锡太湖湾科创带依托无锡及周边城市,虽有一定的科技创新能力、良好的产业基础和大规模相当的制造能力,但科学技术及创新能力较上述湾区,甚至与深圳、杭州等国内先进城市比都有一些差距。从创新的三个层次即科学发现、技术发明、产业发展来看,太湖湾科创带与世界知名湾区的差距更大。要想实现太湖湾科创带引领科技创新、建设科创高地的战略目标,除亟待加强科技创新能力外,还需要找准方向,抢占关键核心技术和先导产业制高点,在经济转型升级上寻找新路径和新突破,以点带面实现科技创新的全面繁荣。随着新一轮科技革命和产业变革加速推进,数字经济作为发展最迅速、创新最活跃、辐射带动作用最强的领域,正成为全世界走出低迷、走向希望的关键,成为驱动经济增长的关键动力。借鉴国际先进湾区建设经验,结合自身基础条件和优势特长,在太湖湾科创带坚定不移地发展数字经济,走数字化科技创新的道路,促进数字经济和实体经济相融合,以数字经济为突破口,建设数字经济高地,是无锡实现太湖湾科创带建设战略目标的必经之路。以无锡太湖湾科创带数字经济高地为着力点,不但可以推动无锡产业结构优化、发展方式转变、新旧动能转换,还可以进一步促进无锡与长三角一体化战略的融合,通过数字经济产业高地这一先锋和媒介,推动无锡融入区域联通和协同共振,逐步建成环太湖科创圈数字经济发展高地,为区域经济高质量发展助力赋能。

(一)太湖湾科创带发展数字经济优势

在太湖湾科创带发展数字经济、建设数字经济高地,具有很多得天独厚的优势条件。

一是科教资源丰富。数字经济发展离不开高素质人才。太湖湾科创带范围内,拥有全市超过90%的省部级科研院所,如江南大学、中电科58所、中船集团702所等;拥有60%左右的科技创新平台,如国家超级计算无锡中心、华进半导体封装先导技术研发中心等;高层次人才总量占全市比重达到70%,为数字经济发展提供了源源不断的高科技、创新型人才。

二是产业基础雄厚。太湖湾科创带内聚集了全市超过一半的新兴产业产值,以新一代信息技术为代表的新兴数字经济产业集群蓬勃发展。其中,在数字经济核心产业物联网、集成电路等细分产业领跑全国,太湖湾科创带内国际国内领先的数字经济企业云集,拥有美新半导体、华虹半导体、SK海力士、卓胜微电子、中科芯、闻泰科技、中船奥兰托等一大批信息技术、物联网等领域的领军企业,为数字产业化、产业数字化奠定了坚实的产业基础。

三是园区平台实力强。太湖湾科创带内拥有众多孵化链条和众创空间,孵化器等科创载体面积431.4万平方米。数字经济代表创新载体鸿山物联网小镇、慧海湾小镇、雪浪小镇、太湖影视小镇等特色小镇,以及国家(无锡)集成电路设计中心、集成电路设计产业化基地、无锡山水城科教产业园、无锡(国家)软件园、浪潮大数据产业园等新一代信息技术产业重点园区也在此聚集。

四是发展空间广阔。太湖湾科创带"一核十园多点"布局,为数字经济发展提供了广阔的空间格局。以无锡经济开发区、无锡山水城科教产业园和无锡太湖国际科技园为"一核",打造无锡产业技术创新的"中枢"和"内核"。其中无锡山水城科教产业园将重点聚焦物联网、云计算和大数据等产业;无锡太湖国际科技园将加快推动物联网、云计算、大数据、人工智能等技术与实体经济融合发展,打造引领现代产业发展的新标杆。重点打造太湖湾科创带沿线各市(县)区发展潜力较强的"十园"。其中,未来产业园以培育新一代信息技术产业为导向,重点建设集成电路产业园、传感网产业园;特色产业园以培育特色优势产业为导向,重点建设"两机"产业园、环保产业园;现代服务业产业园围绕数字经济重点建设空港产业园、国家工业设计园

（国家知识产权示范园）、国家数字电影产业园，把握新基建、新场景发展机遇，推动现代服务业和制造业融合发展，着力培育服务业新业态、新模式。"多点"支撑联动，为数字经济高地建设提供有力保障。"多点"即太湖湾科创带沿线的高校、科研院所、重点实验室、新型研发机构等创新资源，按照"多点联动、高端集聚"的发展要求，推动科创带内创新资源形成互联互动、定位清晰、高效持续的发展格局。

五是生态与文化格局适宜。太湖湾科创带拥湖而居，依山而建，山水交接，108千米湖岸线联起最美风景带，坐拥鼋头渚、蠡园、灵山胜境等特色景区，集聚了全市90%以上的旅游资源，区域内空气质量优良率全市最佳；吴越文化传统与江南水乡特色交融，是科技研发、技术创新的理想之地。在此区域内建设数字经济高地，也是积极应对国际气候变化、实现"碳达峰、碳中和"目标的现实路径，得天时、地利、人和。

（二）数字赋能，建太湖湾数字经济高地

不断向"综合创新集聚区"迈进是太湖湾科创带未来发展最重要的方向。太湖湾科创带数字经济发展，应当把"科产城人融合"理念贯穿始终，聚焦前沿科技创新，以科技创新引领，布局重大科技创新载体，采取科学、技术、产业混合驱动模式，加快产业数字化、数字产业化。

第一，抓重中之重造就太湖实验室。2020年底由江苏省、无锡市、中国船舶集团联合对标国家实验室正式成立。这对无锡基础科学研发和国家战略科技研发具有划时代里程碑意义，是无锡科技史上最高"标杆"，是要举全市之力铸就的太湖湾科创带之重器。通过龙头项目，集聚研发机构、研发人才，太湖实验室是无锡科技创新首个重大载体、重大平台。这个大型平台项目是太湖湾科创带聚集科创和人才资源的驱动器，是催生原始创新、带动产业创新的新动能，是太湖湾北岸打下的首个重大科技创新载体的"桩基"。无锡拥有全球前三的海洋装备总体性能保障和新型装备总体设计技术开发科研力量，聚焦国家战略和地方产业发展需求，布局并建设深海科学领域实验室。深海科学领域实验室圈定深潜、深网、深探三个领域，以现代智能与

大数据为手段,确定三大领域领衔科学家,到2025年计划新增投资61.5亿元,专业人才达到4 000人规模。以往无锡仅仅依靠企业做产业转化端,产业应用的创新往往缺乏坚实底蕴,未围绕产业链打通核心的研发关卡,创新永远处于低位水平。太湖实验室的建设将引进基础研究与产业融合的人才,它是太湖湾科创带科产城人融合发展理念的人才载体。从太湖实验室开始,在这个湾区,推进系列专业太湖实验室,如物联网创新促进中心、江苏集成电路应用创新中心、智能医疗创新中心等建设,以数字资源,开启一个科技创新经济新篇章。

第二,推动数字化基础设施先行。数字基础设施以技术创新为驱动,以信息网络为基础,面向高质量发展需要,提供数字化转型、智能升级、融合创新等服务。在太湖湾科创带积极推进数字基础设施的建设部署,有助于加快湾区数字化发展水平。数字基础设施的建设与部署是一项长期工程,既要坚持全面统筹,又要把握要点。一是加强统筹设计,推动信息通信基础设施建设。当前阶段,尤其要重视5G、工业互联网等重点领域,加快5G网络建设速度,加快5G网络部署和商用,达到重点区域室外5G网络基本连续覆盖。二是聚焦重点领域,推动基础设施数字化改造。需要集中力量、优先发展起步基础好、应用范围广、经济社会效益大,通用性强的基础设施,如推动机场、高铁、城际铁路等枢纽门户的数字化提升,推动道桥、市政公用基础设施智能化改造,推动"数字医院""智慧校园"等数字化基础设施建设。三是推动重点数字平台建设。在湾区率先建设公共算力算法中心,推动算力、算法、数据、应用资源集约化和服务化创新。四是强化支撑能力。需要综合利用多种融资渠道、人力资本支持渠道,夯实数字基础设施研发部署的要素支撑基础。结合各行业差异化的需求痛点,探索特色化应用模式,推动数字化转型在更大范围、更深程度、更高水平推进。以湾区十大产业园为重点,引导相关行业企业与工业互联网解决方案提供商、工业互联网平台企业等密切合作,积极打造一批优秀示范应用或样板工程,以点带面,激发应用需求,加速整体数字化进程。

第三,优化配置数据要素资源。对以高起点规划的太湖湾科创带而言,数据要素有效配置至关重要。数据作为一种新型生产要素,其市场化配置无疑是最高效的配置模式。在准确把握好数据要素特殊经济特征的基础上,尤其应注意数据要素市场化配置。一是加快数据资源化。对数据进行加工处理,形成可采集、可利用的高质量的数据,强化湾区大数据中心能力体系建设,重点开展主题数据库建设。二是推进数据资产化。数据只有与具体的使用场景和任务匹配融合,才能在提升具体任务效率中实现数据的价值,这个过程就是资产化。在湾区要先行先试,通过数据的资源化、资产化过程,驱动传统业务提升效率、转变经营业态,创新商业模式。三是加快数据资本化。探索设立太湖湾数据交易中心、加快推进区域一体化的数据交易平台建设,提高数据资源化质量,促进数据融合、数据价值发现和应用增值,推进数据资源要素加速集聚和流动。四是数据开放与共治。建立区域公共数据开放平台,疏通数据进出与交换管道,建立数据治理联盟,加强数据治理,推行数据共治模式。

第四,培育壮大数字产业。组织开展数字产业领域技术攻关,加快新型智能传感器"卡脖子"技术攻关,重点推进基础软件、工业 App、云服务、大数据、集成电路设计、嵌入式系统软件等关键共性技术攻关,重点突破分布式大数据存储系统、海量信息处理、大数据智能、云计算技术、大数据分析方法和算法等。结合太湖湾区各产业园产业特点,在高端制造数字计算、深潜装备、航空发动机等重大装备技术领域,提升数字化水平,重点推动物联网、工业互联网、车联网等细分领域国际和国家标准的研制,提升数字经济领域自主创新能力。产业上重点推进华虹无锡基地、海力士二工厂、中环领先等重大项目,培育一批核心竞争力较强的集成电路龙头骨干企业;加快培育自主品牌;加快引进 5G 产业重点项目和重点平台,做强有特色的 5G 产业链,加快推进车联网城市级示范二期项目,建设国家级江苏(无锡)车联网先导区;建立无锡市区块链发展管理统筹协调机制,打造区块链产业发展集聚区。以数字化特色小镇建设为主战场,深入扎实建设鸿山物联网小镇、雪浪小镇、慧海湾小镇、朗新科技园等园区,以数字化推动其升级,形成有综合影响力和辐射带动力的数字经济载体及产业集群。

第五，提升产业数字化水平。数字赋能于传统产业和现代服务业。以"两机"产业园、环保产业园、新材料产业园、空港产业园、生命科技产业园、工业设计产业园、数字电影产业园为载体，推进产业数字化进程。实施工厂大脑计划，培育工业互联网平台，完成"企业上云"目标，依托太湖湾科创带企业优势，加快制造业企业数字化技术改造，建设数字化车间，通过深化数字技术在生产、运营、管理和营销等多环节、多方位、全链条的改造应用，大力推广总集成总承包、个性化定制、在线支持服务、全生命周期管理、供应链管理等服务型制造，提高生产制造的灵活性与精细度，以数字型制造与企业组织模式，提升生产效率和市场响应；推动文创产业数字化，加快创建国家电影产业数字化创新实验区；强化数字物流，建设国家跨境电商综合试验区；在商贸消费、现代金融、教育培训、移动通信等现代服务业领域，加快培育一批数字化服务平台，将人流、信息流、货物流、资金流转化为数据流，形成产业的价值流。推进乡村建设数字化，实施"互联网＋农业"工程，以物联网技术与数字通信结合，推动一批智慧农业重点项目建设。

第六，建立数字化治理体系。用数字技术改造和重构区域经济社会治理。在数字化形态基础上，探索太湖湾科创带的基础设施、运行程序、社会具体功能等新治理模式。确立数字治理格局，运用数字治理方式，开发以数字技术、数字要素、数字资源为基础的新型治理工具，加强宏观治理数据库等建设，提升大数据等现代技术手段辅助治理能力，提升企业、事业、党政单位、社区的数字化监管水平，推动社会和个人共同参与数字化治理。以《无锡市推进新型智慧城市建设三年行动计划（2021—2023年）》为指导，围绕未来三年新型智慧城市建设的总体目标、基本要求，加大智能科技在生活和社会管理等领域应用，支持解决方案服务企业建立完善数字健康、数字社区、数字教育、数字旅游等应用系统和云服务平台，面向市场需求提供增值服务。围绕政务办公、市民服务和企业服务，加快推进一体化协同办公平台。创新数字科技在城市管理、生态保护、能源管理、基层社会治理、政务协同等领域的应用，完善智能城管、智能交通、智能生态、智能政务等智能应用系统和云服务平台，带动无锡整体智能化水平跃升。

第七，率先拓展数字化应用场景。太湖湾科创带以数字化引领，应率先在社会、文化、教育各方面形成与数字经济匹配的崭新社会形态，这是数字经济发展到一定阶段必然会呈现的景象。比如在教育方面，推进线上线下结合的教学方式正向规范发展；在医疗方面，推动远程医疗，扩展网上智能诊疗解决的项目，把线下就医项目缩减到最小，把高质量医疗资源的效用在网上扩展到最大；在健康养老方面，通过手机、微信、电视等数字平台，实现智慧养老；在劳动就业方面，探索并建立人力资源的网络共享平台，激发各种用工和人力资源，提升劳动力市场供求双方匹配度；在文化方面，丰富数字文化教育娱乐产品和服务。推进全域性网络安全防护体系建设，加强网络安全等级保护和关键信息基础设施安全保护工作，开展数据安全技术验证、网络武器试验、攻防对抗演练和数据风险评估等工作。在企业事业单位及政府机构内建立首席数据官（CDO）制度，建立相应数字化运行机制。营造数字经济发展氛围，建立数字经济行业协会，开展数字经济优秀企业案例征集评选、发布年度行业榜单，鼓励建立无锡数字经济研究院等专业机构。

（三）从数字太湖湾到数字太湖圈

规划建设太湖湾科创带，既是无锡贯彻落实习近平总书记重要论述的实际行动，也是无锡融入长三角一体化格局、争创高质量发展优势的重大战略抓手。无锡要更加自觉、更为主动，放大协同效应，坚持科产城人协同、科创带内外协同、区域协同，统筹抓好科技创新、产业强市、城市建设、人才引育等工作，强化点面结合、相互促动、整体提升，要更主动对接、全面融入，落实有关政策措施，推动太湖湾科创带建成国家级新区和新发展理念实践示范区。无锡要加快推进苏锡常共建太湖湾科创带，同时要站在更高的层面与更广视角，与"两区六市"共建环太湖科技创新圈结合，在更大格局下从"带"到"圈"，以科创带的率先"热起来"带动科创圈的全面"动起来"。

一是从"一个湖带"到"一个湖圈"。2021年5月沪苏浙皖两区六市共建环太湖科技创新圈的战略合作框架协议约定：发挥上海嘉定、青浦科创中心重要承载区的龙头带动作用，强化苏州、无锡、常州、嘉兴、湖州、宣城六市的创新优势,对标国际最高标准、最好水平,合力打造出一个具有国际竞争力和全球影响力的长三角科创共同体标杆。从太湖湾科创带到环太湖科创圈,市域战略上升为长三角区域战略,战略的升维不仅彰显了城市之间协同创新的格局,更为长三角构建中国经济高质量发展示范区提供了一个切实可行的突破口。"两区六市"区域面积超过4.1万平方千米,2020年全域GDP超过5.4万亿元,整个科创圈以长三角区域十分之一左右的土地,完成了近四分之一的地区生产总值。环太湖区域内一体化示范区、上海大都市圈、长三角G60科创走廊、苏锡常都市圈、苏皖合作示范区等国家和区域重大战略在此交汇叠加。

二是抓太湖圈大融合机遇。无锡太湖湾科创带目前在超级计算、物联网、集成电路、装备制造等领域,具有相应基础,但放眼看"两区六市",在创新资源、产业联动上,更有联手谋"大事"的基础。嘉定国家汽车风洞实验室、苏州材料科学姑苏实验室、常州智能制造龙城实验室、湖州纺织太湖实验室、嘉兴南湖实验室、宣城光伏技术研究院都能与太湖湾科创带构建更高质量的科技与产业创新协同体系。国家科技部印发的《长三角科技创新共同体建设发展规划》中,明确提出"支持环太湖科技创新带发展"。2021年江苏省"十四五"规划纲要同样提出积极推动环太湖科技创新圈的建设。在产业方面,整个环太湖科创圈内各有分工,有对接,也有错落,会合成一股强劲合力,如"集成电路产业,上海追求研发一流工艺,无锡基地则重点在制造,沪锡两地的产业链形成有机衔接。

在车联网领域,嘉定和无锡有着合而不同的产业基因:国家智能网联汽车(上海)试点示范区"封闭测试区落地嘉定,无锡是全国首个国家级车联网先导区。两个地区在"汽车+互联网"方面合谋大有可为。

三是共建太湖数字城市圈。无锡太湖湾科创带建设必须融合长三角一体化进程,建设大太湖圈数字经济。第一,实现科技资源优化配置和协同共享、促进科技与产业深度融合,加快推动创新要素自由流动和区域创新成果转移转化,这既契合国家战略,更是无锡区域发展的内在刚需。无锡太湖湾科创带打破科创发展界限,联合推动科技创新策源与应用开发,苏锡常三地共同推动姑苏实验室、太湖实验室、龙城实验室等重大科技创新载体平台资源共享。除了共建环太湖科创圈实验室，优化区域创新资源配置是重点之一，如推动科技创新券在两区六市间通兑通用、促进重大科研基础设施、大型科研仪器等科技资源的合理流动和开放共享。瞄准世界科技前沿和国家战略需求建设重点科技基础设施，也是"太湖圈内"的共同行动。第二，围绕产业链布局创新链、推动区域创新成果转移转化大有可为。在数字经济方面，"两区六市"产业链能相互协作，形成更大辐射面的数字经济产业集群。源起于科创的太湖湾到太湖科创圈，终点绝不止于科创，在这样的大格局里，全球性科技创新策源圈、国际化高端产业引领圈、世界级生态湖区和创新湖区先行圈、高品质未来城市群协同发展示范圈，让我们有无限想象空间。第三，迎接数字社会。数字经济在环太湖科创圈内先行；社会生活的数字化场景也将在圈内领先落地。发挥嘉定、青浦新城的辐射带动效应，高标准布局和协同推进5G网络建设，探索区域性数字孪生城市建设，我们一定会看到长三角(上海)数字互联网医院、圈内外智慧交通、数字商贸、数字生态绿色廊道、数字教育……太湖圈内生产、生活、生态数字化融合的新城市群。

数字时代已经走来，数字世界正在崛起。数字时代里，太湖湾科创带将在这个时代中熠熠生辉。

执笔：李　丁　徐立青

B.9 加快数字城市转型步伐，建设国内一流智慧城市

　　智慧城市是指物联网、云计算、大数据、空间地理信息集成等新一代信息集成技术，与城市经济社会建设管理高度融合的未来城市发展新模式，包含了智慧技术、智慧产业、智慧服务、智慧管理、智慧生活等内容。

一、重要意义

（一）智慧城市响应时代之需

　　党中央对智慧城市的建设提出新的要求、新的指示。2016年4月，国家发改委、中央网信办组织召开新型智慧城市建设部际协调工作组第一次会议，提出了新型智慧城市建设需更加注重以人为本，更加注重统筹协调，更加注重安全可控的要求。《新型智慧城市评价指标》将城市居民感受、提升居民获得感和幸福感作为重要评价内容。习近平总书记先后多次提出对国家治理体系和治理能力现代化的要求，明确指出从数字化到智能化再到智慧化，让城市更"聪明"一些、更智慧一些，是推动城市治理体系和治理能力现代化的必由之路。

　　智慧城市与数字经济的结合日益紧密，二者相辅相成、互为依托。2020年11月20日，习近平总书记在亚太经合组织会议上强调，"要促进新技术传播和运用，加强数字基础设施建设。完善经济治理，营造开放、公平、公正、非歧视的营商环境。中方将推动制定智慧城市指导原则，倡议各方分享数字技术抗疫和恢复经济的经验，倡导优化数字营商环境，释放数字经济潜力"。

智慧城市为数字经济发展提供能力基石,成为数字经济发展的主要载体。与此同时,新基建赋能智慧城市建设。国家高度重视新型基础设施建设,新基建政策及会议精神不断加码,基于新一代信息的新型基础设施成为新型智慧城市高质量发展的重要基础,以信息基础设施支撑政务服务、政府管理、民生服务、产业发展等领域创新应用。

(二)智慧城市承载人民之愿

不断满足人民日益增长的美好生活需要是新型智慧城市建设的本质要求。新型智慧城市建设需要以人民的现实需求为牵引,尊重民意、用好民智,鼓励市民发挥其主体意识,把更多精力放在满足市民的需求上,实现市民生活便利、提高生活质量,把科技手段和人的幸福感充分结合起来,坚持需求牵引、效果为先,注重用户体验,把人民的满意度作为新型智慧城市建设的出发点和落脚点,努力实现人民对美好生活的向往。

无锡新型智慧城市建设,坚持以满足人民群众美好生活需求为导向,积极探索运用大数据、人工智能等新技术,推动公共服务兼顾个性需求,实现服务的便捷化精准化供给,持续增强无锡人民获得感,持续提升无锡人民幸福感。

(三)智慧城市融合技术之变

当前,新一代信息技术发展日新月异,5G、云计算、大数据、人工智能、物联网等新兴技术加速突破应用,深入各行业生产与发展的方方面面。同时,新一代信息技术与智慧城市建设的深度融合成为新型智慧城市建设的重要趋势,为城市基础设施、政务服务、政府管理、民生服务、产业发展等各领域的智慧化提供重要的技术支撑。需要紧抓新一代信息技术发展的机遇,大力发展并创新运用5G、大数据、人工智能、区块链等新一代信息技术,将新技术与城市发展有机融合,以信息化为引领,为新型智慧城市的建设、协同和演进提供新的动力。

无锡市需紧跟时代潮流,大力发展并逐步运用新一代信息技术,推动新一代信息技术与产业发展、城市治理、社会民生等业务需求进行有机融合，推动"5G＋工业互联网""AI＋公共安全""大数据＋城市治理""物联网＋智慧交通"等具有无锡特色的应用场景建设，使产业发展更具活力、城市治理更精细、民生服务更贴心。

（四）智慧城市支撑数据之治

新型智慧城市进入了以人为本、成效导向、统筹集约、协同创新的发展阶段，更加关注数据治理、统筹建设、综合运营。一方面，城市累积的政务数据、互联网数据、时空数据等数据资产日益成为城市的重要资产，新型智慧城市的建设需重点关注数据治理，充分发挥数据的作用。另一方面，为避免系统孤岛、重复建设等问题的出现，新型智慧城市建设需统筹规划，综合协调各方建设力量，吸引各种社会资本参与智慧城市建设，形成多渠道资金参与的智慧城市多元投资、联合运营发展格局。

在智慧城市建设运营方面，无锡将持续探索通过创新投融资、项目管理、服务外包和商业运营等市场化运作机制和模式，鼓励和推动国有资本、社会资本等多元化的投资方式和创新商业模式，参与无锡新型智慧城市的建设。

二、发展现状

（一）信息基础日趋完善，支撑能力稳步提升

全市基础网络、政务云等信息基础设施建设取得显著成效，本地信息资源累积也具备一定基础。无锡率先建成国内高标准全光网城市、首个IPv6规模商用网络，光纤宽带覆盖率达100％，平均速率超150 Mbps。建成全国首个窄带物联网全域覆盖的地级市，累计建成窄带物联网基站超6 300个，覆盖商业用户超150万户。

无锡推进独立组网模式5G网络建设。2020年全市累计开通5G基站近8 700个，新开通5G基站7 300个，实现无锡市区和江阴、宜兴主城区、重点乡镇室外连续覆盖，在全国首个实现地铁5G网络全覆盖。实现城市地铁一号、二号、三号线5G网络全覆盖,在全省率先实现京沪高铁、沪宁、宁杭在本市境内线路的5G全覆盖,苏南硕放国际机场为全省首个采用5G覆盖的国际机场。

无锡初步实现数据资源汇聚与共享,建成城市大数据中心。截至2020年底,城市大数据中心共归集207.69亿条数据,构建形成了人口库、法人库、自然资源库、信用库和电子证照库等五大基础数据库,为无锡智慧城市建设奠定了坚实的数据基础。其中,人口库归集数据1.031亿条,法人库归集数据6 233万条,电子证照库归集数据408万条,省市间数据通道共传输数据1 308万条,为37个部门和地区的业务系统共享数据129.6亿条,有效支撑了疫情防控和放管服相关工作。目前,无锡市公共数据开放平台累计开放22类领域数据集1 988个,数据项14 867项,约2 522万条结构化数据,开放数据接口1 393个,发布便民服务、交通出行和医疗卫生等类应用和App共32个。

(二)城市治理有序推进,智慧应用不断深入

全市公共安全、公共交通、城市管理、市场监管等城市治理领域智慧化建设有序推进,各类智慧应用逐步深入,城市治理能力与水平不断增强。"雪亮平台"实现视频监控联网数超22.1万路、车辆抓拍设备联网数超1.26万路、人脸抓拍设备联网数超1.1万路。车联网(LTE-V2X)城市级示范应用重大项目等一批智慧交通项目稳步推进。数字城管建设成效显著,基本建立了城市管理问题快速发现、精确派遣、按期处置和绩效评价体系。市场监管服务能力进一步提升,建有"智慧315"公众服务平台、全市农贸市场管理平台等多个市场监管平台。"感知环境、智慧环保"示范工程搭建了生态环境监测监控体系,实现全市生态环境要素的物联网感知监测。全市建有271个水质自动监测站基本覆盖各类水体,构建了水质监测一张网,同时建设了"感知太湖·智慧水利"项目,利用信息化手段科学治理太湖蓝藻成效明显。

(三)政务服务提质增效,创新服务成效显著

近年来,无锡市政府积极推进政务服务优化,持续深化"一枚公章管审批""电子营业执照一城通用"等改革,不断提高市场主体和社会公众获得感和满意度。无锡在省内率先推出"政府G端+银行B端+客户C端"的政务服务新模式,打造"成全e站"政务自助终端。开展电子证照底图入库工作,共入库29个部门的122类证照;持续做好电子证照数据归集,全年共新增电子证照和数据批文8 270份,实现了与省电子证照库和市电子印章系统的互联互通。以便捷、高效、利企、便民为导向,积极推动电子营业执照跨区域跨部门跨领域互通互认互用。截至2020年底,全市已累计发放卡片式电子营业执照13.1万余份,手机版电子营业执照下载量达14.6万,对接无锡市政务服务管理平台、无锡市社会法人公共信用评价系统、无锡政务服务惠企通等应用平台27个,实现可操作事项235项,在线登录31.9万余次,在线调用4.3万余次,平台接入数量全省第一,综合应用情况国内领先。积极推进工程建设项目审批制度"三个全覆盖"改革,依托"多规合一"业务协同平台,审批时限压缩至60个工作日以内,成为全国工程建设项目"多规合一"业务协同5个试点城市之一,整体提升了无锡营商环境。

(四) 公共服务能力提升,民生体验逐步增强

无锡公共服务基础能力较好,在教育、医疗、养老等领域信息化建设初具成效。无锡打造统一的城市服务入口,上线城市级App"灵锡",首期包括交通出行、医疗健康、社会保障、教育就业、文化旅游、应急安全、美好生活等近500项服务。"灵锡"App正成为无锡城市的数字新名片。

建成全民健康信息平台,全方位覆盖区域医疗卫生业务,内联全市(含江阴、宜兴)共140余家公立医疗卫生机构,外联公安、残联、民政、市场监管等部门。建设"锡慧在线"学习中心,开设名师课堂,累计组织全市2 800多名教师完成近6 200节课摄制,直播平台点击量超过2亿人次,点播及下载课程总数超过2 000万节,实现了优质线上教育资源在全市乃至全省、全国范围的普惠共享。截至2020年底,全市建成276所智慧校园试点学校,智慧校园覆盖率达到67%,创建百所市级示范智慧校园、10所省示范智慧校园。建设无锡智慧体育综合服务平台,持续推动全民健身,发放"三百万体育消费券",鼓励市民积极参与全民健身,享受健身乐趣。无锡公众文化服务平台为公众提供随身"文化广场"服务,6大服务栏目、18个子栏目让公众能随时随地享受到丰富的文化资源与服务。无锡科普公共服务平台先后推出无锡科普地图、科普体验游活动,为无锡市民提供多样化、高质量的科普服务。存量房买卖合同自助网签机已覆盖全市区,市民可就近选择,且交易双方可全程"无接触""无纸化"自助办理合同网签手续,切实提升了群众办事体验。苏南硕放机场停车场完成"云"停车场升级改造,成为华东地区民航机场首个使用云服务器的机场停车系统,实现了"无人、无感"快进快出的通行模式,非现金缴费比例从70%跃升至99.97%,大幅提高了通行效率。无锡地铁已实现包括上海、苏州、常州、石家庄、长春、福州、南昌、郑州等城市在内的互联互通,有力提升市民公共出行体验。全市泊位联网管理有序推进,完成8371个场库、121.56万个泊位静态数据采集录入,291个场库、7.2万个泊位动态信息联网,"无锡停车"市民出行服务公众号用户突破10万人,首次实现无锡城市级停车泊位数据的初步汇总,为实现城市级停车诱导和全市泊位错峰、共享夯实了基础。

(五) 智慧产业发展迅速,数字赋能效果渐显

数字赋能产业发展效果渐显。2020年全年,全市拥有数字经济核心产业规模以上企业数量1156家,实现营业收入5572.78亿元,同比增长10.2%。其中,物联网产业实现营业收入3135.93亿元,同比增长23%;集成电路产业实现产值1403.69亿元,同比增长28.9%;软件与信息服务业实现申报销售1601.79亿元,同比增长15.4%;大数据和云计算产业实现申报销售290.74亿元,同比增长30.4%;电子商务网上零售额突破850亿元,总量位居全省第三名。成立全省首家市级5G产业联盟,培育本地5G应用案例,通过应用示范带动产业发展,形成新一轮产业热点。智能制造全面提优。发布全市智能制造水平评价规范,通过两化融合贯标试点企业360家,获评省示范智能车间161个。工业互联网快速发展。无锡高新区、锡山经济技术开发区、惠山经济开发区入选省"互联网+先进制造业"基地,无锡瀚云、雪浪云工业互联网平台分别通过国家工业互联网平台五星级和四星级评测,获评省重点工业互联网平台12个。电子商务加快发展,扎实推进国家电子商务示范城市建设。江阴市成功申报国家农村电商综合示范县,30家单位获评省级各类电商示范企业、基地。高水平推进中国(无锡)跨境电商综合试验区建设,实现六个"全省第一"。

三、面临挑战

近年来,无锡在深化推进新型智慧城市建设过程中取得了丰硕的成果,同时也面临着以下问题及挑战。

一是数字基础设施引领不足,亟待加快新型基础设施建设。亟待秉承"前瞻领先、集约共享、安全可靠、敏捷开放"的理念,全面提升城市通信网络,并推动5G网络在典型应用场景先试先行,不断统筹全市数据中心、政务云平台、政务网络等关键信息基础设施的整合和城市资源效率最大化。

二是业务应用统筹协同不足,亟待加强业务统一支撑能力。亟待在市级层面构建大数据资源平台、人工智能平台、物联网管理平台、视频资源共享平台以及应用支撑平台等城市共性数字平台,通过数字平台支撑以大数据共享为基础的数据流、业务流的跨领域、跨部门流转,为业务协同和有效联动提供技术支撑。

三是公共数据深度建设不足,亟待提升数据管理应用能力。当前无锡主要通过现有大数据共享平台和各委办局之间单线交互的方式进行数据共享,面向行业和市场的数据开放尚未形成清晰的模式。因此,需进一步通过数据资源的有效管理,明确数据资源的共享和开放机制,推动无锡城市级数字资源向数据资产的转变,促进无锡新型智慧城市建设运营的可持续发展。

四是全局视角综合运营不足,亟待提升城市综合治理能力。当前无锡信息化应用多集中于垂直条线或部门,亟待梳理并整合全市在城市运行、应急指挥、生态环境、公共服务和产业发展等领域的数据资源,站在全市整体视角,以数据驱动为无锡提供跨领域和跨层级的分析决策、监测预警和联动指挥能力,全面科学地掌握城市发展态势。

五是服务对象需求挖掘不足,亟待全面强化群众获得感。需落实新型智慧城市建设中对"强调体验和获得感"的要求,以需求为导向和以服务对象为中心,以场景化应用为抓手,重点在政务服务和公共服务领域,为无锡市民打造具有参与感和获得感的便捷应用和贴心服务,切实提升人民群众对新型智慧城市的满意度。

六是系统落实战略机遇不够,亟待开阔视野主动融入。推动长江经济带建设,加快长三角一体化发展是国家重大区域发展战略,更是勇做"排头兵"的实践要求。当前无锡与长三角城市群在文旅、物联网、环保水利、交通、养老等城市发展各方面有巨大的衔接互补和错位发展空间。在新型智慧城市建设过程中,需要聚焦"一体化"合力,构建区域协调发展新格局,强化区域联动发展,建设协同创新产业体系,需要聚力"高质量"协同,打造强劲活跃增长极,推进基础设施互联互通,加快公共服务便利共享,以一体化的应用场景建设,实质性推进长三角一体化,展现"高质量发展看无锡"的底气。

四、总体架构

(一)总体框架

无锡新型智慧城市的总体框架主要包括四大部分,即城市运行管理中心、基础设施一体支撑、领域综合统筹和行业应用。

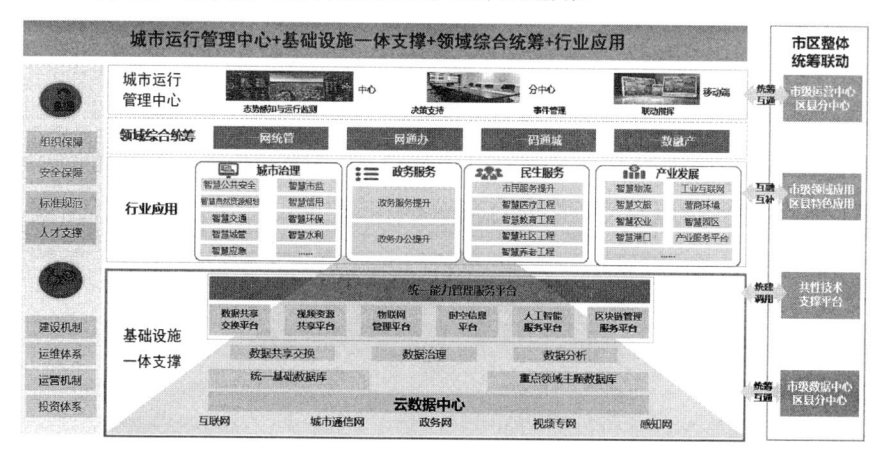

图 9-1 智慧无锡的总体架构

其一,城市运行管理中心。加快构建覆盖市、市(县)区、乡镇(街道)多级的无锡市城市运行管理中心,推进一体化城市运行平台支撑体系建设。整合公安、自然资源、生态环境、住房城乡建设、城管、交通运输、水利、卫生健康、应急等相关信息系统,围绕社会治理模式创新,不越位、不替代各委办局的管理指挥职能,开展深层次城市运行专题建设,横向实现各委办局业务系统的全面打通,纵向实现市、市(县)区、乡镇(街道)、村(居)的多级联动,构建全面的运行管理体系和指挥调度体系,实现"一屏联动观锡城、一网统筹管全市"。

其二,基础设施一体支撑。加快城市通信网、物联网、政务网、政务云、数据中心等前瞻部署,重点提升打造数据共享交换平台、视频资源共享平台、物联网管理平台、时空信息云平台、区块链管理服务平台、人工智能服务平台等城市数字平台,为无锡整体构建一体支撑的高速、安全、移动、泛在信息基础设施环境。

其三,领域综合统筹。在新型智慧城市各领域建设成果的基础上,聚焦城市治理的"一网统管"、民生服务的"一码通城"、政务服务的"一网通办"、数字经济与传统经济的"一数融产",逐步盘活数据资产,场景驱动数据深度利用,以"一网统管""一码通城""一网通办"和"一数融产"促进领域和部门间的协同。

其四,行业应用。优化提升新型智慧城市的行业应用成果。在城市治理方面,持续提升公共安全、智慧交通、智慧水利、生态环保、智慧城管等行业应用;在政务服务方面,持续提升行政服务审批和政务办公等领域应用;在市民服务方面,重点提升智慧教育、智慧医疗、智慧社区、智慧养老以及"灵锡"App等创新应用;在产业发展方面,持续提升智慧港口、智慧物流、智慧园区、智慧招商、智慧文旅、营商环境等,实现行业应用和四大综合统筹相得益彰。

在市区整体统筹联动方面,就数据中心层面而言,强调市级数据中心和区县数据分中心实现统筹互通;就共性技术支撑平台层面而言,统一建设城市数字平台进行支撑,区县可以根据需要调用;就领域行业应用方面而言,实现市级领域应用和区县特色应用互融互补;就运营中心层面而言,市级中心与市(县)区分中心实现统筹互通。

在保障运营体系方面,全面实现组织保障、安全保障、标准规范和人才发展等统一保障体系,聚焦智慧城市建设运营机制、统一运维体系和可持续投资体系,打造统一的建设运营体系,为无锡新型智慧城市建设运营保驾护航。

(二)业务架构

按照智慧城市顶层设计指南的要求,在明确业务基础和业务需求的基础上,从"善政、惠民、兴业"三大方向,构建无锡新型智慧城市的业务框架,如图9-2所示。

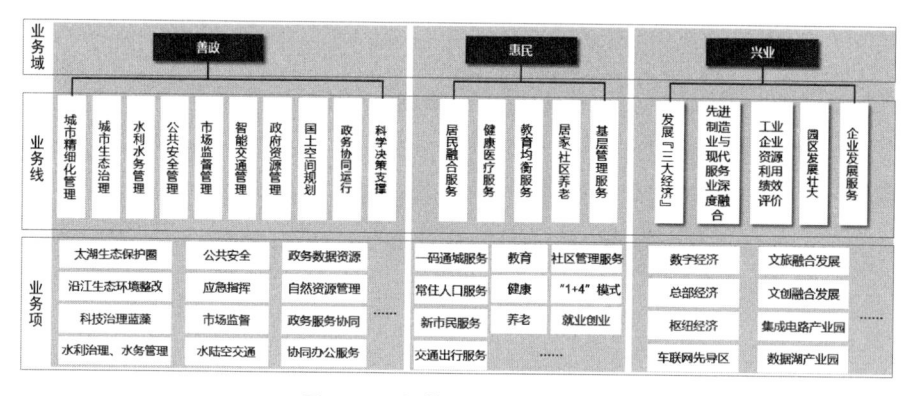

图9-2 智慧无锡的业务架构

其一,善政。善政方面的业务聚焦于促进政府业务协同和城市治理,主要包括政府资源管理、国土空间规划、政务协同运行和科学决策支撑等内容,以及提升城市功能和质量,主要包括城市精细化管理、城市生态治理、公共安全管理、市场监督管理等内容。

其二,惠民。惠民方面的业务聚焦于促进公共服务优质均衡发展,主要包括教育、医疗、养老、交通出行服务、社区基层服务、居民就业创业以及融合服务等内容。

其三,兴业。兴业方面的业务聚焦于推动经济高质量创新发展,主要包括促进"三大经济"发展,推动先进制造业与现代服务业深度融合,以及物联网、大数据、人工智能等新一代信息技术产业的发展等内容。突出推动园区载体和企业服务,主要包括工业企业资源利用绩效评价,促进无锡车联网先导区、数据湖产业园、集成电路产业园的发展等内容。

（三）应用架构

应用架构由基础层应用、平台层应用和各领域智慧应用三部分构成，形成横向协同、共建共享、灵活管控、易于迭代的应用架构。

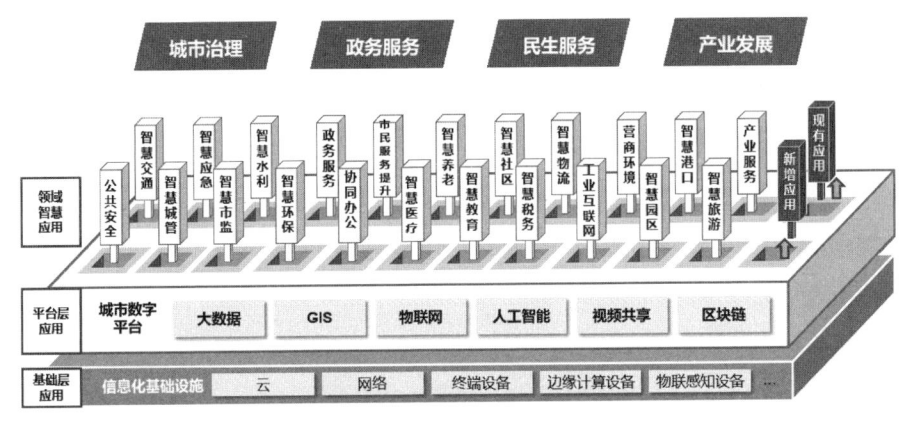

图 9-3 智慧无锡的应用架构

基础层应用由云管理应用、网络管理应用、终端设备管理应用、边缘设备管理应用、物联网设备管理应用等构成，提供信息化基础设施的管理运维服务，为城市数字平台、城市各领域智慧应用按需配置硬件资源。

平台层应用主要包括大数据、时空地理信息、物联网、人工智能、视频资源共享、区块链等服务内容，整体构成城市数字平台，为城市各领域智慧应用提供新技术的共性支撑服务。

城市各领域智慧应用由政务服务、城市治理、民生服务和产业发展等领域应用构成。丰富的城市应用统一接入城市数字平台和城市运行管理中心，实现资源的共建共享和能力的协同共用，并可以根据业务需求的变化，灵活实现新增应用的接入和老旧应用的退出。

（四）数据架构

无锡新型智慧城市数据架构由大数据采集、大数据资源平台、大数据服务、大数据应用、大数据治理和管理、大数据生命周期管理构成。数据架构设计如图9-4所示。

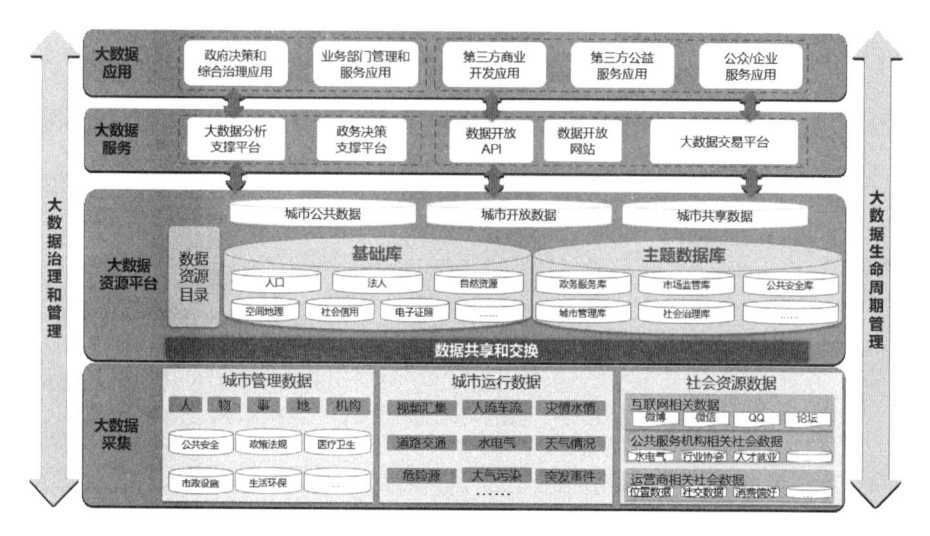

图9-4 智慧无锡的数据架构

其一,大数据采集。建立技术接口、数据标准和相应管理办法,实现无锡各类数据资源的采集与汇聚。在目前数据采集接口基础上,补充个别特定交换与采集接口,运用通用数据比对与清洗规则,解决目前数据源不一致、权威性不足、同一个数据不同时期格式不一致等问题,依托数据采集平台实现城市管理数据、城市运行数据、社会资源数据的有效采集、统一汇聚。

其二,大数据资源平台。完善提升统一的市级大数据资源平台,奠定各类智慧应用的数据基础。编制数据资源目录,对无锡的城市数据资源进行科学梳理,统一数据资源编码、规范数据格式,明确城市公共数据、城市开放数据和共享数据等数据资源分类;完善数据共享交换平台,解决目前数据分散、数据资源管理不规范的问题,促进数据资源积累和充分使用;完善人口、法人、自然资源和空间地理、社会信用和电子证照等大数据基础数据库,同时根据业务数据积累情况,建立政务服务库、市场监管库、公共安全库、城市管理库、社会治理库等重点领域主题数据库。

其三,大数据服务。依托大数据资源平台,打造大数据应用开放能力。

将数据资源及平台能力封装为标准服务接口，面向上层应用开放大数据分析、大数据展现、大数据决策等能力。通过提供数据开放 API、建设数据开放网站、对接大数据交易平台等方式，鼓励社会利用大数据资源及平台能力开展大数据创新应用。

其四，大数据应用。在基础数据资源、重点领域数据资源和大数据服务能力的支撑下，开展基于大数据的智慧应用建设，将大数据资源与能力充分融入各类智慧应用的建设，不断创造与实现新价值，全面提升无锡大数据应用水平和数据资源综合效益。

其五，大数据管理体系。建立数据治理与数据全生命周期管理体系，为大数据高质量应用提供制度保障。依据国家、省和市有关规定，编制数据资源共享开放利用细则，建立数据资源目录与共享交换目录、共享管理以及大数据对外服务接口标准，探索数据资源的权属规则，规范数据资源采集、清洗、应用、维护等规则，明确数据维护责任和管理责任，确保数据在交换和对外服务时高效、安全、可控，实现数据资源全生命周期管理。

（五）基础设施架构

无锡新型智慧城市的基础设施主要包括网络基础设施、云基础设施和城市运营现代化服务管理中心等内容。基础设施架构如图 9-5 所示。

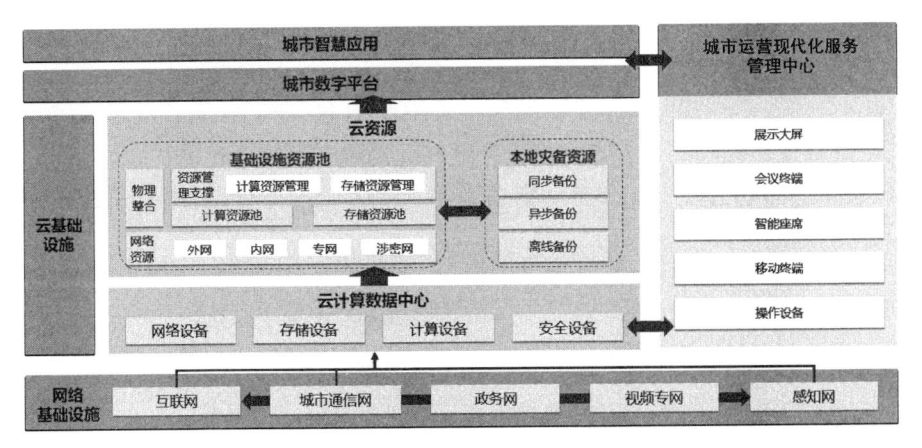

图 9-5　智慧无锡的基础设施架构

其一，网络基础设施。包含互联网、城市通信网、政务网、视频专网和感知网。在网络形态方面，科学统筹高速光纤网络、无线网络、物联感知网络、下一代广播电视网和下一代互联网协调发展，发展方向为多网融合；在区域维度方面，在高速光纤网络、4G/4G+移动通信网络和下一代广播电视网建设上坚持一网全覆盖，开展5G网络商用建设。

其二，云基础设施—云计算数据中心。结合无锡市数据存储计算以及数字应用的实际需求，加快推进市级物理数据中心建设，部署数据中心等关键信息基础设施，为数据资源整合共享、政务系统迁移和大数据应用等提供支撑。

其三，云基础设施—基础设施资源池。提升完善云计算数据中心，统一部署计算、存储、网络和安全设施资源。在数据中心资源基础上，提升云计算平台能力，构筑开放共享、敏捷高效、安全可信的云基础架构，提供共享的基础资源、开放的数据支撑平台、立体的安全保障及高效的运维服务，为各类智慧应用和大数据服务提供支撑保障。

其四，城市运营现代化服务管理中心基础设施。构建城市运营现代化服务管理中心的物理空间，部署城市运行管理中心的展示大屏、操作设备、会议终端、智能座席，配置移动终端，承载和具体展示各类领域综合应用。

（六）安全架构

完善网络安全、应用系统安全、终端安全，以及技术防御体系和安全运维等安全体系，构筑可信、可控的城市全域网络安全体系，提升信息安全管理、防御和运维能力。安全架构设计如图9-6所示。

1. 建立网络与信息安全管理体系

建立健全网络与信息安全组织体系，完善由安全管理中心总体负责，安全管理团队、技术防御团队、安全运维团队，以及专家顾问团队、第三方信息安全咨询服务机构共同组成的无锡智慧城市网络与信息安全组织体系。

建立网络与信息安全标准规范体系，建立信息安全技术、业务、监管三大类标准规范，加强标准宣贯和培训，强化信息安全规范标准在智慧城市建

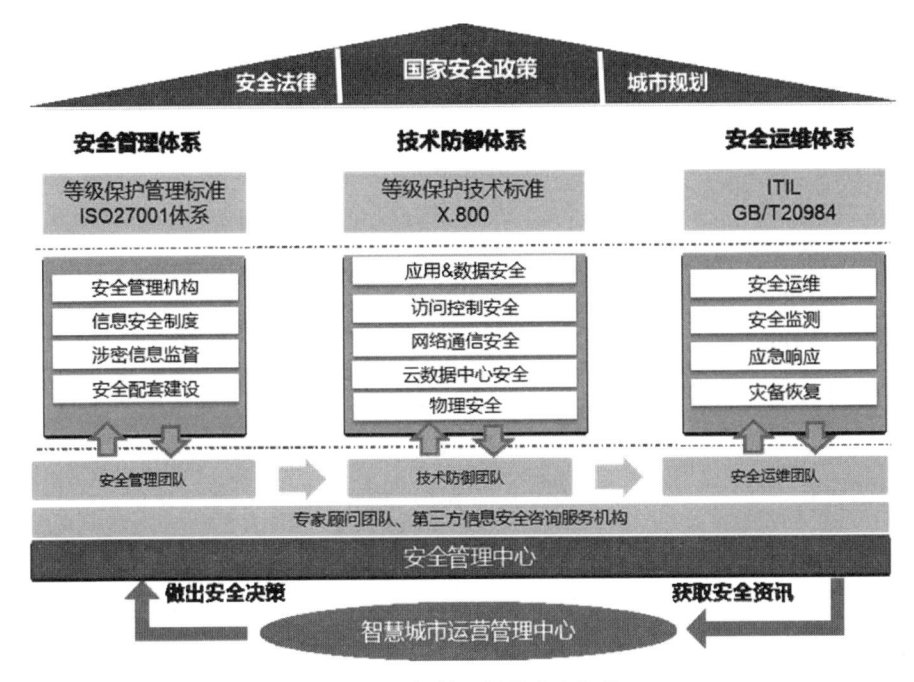

图 9-6 智慧无锡的安全架构

设各个环节中的应用，提升信息安全管理能力和水平。

建立网络与信息安全责任制，明确各部门信息安全负责人、要害信息系统运营单位负责人的信息安全责任，建立责任追究机制。加大宣传教育力度，提高智慧城市规划、建设、管理、维护等各环节工作人员的网络信息安全风险意识、责任意识、工作技能和管理水平。

充分利用第三方安全咨询服务机构提供的专业服务，梳理安全管理需求，实现包括安全管理机构、安全管理制度、人员安全、系统建设管理和系统运维管理在内的安全管理体系，确保无锡智慧城市建设运营符合等级保护的管理要求，为网络信息安全提供持续保障。

2.建立网络与信息安全技术体系

针对通信网络、区域边界、计算环境，综合采用防火墙、入侵防御、恶意代码法防范、安全审计、防病毒、传输加密、集中数据备份等多种技术和措施，并充分考虑各种技术的组合和功能的互补性，构建从外到内的安全防御体系，实现智慧城市业务应用的可用性、完整性和保密性保护，并进一步实现综合集中的安全管理。重点包括：

一是完善云数据中心物理安全体系。包括建设和完善数据中心的冗余供电设施、冗余温湿度控制设备等基础设施，结合门禁、视频监控控制人员进出，保障数据中心物理环境安全。

二是完善网络安全体系。通过部署防火墙、抗DDoS攻击、网络流量分析、安全审计系统保护各类平台和应用免受恶意攻击、非法入侵。建设前端感知设施可信准入控制系统，对摄像机、传感器等前端感知设备进行认证，防止非授权设备接入网络。

三是完善数据中心主机、应用、数据安全体系。对部署在数据中心的服务器操作系统进行安全加固和防病毒保护，增强主机的安全性和健壮性；对城市管理、公共服务、公共信息平台实施数据分级保护和数据防泄露防护，防止敏感信息、隐私信息外泄。针对WEB类应用建设WEB防火墙，防止网页被非法篡改。定期对部署在数据中心内的应用进行漏洞扫描，提高应用系统的安全性。

四是完善无锡新型智慧城市的统一安全管理平台。对安全设备和系统进行统一管理和监控、安全事件进行分析审计预警、安全风险进行分析和评估、安全运维流程和应急响应进行标准化管理，保障系统持续安全运营。

3. 建立网络与信息安全运维体系

制定和完善安全运维服务流程和内容，构建一体化的安全运维体系。其中包括：制定和完善定期评估、定期加固、应急响应、日常巡检、审计取证、教育培训、安全通告和安全值守等安全运维服务制度；梳理完善安全运维标准、制度和流程，建立统一、完善的安全运维管理流程；引入安全服务外包，全面提高运维水平，逐步实现安全运维由被动支持转为主动式服务，形成一体化的安全运维体系。

（七）标准规范体系

无锡新型智慧城市建设将遵循采用国家标准、行业标准、地方标准等成熟标准架构，并逐步建立市级地方标准。

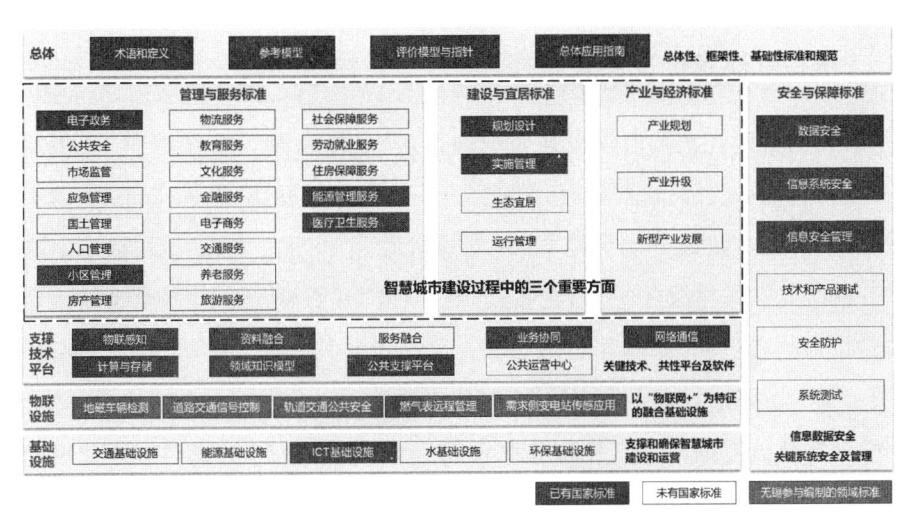

图 9-7 智慧无锡的标准体系

标准规范体系是落实新型智慧城市规划和建设的重要抓手，无锡新型智慧城市建设遵循国家、行业、省级发布的成熟标准架构，在总体标准上参照《国家新型智慧城市评价指标和标准体系应用指南》《新型智慧城市评价指标(2018)》《智慧城市技术参考模型》《智慧城市术语》以及《江苏省加快推进"互联网＋政务服务"工作方案》等文件，以明确新型智慧城市的规划建设和运行评估规范。在基础设施、支撑技术平台、管理与服务、建设与宜居、产业与经济、安全与保障等六大领域，分别参照《智慧城市信息技术运营指南》《云计算综合标准化体系建设指南》《物联网系统接口要求》等系列专项标准文件开展建设运营。

鼓励无锡各领域部门单位积极参与编制智慧校园相关标准、智慧社区相关标准、城市经济运行体征、城市安全运行体征相关体系等系列标准，并持续发挥在物联网领域的领先优势，在既有主导或参与编制《地磁车辆检测器》《道路交通信号灯》《城市轨道交通公共安全防范系统工程技术规范》《面向燃气表远程管理的无线传感器网络系统技术要求》《面向需求侧变电站应用的传感器网络系统总体技术要求》等相关标准的基础上，不断探索物联网在基础设施应用方面的新场景、新标准，抢占融合基础设施建设标准的话语权。

五、目标定位及实现路径

无锡新型智慧城市建设强调数据促进"一流治理"、智慧成就"一流城市",将更快一步建设智慧城市,更胜一筹运营智慧城市,全面支撑"美丽无锡"建设,逐步建成基础设施"一体支撑"、政务服务"一网通办"、城市治理"一网统管"、民生服务"一码通城"、产业发展"一数融产",谱写无锡新型智慧城市建设运营的新篇章。

其一,基础设施"一体支撑"。切实提升基础设施能级和服务水平,扩大4G网络覆盖范围,4G室外覆盖率不低于98%,持续优化城市光纤宽带网络,提升光纤网络覆盖率,实现全市光纤到户100%覆盖,进一步推动"城市万兆到楼、千兆进家庭,农村千兆进村、百兆入户"光纤网络建设;推进5G网络建设,加快现有基站5G改造,逐步实现全市5G网络全覆盖和重点区域深度覆盖。优化NB-IoT窄带物联网,实现全市范围内NB-IoT网络深度全覆盖,推动NB-IoT网络在生态监测、农业管理、智能家居等领域的智慧化应用。构建无锡市城市数字平台,面向全市提供统一的大数据分析、视频资源共享、时空信息、物联网等基础支撑能力,实现城市数据融合、业务协同与敏捷创新;建成信息安全管理体系与城市信息资源运营体系,核心信息基础设施全部满足等保三级建设要求,提高信息安全保障能力。

其二,民生服务"一码通城"。整合服务资源,拓宽服务渠道,丰富服务内容,创新服务模式,切实提升市民的生活便捷度与智慧化体验感,通过在线的政民互动界面,引导市民参与智慧城市建设,充分吸收人民群众的智慧与建议,为智慧服务的持续创新提供动力。在综合服务方面,基于"灵锡"App,建设无锡市民云,生成无锡个人专属电子码(City ID),实现"全城一码、一码通城"。在智慧医疗方面,加快推动二级以上医院的信息互联互通,推进互联网医院的建设,结合5G、AI等新技术,打造"5G+救护车""区块链+电子病历"等智能应用。在智慧教育方面,持续推进"三通两平台"建设,实现所有学校千兆进校,90%以上的学校实现无线网络基本覆盖,进一步推动智慧校园建设,80%以上的学校建成智慧校园,深化互联网与教育的结合,促进优质教学资源在区域间的流动,缩小地区间的教育差距。在智慧社区方面,建成基层一体化平台,实现基层治理能力整合,推动基层减负增效,提升社区管理与服务的智慧化水平。在智慧养老方面,形成机构、社区、居家协调发展的养老服务体系。

其三,城市治理"一网统管"。统筹整合多部门的数据与系统,打破部门间的数据壁垒,建设城市运营现代化服务管理中心,推动城市治理业务一体化,实现城市治理的高效联动,全面提升城市治理的精细化、智慧化水平。在自然资源规划方面,建成自然资源规划一体化平台,实现自然资源管理与服务的精准化和高效化。在公共安全方面,实现社会治安"全域覆盖、全网共享、全时可用、全程可控"。在应急方面,依托应急指挥系统,应急事件处理有效率达90%以上。

其四,政务服务"一网通办"。深化"互联网+政务服务",持续推进"一网通办""一件事一次办"等政务服务改革,提升政务服务平台整合能力,优化行政审批服务流程、规范网上办事标准、创新审批服务方式,推动市民办事环节更简、时间更短、跑动次数更少,实现无锡市政务服务的提质增效;建成全市一体化政务协同办公平台,逐步打通市级以下办公系统,促进跨部门、跨层级、跨区域的数据共享与业务协同,提高行政效能。

其五,产业发展"一数融产"。以新一代信息技术赋能产业经济,加强传统产业与信息技术的深入融合,推动产业的数字化转型,促进产业高质量发展。在智慧农业方面,实现智慧农业重点项目建设达30个以上;在工业互联网方面,加快推动面向行业或技术领域的平台建设,鼓励重点企业自建自用,有序推动跨行业跨领域平台建设,丰富完善工业互联网产业生态供给资源池,持续开展智能制造试点示范工作,建设一批智能化重点项目,加大推进"企业上云",培育一批省星级上云企业;在产业服务平台方面,建成市级产业监测平台及企业综合服务云平台,优化无锡市营商环境。

执笔:卢 益 许 超

B.10 发展智能制造,建设全国制造业数字化转型发展高地

智能制造是基于新一代信息通信技术与先进制造技术深度融合,贯穿于设计、生产、管理、服务等制造活动的各个环节,具有自感知、自学习、自决策、自执行、自适应等功能的新型生产方式。随着全球新一轮科技革命和产业变革深入发展,新一代信息技术与先进制造技术加速融合,不断催生新技术、新装备、新场景、新模式,为制造业数字化转型提供了历史机遇。美国"先进制造业领导力战略"、德国"国家工业战略2030"、日本"社会5.0"和欧盟"工业5.0"等都以重振制造业为核心,以智能制造为重要抓手进行发力,力图抢占全球制造业新一轮竞争制高点。智能制造成为世界制造业发展的重大潮流趋势。

一、无锡发展智能制造的主要情况

2015年以来,无锡市委、市政府实施产业强市战略,推进产业智能化绿色化服务化高端化,并将智能化摆在首位,有力推动了智能制造发展。到2020年底,全市国家智能制造标杆企业数量省内第一,全国领先;省级示范智能车间数量省内第二;工业互联网蓬勃发展,12个平台列入省重点工业互联网平台,全省领先。加快推进产业智能化改造、数字化转型,已经成为共识。

(一)瞄准产业需求,建设新型创新平台

无锡与国内多所高校开展智能制造技术研究与项目合作,吸引清华大

学、华中科技大学等"双一流"高校在无锡创建研究院,围绕数字化装备、软件以及系统集成三大领域,搭建创新平台,发展适用技术,开展政产学研合作。

一是华中科技大学无锡研究院。该研究院成立于2012年,由无锡市及惠山区人民政府与华中科技大学共同组建。围绕智能制造相关产业需求,华中科技大学无锡研究院开展产业共性关键技术攻关,重点推进复杂曲面数字化制造技术、新型传感器与控制技术、功能机器人、智能化通用功能装备、工业大数据分析、成套智能化生产线及应用示范等方向的研发与产业化,并作为筹建单位之一发起建设国家数字化设计与制造创新中心。近年来,服务地方企业超千家次,与无锡透平合作项目"两机叶片高效智能加工关键技术研发与应用"获评2018年江苏省科学技术一等奖;"大型构件多机器人智能磨抛加工技术"入选2018中国智能制造十大科技进展。培育孵化科技型企业20余家,其中无锡中车时代、黎曼机器人、尚实电子分别入选江苏高新技术企业、小巨人企业、无锡瞪羚培育计划,伦科思智能获行业"远见奖"。

二是江南大学无锡智能制造协同创新中心。2017年,无锡市政府与江南大学签订共同推进智能制造及产业创新发展合作协议,共建江南大学无锡智能制造协同创新中心。江南大学无锡智能制造协同创新中心组建了"先进制造与智能传感""工业物联网集成技术""轻工装备智能化"三个研究中心,汇聚机械、控制、计算机、纺服等学科120余人的骨干力量,形成18个科研团队,面向无锡地区智能制造产业的技术合作工作全面展开。2020年,该中心为66家无锡企业提供了智能服务。2020年,该中心与上能电气、华中科技大学无锡研究院合作完成的"大功率集散式光伏逆变成套系统研制与产业化"项目,获得江苏省科学技术奖一等奖。

三是国家超级计算无锡中心。该中心由国家科技部、江苏省和无锡市三方共同投资建设,拥有世界上首台峰值运算性能超过每秒十亿亿次浮点运算能力的超级计算机——"神威·太湖之光"。该系统是中国"十二五"期间"863计划"的重大科研成果,由国家并行计算机工程技术研究中心研制,运算系统全面采用了由国家高性能集成电路设计中心通过自主核心技术研制的国产"申威26010"众核处理器。"神威·太湖之光"也是中国第一台全部采用国产处理器构建的世界排名第一的超级计算机。国家超级计算无锡中心依托"神威·太湖之光"计算机系统，面向生物医药、海洋科学、油气勘探、气候气象、金融分析、信息安全、工业设计、动漫渲染等领域提供计算和技术支持服务，承接国家、省部等重大科技或工程项目，为中国科技创新和经济发展提供平台支撑，目前在科学与工程计算、云计算与大数据处理、应用软件开发与优化、高性能计算加速、应用云管理、工业CAE生态、气候气象、AI智能等多个领域提供服务。

（二）抓住技术与市场，聚力发展高端装备

2020年，无锡高端装备产业全年实现产值1 081.8亿元，同比增长13%，突破千亿元大关。全年4家企业的9个项目获得国家首台套保险补贴；5个项目通过江苏省首台套重大装备认定，数量占全省的1/8，居全省第一。

一是创新型技术不断突破。双良集团"智能化大型钢结构间接空冷系统"获得第六届中国工业大奖项目奖，是全国唯一一家将中国工业大奖企业奖与项目奖双双收入囊中的民营企业；宝银公司以"先进核能系统关键管材与核心部件研制及产业化"项目荣获2019年度江苏省科学技术奖一等奖，并在2020年顺利交付国内首套小堆直流蒸发器螺旋盘管；先导智能入选"2020年度江苏省企业技术创新奖"名单；信捷电气进入2020年度中国自动化和数字化品牌50强，排名第25位。

二是重点企业成果丰硕。明鑫机床研制生产的国内首台5米数控立式磨床交付用户并正式投产，填补了国内空白；中船重工702所荣获江苏省省长质量奖，其牵头研制的万米载人潜水器"奋斗者号"在马里亚纳海沟成功下潜突破10 000米，近30家无锡企业给予配套支持；振江股份打造的国内首座1 200吨自升式风电安装平台"振江号"顺利完成首个任务——江苏如东风场的风机吊装任务；扬子江船业斩获有史以来最大订单，并成为中国第一家有能力建造LNG动力大型集装箱船和两万箱以上超大型集装箱船的民营企业。

三是资本实力持续增强。技术和市场的发展,为无锡装备企业上市融资提供了良好基础,上市后带来的资金优势,更为企业研发新技术新产品创造了条件。截至 2021 年 6 月 30 日,无锡装备类 A 股上市公司达到 42 家,市值超过 3 800 亿元,其中 2021 年上半年就上市 4 家。先导智能获得迄今为止中国光伏装备出口海外国际市场的最大订单,市值最高突破千亿元,成为 A 股第一家市值超千亿元的新能源装备制造企业。

表 10 - 1　　　　无锡装备制造类 A 股上市公司市值 20 强

序号	证券代码	公　司　名　称	市值(亿元)
1	300450.SZ	无锡先导智能装备股份有限公司	940.59
2	603185.SH	无锡上机数控股份有限公司	492.65
3	000738.SZ	中国航发动力控制股份有限公司	238.71
4	000581.SZ	无锡威孚高科技集团股份有限公司	210.17
5	688516.SH	无锡奥特维科技股份有限公司	146.03
6	002015.SZ	协鑫能源科技股份有限公司	122.09
7	600481.SH	双良节能系统股份有限公司	111.61
8	002610.SZ	江苏爱康科技股份有限公司	106.7
9	002645.SZ	江苏华宏科技股份有限公司	93.12
10	603416.SH	无锡信捷电气股份有限公司	88.85
11	605123.SH	无锡派克新材料科技股份有限公司	82.3
12	600475.SH	无锡华光环保能源集团股份有限公司	74.13
13	688510.SH	无锡航亚科技股份有限公司	67.96
14	300827.SZ	上能电气股份有限公司	62.57
15	605389.SH	江苏长龄液压股份有限公司	57.11
16	300680.SZ	无锡隆盛科技股份有限公司	54.01
17	000700.SZ	江南模塑科技股份有限公司	50.9
18	000584.SZ	江苏哈工智能机器人股份有限公司	49.15
19	002685.SZ	无锡华东重型机械股份有限公司	48.79
20	300933.SZ	中辰电缆股份有限公司	48.51

注:市值时点为 2021 年 6 月 30 日。

(三) 推动标杆建设,建立示范引领体系

无锡通过推动智能制造标杆建设,建立了国家、省、市、市(县)区多层次

智能制造试点示范体系。对其中的优秀案例,编印《无锡市智能制造案例集》,通过推进会、现场参观学习等多个途径,免费发放给广大企业,引导企业向榜样学习、向标杆看齐,开展智能化改造。

在智能化项目方面,目前无锡共获国家智能制造示范应用项目10个,国家智能制造标杆企业2家(全省第一,国内城市中仅次于青岛),分别为无锡普洛菲斯电子有限公司和无锡小天鹅电器有限公司。其中,小天鹅电器为2020年全省唯一入选企业。普洛菲斯不断改善端到端的质量与交付的管理和数据预测,结合智能物流和5G柔性生产线,实现工厂小批量多品种的柔性高效生产,客户定制化生产缩短50%交付时间。小天鹅电器实现智能洗涤产品研、产、销、服全流程数字化和互联互通,从生产到多级分销,每一个环节都透明可控,是全国首家在设计、生产、销售、服务范围通过智能制造成熟度四级的企业。全市有省级智能工厂3家,示范智能车间161个(数量位居全省第二)。其中,2020年获评37个,创历年最多。新吴区以总共58个车间入选居全市首位。全市拥有省两化融合管理体系贯标试点企业360家,2020年新增数全省第一;认定市级智能工厂22家,市级智能车间累计达到312个。

在工业互联网方面,无锡注重"建平台、用平台"双轮驱动,大力推进企业上云。每年滚动培育10个工业互联网平台,取得良好成效。2018年,瀚云(HanClouds)、雪浪云工业互联网平台正式上线,并于2019年初通过了国家工业互联网平台四星级评测。在全国首批通过评测的8个四星级及以上平台中,无锡占了2个,数量居第一。2020年,瀚云平台升级为五星级工业互联网平台(全国累计仅8个)。到2020年,无锡拥有国家工业互联网创新发展工程项目2个、工业互联网平台试点示范项目3个;创成省级重点工业互联网平台12个,其中2020年新增6个,新增数量持平此前历年总和;拥有省星级上云企业562家,其中五星级和四星级上云企业为340家(全省第二);拥有省工业互联网标杆工厂9家,其中2020年创成5家。无锡高新区、锡山开发区、惠山开发区先后被评为江苏省"互联网+先进制造业"基地。

标杆示范对推动企业智能化建设起到了积极作用。数据显示,2017年到2020年,全市智能化建设重点项目累计完成投资867.18亿元,其中2020年完成投资258.49亿元,创出年度投资额新高。长电先进、深南电路、捷普电子等多家企业的建成项目获省级示范智能车间、工业互联网标杆工厂等称号,全市涌现出一批"两升三降"(即劳动生产率提升、资源利用率提升、产品研发周期降低、产品不良率降低和企业综合成本降低)和新模式新业态的转型发展案例。一汽解放发动机事业部在惠山区建设智能工厂,制造成本降低20.5%,产品不良率降低39.3%,单位产值能耗降低11.3%;威孚高科实现了多品种、小批量的高效率柔性生产,2018—2020年累计实现降本5 000余万元、省人500余人次;百年企业无锡一棉万锭用工人数下降到10人左右,达到世界先进水平,生产效率提升30%,产品品质提升25%,被评为全国纺织工业两化融合突出贡献企业、智能制造试点示范企业;亨鑫科技实现企业、客户、供应商三位一体全流程可视化质量管控和闭环管理,提高服务快速响应水平,生产交付周期缩短32.9%,总体交付本下降18.8%;上汽大通无锡分公司建成BDC车体分配中心,支撑C2B模式下多品种小批量的生产和定制化的生产模式,成为"中国汽车定制专家"。

(四) 建设优良生态,广泛推进交流合作

一是作为智能制造供给侧的服务商群体快速壮大。2018年以来,无锡每年发布一批智能制造服务商培育名单,加强对服务商的宣传,提升企业知名度。2020年,全市新增省级智能制造领军服务机构7家(累计16家),数量位居全省第二,创历年最多;累计获评省工业互联网服务资源池平台企业和服务商37家、省两化融合管理体系贯标优秀服务机构1家、省中小企业数字化智能化改造升级优秀服务商7家。无锡装备制造商、软件服务商向系统集成商转型取得成效。先导智能目前已经能够为锂电池、光伏、3C、汽车智能工厂、智能仓储物流、氢能智能装备、激光、先导MES、电容器设备等多个领域提供整体解决方案服务,并在合肥国轩高科动力能源有限公司等多家单位进行了实施。无锡市机器人与智能制造协会、企业信息化协会、信息技术应用协会、智能工业产业协会等众多行业协会,共同参与服务企业智能化发展,形成了多方联动的服务格局。

二是发布国内首个智能制造评估地方标准引导企业对标发展。无锡市工业和信息化局、惠山区工业和信息化局与中国电子技术标准化研究院在评估验证的基础上,联合无锡5家企事业单位,在无锡市标准主管部门支持下,在全国率先探索研究制定并发布实施了《无锡市智能制造水平评价规范》地方标准。该标准针对企业对智能制造的理解不统一,对自身智能制造的定位、现状和发展路径不明确,缺少系统的方法论来指导实施的情况,提出了自低向高"基础级""拓展级""引领级"三个等级的智能制造等级模型,为全市企业开展智能制造水平评价、智能化诊断咨询等提供了标准规范支持。

三是推动区域融合发展扩大"朋友圈"。2020年,无锡市工业和信息化局成功举办工业互联网和智能制造区域一体化发展推进会,签约长三角区域智能制造合作项目30个;无锡市信息化协会成为智能制造城市联盟轮值主席团单位,助力推进无锡企业融入区域一体化发展,并发布了工业互联网与智能制造发展生态共建共享联合倡议;无锡市机器人与智能制造协会和上海市智能制造产业协会签署合作协议,开展项目、人才和技术合作。全市雪浪云、观为、瀚云、蓝创等一批工业互联网平台加速向外推广应用。雪浪云与中国商飞上海飞机制造有限公司等长三角企业签订了多个项目合作协议;观为监测XSOM智能运维平台成功应用于上海城建、浙江运达、华能国际安徽分公司等长三角知名企业;瀚云HanClouds平台"云"助力中小企业复工复产,亮相央视;蓝创Squrrrel云平台已在全国18个省40多个城市推广应用。

(五)提升基础条件,建设共性支撑保障体系

一是完善政策保障措施。2015年以来,以无锡市委、市政府《关于以智能化绿色化服务化高端化为引领 全力打造无锡现代产业发展新高地的意见》为纲领,相继出台了《关于加快推进智能制造的实施意见》《无锡市企业互联网化提升计划》《无锡市智能制造三年(2017—2019)行动计划》《无锡市工业互联网和智能制造发展三年行动计划(2020—2022年)》等政策文件，持续推进企业智能化建设。2017年，无锡市工业和信息化局在全省第一个成立智能制造推进处，统筹推进智能制造发展工作，并构建了市、市(县)区两级共同推进智能制造发展的工作体系。2019年3月，无锡市委、市政府出台《关于大力发展工业互联网深入推进智能制造的政策意见》，专项支持企业智能化提升。2019年对全市1 460家企业的调查显示，90%的企业具有发展智能制造的愿景，企业家数字化转型意识逐步唤醒。

表10-2 2015年以来无锡支持引导企业智能化发展的主要政策文件

序号	政策名称	发布单位	出台时间
1	关于以智能化绿色化服务化高端化为引领全力打造无锡现代产业发展新高地的意见	中共无锡市委、无锡市人民政府	2015年8月
2	关于加快推进智能制造的实施意见	无锡市人民政府办公室	2015年12月
3	无锡市企业互联网化提升计划	无锡市人民政府	2016年4月
4	无锡市千企技改装备升级行动计划	无锡市人民政府	2016年4月
5	无锡市智能制造三年(2017—2019年)行动计划	中共无锡市委、无锡市人民政府	2017年3月
6	关于大力发展工业互联网深入推进智能制造的政策意见	中共无锡市委、无锡市人民政府	2019年3月
7	无锡市工业互联网和智能制造发展三年行动计划(2020—2022年)	无锡市现代产业发展领导小组办公室	2020年5月
8	实施"十百千万"工程推进企业智能化改造数字化转型三年行动计划(2021—2023年)	无锡市工业和信息化局	2021年5月
9	关于支持现代产业高质量发展的政策意见	中共无锡市委、无锡市人民政府	2021年6月

二是完备信息化基础设施。到2020年，无锡全市光纤宽带覆盖率达100%，领先建成全国高标准全光网城市；第四代移动通信网络(4G)全域覆盖，第五代移动通信网络(5G)覆盖全市主城区、工业园区和交通枢纽等热点区域，5G流量驻留比位列全省第一；城域出口带宽达8.7 T，互联网国际出口带宽达8.1 T；完成首个全国IPv6规模商用网络部署，覆盖用

户700万户;建成全国首个窄带物联网(NB-IoT)全域覆盖的地级市,覆盖商业用户超150万户。国家超级计算无锡中心拥有世界上首台峰值运算性能超过每秒十亿亿次浮点运算能力的超级计算机——"神威·太湖之光",能面向科学与工程中的重大应用问题提供高性价比计算系统解决方案。

三是逐步壮大智能制造人才队伍。无锡高度重视企业培训,开设了智能制造"微课堂",企业可以通过PC端、手机端听讲智能制造课程,接受专家培训。全市共举办线上线下"微课堂"培训40场,累计培训人员2.3万人次。无锡高度重视经验推广。2017年以来,全市每年举办200人左右规模的智能制造推进会,先后组织参会企业实地观摩了一汽锡柴惠山基地、戴卡轮毂、威孚高科、小天鹅、卡特比勒等一批龙头企业的建设经验;2021年上半年,全市累计组织超过1700家次企业参加了智能制造推进大会、雪浪大会、专题沙龙等活动,促进交流合作。无锡高度重视人才引进。目前,全市每年引进智能制造领域人才超过1万人,人才队伍逐年壮大。

二、无锡发展智能制造的优势与挑战

无锡是中国近代民族工商业的发祥地,工业发展起步早,底蕴深厚,具有发展智能制造的基础优势。

一是产业基础雄厚,产业结构持续优化。"十三五"以来,无锡规模工业增加值年均增速达7.6%,比"十二五"期间高0.7个百分点,高于GDP增速1.1个百分点。"十三五"期间,全市累计新登记注册工业企业24 363家,企业总数突破7万家,净增规模以上工业企业1 180家,规模以上工业企业净增数居全省之首。2020年,全市工业增加值达5 126.2亿元,占GDP比重为40.3%;规模以上工业实现总产值17 595亿元,其中高新技术产业完成产值8 502.7亿元,占比48.3%,比2015年提高6个百分点;战略性新兴产业完成规模以上工业产值6 140.5亿元,占比34.9%,比2015年提高11.5个百分点;电子、机械行业产值占工业总产值比重分别由2015年的12.8%、38.0%上升到15.2%、41.9%。

二是优势产业实力领先,骨干企业支撑有力。全市实施"造补强延"链工程,大力推进"16+4"先进制造业集群建设。2020年,全市16个重点产业集群实现主营业务收入1.5万亿元,同比增长11.0%;物联网、集成电路、生物医药等9个集群营业收入超千亿元。物联网集群高分通过国家首批先进制造业产业集群竞赛决赛,创成国家级江苏(无锡)车联网先导区,物联网产业成为无锡产业发展新标志;集成电路产业规模占全省五成,居全国第二。2020年,全市14家企业入围中国企业500强,26家企业入围中国制造业企业500强,数量均位居全省首位。特别是入围"制造业企业500强"企业数量连续14年蝉联全省冠军,入围数比2015年增加5家。

三是创新资源高位集聚,创新动能日益增强。2020年,全市万人有效发明专利拥有量达49件,省内领先。全市累计拥有省级以上工程研究中心(实验室)、企业技术中心、工程技术研究中心分别达82家、313家、603家。科研攻关和科技成果转移转化进程持续加快。10家企业入选全国质量标杆示范企业,数量位居全国前列;8家企业入选国家制造业单项冠军,10家企业获评国家"专精特新"小巨人企业;全市累计实施国家工业强基项目14项,认定省级首台(套)重大装备83项,均位居全省前列。

良好的工业基础和发达的物联网、集成电路等新一代信息技术产业,为无锡发展智能制造创造了条件。但无锡在推进智能制造过程中,也遇到了挑战,主要表现为三个"难":一是设备连接难。与西方发达国家相比,国内厂家设备的通信协议五花八门、标准众多,设备和系统联网需要做更多的工作。二是安全管控难。随着网络化的进一步推进,安全问题将在设备、网络、控制、数据、应用等多个层面浮现。三是人才保障难。既精通业务又熟悉信息化的复合型人才十分缺乏。

正视上述问题,无锡近年来引入了启明星辰物联网安全总部基地等企业,为网络安全保驾护航;微茗智能、极熵物联等一批企业加强产品研发,帮助企业解决数据采集问题;职业院校、科研院所、行业协会、企业联合组建无锡市智能制造职业教育集团,举办智能制造专场招聘会等,纾解人才短缺。

三、加速制造业智能化改造、推进数字化转型的下一步工作举措

习近平总书记强调,"我们要顺应第四次工业革命发展趋势,共同把握数字化、网络化、智能化发展机遇"。无锡是经济大市,资源小市,产业发展中资源要素瓶颈制约日益突出,相较国内其他城市,更早面临了产业转型升级的瓶颈。通过推进智能制造,引导企业革新生产方式,可以有效缩短产品研制周期,提高生产效率和产品质量,降低运营成本和资源消耗,促进新模式新业态发展,提升制造业整体水平,促进产业转型升级。

(一)健全创新体系,强化人才引育

一方面,建立协同机制,完善自主创新体系。建设高标准的智能制造创新平台,构建比较完善的创新服务体系,促进科研设备、资金、人才、项目等创新资源向平台进行汇聚。推动企业成为创新活动的投入主体,建立由企业牵头组织、高等院校和科研机构共同参与、联合开发、优势互补、成果共享、风险共担的产学研用协同创新机制,打造一批产学研合作创新平台,发挥南京理工大学江阴校区、无锡大学等新驻高校在智能制造和工业互联网领域的优势。融合大数据、人工智能、数字孪生、5G、工业互联网、虚拟现实等新一代信息技术,以无锡现有工艺技术积累为基础,瞄准设计、生产、管理、服务等制造全过程,结合各行业制造模式和管理模式特点,结合企业核心工艺数字化提升的内在需求,结合生产过程中的具体应用场景,推动跨领域的融合创新,在超精密加工、传感技术等方面形成一批技术成果。

另一方面,强化人才引进与培育。依托"太湖人才计划"升级版2.0,持续加强智能制造人才队伍的培养,联合企事业单位和高校、科研院所,重点培养和引进一批智能制造产业相关领域的高层次管理人才、复合型实用人才和高技能人才。鼓励高校、科研机构和企业建立人才联合培养机制,建立智能制造应用型人才培养基地、实训基地,如江苏省无锡交通高等职业技术学校与无锡贝斯特精机股份有限公司共建智能制造产业学院,开发人才培

养项目,培育"数字工匠"。搭建人才交流平台,引进国内外智能制造龙头企业和专业技术人才,举办智能制造人才交流会、高校行、高层次人才洽谈对接会、专场招聘会等活动,吸引人才在锡发展。依托产业联盟、行业协会和科研机构建设高端咨询与科技服务人才队伍,打造跨行业、跨领域、跨专业的智能制造专家库。通过本地培育和外地引进双管齐下,培养造就一支跨学科、复合型、具有实际操作技能的智能制造人才队伍。

(二) 发展核心要素,提升关键能力

一方面,构建品类齐全、自主可控的智能装备和关键部件配套体系。重点依托天奇自动化、华光、双良、中鼎集成等企业,发展集成机器人的成套运输、装配、检测等成套生产线和各类智能控制系统。重点依托先导智能、奥特维科技、锦明自动化、上机数控等企业,发展智能化高端数控机床、各类工业机器人、大型智能工程机械、高效农业机械、智能印刷机械、自动化纺织机械、食品机械、包装机械、环保机械、煤炭机械、冶金机械等特色产品,进一步提升整机产品性能,打造面向新能源、半导体、汽车、高端装备等行业的智能制造系统解决方案。重点依托信捷电气、贝斯特精机、腾旋科技等企业,加强大中型可编程逻辑器件(PLC)、伺服系统等技术研发,发展智能机器人相关部件,高参数、高精密和高可靠性轴承,液压、气动、密封元件,齿轮传动装置,大型、精密、复杂、长寿命模具,精密和智能仪器仪表等特色产品。

另一方面,提升工业软件发展水平。推进无锡工业软件的产业化发展,发展中船奥蓝托工业 CAE 等软件产品。实施自动化设备边缘技术芯片与传感器搭载芯片配套的嵌入式操作系统和应用软件攻关,加快研发面向 5G、边缘计算、工业互联网应用的嵌入式工业软件并进行产业化,重点依托信捷电气、一汽锡柴和上汽大通等企业,推进嵌入式工业软件开发。以"千企上云"为契机,促进工业互联网平台软件和 App 发展,重点依托省重点工业互联网平台,推动应用迭代。

表 10-3　　　　　　　　无锡省级重点工业互联网平台

序号	企 业 名 称	平 台 名 称
1	朗新科技集团股份有限公司	瀚云 HanClouds 工业互联网平台
2	无锡雪浪数制科技有限公司	雪浪云工业互联网平台
3	江苏极熵物联科技有限公司	DbPE-CPS 动力设备智能服务云平台
4	观为监测技术无锡股份有限公司	XSOM 设备健康管理工业互联网平台
5	江苏卓易信息科技股份有限公司	基于政企通的工业互联网平台
6	红豆集团有限公司	红豆-纺织服装工业互联网平台
7	大唐融合物联科技无锡有限公司	大唐工业互联网平台
8	南京航空航天大学无锡研究院	DeepSense 工业互联网平台
9	江苏海澜新能源有限公司	海澜能源互联网云平台
10	江苏毅合捷汽车科技股份有限公司	EasylandCloud 工业互联网平台
11	江苏阳光集团有限公司	阳光工业互联网平台
12	江苏新日电动车股份有限公司	新日工业互联网平台

（三）提升集成能力，增强供给水平

发展行业特色明显的智能制造系统集成服务商。在解决方案设计、集成软件开发、装备智能化改造、技术支持、检测维护等方面为行业提供多样化的系统集成解决方案和服务，逐步形成以智能制造系统集成商为核心、各领域龙头企业联合推进、一大批定位于细分领域的"专精特"企业深度参与的智能制造发展生态体系，完善智能制造服务资源池。鼓励一批装备制造、自动化工程、信息技术等企业拓展业务领域，向智能制造系统集成服务商转型，推动中鼎集成、锦明机器人、力维智能、罗斯设备、大德重工、洲翔成套焊接等智能制造领军服务机构，进一步发展仓储物流、产品包装、配料制浆、金属加工等系统集成服务能力。发展数字化转型"小而美"解决方案，鼓励服务商为广大中小企业开发成本低、使用便捷的数字化转型解决方案，推动中小企业加快数字化转型步伐。鼓励集成服务商针对生产企业在制造环节的问题和需求，按照工艺技术、工序等单个生产环节提供多样化的系统集成应用场景。

表10-4　无锡省级智能制造领军服务机构

序号	企 业 名 称	序号	企 业 名 称
1	天奇自动化工程股份有限公司	9	江苏大德重工股份有限公司
2	江苏海宝软件股份有限公司	10	罗斯(无锡)设备有限公司
3	无锡中鼎集成技术有限公司	11	海澜智云科技有限公司
4	华中科技大学无锡研究院	12	无锡华东重型机械股份有限公司
5	无锡先导智能装备股份有限公司	13	江苏太湖锅炉股份有限公司
6	江苏森蓝智能系统有限公司	14	江苏力维智能装备有限公司
7	江苏锦明工业机器人自动化有限公司	15	朗新科技集团股份有限公司
8	江苏蓝创智能科技股份有限公司	16	无锡洲翔成套焊接设备有限公司

(四) 强化示范推广,推进行业改造

一方面,加强对企业建设智能制造单元、产线项目、智能车间、智能工厂的指导,抓好标杆示范。以"智能化改造、数字化转型"为主线,聚焦十条重点产业链发展,开展"千企画像"数字化诊断服务,实施千企技改,每年滚动推进百个智能化重点项目建设,每年创建数字化转型标杆示范500个。在目前省、市两级智能车间已经覆盖25个工业大类、131个行业小类的基础上,进一步拓展覆盖面,扩大不断夯实企业数字化基础,提升产业数字化水平。进一步突出龙头企业引领带动,鼓励华润微电子、英飞凌、中环领先、深南电路等集成电路领域企业,阿斯利康、天江药业、济煜山禾等生物医药及医疗器械(材)领域企业,以及其他重点产业链龙头骨干企业持续开展智能化改造,积极探索个性化定制、网络协同制造、远程运维等新模式,围绕国家"碳达峰、碳中和"战略推行低碳化、循环化、集约化、数字化制造,形成一批在全国有较高知名度和影响力的智能制造行业示范企业。

另一方面,加快重点产业集群数字化转型。集成电路产业集群推动基于数字技术的新一代封装设备、超精密加工机床等高端电子制造设备及智能集成系统应,加快研发新型电子元器件仿真设计、厚/薄膜关键工艺、可靠性提升控制技术,提升封装测试加工环节数字化水平。生物医药和医疗器械(材)产业集群促进生命科学和信息技术交叉融合,支持龙头骨干企业和产业链上下游企业加快数字化转型升级,运用大数据技术靶点发现系统、人工智能化合物合成系统、人工智能化合物筛选系统等,缩短实验室研发周期。高端纺织服装产业集群加快推动生产环节设备上云和人机协同,支持行业龙头骨干企业打造数据驱动、敏捷高效的经营管理体系,打造模块化组合、大规模混线生产等柔性生产体系,促进消费互联网与工业互联网打通,开展动态市场响应、资源配置优化、智能战略决策等新模式应用探索。高端装备产业集群加快高档数控系统研发应用,推动安全可控计算机辅助设计软件与高端数控机床的适配应用,建立基于数字技术的装备运行状态监控体系。促进研发设计、生产制造、检测检验等环节向数字化、智能化发展,支持整机及核心零部件企业建设数字化、智能化车间。汽车及零部件(含新能源汽车)产业集群开展在线协同的研发设计,应用虚拟仿真和云协作平台,优化性能设计和生产工艺,鼓励零部件、整车厂商建设工业互联网平台,推动产供销环节数据流通和集成应用,探索整车个性化定制及零部件规模化定制生产模式。

(五) 完善网络基础,加强安全保障

一方面,完善信息化网络基础设施建设。完善通信基础网络建设,加快产业集聚区和工业园区的工业 PON 光纤网、5G 移动通信网和无线局域网的部署和优化,推动信息网络宽带化升级,建立完善面向工业生产应用的新一代信息网络基础设施,为无锡智能制造的发展提供宽带、泛在、融合、安全的信息化基础支撑。推进 IPv6 发展,加快全市网络、应用、终端全面支持 IPv6。依托国家超级计算无锡中心打造工业数字化云应用平台,为汽车、航空航天等先进制造领域提供易用高效的三维设计建模、仿真求解等一站式工业仿真云服务,降低社会使用超算的技术门槛,推动工业数字化研发升级。发展工业互联网,鼓励重点企业建设面向自身及行业的工业互联网平台,培育发展中软国际等工业互联网平台,实施"千企上云",推动企业基础设施、业务应用、产品设备、平台系统等广泛连接工业互联网,培育壮大行业应用场景。

另一方面,打造网络安全生态。鼓励企业开展安全评估、风险验证、安全加固服务,提升工业控制系统安全水平,探索实施企业分类、分策培育方案,加快建设市级重点信息安全企业培育库,予以分策扶持,形成品牌标杆。打造信息安全专业园区,重点打造滨湖信息安全特色园、新吴信创和物联网安全园、惠山可信计算产业园、梁溪网络信息安全特色产业园等园区。推进新建网络信息系统安全保护同步规划、同步建设、同步运行、定期评估。围绕5G、工业互联网、车联网、物联网等新型应用场景,建设网络安全测试验证、产品检测、实训演练等技术支撑平台,以及商用密码应用和检测认证基础服务平台。支持建设基于商用密码、指纹识别、人脸识别等技术的网络身份认证体系和设备安全接入认证体系,打造网络安全生态。

(六) 强化政策引导,营造良好环境

一方面,强化政策对工作推进的引导和保障力度。加强对《无锡市工业互联网和智能制造发展三年行动计划(2020—2022年)》《实施"十百千万"工程推进企业智能化改造数字化转型三年行动计划(2021—2023年)》等计划的贯彻实施,用足用好《关于支持现代产业高质量发展的政策意见》,加强智能制造骨干企业引育,推动智能制造应用落地和相关产业发展,优先保障智能制造示范区内重大基础设施、先进制造业等项目用地,倾斜支持智能制造产业配套项目用地。统筹利用国家、省发展专项,以及无锡市相关专项政策,支持解决方案服务商、工业大数据平台、装备企业做大做强,支持相关企业发展。鼓励各市(县)区制定配套发展政策,开展项目推进、标杆示范、企业上云、生态构建等工作。

另一方面,为企业数字化转型营造良好环境。进一步加强智能制造宣传,利用传统媒体和新媒体,依托世界物联网博览会、雪浪大会、世界智能制造大会等平台,推广无锡企业和产品,扩大无锡工业互联网和智能制造影响力,全方位反映智能制造发展的成功经验。促进交流合作,推动企业加入长三角智能制造领域协会、联盟,加强系统集成商、软件开发商、设备制造商和用户之间的对接合作,组织举办行业经验交流会,推广智能制造优秀解决方案和经验。扩大示范带动效应,有效调动相关企业、社会团体、专家学者和广大市民参与智能制造示范区建设的积极性和主动性,形成全社会支持智能制造示范区建设的良好氛围。

执笔:李士杰

B.11 以数字经济引领,打造物联网产业标杆城市

一、物联网是无锡数字经济产业的重要内核

数字经济是生产力和生产关系的辩证统一,产业数字化、治理数字化、服务数字化是其显著特点,数字经济要实现生态的繁荣离不开"数字"的根本。《中华人民共和国国民经济和社会发展第十四个五年规划和2035年远景目标纲要》中划定了7大数字经济重点产业,包括云计算、大数据、物联网等。物联网架起了物理世界和数字世界的桥梁,是数字经济时代的基础设施,是数字经济时代的生产工具,是数字经济的重要内核。

(一)无锡物联网产业起步

无锡物联网产业起步于2009年8月7日时任国务院总理温家宝到无锡物联网产业研究院(当时为中科院无锡高新微纳传感网工程技术研发中心)的视察,温总理高度肯定了"感知中国"的战略建议。

在此之前,无锡对于物联网产业进行了探索。无锡物联网产业领路团队——"感知中国"团队早在1999年就开始物联网研究。团队带头人刘海涛博士为国家973物联网首席科学家,首次提出微系统信息网,与国际同步开始物联网研究。当时美国麻省理工学院Auto-ID中心强调"物物互联",认为物联网是基于RFID结合互联网实现物品标识和连接的系统。"感知中国"团队则强调"协同感知",认为物联网是面向物理世界、以感知互动为目的、以社会化协同为核心的体系。在后来的研究过程中,团队坚持协同感知(感知社会论)的核心理念,形成了微系统信息网、传感网到物联网的演进

路线；2000年，随着国际无线传感器网络研究的兴起，为与国际更好的交流和对标，"微系统信息网"改名为"传感网"。

在"十五""十一五"期间，针对边境封控、公共安全等重大需求，在传感器、组网模块、协同处理、体系架构等关键技术研究方面取得了多项重要成果，2008年获得上海市科技进步奖一等奖。

2003年，"感知中国"团队提出物联网的三层体系架构、物联网的社会化感知体系思想等理论，指出物联网是面向实体世界的感知互动系统，提供的是大事件服务，事件的发生具有不确定性，必须通过高度自适应的社会化协同架构来解决问题，因此物联网的架构是智能化之上的全新的社会化属性、团队属性的架构。

2004年，"感知中国"团队提出"共性架构＋应用子集"的物联网体系结构和产业发展模式。该体系结构重点分离了各物联网应用的共性技术要求和差异性，为解决应用场景多样化和大规模产业化的矛盾提供了有效的解决办法，有利于建立物联网分工明确的产业链，在统一的标准体系下推进物联网的研究、开发、集成和应用，彻底解决物联网规模产业化的瓶颈问题。

从1999年闪现的物联网星星之火，到2009年物联网战略在无锡的落地，在新的时代启幕之际，在这一次科技革命面前，中国没有落后，无锡没有落后。

（二）无锡物联网产业发展

2009年11月，在温家宝总理视察指导物联网工作之后不久，无锡规划建设了涵盖传感网创新园、传感网产业园、传感网信息服务园、传感网大学科技园等产学研用一体化的创新基地，而后正式获批国家级传感网创新示范区。十余年来，无锡以国家传感网创新示范区为载体，以技术创新为核心驱动力，以示范应用带动产业发展，推动世界物联网发展新高地的快速崛起，充分发挥促进中国物联网产业健康持续发展的示范带动作用。无锡国家传感网创新示范区不断引入物联网科研院所及高精尖企业，国家传感网工程技术中心落户示范区，形成了无锡数字经济生态圈，强化了无锡物联网基础研究,提升了数字创新能力,让无锡在物联网这个数字经济产业上走在全国理论最前沿、占据创新制高点、取得产业新优势。

2012年,在长三角地区钢贸领域出现金融风险的背景下,无锡首先诞生出由"感知中国"团队提出的物联网金融理念;2014年,在《光明日报》刊发《物联网与金融模式新革命》专题文章,首创了客观信用"物联网金融"新模式,银行、保险、投资等领域的实践探索在无锡展开。同年,针对互联网电商的假货盛行和大宗交易的交割监管缺失等问题,无锡诞生出"物联网交易与电商"新模式。

2014年8月17日,刘海涛第三次做客央视《对话》栏目,展示了无锡首创的"物联网×"传统产业的技术改造和模式再造成果。三年来刘海涛团队通过选择传统产业公司,进行物联网技术改造、模式再造和资源注入,创造了100多亿的产值。2015年8月26日,刘海涛做客中组部机关党员干部学习讲座,系统分析了从"互联网+"到"物联网×"的物联网发展路径。2015年9月11日,刘海涛在科技部的科技创新大讲堂做了"物联网与感知中国梦"报告,阐述了打造"物联网×"大众创业、万众创新的众创空间新模式,阐述了协同、融合、边际的"物联网思维"内涵,指出"物联网思维"将推动世界从以西方思维主导到以中华思维主导的转变,也必将推动中国的大国崛起,实现中华复兴之梦。

2017年8月,在江苏省银保监局的支持下,在无锡市银保监分局的大力推动下,无锡物联网产业研究院联合六家示范银行,开展银监体系的物联网金融创新示范工程。国务院参事室三次派遣参事调研,该示范工程取得的初步成效获得国务院刘鹤副总理、银保监会领导的关注和肯定。2020年,物联网金融创新示范工程结束,成绩斐然,物联网金融开始全面商业化。

随着信息技术的不断发展,人们对物联网的认知也在发生着变化。物联网从最初的"信息传感设备+互联网"的网络端概念,不断向供给端和需求端延伸,形成产业物联网和消费物联网的数字经济发展方向。华为、阿里巴巴、感知集团、海尔、华虹集成电路无锡研发和制造基地、海力士二期、中电海康等一大批相关产业的重量级项目密集签约落地无锡,形成覆盖传感设备设计和制造、数据收集和传输、智能应用和服务等各个环节和领域的完整产业链。新时代的无锡,正在向着"以物联网为龙头,形成在国内领先、国际知名的新一代信息技术产业集群"的长期目标迈进。

(三) 无锡物联网国际国内标准化工作

数字经济在中国国民经济和社会发展中的重要性越来越突出,从 2016 年 G20 杭州峰会提出《二十国集团数字经济发展与合作倡议》开始,数字经济成为各国核心竞争力的基本要素。标准化对数字经济发展意义重大。谁掌握了标准,谁就掌握了话语权。物联网标准决定了物联网技术、应用和产业的发展方向,重要性不言而喻。无锡作为物联网标准化领域的先驱力量,为中国物联网标准化工作做出了重要贡献,在物联网国际标准化领域发出了强有力的"无锡声音"。

无锡"感知中国"团队基于在系统架构、网络协议、协同感知、传感技术等方面的深厚积累,于 2006 年联合中国电子技术标准化研究院启动了传感网标准化工作。2006 年成为中国传感网标准化的元年。2007 年全国信标委正式同意启动传感网标准工作组筹备工作。2008 年 6 月 25 日,无锡承办的首届国际传感器网络标准化大会(ISO/IECJTC1SGSN 会议)举行,并取得圆满成功,无锡在传感网国际标准领域开始发出主导的强音。2009 年 9 月全国信标委传感器网络标准工作组正式成立,刘海涛担任工作组组长。2018 年 8 月,无锡团队代表中国主导的物联网架构国际标准 ISO/IEC30141 正式发布。

图 11-1 物联网架构国际标准 ISO/IEC30141 发布历程

无锡物联网产业研究院从 2012 年起开始了物联网金融探索,首创物联网金融理论,首发物联网金融白皮书、首提客观信用体系。2018 年无锡代表中国,联合韩国、俄罗斯、日本、马来西亚等国的专家创立国际物联网金融标准研究工作组。

2021年3月12日由无锡物联网产业研究院作为主编辑制定的物联网金融国际标准 ISO/IEC30163《物联网基于物联网/传感网技术面向动产质押监管集成平台的系统要求》正式发布。这是中国专家作为主编辑制定的全球首个物联网金融领域国际标准,意味着物联网金融得到了国内外的广泛认可,无锡在物联网金融标准领域掌握先机。

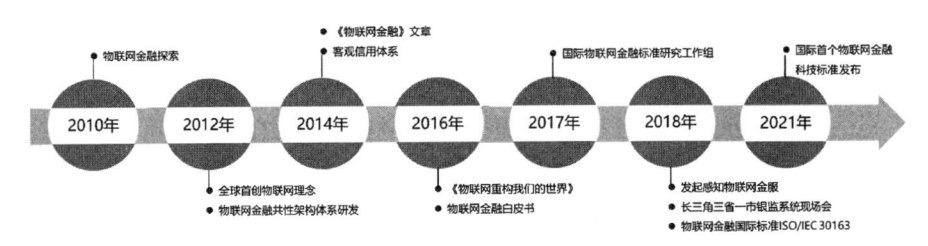

图11-2 物联网金融国际标准 ISO/IEC30163 发布历程

无锡物联网产业研究院是国家973物联网首席单位、国家物联网基础标准工作组和传感网标准化工作组的双组长单位。2020年8月,无锡物联网产业研究院牵头江苏省高校、科研院所、企业、行业协会等成立江苏省物联网标准化技术委员会,由无锡物联网产业研究院作为秘书处承担单位。2021年6月,无锡物联网产业研究院牵头、参与制定国际标准12项、国家标准45项、行业标准4项、团体标准13项、联盟标准4项,并于2016年和2018年获得中国标准创新贡献奖。10多年间,无锡科学家和企业家在物联网标准化领域所做的努力,为中国物联网产业的迅速发展和全球市场主导地位的建立奠定了基础,为更多的中国物联网标准向全球输出提供了重要的平台。无锡掌握了物联网标准的全球话语权。

(四) 无锡物联网产业成果

无锡作为物联网"首航之城",正凝聚共识,瞄准工业互联网、车联网等重点领域,全力打造软硬件相融合的数字经济产业,为角力未来国际产业链中的优势地位蓄能。

1. 物联网产业规模快速稳步增长

2020年无锡物联网产业营收超3100亿元,规模全国领先,高居江苏省第一,五年平均保持20%以上高速增长,率先在全国实现移动物联网连接规模超千万。无锡高新技术开发区(以下简称"高新区")作为全国唯一国家传感网创新示范区,已集聚物联网相关企业超过3000家,包括微软、英特尔、西门子、华为、阿里巴巴、浪潮等国内外知名企业,形成了关联芯片、感知设备、网络通信、智能硬件、系统集成、应用服务等全产业链条,产业体系持续健全,先后获批20多个物联网国家级品牌。

2. 物联网产业基础设施全面覆盖

无锡专注于突破制造业痛点,加快5G、IPv6等信息基础设施建设。截至2020年上半年,无锡已累计建成5G基站超6600个,基本实现市区、发达镇村和重点区域的全覆盖;建立NB-IoT基站5500个,覆盖商业用户150万户,成为全国首个NB-IoT全域覆盖的地级市;率先建成全国首个IPv6规模商用网络,覆盖用户700万户。

3. 物联网产业创新成果加速涌现

无锡物联网等新一代信息技术相互融合,并向传统优势行业加速渗透,计算机虚拟化、工业大数据、多源异构数据处理等多项创新成果达到国际领先水平,填补国内空白。近年来,无锡物联网相关专利授权量超7000件,其中发明专利达2000多件;公安部交通管理科学研究所两项智能交通参研项目获2018年度国家科技进步奖二等奖,江南大学、无锡气动技术研究所等单位的智能化项目获得2017年度国家科技进步奖二等奖2项、国家技术发明奖二等奖1项,法尔胜集团的"内置光纤光栅传感器的桥梁用智能缆索系统"技术获2016年中国专利奖优秀奖,无锡物联网企业获得江苏省科学技术奖一等奖2项、二等奖6项、三等奖8项。无锡已基本形成了多主体、多层次的物联网标准研制工作体系,50%以上的国际标准由无锡制定,将物联网行业的话语权稳操在手。

4. 实现物联网产业集群式发展

无锡坚守"技术创新、产业发展、应用示范"的世界级物联网产业集群培育发展路径,实现了物联网产业"从无到有"到"从有到优"的跨越。国家级创新平台接连落户无锡,标准制定、网络建设、应用推广等领域持续取得新突破,无锡物联网产业集群化、高端化发展特征愈加明显,在全球产业价值链中的地位大幅提升。

作为江苏 13 个重点培育的产业集群之一,无锡物联网产业正以强链、补链、造链的思路,按照物联网各细分领域的特点和要求,大力招引项目落地,加快软硬件企业之间的协同发展,同时推动物联网与其他制造业之间的跨界融合。

根据国家工业和信息化部公示先进制造业集群竞赛优胜者名单,无锡物联网集群以第二名的成绩入选第一批集群(共 15 个),无锡物联网产业集群由此成为全国唯一一个物联网国家级先进制造业集群。

二、无锡物联网产业百花齐放

2021 年无锡政府工作报告显示,无锡坚定推进产业强市,数字经济核心产业规模达 5 500 亿元,其中物联网产业营收增至 3 100 亿元,规模全省第一,占据无锡数字经济半壁江山。无锡基于国际标准组织物联网架构标准体系 ISO/IEC30141,将物联网与区块链、大数据、人工智能等新一代信息技术深度融合,落地形成物联网科技体系,应用于供应链和产业链中的管理及服务,解决了参与方的客观诚信问题,把控和降低了经营风险,是打造高质量数字经济的中坚力量。

(一)"物联网+金融"助力数字经济时代的实业发展

金融是现代经济的血脉,事关国计民生。物联网金融作为现代科技成果的综合集成,采集和整合了大量实体流、资金流、信息流,形成大数据,并产生了社会属性。物联网与金融结合产生了一种全新的数字经济业态,赋予了现实场景中货币等价资产动态变化的远程可视化、存在感和真实性,使动产与不动产的固有界限被打破,价值利用可趋同化,为金融服务提供了全新视角和经营模式,推动现有金融业收益模型、风险管控模式、信用管理体系及行业监管规则等发生深刻变革。"物联网+金融"本质是推动金融由主观信用体系向客观信用体系转化。"客观信用"理论上讲意味着不存在风险,但因"客观信用"不是"原生"的,是由"主观信用"转化而来,故带有"主观信用"基因,其信用的表现形式仍需要实实在在的动产作保证。

无锡是物联网金融的策源地和首创者。2010年无锡将物联网技术与金融相结合,解决钢贸领域出现的金融风险;2012年物联网金融领域的理论研究、技术研发、模式创新、应用示范和业务推广等创新工作正式启动;2014年无锡高新区高度关注和大力支持物联网金融的模式创新;2016年人民出版社出版《物联网重构我们的世界》,全面论述物联网金融体系,同年获得实践验证。2017年以来,物联网金融创新示范工程获得国务院、银保监会等各方关注和肯定。

物联网科技助力两链实体企业降本增效。物联网科技服务于两链,大幅提高了企业的生产经营及管理效率,降低了企业的生产经营成本,助力企业发展壮大,促进内循环。截至2021年6月,物联网科技已累计服务70多家商业银行、4家头部保险公司和5家金融租赁机构,总计为企业纾困资金超1000亿元;累计服务30多个行业大类,服务3000多家实体企业,服务6000多条生产线,累计服务4000多亿元资产管理,涉及近20万次的权属转移,经历若干次企业倒闭和老板跑路,信贷零风险、零不良。通过对可获得企业财务报表的95家接受物联网金融服务的企业统计分析,企业年平均销售额增长了27%,净利润率平均提高14.21%,部分企业生产经营翻了几倍乃至十几倍。

物联网科技助力金融机构服务于两链实体企业,为解决民营中小微企业融资难、融资贵的难题找到新的方案。高盛的研究数据表明,中国大宗商品融资规模有1600亿美元;据世界银行统计,中国目前动产资产达到50万亿—70万亿元,若按西方发达国家短期贷款60%—70%为动产贷款的水平测算,相关融资市场潜力很大。可以预见,数字经济中的物联网金融发展将带动大批上下游产业,通过数字化服务和发展,提升服务的企业实现效益增长,从而为无锡地区带来数字经济发展的动能。

(二)"物联网＋司法"探索数字经济时代的新型服务

无锡试点物联网技术服务司法,由无锡物联网产业研究院与无锡市中级人民法院共同探索创新运用物联网技术,加快推进审判体系和审判能力现代化,将运用物联网技术开展"物联网法院"建设可行性研究等项目合作。

无锡创新探索应用物联网融合区块链、大数据、人工智能技术开发"物联网电子封条"监管系统。相较于纸质封条和传统"电子封条","物联网电子封条"实现了多方式感知,全方位取证,实现对拆除、搬移等外来事件的全面感知,并通过现场语音警示、自动拍照、摄像取证,自动传送到监管平台和执行法官的手机终端,实现对被查封财产状况的实时监管。"物联网电子封条"解决了长期困扰法院执法部门的财产查封难题,大幅提高了法院的执法效率。自2020年9月试点应用以来,"物联网电子封条"已在无锡市各级法院全面推广;截至2021年4月,已在财产保全执行累计应用69个次,获得了各级领导的肯定和一线执行法官的广泛好评。

"物联网＋司法"响应最高法善意文明执行理念,减少查封对正常经营活动的影响,保障企业的正常生产经营,实现风险企业的动态查封、活查封,在执行过程中既保证被执行人企业财产价值不减少,又能让企业正常生产经营,做到查封企业不停产、稳就业,避免因查封影响财产标的作用的发挥,保障债权人能更大程度地受偿,债务人能更大程度地保障资产处置价格,实现被查封财产的保值增值,护航数字经济。目前动态查封已获得全国最高法院的支持,并通报全国。"无锡凌峰铜业司法处置案例"在前次流拍的情况下,通过动态查封,实现了溢价拍卖,被评为2020年度江苏省司法系统十大案例;江苏省高级人民法院下文在江苏省试点,国家最高人民法院的相关部门在无锡组织召开了现场会议,研究、部署创新应用推广。

(三)"物联网＋税务"促进数字经济时代的税收增长

"物联网＋税务"是基于物联网技术对企业用废的关键环节进行监管,实现企业用废情况的客观感知和准确报送,以此核定用废企业实际用废量,使企业享受到相应的国家优惠政策(收废企业即征即退等)。无锡作为再生资源大市，仅用废钢一项再生资源，2019年涉废发票金额150亿元，涉及税收20亿元。截至2020年12月，无锡7家用废炼钢企业中6家已完成系统接入，新增开票超46.357亿元，新增税收超5.64亿元。仅以废钢铁为例，2019年，全国消耗废钢约2.4亿吨，金额近约6 000亿元。江苏省及无锡再生资源利用的市场很广泛，仅无锡的混凝土、废钢铁、废铜、废铝、废纸、废塑料企业就超过2 000家，"物联网＋税务"发展具有巨大前景。

(四)"物联网＋环保"服务数字经济时代的绿色发展

无锡智慧环保产业已经覆盖水、土、声、气、固、仪及配套产品等七大类、200多个系列、3 000多个品种，形成由1 700多家环保企业、3 000多家环保配套企业组成的环保产业集群，年产业规模超过600亿元。其中，水处理设备自我配套率高达98％，国内市场占有率达40％，无锡成为中国环保行业最集中、产品最齐全、技术最密集、环保装备制造能力最优、配套能力最全、营运能力最强的产业集聚区。

无锡也是国家环保物联网重大应用示范工程建设地。国家环保物联网工程技术中心落在无锡，无锡承建了国家发改委"环境监控物联网应用示范工程项目"，实现环境监测监控的智能化和环境管理的智慧化，形成国内领先示范效应，环保平台接入3万余家企业环保数据。目前国家环保物联网工程中心在环保或者物联网领域已经获得项目相关技术专利51项、软件著作权6项、标准规范9项，达到国内领先的示范效应。

(五)"物联网＋消防"提升数字经济时代的安全管理

数字经济发展离不开安全的数字生产管理。利用物联网、大数据等技术，根据城市消防需要，无锡的智慧安防检测平台——消防云服务应运而生。平台整合汇聚了106项公安数据目录共22亿条数据进行统筹研判，有效破解重点景区和人员密集场所消防监管难题。

航天科技集团五院510所无锡泓瑞公司液化天然气车用气瓶智慧监测系统项目在2018世界物联网博览会新技术新产品新应用成果评选中获银

奖。由无锡市安监局、无锡晶安智慧科技有限公司、无锡曙光云计算有限公司联手打造的智慧安全服务云平台服务的企业用户超 1 300 家。

(六)"物联网＋农业"实现数字经济时代的生态升级

无锡市先行先试加快发展"物联网＋农业",已建设农业物联网应用点近 400 个,助推着农业向高质量发展。无锡联合江苏中农物联网科技有限公司研发的溶解氧智能监控设备通过了江苏省农机鉴定站的推广鉴定,并被江苏省农机局列入农机补贴目录。锡山台创园自 2008 年批准建设以来,建立了"农业科技创新中心、农产品质量检测中心、海峡两岸农业培训中心、农作物育种研究中心、农业科技孵化中心"5 大中心,获批国家首批"星创天地"。

(七)"物联网＋交通"改善数字经济时代的城市管理

2019 年无锡获准创建首个车联网先导区。先导区的主要任务和目标是实现规模部署 C-V2X 网络、路侧单元,装配一定规模的车载终端,完成重点区域交通设施车联网功能改造和核心系统能力提升。

无锡建成全球首个城市级"人—车—路—云"系统协同的智慧出行体系。由公安部、中国移动、华为、无锡交警、信通院、天安智联等六家单位牵头发起的无锡车联网(LTE-V2X)示范应用项目是城市级的车路协同平台,是现阶段全球最大规模的城市级车联网 LTE-V2X 网络,覆盖无锡市主城区、新城主要道路超 200 个信号灯控路口、覆盖车速引导等 27 个典型应用场景,参与单位包括奥迪、红旗、沃尔沃等国内外知名车企。

三、数字经济中的物联网产业对策建议

无锡市《关于加快推进数字经济高质量发展的实施意见》指出,要聚力推动以物联网为龙头的新一代信息技术产业发展,打造全国数字产业化发展领军城市。因此,进一步发展物联网产业对于营造一流数字经济规模具有极其重要的意义。

（一）突出无锡物联网产业特色优势

在当前物联网特色产业集群的基础上进一步构建产业集聚，不断完善产业链条，扩大集群规模，以技术创新推动产业升级，依据无锡现有集群发展基础和未来发展重点方向，在5G产业与应用、工业物联网、车联网和智慧安防等领域构建产业优势，创新物联网金融等发展模式，打造无锡物联网产业特色。

一是扩大发展"5G+物联网"产业和应用集群。以5G商用为契机，加快推进5G核心技术研发、应用产品开发、示范工程建设，集聚5G物联网芯片、模块、终端、应用等上下游产业链资源，孵化培育一批5G技术创新和行业应用企业，促进物联网产业集聚、人才合聚和资本汇聚。

二是发展构建车联网集群。以无锡当前行业基础优势，制定技术创新目标、产业发展目标、平台建设目标、示范应用目标，围绕研发创新平台、产业链体系、示范应用、基础设施和汽车大数据5个方面，协同推进智能网联汽车产业发展，着力构建智能网联汽车产业集群，将无锡建设成为国内领先的智能网联汽车产业创新发展高地。

三是扩大发展数字安防集群。打造集研发制造、系统集成、融合应用、标准推广为一体的产业生态体系，集聚数字安防领域高科技企业，进一步提升产业核心竞争能力和配套能力，推进云计算、大数据、人工智能等现代信息技术的融合应用，引导数字安防产业加快国际化、集成化、网络化、高清化、智能化发展。

四是进一步发展物联网金融科技产业。在无锡物联网金融科技创新示范工程的优势基础上，进一步发展物联网金融科技产业，解决两链参与方的客观诚信问题，利用物联网技术协助金融机构把控金融风险，解决两链实体制造业尤其是中小企业融资难、融资贵及融不到资的问题，助力打造无锡高质量两链，服务无锡实体经济。

（二）突破无锡物联网产业关键技术

一是提升芯片与传感器技术，提升智能传感器设计、制造、封装与集成、多传感器集成与数据融合及可靠性领域技术水平。

二是研究并发展智能传输技术,加大5G技术在物联网方面的研发和应用,推动NB-IoT等低功耗广域网技术的应用和演进,推动网络切片、网络虚拟化等技术在物联网网络中的应用和创新。

三是继续深入完善物联网共性架构平台技术,打造无锡"物联网+应用子集"的物联网总体应用体系。

四是注重物联网安全体系建设,建立健全覆盖物联网系统和建设各个环节的安全体系。加大对物联网安全新技术、新应用探索和研究的引导,联合行业力量打造物联网安全产业链,加快完善物联网安全监管体系。

(三) 打造无锡物联网产业试点示范

结合无锡物联网发展现状和经济社会发展的重大需求,以重大应用示范为先导,统筹部署,聚焦重点领域和关键环节,着力打造一批物联网与制造业、垂直行业、信息消费领域和新型智慧城市领域的典型应用示范工程,带动物联网关键技术突破和产业规模化发展。

一是着力打造制造业领域示范应用。研发重大装备物联网关键技术,打造大型医疗设备物联网智能管理等平台,培育高端医疗装备产业链;推进工业管理系统、工业无线传感网、工业智能传感器在自动化生产线上的应用,优化制造流程,提高智能控制和协同制造能力;研制融入多种传感器的产业监测平台,推动由物联网产品向物联网服务的价值链高端跨越。

二是加快垂直行业领域示范应用。面向农业、物流、能源、环保、医疗等重要领域,组织实施行业重大应用示范工程,推进物联网集成创新和规模化应用,支持物联网与行业深度融合。

三是推进信息消费领域示范应用。鼓励物联网技术创新、业务创新和模式创新,积极培育新模式新业态,促进车联网、智能家居、健康服务等消费领域应用快速增长。加强车联网技术创新和应用示范,发展车联网自动驾驶、安全节能、地理位置服务等应用。推动家庭安防、家电智能控制、家居环境管理等智能家居应用的规模化发展,打造繁荣的智能家居生态系统。

四是深化新型智慧城市领域示范应用。加快物联网技术在新型智慧城市建设各领域的普及应用,统筹加快市政基础设施智能化改造、感知设施部署及智能运行中枢建设,构建全面覆盖城市的城市大脑,提供智慧生产、智慧生活、智慧生态和智能治理等领域的应用。重点在数字经济、市政管理、数字政务、安全生产、应急救灾、社会治理、智慧生活等领域打造一批新型智慧城市示范应用,提升城市管理和公共服务的智能化水平。

(四)培养无锡物联网产业生态核心

培育和聚集一批物联网核心企业,推动核心企业改造升级、持续做大做优做强,进一步促进经济稳定增长、实现产业高质量发展,稳固物联网"第一城";同时发挥好核心企业引领带动作用和产业集聚作用,进一步完善无锡物联网产业链生态,促进一大批配套、协作中小企业发展,提升经济发展活力。

(五)促进无锡物联网产业跨界融合

扩张物联网应用领域,通过"物联网 x"模式培育物联网应用新业态,加速促进物联网融合应用,积极利用物联网技术改造传统产业,推进精细化管理和科学决策,提升生产和运行效率,推进节能减排,保障安全生产,培育物联网工业应用新模式,带动传统工业转型升级。围绕重点行业制造单元、生产线、车间、工厂建设等关键环节进行数字化、网络化、智能化改造,推动生产制造全过程、全产业链、产品全生命周期的深度感知、动态监控、数据汇聚和智能决策。通过对现场级工业数据的实时感知与高级建模分析,形成智能决策与控制,开展信息物理系统、工业互联网在离散与流程制造行业的广泛部署应用,初步形成跨界融合的产业新生态。

执笔:刘海涛 王 峰 杨正礼

B.12 培育世界级物联网产业集群，助推数字经济高质量发展

近年来，中国数字经济持续蓬勃快速发展，在规模总量、发展质量、特色亮点等方面成果显著，特别是在本次新冠肺炎疫情防控中发挥了关键作用。同时，中国数字经济发展路径日渐清晰，战略规划和政策体系持续完善，初步形成了从顶层设计到分级分类推进的发展态势，部分政策红利已经开始转换成发展新动能，取得了积极的经济社会效益。

面对世界百年技术产业体系之变、大国竞争格局之变、国际经济治理之变，抢抓数字经济新赛道、培育数字经济新优势是在危机中育先机、于变局中开新局的战略选择，是无锡"十四五"时期建设现代化经济体系、畅通国内国际双循环的先手棋。物联网作为数字经济时代的基础设施，是解决中国数字经济与实体经济深度融合的重要工具，有助于进一步推动实体经济的数字化与数字经济的普及化，从根本上实现数据要素资源配置的优化。数字经济作为物联网时代的经济形态，是实现物联网产业自身价值和市场化闭环的核心环节，是推动物联网产业发展模式由政府主导转向市场主导的核心推动力。"十四五"时期，数字经济与物联网产业将呈现更为紧密的互相促进、融合发展态势，培育打造世界级物联网集群成为夯实数字经济发展基础、增强数字经济发展动能，支撑无锡"十四五"时期数字经济高质量发展的关键任务。

一、物联网集群助推数字经济高质量发展

（一）物联网强化数字经济发展动能

当前，德、英、美等领先国家数字经济占GDP比重已突破60%，而2020

年,中国数字经济占比为38.6%,表明中国数字经济产业仍有较大发展空间。随着中国经济由高速增长阶段转向高质量发展阶段,必须转变发展方式、优化经济结构、转换增长动力,这为数字经济与实体经济融合发展带来了重大机遇。前期,在移动互联网、物联网等数字技术的推动下已经形成了丰富的数字经济新业态,比如网购、在线教育、在线医疗等。目前,中国正处于数字经济和实体经济深入融合的第二阶段,即产业数字化和数字产业化阶段。数字产业化和产业数字化将从自发变为自觉,从启动变为加速,推动数字经济发展迈向黄金时代。

物联网技术可有效搜集各行各业的数据,提高社会生产部门的数字化程度,助推非结构化数据向结构化数据的升级,从而利用数据实现高效管理、效率提升,是实现产业数字化的关键环节,是数字经济的重要支撑。近年来,国务院及其各部委密集发布《数字乡村发展战略纲要》《关于加快发展数字家庭提高居住品质的指导意见》《文化和旅游部关于推动数字文化产业高质量发展的意见》等文件,指导数字经济的发展,浙江、江西等地更是将数字经济作为"一号工程",不断完善政策规划。这些文件毫无例外都将物联网作为重要内容。

(二) 物联网转变数字经济发展模式

截至目前,物联网互联互通共经历了三个阶段。第一阶段以国际巨头和联盟主导的互通协议为主,主要解决通信标准不统一的问题。第二阶段以互联生态下的跨品类互联为主,主要表现为龙头企业通过建立自有连接管理平台,实现各自生态圈内不同类型终端统一接入,形成众多互联"小生态"。

随着各领域数字经济场景商业模式逐步成熟,物联网应用逐渐从拓宽分布领域向加强应用深度发展,迈向以用户价值为互联互通核心的第三阶段。规模化发展、增强核心应用驱动力成为趋势,全屋智能、用户主动服务推送等围绕用户需求的互联互通模式开始出现,需求侧市场的能量逐渐显现,物联网产业发展模式逐渐由供给主导向需求驱动跃迁,基于数据的创新服务不断涌现。下游的终端厂商一方面收集大量数据,利用大数据、人工智能、云计算等技术分析提取有用数据,反馈至上游厂商,实现"以销定产";另一方面根据用户需求实现产业链定制化。在这种趋势下,物联网产业重心将从连接规模增加向数据规模提升、数据质量升级和商业模式创新等方面转移,主导业务将从通用化的管道服务转变为专业化数据应用服务,支撑数字经济发展由基础设施驱动向数据驱动转变。

(三)物联网筑牢数字经济发展根基

国家统计局发布的《数字经济及其核心产业统计分类(2021)》将数字经济分为数字产品制造业、数字产品服务业、数字技术应用业、数字要素驱动业、数字化效率提升业5个大类,涵盖影视文化、通信、半导体、光伏、智慧+等多个细分产业。在各细分产业已形成稳定产业链、价值链和各细分产业已有行业主管部门的基础上,如何打破壁垒,实现统筹规划成为制约数字经济发展的关键问题。

物联网在中国经过多年发展,在网络通信以及一些特定场景已具备成熟的产业体系,形成了涵盖政府部门、行业组织、龙头企业、服务机构、科研院所的管理分工模式。以物联网产业作为推动数字经济发展的重要抓手,既把握住了先进感知、高端通信等重点关键基础设施和工业互联网、智慧城市等核心场景,又充分发挥了现有政府部门、集群促进组织职能,可利用现有协作网络,提高资源统筹的效率,筑牢发展根基。

二、无锡物联网集群发展现状

自2009年批准成为首个国家传感网创新示范区以来,无锡始终坚持系统推进和重点突破相结合,紧扣物联网发展的关键环节,充分利用产业、区位、信息基础以及营商制度等优势,不断巩固物联网产业集群发展基础。无锡物联网产业集群成为全国唯一一个国家级物联网产业集群,同时也是无锡市众多产业集群中唯一获得"国字号"的产业集群。

(一)产值规模稳步扩张,产业能级不断提升

自"十二五"以来,无锡物联网产业保持年均20%以上的高速增长。特别是在新冠肺炎疫情的影响下,仍表现足够的发展韧性。2020年,无锡物联网产业规模达3 135.93亿元,同比增长23%;营业利润实现增长40.9%,利润总额同比增长41.4%。相较2009年的220亿元,无锡物联网产业规模十二年间增长超13倍。

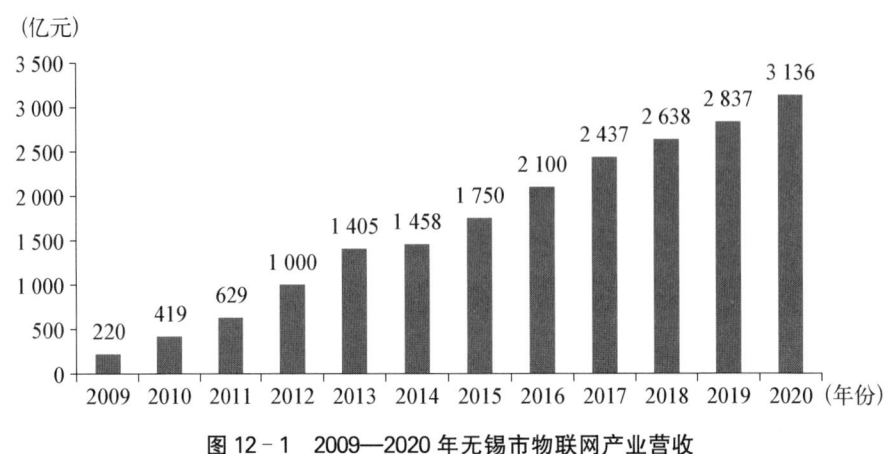

图12-1 2009—2020年无锡市物联网产业营收

资料来源:物联网集群创新研究院整理。

2009年无锡物联网产业产值占全国比重仅为12.75%,2013年达到巅峰,此后一直维持在全国占比20%、全省占比50%左右,增速远超同期GDP增速,成为中国物联网产业发展的核心地区。

(二) 空间布局持续优化,协同发展态势良好

无锡物联网集群坚持特色化、差异化、品牌化建设思路,物联网产业空间格局逐渐成势,形成了区县各有侧重、小镇各具特色、园区各显差异的发展格局。在产值分布方面,2020年高新区物联网产值超1 250亿元,梁溪区物联网产值超340亿元,经开区物联网产值超48亿元,滨湖区物联网产值超200亿元,江阴市物联网产值超1 000亿元,宜兴市物联网产值超135亿元,锡山区物联网产值超60亿元。

目前,无锡共有雪浪小镇、南山车联网小镇、鸿山物联网小镇、慧海湾小镇4个物联网特色小镇,分别以工业大数据、车联网、智慧城市、先进感知为

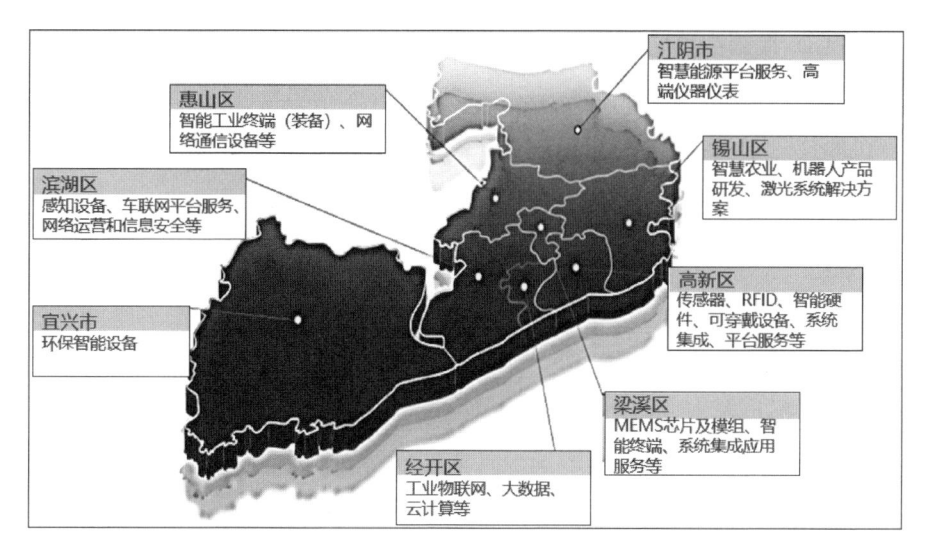

图12-2 无锡物联网区(县)发展重点分布

资料来源：物联网集群创新研究院整理。

主题各自发展。无锡列入统计的16个专业园区2019年共实现营业收入超500亿元，引进企业近400家。其中，智能交通、智慧健康、智慧体育、智能传感器、软件园等专业园区，依托重大示范工程的支撑带动作用，引导新一批物联网项目，实现"归类"和"扎堆"发展，既推动产业聚集，又彰显产业特色，形成了"龙头企业＋配套企业"的发展模式。

（三）创新成果加速涌现，开放合作纵深推进

无锡通过建设联合实验室、技术创新基地等，不断提高物联网产业集群网络化协作水平，提升科研成果转化率，通过联盟协会力量，增强产业凝聚力，扩大集群朋友圈。

无锡联合华为、中兴等行业龙头，以及中船重工七〇二所等科研院所，面向智能制造、工业软件、智能感知等物联网前沿技术方向，搭建了多个技术创新基地，提高产业技术需求和科研院所技术对接匹配率，力求实现产业创新引领。同时，借助高校的基础研发优势，与同济大学等78家高校和科研院所共促产学研用融合，引导筹建本地实验室，通过高校资源嫁接，实现产学研深度融合，提高科研成果转化效率，共同促进集群发展。

目前，无锡在物联网领域拥有重点研发机构超过50家，建成国家级创新载体178个，研发项目2 000多个。"神威·太湖之光"已获得全球超级计算机四连冠，集成电路特色工艺及封装测试创新中心获批国家制造业创新中心，国家"芯火"双创基地、国家智能交通综合测试基地等一批国家级创新平台落户无锡。无锡企业主导或参与制定物联网国际标准12项、国家标准62项、行业标准17项。2020年，无锡企事业单位在物联网领域获得国家科技奖二等奖以上奖项11项，授权发明专利超2 000件，均位居全国前列。以朗新、先导、信捷为代表的物联网相关领域上市企业高达78家，仅2020年就新增13家。继无锡物联网相关企业助力国产大飞机C919、粤港澳大桥之后，奥蓝托无锡软件技术有限公司为"奋斗者号"载人潜水器搭建软件控制系统，在大国重器上再一次烙下深深的"无锡印记"。

创办于2010年，升格于2016年的世界物联网博览会已成为行业内极具影响力的国际交流合作平台、行业趋势发布平台、技术成果展示平台、产业发展投资平台和高端人才集聚平台。2020年物博会创新线上线下双线互融新模式，举办国际产业对接活动22场，30多个国家和地区高端创新资源共享汇聚，物博会"展示中国、拥抱世界、把握趋势"的窗口作用加倍凸显。

（四）应用示范亮点纷呈，品牌建设加快发展

无锡物联网集群坚持"创新驱动、应用牵引、重点突破、协同发展"原则，以应用带动产业发展，积极创新商业模式，建立了"试错—容错—纠错"的闭环管理体系和"试点—示范—推广"的长效激励机制。

无锡在全国率先部署电力、食品溯源、水利、车联网等国家行业主管部门支持的重大应用示范工程22个，涵盖工业、交通、环保、医疗健康、公共安全、城市管理等重点领域，并逐步拓展到全市300多个细分行业，形成了一系列"促进生产、走进生活、造福百姓"的智慧解决方案和商业运营"无锡模式"，为全国乃至全球物联网规模化应用提供了良好的示范样板。无锡企业承接的物联网工程已遍及全球72个国家、830多座城市。随着应用市场的开拓，无锡以远景能源、朗新科技、中科微至、航天大为等为代表的行业领军企业实现快速成长壮大。

围绕物联网产业发展和示范应用，无锡多次受国务院通报激励，并被多个部委授予多项荣誉。

2009年8月7日，时任国务院总理温家宝视察无锡并作出在无锡建立"感知中国"中心的重要指示。2009年11月13日，国务院正式批准同意支持无锡建设国家传感网创新示范区。2010年，无锡被国家发改委和工信部联合认定为首批云计算创新发展试点城市，是五个示范城市中唯一的地级市。2013年，无锡智能传感系统获科技部认定首批创新型产业集群。2014年，无锡成为唯一入选"IEEE智慧城市试点计划"的亚洲城市。2016年，无锡获颁工信部全国产业集群区域品牌建设试点工作组织实施单位，是目前为止全国唯一的物联网产业集群区域品牌建设试点。2017年，由工信部、公安部、江苏省政府共建的国家智能交通综合测试基地落户无锡。2018年，全球首个车联网（LTE-V2X）城市级示范应用重大项目正式启动。2019年，工信部正式宣布支持无锡建设首个国家级车联网先导区。2021年，无锡物联网集群入选国家先进制造业集群。

2018年，无锡因推动实施"中国制造2025"、促进工业稳增长和转型升级成效明显，获得国务院通报激励。2019年，无锡因大力培育发展战略性新兴产业、产业特色优势明显、技术创新能力较强、产业基础雄厚而获得国务院通报激励。两次通报激励均为江苏省唯一入选城市。

截至目前，无锡市累计获得各种国家级品牌25个，见表12-1。

表12-1　　无锡市获得物联网相关国家级品牌列表

序号	获得国家级牌子名称	颁发部门	颁发时间
1	国家先进制造业集群	工信部	2021年
2	信息消费示范城市	工信部	2021年
3	江苏（无锡）车联网先导区	工信部	2019年
4	国家智能交通综合测试基地	公安部	2017年
5	产业集群区域品牌建设试点（物联网）	工信部	2016年
6	信息惠民试点城市	国家发改委	2014年
7	智慧时空信息云试点城市	国家测绘局	2013年

续　表

序号	获得国家级牌子名称	颁发部门	颁发时间
8	智能传感系统创新型产业集群	科技部	2013年
9	首批战略性新兴产业知识产权集群管理试点	国家知识产权局	2013年
10	住建部首批国家智慧城市建设试点城市	住建部	2013年
11	首批智慧城市试点示范城市	科技部、国家标准委	2013年
12	全国物联网公共安全应用示范城市	公安部	2012年
13	TD-LTE网络试点城市	工信部	2012年
14	国家智慧旅游试点城市	原国家旅游局	2012年
15	三网融合第二阶段试点城市	国务院	2011年
16	国家传感网高新技术产业化基地	科技部	2011年
17	国家创新型试点城市	国家发改委	2010年
18	国家新型工业化产业示范基地·电子信息(传感网)	工信部	2010年
19	传感网国家高新技术产业基地	国家发改委	2010年
20	国家云计算服务创新发展试点示范城市	国家发改委、工信部	2010年
21	国家传感网应用展示中心	工信部	2010年
22	国家传感网工程技术研发中心	科技部	2009年
23	国家级传感网专业孵化器	科技部	2009年
24	国家级国际科技合作基地	科技部	2009年
25	国家传感网创新示范区(国家传感信息中心)	国务院	2009年

资料来源：物联网集群创新研究院整理。

三、无锡物联网集群各层级情况

为深入了解各层级情况，无锡物联网集群促进组织——无锡物联网创新促进中心对全市企业进行走访调研，初步建立了超3100家企业的无锡物联网企业基础数据库，并结合物联网通常的层级划分方法及在企业调研中的交流探讨，将无锡物联网集群分为芯片层、感知层、传输层、平台层、应用层、安全层和服务层7层。

芯片层是物联网的重要基础，多个层级均有涉及，如传感器芯片、通信芯片、安全模块芯片等;感知层是物联网传统分层中的首要部分,是联系物理世界与信息世界的重要纽带;传输层连接着感知层和应用层,对采集数据进行实时、可靠的回传;平台层对终端设备和资产提供"管、控、营"一体化服务,正在逐渐成为物联网生态枢纽;应用层与行业需求结合,实现物联网的智能应用,也是物联网发展的根本目标;安全层关注物联网各环节的安全防护问题,有明显的交叉性;服务层则直接服务于物联网产业链其他层级,是维系集群内各种关系的黏合剂,直接推动物联网集群生态的构建。

根据企业提供的产品或服务,对无锡物联网企业基础数据库中的企业进行分类统计,结果显示,芯片层企业占比 6.48%,感知层占比 8.89%,传输层占比 5.65%,平台层占比 8.39%,应用层占比 65.09%,安全层占比 1.49%,服务层占比 4%。

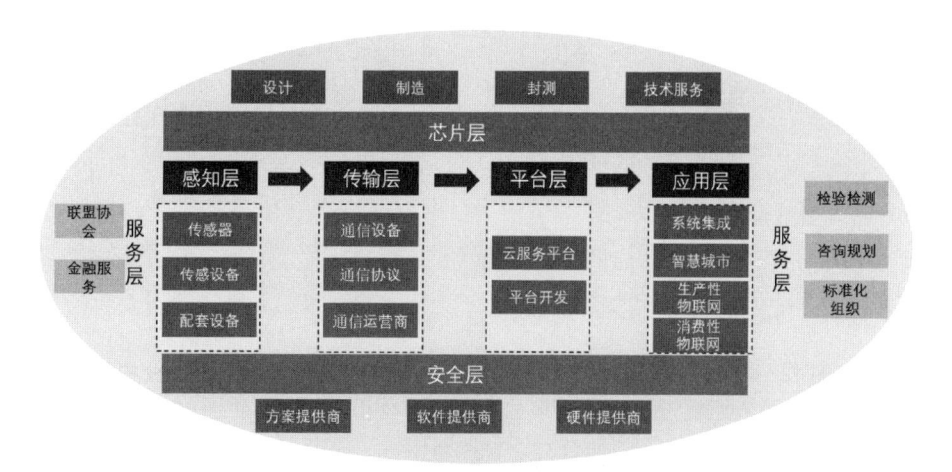

图 12-3 无锡物联网产业链层级

资料来源:物联网集群创新研究院绘制。

芯片层是物联网硬件发展的基础层,支撑物联网传感器、通信设备、安全硬件、智能硬件等各环节发展。20 世纪 80 年代初,无锡成为国家集成电路"南北两个基地和一个点"中的南方基地三大城市之一,先后承担国家"六五""七五"和"908"工程,组建了微电子科研中心,并建设了国内第一条 6 英寸 CMOS 生产线,成为中国第一块集成电路的诞生地。进入 21 世纪后,无锡抓住了国际半导体产业转移的历史机遇,近年来相继引进了海力士、华虹等重大项目,发展成为全国最重要的集成电路产业聚集区之一,对中国集成电路发展起着重要作用。2020年无锡市集成电路产业营业收入超1420亿元,同比增长27.5%,占到江苏全省一半以上,产业规模位居江苏城市第一、全国城市前三。数据显示,无锡物联网芯片层企业中,设计企业占比43.14%,制造企业占比36.27%,封测企业占比11.76%,技术服务企业占比8.82%。

感知层是物联网的基础,是联系物理世界与信息世界的重要纽带。数据显示,无锡物联网感知层企业中,传感器企业占比35.36%,感知设备企业占比48.57%,配套设备占比16.07%。

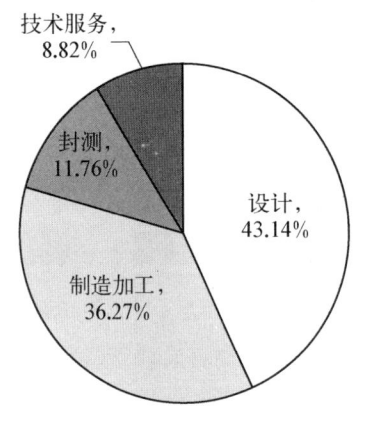

图 12-4 芯片层企业分布
资料来源:物联网集群创新研究院绘制。

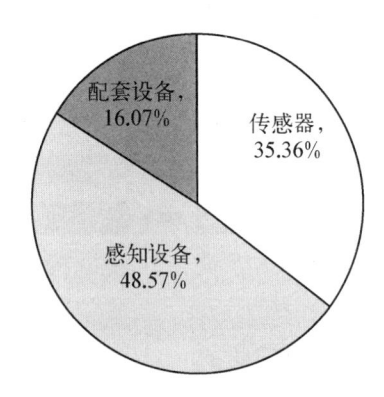

图 12-5 感知层企业分布
资料来源:物联网集群创新研究院绘制。

传输层的功能为"传送",即通过通信网络进行信息传输。无锡传输层企业中,涉及通信设备的占主要部分,约为79.21%,通信运营商约占11.24%,其余为通信协议开发企业。

平台层是物联网网络架构和产业链条中的关键环节,通过它可以实现对终端设备和资产的"管、控、营"一体化,向下连接感知层,向上面向应用服务商提供应用开发能力和统一接口,并为各行各业提供通用的服务能力,如数据路由、数据处理与挖掘、仿真与优化、业务流程和应用整合、通信管理、应用开发、设备维护服务等。数据显示,无锡物联网平台层中,提供云平台服务约占21.59%,平台开发企业约占78.41%。无锡云服务平台代表性企业有华云数据技术、曙光云计算、浪潮卓数大数据等,无锡平台开发代表性企业有文思海辉、朗新科技、太湖慧云数据等。

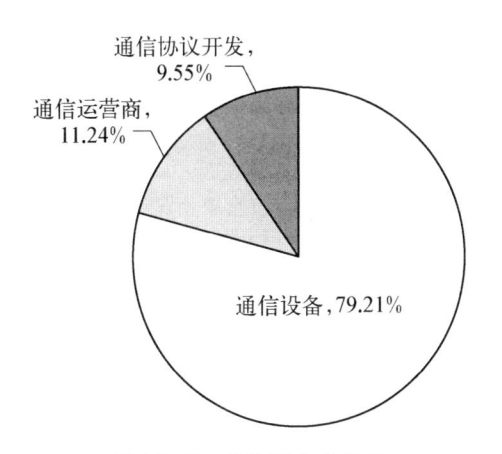

图 12-6 传输层企业分布
资料来源:物联网集群创新研究院绘制。

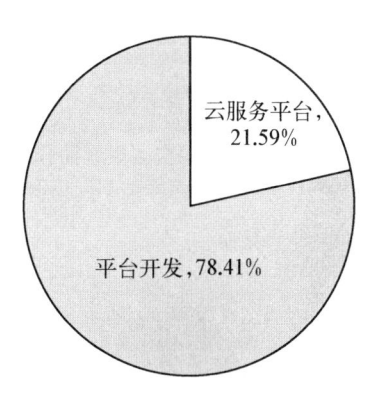

图 12-7 平台层企业分布
资料来源:物联网集群创新研究院绘制。

物联网应用层提供丰富的基于物联网的应用,是物联网和用户(包括人、组织和其他系统)的接口。它与行业需求结合,实现物联网的智能应用,也是物联网发展的根本目标。数据显示,无锡物联网集群中应用层企业占比最多,占整个集群的65.09%。其中,涉及系统集成的约占26.99%,涉及智慧城市的约占17.33%,涉及生产性物联网的约占49.05%,涉及消费物联网的约占6.64%。具体来看,智慧城市、系统集成、工业物联网、智慧家居、智慧农业、智慧物流等应用环节均有龙头企业大力布局,如远景能源、双良节能、小天鹅股份、阿斯利康、感知集团、中科微至等。

安全层关注物联网各环节的安全防护问题,相比其他层级,有更明显的交叉性。数据显示,无锡物联网安全层企业中,提供硬件设备的占8.51%,提供软件产品的占34.04%,提供安全解决方案的占57.45%。

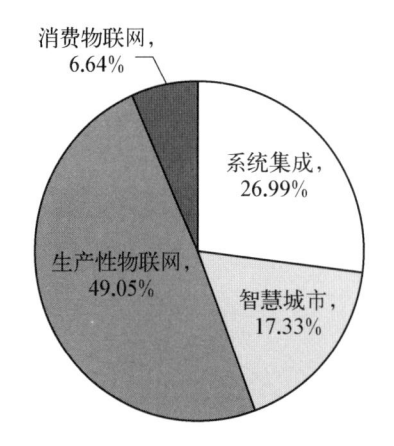

图 12-8　应用层企业分布
资料来源：物联网集群创新研究院绘制。

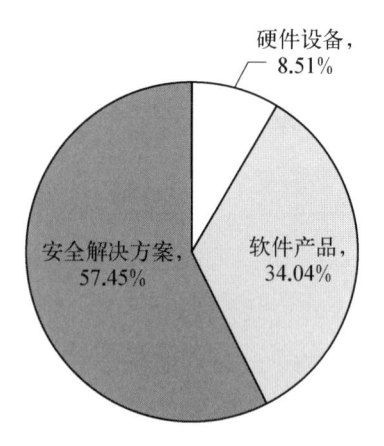

消费物联网，6.64%
系统集成，26.99%
生产性物联网，49.05%
智慧城市，17.33%

图 12-9　安全层企业分布
资料来源：物联网集群创新研究院绘制。

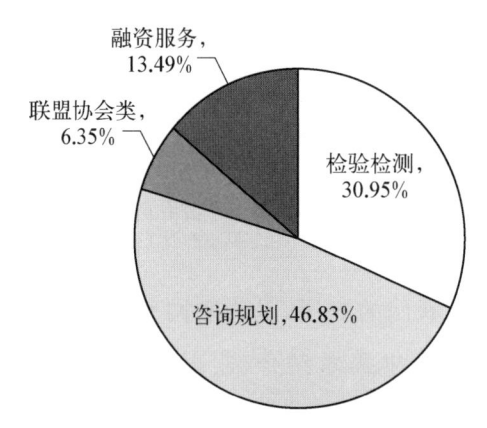

硬件设备，8.51%
软件产品，34.04%
安全解决方案，57.45%

图 12-10　服务层企业分布
资料来源：物联网集群创新研究院绘制。

融资服务，13.49%
联盟协会类，6.35%
检验检测，30.95%
咨询规划，46.83%

服务层作为物联网集群的重要组成部分，直接服务于物联网产业链其他层级，是维系集群内各种关系的关键"纽带"，直接推动物联网集群生态的构建。目前无锡物联网集群服务层涉及企业中，检验检测类占30.95%，咨询规划类占46.83%，联盟协会类占6.35%，融资服务类占13.49%，标准组织类企业相对较少。

四、培育世界级物联网集群的思路和举措

习近平总书记在中国科学院第十九次院士大会、中国工程院第十四次院士大会提出"优先培育和大力发展一批战略性新兴产业集群，推进互联网、大数据、人工智能同实体经济深度融合，推动制造业产业模式和企业形态根本性转变，促进我国产业迈向全球价值链中高端"。无锡站在成为国家级物联网先进制造业集群的新起点，需进一步强化无锡物联网创新促进中心"关键技术策源地、创新人才集聚区、公共服务示范点、产业发展推进器"

的功能定位,谋划培育世界级物联网产业集群,为无锡数字经济的发展提供强大支撑。

(一)"定规划"与"谋发展"共同推进,把握物联网产业发展风向

一是高标准编制《无锡国家传感网创新示范区建设规划》《无锡市"十四五"集成电路产业发展规划》等政策文件,加强与其他产业规划、城市总体规划、土地利用总体规划的衔接,形成规划引领合力。二是加强物联网前瞻产业研究,加快推进中国(无锡)物联网研究院建设发展,组织相关机构编制发布物联网产业全景图谱、技术路径图和竞争情报,开展对标研究,助力集群企业把握产业趋势,赢得竞争先机。三是建立各部门常态化高位协同机制,加强统筹协同,促进资源整合,避免重复建设。四是紧抓长三角一体化机遇,坚持差异化、错位式发展,立足比较优势,谋取更高定位,争取更多资源,补足发展短板。

(二)"育生态"和"补短板"相互促进,优化物联网产业发展环境

一是支持无锡物联网创新促进中心发展成为促进长三角物联网产业发展的统筹组织,理清行业主管部门与集群促进组织之间的关系,强化集群促进组织的桥梁纽带作用,支持无锡物联网创新促进中心做专做大做强。二是围绕工业互联网、车联网、先进感知领域精准发力,建立"集群促进组织＋行业龙头企业＋国家级创新平台＋国家级产业联盟＋产业基金＋孵化器"六位一体的产业创新联动机制,开展共性关键技术和跨行业融合性技术研发,加快形成覆盖技术研发、标识解析、标准测试等的公共服务体系。三是鼓励企业面向重大关键技术需求,面向数字经济、智能经济主战场,加大科技攻关和创新力度,通过引进一批顶尖科技人才和领军科技企业、组织实施一批重大科技研发项目、突破一批"卡脖子"技术,健全具有无锡特色的物联网技术创新体系。四是加大产业生态体系投入力度。结合物联网跨行业融合发展特点,坚持特色化、差异化、品牌化思路,建设以专业园区和特色小镇为形态的集群载体。深入实施创新型企业培育攀登攻坚计

划,扎实推进"雏鹰"企业、"瞪羚"企业、"准独角兽"企业的入库培育及遴选评价,通过靶向培育、精准扶持,支持中小企业研发掌握核心技术和产品,加速培育造就一批真正掌握核心技术、处于行业价值链高端、综合竞争力强的创新型企业。五是鼓励龙头企业向创新型企业开放生态、开放场景、开放供应链,推动创新型企业找准定位、深耕主业,充分释放创新活力,尽快突破孕育期、培育期,进入成长期、爆发期,加快构建中小企业融通发展的良好格局。

(三)"建平台"与"用平台"双轮驱动,构建物联网平台应用服务体系

一是积极培育物联网平台。将平台作为物联网建设的核心内容,按照"产权多元化、使用社会化、运营专业化"的思路,高标准建设一批技术服务平台,支持建设一批国家级、行业级、企业级的物联网平台。二是建设城市级工业互联网一体化平台,以"统一接入,开放互联,数据融合,安全保障"为原则,打通各平台设备、生产、订单、财务等数据链,形成数据采集与分析、流程优化、经营决策等服务的规范与标准,打破数据壁垒和信息孤岛,充分发挥数据的融合价值,探索基于工业数据的产品服务和模式创新,以工业数据反哺制造业转型升级。三是引导和支持有用户资源、有信息化基础的装备制造企业,向物联网业务平台型企业转型,加快打造一批有较强影响力的垂直领域应用使能平台。四是组织实施行业应用上平台工程,鼓励物联网平台在产业聚集区落地,加强资源整合和对接,将物联网集群综合服务平台建成全市物联网企业专业服务总入口。支持行业物联网应用的数据和业务逻辑向云端平台侧迁移,打造平台能力建设与平台行业用户使用双向迭代、互促共进的技术、产业、人才支撑体系和商业模式。五是按照国际化、品牌化、市场化、专业化的总体目标,将物博会打造成物联网领域国际交流合作平台、行业趋势发布平台、技术展示交易平台、产业发展投资平台、高端人才集聚平台,进一步组织汇聚全球创新资源,支撑无锡物联网集群高质量发展。

（四）"定标准"和"促应用"统筹兼顾，实现物联网与行业发展的深度融合和规模应用

一是建立高效的标准协调机制，积极推动自主技术标准的国际化，逐步完善物联网标准体系，支持无锡物联网产业研究院联合行业龙头企业、行业标准化组织等联合制定相关应用技术标准，与行业标准化组织、网络运营商、设备制造商、解决方案商共同推进国际标准化。二是加强标准与专利协同，大力培育标准专利及高价值专利，建立权威的高价值专利评估、认证机制，打造高价值专利技术培育及引进通道，建立物联网行业及重点子领域专利专题数据库，围绕数据库开展深度分析及挖掘，建设不同子技术领域的改制专利池，切实掌握引领产业创新发展的法律权益体系。三是围绕车联网、工业互联网、先进感知等重点方向，进一步加大标准宣贯力度，切实推进标准落地应用，指导促进产业发展，以规模应用带动技术、产品、解决方案不断成熟，不断降低部署成本。

（五）"保安全"与"促发展"两手并抓，构建可信的物联网安全保障体系

一是加强整体行业安全管理，建立"白名单"制度，提高行业准入门槛，完善安全性合规性检测体系，约束发展乱象，从安全框架体系、风险识别、风险评估、风险应对、风险监控等方面推动标准规范制定和落地。二是加快构建从硬件、操作系统、通信技术到云端服务器、数据库等各个模块的统一的安全体系，将安全防护作为物联网每个环节必要的配套手段，推动整个产业对安全需求从被动转为主动，让安全紧跟产业发展步伐。三是推动建立物联网设备安全威胁共享平台和安全事件应急响应机制，通过共享平台和响应机制的协作，快速处置安全威胁。依托重点网络安全企业加强对物联网设备的安全防护，定期对其监测的物联网设备进行安全升级和加固，从根源上解决市场中物联网产品中存在的网络安全隐患。

执笔：赵洋洋

B.13 加快集成电路产业发展,为数字经济提供最强"芯"动能

数字经济伴随着新一代信息技术的创新而产生,其本质在于信息化。信息技术领域的创新、发展,使得大数据得以高效处理、存储和传输成为可能,使得原本孤立的数字世界和传统产业、实体经济之间产生交集与联系,通过信息化数字化手段提升传统产业效率所产生的经济效益就是数字经济。

显然,在数字经济发展过程中集成电路发挥着基础的作用。一块块集成电路处理着当今人类社会生产、生活中产生的海量数据,它们将这些数据识别、存储、处理、传输,用以优化经济生活中的资源配置,进而推动效率提升、社会进步。

数字经济已经成为当今全球各国经济复苏的关键,也成为全球经济发展的制高点。无锡擘画"十四五"数字化发展蓝图,抢抓数字经济的发展机遇,加快推进城市数字化转型、打造数字化高地和数字产业强市目标,可谓不失时机、正当其时、恰逢其势。

聚焦数字经济发展的基础——集成电路产业,加快提升无锡集成电路产业能级,将为实现数字强市目标、为无锡数字经济发展提供强劲"芯"动能。

一、无锡集成电路产业情况

近年来,无锡各级政府在对发展集成电路产业的重视与支持程度、产业政策的扶持力度、重大项目的投资强度等方面,都达到了新的高度,有力地促进了无锡集成电路产业的快速发展。"十三五"期间,无锡集成电路产业产值从770.87亿元增长到1 421.47亿元,复合增长率达13%,产业规模几近翻番。

(一) 产业规模快速增长

1. 产业实力多年来稳居全国第一方阵

2020年无锡集成电路产业主业(设计、制造和封测三业)实现销售收入合计993.91亿元,同比增长23.34%,占江苏省集成电路产业比重达45%,在江苏省各城市中排名第一位。2020年无锡集成电路产业产销规模仅次于上海、深圳,在国内各城市排名中列第三位,产业规模和实力多年来一直处于国内第一方阵。

2. 产业发展多年来保持全省领先

2020年,无锡集成电路主营业务(三业)收入的构成为:集成电路设计业185.10亿元,同比增长42.78%;晶圆制造业290.09亿元,同比增长10.82%;封装测试业518.72亿元,同比增长25.16%。

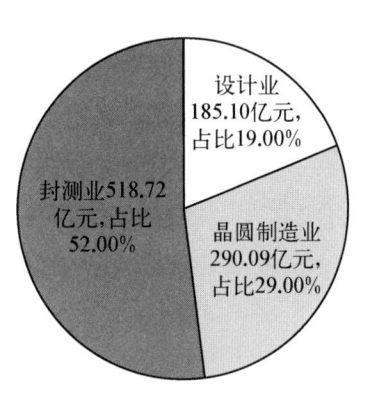

图13-1 2020年无锡集成电路产业三业构成情况

图13-2 "十三五"期间无锡集成电路产业三业营销收入及增长情况

表13-1 2020年无锡集成电路产业主营业务与支撑服务业销售收入增长情况

指标名称	2019年营销收入(亿元)	2020年营销收入(亿元)	同比增长(%)
集成电路主营三业	805.85	993.91	23.34
其中:设计业	129.64	185.10	42.78
制造业	261.77	290.09	10.82

续 表

指 标 名 称	2019年营销收入(亿元)	2020年营销收入(亿元)	同比增长(%)
封测业	414.44	518.72	25.16
支撑服务业	372.73	427.56	86.05
主营三业和支撑业合计	1 178.58	1 421.47	21.00

表13-2　2020年无锡集成电路行业三业在全省同业中所占比重及排名情况

指 标 名 称	2020年营销收入(亿元)	在全省同业中所占比重(%)	在省内各城市中排名
集成电路主营业务(三业)营销收入	993.91	45.00	1
其中：IC设计业	185.10	37.00	2
晶圆制造业	290.09	76.00	1
封装测试业	518.72	39.00	1

注：由于南京统计口径变化，设计业营销收入从2019年的88.6亿元增加至2020年的239.98亿元。

截至2020年，无锡有规模以上集成电路企业140余家，其中设计企业54家、晶圆制造企业9家、封装测试企业40家、配套支撑企业40家，从业人员约10万人。无锡集成电路产业规模和实力多年来一直处于国内"第一军团"。

(二) 竞争能力持续提升

"十三五"期间无锡集成电路产业超百亿重大项目从1个增加到4个，上市企业从4家增加到10家，规模以上企业从100家增加到150家，从业人员从5万人增加到10万人，产值从771亿元增长到1 421亿元(排名全国第二)。

在中国半导体行业协会发布的"2019年中国半导体制造十大企业"榜单中，无锡籍企业占2家：SK海力士半导体(中国)有限公司、华润微电子有限公司；在"2019年中国半导体封测十大企业"榜单中，无锡籍企业占2家：江苏长电科技股份有限公司、海太半导体有限公司；在"2019年中国半导体功率器件十大企业"榜单中，无锡籍企业占2家：华润微电子控股有限公司、无锡新洁能股份有限公司。

从2001年无锡获批国家集成电路设计产业化基地,到2019年国家工业和信息化部批准无锡建立国家"芯火"双创平台,再到2020年华进半导体成功获批建设"国家集成电路特色工艺及封装测试创新中心",这一系列的产业创新中心、专业院所和企业研发机构构成的技术创新体系的进一步完善,体现了无锡集成电路产业创新体系所起的支撑作用越发明显,也使无锡集成电路产业的竞争能力得到了持续提升。

(三) 产业质量进一步优化

无锡近年来集成电路产业发展增速保持稳定上升,三业占比日趋合理。

1. 无锡集成电路设计业

2020年无锡集成电路设计业营销收入185.1亿元,同比增长42.78%,占江苏省集成电路设计业营销收入502.28亿元的37%,占全国集成电路设计业营销收入3778.4亿元的5%,占比逐年增大。"十三五"期间设计业的年复合增长率达21.62%。

表13-3 "十三五"期间无锡集成电路设计业增长情况

指标名称	2016年	2017年	2018年	2019年	2020年	年均复合增长率
销售收入(亿元)	84.6	99.5	115.06	129.64	185.1	21.62%
同比增长(%)	11.2	17.5	15.7	12.67	37	/

2020年,在江苏省集成电路设计企业销售收入前十榜单中,无锡籍企业占4家:江苏卓胜微电子股份有限公司、中科芯集成电路股份有限公司、无锡新洁能股份有限公司、无锡力芯微电子股份有限公司。

2. 无锡集成电路制造业

2020年,无锡集成电路晶圆制造业营销收入290.09亿元,同比增长10.82%,占江苏省集成电路晶圆制造业营销收入382.84亿元的76%,占全国集成电路晶圆制造业营销收入2560.01亿元的11%。

表 13-4　　　　　"十三五"期间无锡晶圆制造业增长情况

指标名称	2016 年	2017 年	2018 年	2019 年	2020 年	年均复合增长率
营销收入(亿元)	191.6	209.4	236.34	261.77	290.09	8.6%
同比增长(%)	3.8	9.3	12.88	10.76	10.82	/

2020 年,无锡有各类别的晶圆生产线共 32 条(不含在建),其中 12 英寸生产线 4 条、8 英寸生产线 3 条、6 英寸生产线 8 条、4—5 英寸生产线 13 条、3 英寸生产线 4 条。

2020 年江苏省集成电路制造业销售收入前八榜单中,无锡籍企业占 5 家：SK 海力士半导体(中国)有限公司、华润微电子有限公司、江阴新顺微电子有限公司、无锡中微晶圆电子有限公司、江苏东晨电子科技有限公司。值得一提的是,无锡华虹、SK 海力士二工厂,由于在 2020 年仍处于产能爬坡期,尚未列入统计。这两个重大项目的产能提升将进一步提高无锡晶圆制造工艺水平和营销规模。

3. 无锡市集成电路封测业

2020 年无锡集成电路封测业实现营销收入 518.72 亿元,同比增长 25.16%,占国内同业营业收入总额 2 509.5 亿元的 21%。无锡集成电路封测产业在省内和国内占有重要地位,在产业规模和技术水平方面都具有领先优势。

表 13-5　　　　　"十三五"期间无锡集成电路封测业增长情况

指标名称	2016 年	2017 年	2018 年	2019 年	2020 年	年均复合增长率
营销收入(亿元)	298.5	361.7	434.12	414.44	518.72	11.71%
同比增长(%)	51.8	21.2	20.02	−4.53	21	/

2020 年江苏省集成电路封测企业销售收入前十榜单中,无锡籍企业占 5 家：江苏长电科技股份有限公司、全讯射频(无锡)有限公司、海太半导体(无锡)有限公司、英飞凌科技(无锡)有限公司、中芯长电半导体(江阴)有限公司。

4. 无锡集成电路支撑业

2020年,无锡市配套支撑服务业营业收入达到427.56亿元,同比增长86.05%,占全省支撑业比重68.94%。

2020年江苏省集成电路支撑业企业销售收入前十榜单中,无锡籍企业占4家:江阴江化微电子材料股份有限公司、江阴润玛电子材料股份有限公司、吉姆西半导体科技(无锡)有限公司、无锡创达新材料股份有限公司。

二、数字经济背景下中国集成电路产业发展机遇与挑战

(一)中国数字经济背景下集成电路产业的发展机遇

1. 数字经济规模日益扩大

现代信息技术革命催生并发展了数字经济,在传统经济持续低迷的背景下,数字经济异军突起,为中国经济增长提供了新引擎、新动能。根据中国信息通信研究院、前瞻产业研究院的统计,中国数字经济增加值规模已由2005年的2.6万亿元增加至2019年的35.8万亿元。与此同时,数字经济占GDP比重逐年提升,从2005年的14.2%提升至2019年的36.25%。

未来随着新型基础设施建设的加快,云计算、大数据、人工智能等技术的创新与融合应用的进一步发展,实体经济数字化转型将迎来新的发展时期,数字经济的规模也将进一步提升。

根据中国信息通信研究院预测,到2025年中国数字经济增加值规模将达到60万亿元,数字经济将成为经济发展的新动能。数字产业化会向更深层次、更大规模推进。

2. 数字经济背景下集成电路产业的发展机遇

随着新一轮科技革命和产业变革深入发展,数字化已成为不可逆转的趋势。近年来党中央把加强推动新基建、新制造、新消费发展作为经济政策的重心,更为长远的布局显然直指数字强国建设。今年全国"两会"通过的"十四五"规划和2035年远景目标纲要,进一步强调"围绕强化数字转型、智能升级、融合创新支撑,布局建设信息基础设施、融合基础设施、创新基础设施等新型基础设施"。

(万亿元)

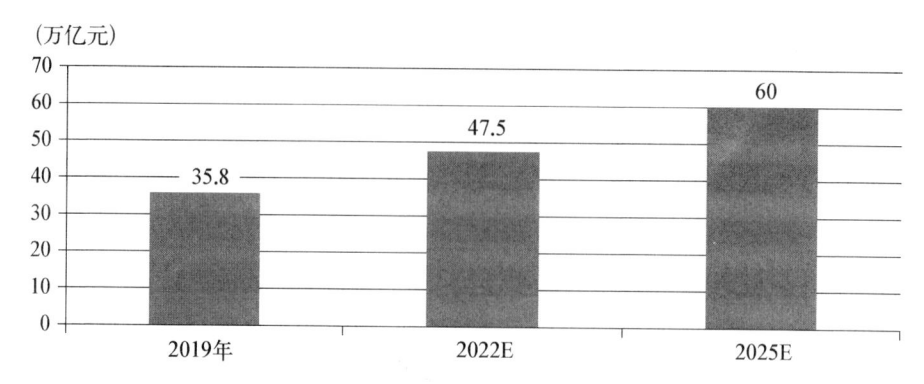

图 13-3 2019—2025年中国数字经济增加值规模预测情况

资料来源：中国信息通信研究院。

新基建、新制造、新消费是数字经济发展的基础，而集成电路又可谓是数字经济发展基础中的基础。

新基建主要包含的信息基础设施、融合基础设施和创新基础设施，都离不开集成电路的基础支撑作用。没有集成电路，就没有现代信息技术，也就无法实现融合。新制造中通过物联网技术采集数据并通过人工智能算法处理数据的智能化制造，以及形成高度灵活、个性化、网络化生产链条的产业升级都少不了集成电路的支撑作用。新消费中生产、消费环节快速积累的海量数据以及产业部门和公共服务领域不断成熟的应用场景，也都离不开集成电路在其中发挥重要的基础作用。

具体来说，数字经济背景下的"新"都建立在大量芯片的支撑上。例如5G基站会用到基带芯片、FPGA芯片、光通信芯片；物联网会用到传感器芯片、网络芯片、控制芯片；云计算会用到CPU、GPU等；充电桩会用到功率芯片、电源管理芯片、控制芯片等。

数字经济背景下需要海量的芯片作为支撑，集成电路产业面临巨大的发展机遇。同时，在产业应用的带动下，也必然会促进集成电路设计、制造、封测，以及更上游的材料装备产业的快速发展。

(二) 中国数字经济背景下集成电路发展面临的挑战

当前国产芯片已经大量应用在各种消费电子上，在空调、洗衣机、智能手机等领域实现了较大规模的出货;在工业领域,如5G芯片、网络交换核心芯片上也有了很大提升,CPU实现了突破,工控芯片和功率芯片正在向高端化发展。以上这些为中国数字经济近年来的高速发展奠定了良好的基础,但是我们必须清醒认识中国数字经济发展过程中存在的一系列短板与挑战。其中突出的问题是产业基础能力不强、先进技术与国际发达国家相比仍存在差距,如在集成电路、精密传感器、工业软件、操作系统、数据库等基础数字产品和服务等方面,严重影响了中国数字经济向更大规模、更高质量发展。

数字经济与集成电路产业息息相关,高水平的数字经济发展需要有高水平、高质量的集成电路产业作支撑,集成电路是数字经济发展的基石。

三、无锡集成电路产业促进数字经济高质量发展对策建议

在新一轮技术革命尤其是数字经济发展的大好机遇下,集成电路产业在全球数字经济产业的参与深度进一步加大,高质量发展集成电路产业对于营造一流数字经济规模具有举足轻重的作用。

未来2年,进一步高质量发展无锡市集成电路产业,概括来说,应当通过实施"六、六、六"战略(六大目标、六大任务、六大工程)加以实现。

(一) 高质量发展紧盯六大目标

根据无锡市委、市政府《关于进一步深化现代产业发展政策的意见》,以及当前无锡市集成电路产业发展现状,确定未来2年的六大产业发展目标。

1. 产业规模壮大目标

到2022年,实现销售收入1 880亿元,年均增长15%。

2. 产品结构目标

晶圆制造特色工艺的品种不断丰富、加工能力明显提高;以CPU、FPGA、MCU、手机射频前端等为代表的芯片高端化进展明显;以系统级封装及模块化集成为主的先进封装占比提高到50%以上;进入细分领域排名前列的企业数量明显增加;产业和产品整体竞争力得到进一步增强。

3. 龙头企业带动目标

到 2022 年,销售收入超过 100 亿元的企业达到 4 家、超 50 亿元的企业达到 3 家;进入国内各领域排名前十位的企业数量达到 9 家;新增集成电路领域沪深股市上市企业 8 家以上,累计超过 12 家,在资本市场形成"集成电路无锡板块"。

4. 创新体系日益完备目标

获批集成电路领域国家级创新中心(产业创新中心、制造业创新中心、技术创新中心)1—2 家,省级以上工程(技术)中心和企业技术中心超过 15 家,以产业(技术)创新中心、专业院所和企业研发机构构成的技术创新体系进一步完善,自主研发创新能力得到大幅度提高,对产业发展的支撑作用明显增强。

5. 产业环境优化目标

公共平台、专业园区的覆盖范围、运行质量、服务能力和支撑作用显著增强;企业集聚度不断提高,人才供给、政策与投融资环境明显改善,产业生态进一步优化。

6. 国际供应链创新特色目标

无锡是一座高水平对外开放的城市,是国家跨境电商综合试验区、国家文化出口基地。2020 年,无锡高新技术产业开发区又获批国家外贸转型升级基地(集成电路)。无锡应抓住现有的有利条件在国际供应链创新方面做效益探索,建设集成电路国际供应链创新示范区,提升国际贸易竞争力,保障国内集成电路产业链、供应链安全稳定创新模式。

(二) 高质量发展落实六大任务

下一阶段无锡市应当在设计、制造、封测、产业环境等方面,聚焦六大任务,突破瓶颈,带动产业整体提升。

1. 落实提升特色加工制造能力的任务

晶圆制造是集成电路产业发展的基础。在确保现有 3 条 12 英寸半导体存储器制造线整体水平处于领先地位的同时,着重发展非尺寸依赖型的特色制造工艺,加快提高工艺水平和加工能力,构成对产业发展的强劲支撑。

一是提高特色工艺代工能力。加快实施8英寸、12英寸特色工艺代工线的新建和扩建项目。到2022年前后,全市投产的12英寸特色工艺线达到2—3条、8英寸特色工艺线3—4条,成为晶圆代工的主力,工艺水平实现升级换代,加工能力在2019年底的基础上翻番;进一步挖掘已有的6条6英寸特色工艺线潜能,提高特色工艺的加工覆盖能力,形成以特色工艺为核心的晶圆代工体系。

二是加快特色工艺平台建设。按照"做精做特"的要求,不断提升平台工艺水平;面向新能源汽车、物联网、5G通信、数据中心等新兴应用领域的需求,加强新工艺研究开发,确保整体具有较强的综合竞争优势。

三是促进产业链整合。以特色工艺平台为核心,加强在模拟集成电路、功率半导体器件等产品领域的垂直集成,发挥全产业链的综合竞争优势。鼓励和支持龙头型制造企业,以产品和应用为牵引,整合上下游资源,组建特色工艺联盟,创新产业合作模式。

四是以实现国产化替代,进入主流晶圆生产线供应链为目标,发展大硅片、精细电子化学品、特种气体等产品,补强产业链薄弱环节。发挥无锡装备制造业基础和技术优势,承接国家重大科技专项研发成果,研发半导体专用设备,增强产业的配套能力。

2. 落实布局和发展第三代半导体产业的任务

以发展碳化硅和氮化镓材料的功率器件为主攻方向,以器件制造、模组封装和产品应用为实施重点,通过科学规划和整体布局,推动产品研发和中试线建设,逐步向基础材料和应用环节延伸。到2022年,无锡第三代半导体产业链初具规模。

瞄准汽车电子、电力电子、工业控制等领域的应用需求,开发一批SiC和GaN功率器件产品。发挥无锡装备制造业发达的优势,促进产品研发与应用联动。选准重点加强示范,推动研发、制造企业与应用单位深度绑定,合作开发一批应用SiC、GaN功率器件的控制器、变流器、充电器、逆变器等产品,通过应用牵引实现良性发展。

3. 落实培育和发展设计业的任务

一是培育优势企业。按照上市要求,选择基础较好的设计企业作为培育重点,支持其加快提升综合素质并实现上市,在无锡设计业中发挥标杆作用。精心扶持和培育一批细分产品领域的龙头设计企业,鼓励企业通过找准定位、开拓创新,在所在领域中做精做强,进入国内排名前列。

二是发展一批重点产品。以高端通用芯片、射频前端芯片、智能传感芯片、物联网核心芯片等产品为重点,瞄准行业标杆,集中资源突破关键技术,加快产品研发和产业化步伐,形成一批具有较高水平和市场占有率的重点产品。

三是组建重点产品群。以无锡基础好的模拟、数模混合等消费类芯片和功率器件等产品为重点,发挥产业链整体优势,通过"强强联合",组成"设计—工艺—封测—应用"协作联盟,形成特色明显具有竞争力的重点产品群。

四是实施芯片与系统整机联动战略。支持设计企业联合整机、制造企业共同定义和开发产品,实施芯片与系统整机联动战略,通过举办相关对接活动,构建战略合作联盟,促进设计公司与应用单位深度绑定。

4. 落实提升产业创新能力的任务

一是开展前瞻与共性关键技术研发。围绕5G通信、汽车电子、人工智能、物联网等新兴应用领域,开展对服务器通用CPU、汽车控制导航及自动驾驶、人工智能、边缘计算等重点芯片的设计开发,加快成果转化和商品化步伐。依托本地重点企业和研究机构,组织进行低功耗、高可靠性、可重构、异质集成等共性关键技术研究,积极争取和承担国家重大项目,推动产业技术升级。

二是促进新型研发机构建设。支持高校、科研院所和骨干企业,围绕未来发展重点和国家战略需求,以企业为主体面向可重构计算芯片设计、特色制造工艺、先进封装、第三代半导体材料与器件等前瞻领域,建设好包括集成电路应用技术创新中心在内的一批国家和省级创新中心、研发中心等新型研发机构,切实提升自主创新和发展能力。

5. 落实促进封测产业向高端攀升的任务

一是着力发展先进封装产品。重点是基版类封装、倒装芯片互联,及圆片级封装、系统级封装、三维集成封装等先进封装产品,突破超高密度、超薄基版、超微节距等关键技术,加快产品升级和高端化步伐。

二是加强配套产能建设。配合无锡及周边地区新建产线,把握时机实施联动战略,积极引进和新建与之配套的封装产能,加快集成电路前后道工艺融合,提高封装基版等关键材料的配套能力,不断培育新的增长点。

三是建设国家封测产业创新高地。依托国内排头兵企业、行业研发中心、国家封测联盟和国家封测产业高技术基地,集成国家科技重大专项形成的创新成果,组成创新链,打通从研发到产业化的途径,构建在国内具有领先水平的封装产业创新高地。

6. 落实优化产业环境的任务

一是优化调整产业布局。实施"一体两翼"产业布局,其中市区重点发展芯片设计、制造业,江阴侧重发展封装测试(含配套)及芯片设计业,宜兴着重发展材料产业。引导各区域在新一轮产业推进过程中做强主业、突出特色,整体上构成相互支撑、协同发展的局面。

二是优化提升公共技术服务平台。鼓励和支持政府与民营,公益性与商业化等各类公共平台建设,在对现有平台进行梳理的基础上,择优确定重点平台并给予支持。通过优化提升,提高其装备水平、服务能力和效果,有5家以上重点公共服务平台达到省级以上平台的考核验收标准。形成骨干平台为核心,各类平台广泛覆盖的创新支撑体系。

三是提高创新创业服务能力。加快集成电路设计园区、集成电路企业孵化器建设,切实提高专业化服务水平和能力,成为集成电路企业培育和发展的重要载体。推动集成电路材料与装备等专业园区建设,通过吸引和集聚高水平项目,增强产业的配套能力。

四是培育集成电路产业集群。加强产业集群促进机构建设,推动产业链上下游企业在地域上形成集聚,实现高质量发展。积极推动长三角产业跨区域合作,促进产业融合与协同发展,主动融入全球产业链分工。

(三)高质量发展实施六大工程

以六大工程为抓手,加快无锡市集成电路产业发展。

1. 实施芯片制造强基工程

一是12英寸线达产及新建工程。加快华虹无锡12英寸线产能爬坡并实现达产,形成面向5G、物联网和功率器件等特色工艺加工能力。尽快落实启动华虹无锡二期和华润微电子12英寸线建设项目。

二是8英寸线建设和升级改造。加快海辰半导体8英寸代工线投产上量步伐,形成CIS、PMIC等产品的加工能力;实施华润微电子8英寸代工线升级改造工程,提升技术水平保持领先优势,在原有基础上充分扩大产能。

三是特色工艺平台开发。推动各晶圆代工企业开展BCD、MEMS、SOI、CIS、功率器件等工艺平台的研发与技术升级,加快高频、抗辐照等特种工艺研发,完善掩模等配套环节,在55—110纳米工艺区间形成特色和竞争优势。

四是材料和装备项目建设。推动中环领先大硅片项目一期达到设计产能,重点发展区熔、重掺硅片等特色产品,进入国内主流生产线供应链,适时启动二期工程建设。加快晶圆清洗、磨片减薄、装片等关键装备研制与商品化步伐,尽快形成为主流生产线配套的能力。

2. 实施第三代半导体先导工程

一是第三代半导体中试线建设。支持华润微电子利用现有硅工艺线资源,实施SIC 6英寸晶圆中试生产线升级改造项目,开展产品设计和工艺技术开发,形成SiC JBS和MOSFET器件的中试和规模化生产能力,促进和带动现有小尺寸芯片生产线转型升级。

二是布局发展基础材料。鼓励各专业园区通过项目合作和招商等方式,引进确有水平和规模的SIC、GaN衬底和外延材料研发生产企业,推动第三代半导体产业链逐步向上游延伸。

3. 实施设计产业培育工程

一是培育设计企业上市。按照上市要求，选择基础较好的设计企业作为培育重点，支持其加快提升综合素质并实现上市。到2022年新增5家以上设计公司在沪、深交易所实现上市。

二是开发重点产品。加快亿门级FPGA、32位MCU等高端通用芯片，手机射频前端芯片，物联网核心芯片等的一批重大产品开发和产业化，并达到一定规模的市场占有率。

三是构建产品群。以模拟集成电路、数模混合集成电路、功率和电源芯片等产品为重点，发挥产业链协同优势，促进强强联合，在设计、制造技术和成本控制方面取得优势，形成2—3个品种规格齐全、竞争力强的重点产品群，使其国内市场的占有率达到20％以上。

4. 实施关键技术突破工程

国家集成电路特色工艺及封装测试创新中心，以华进半导体封装先导研发中心为载体，联合国内骨干封测企业和研究机构，开展面向人工智能及高性能计算的系统封装集成、面向射频前端系统整合应用的集成无源器件、面向5G通信的封装内天线等先进封装技术，突破高密度三维系统集成与异质集成核心技术，推动成果实现产业化。

高密度集成电路封装技术国家工程实验室，依托长电科技公司，开展BGA、CSP、FC、SiP，高密度互连超薄基板，系统级封装设计，可测试性设计（DFT）与可制造性设计（DFM）等方面研究，突破先进封装的核心技术和关键工艺，保持行业领先水平。

无锡先进技术研究院，发挥产学研协同优势，开展自主知识产权CPU及配套芯片的设计与应用研发，建立芯片、软件、整机及应用的适配与测评环境，在高性能计算、信息安全、大数据与人工智能等领域发挥核心作用，构建自主可控的CPU生态链。

华润微电子研发中心，发挥企业创新主体作用，联合无锡设计企业，聚焦功率半导体和智能传感器产品，开展高压智能芯片、MEMS、薄片IGBT和MEMS特殊封装等关键工艺技术开发，以及SIC JBS和MOSFET器件等第三代半导体关键制造技术研发,推动芯片制造业升级。

中电海康集团无锡研究院,依托中电集团技术资源和无锡物联网创新核心示范区,以面向物联网应用的芯片、IP、关键模组和微系统为重点领域,开展物联网终端 SoC、多传感信号采集处理模拟前端、低电压近阈值低功耗、多模式低功耗控制、eMRAM SoC 架构设计等芯片关键设计技术攻关,促进物联网产业发展。

5. 实施封测高端化攀升工程

一是加快推进封装产品高端化。重点发展圆片级、芯片级、倒装、扇出型封装、多芯片封装、三维堆叠、硅通孔、系统级封装、3D 异构/异质集成等先进封装产品,掌握全球领先的 CPU/GPU 量产封测技术,力争将先进封装产品所占比重提高到 50% 以上。

二是实施产业升级项目。实施并完成通讯与物联网集成电路中道封装产业化、晶圆级扇出型封装产业化等重大项目,取得创新成果,加快实现产业升级。

三是建设好集成电路封装创新中心。以国家集成电路特色工艺及封装测试创新中心为载体,通过创新联盟、龙头企业和研发中心共建共用模式,建设高密度三维系统集成先导工艺平台、封装设计服务平台、网络化测试服务平台和知识产权平台。

6. 实施创新环境优化工程

一是加快"芯火"双创基地建设。承接无锡国家集成电路设计产业化基地的主要功能,集聚创新创业资源,在政府主导下建设技术、资金、人才、市场等 4 大平台,做好技术与增值服务,提高专业化服务水平和能力,引导和带动无锡高新区和滨湖区两个集成电路设计园区的建设和发展,构建以整机系统需求为牵引的"芯片—软件—整机—系统—信息服务"的生态体系。

二是加快中科芯集成电路双创中心建设。按照国家集成电路专业化众创空间和中国电科(江苏)集成电路双创中心的建设要求,加快构建包括微电子学院、设计服务中心、预研中心、联合创新基地、双创中心和 N 个外地研发中心的"5+N"平台,缩短研发成果到产业化的路径,创新集成电路企业培育模式。

三是发挥集成电路企业孵化器功能。完善和发挥无锡软件园、微纳产业园、清华无锡研究院、大学科技园等专业和综合孵化器功能,提升综合服务能力,孵化培育集成电路创业企业50家以上。

四是建设产业集群促进机构。按照产业集群的建设发展要求,建立促进机构,编制发展建设规划,举办各类活动,积极参与长三角集成电路产业公共服务机构联盟,提升无锡集成电路产业的集聚和辐射能力。

多年以来,无锡在集成电路产业发展上实施"一把手"工程,2020年无锡市委主要领导更是亲自担任无锡市集成电路产业链链长,体现了无锡着力高质量发展集成电路产业的决心。无锡在加大产业政策扶持力度、改善优化融资环境、加快人才引育等一系列产业促进、保障措施的激励下,产业发展将驶入快车道,也将为无锡数字经济发展提供更强"芯"动能。

执笔:于燮康

B.14 探索数字经济时代电子商务创新发展新动能、新路径

近年来,国家高度重视以电子商务为代表的数字经济发展,电子商务伴随着数字经济进入了新的发展阶段。习近平总书记强调要"做大做强数字经济",建设"数字中国"和"智慧社会"。作为数字经济领军型产业的电子商务,已成为推动中国经济增长和新旧动能转换的"关键动力"。国民经济和社会发展"十四五"规划也指出,电子商务谋划的重点要转向更深层次的电子商务生态体系建设,提出了电子商务转型发展的要求。通过数据赋能消费产业链、以创新促进电子商务发展,可以激活商业各要素,服务构建以国内大循环为主体、国内国际双循环相互促进的新发展格局,更好发挥电子商务作为数字商务最前沿、最活跃、最重要组成部分的创新引领作用,充分释放数字技术和数据资源对商务领域的赋能效应,推动数字商务高质量发展。2020年全国电子商务网络零售额11.8万亿元,比2019年增长10.9%。江苏省网络零售额1.07万亿元,首次突破万亿元大关,同比增长10.2%,占全国网络零售额的9.1%,排名全国第5位。

无锡作为国家电子商务示范城市、国家跨境电子商务综合试验区,为电子商务的快速发展提供了强劲动力。近年来,电子商务规模品质持续提升、结构效益更加优化、创新融合不断加速、引领作用日益凸显。"十三五"时期,无锡电子商务迎来持续高速增长期,网络零售总额从2015年的470亿元增长到2020年850亿元,增长81%。无锡网络零售额连续多年位列江苏省第三。无锡制造业重点骨干企业电子商务应用普及率达到90%以上。无锡获批国家级电子商务进农村综合示范县2个、国家电子

商务示范基地 2 个、国家首批线上线下融合发展数字商务企业 1 个，获江苏省农村电子商务示范县 1 个、江苏省数字商务企业 6 个、江苏省电子商务示范基地 7 个、江苏省电子商务示范企业 17 个、江苏省跨境电商公共海外仓 5 个、江苏省农村电子商务十强县（镇、村）2 个、江苏省农村电子商务示范镇 5 个、江苏省农村电子商务示范村 19 个、江苏省电子商务众创空间 5 个、江苏省电子商务示范社区 3 个、江苏省乡镇电子商务特色产业园（街）区 2 个。

一、数字经济与电子商务融合发展

（一）数字化变革助力电子商务快速发展

近年来，大数据、云计算、人工智能、虚拟现实、区块链等数字技术快速发展，为电子商务创造了丰富的应用场景，正在驱动新一轮电子商务产业创新。新技术应用催生营销模式不断创新，新技术应用加快推动电商企业数字化转型。商务大数据实现精准营销和精准服务，将为政府应急、监管、促进等决策提供可靠的支撑和保障，有助于提高政府的公共服务和管理水平。数字技术与跨境电商等相结合，不仅可以持续扩大中国品牌的国际影响力，更重要的是对催生贸易新业态、促进全球数字化发展起到积极的促进作用。

（二）电子商务成为产业数字化先导力量

电子商务是发展数字经济的重要抓手，是数字化产品流通和消费方式。从服务消费者向服务企业甚至是产业链转变，用户数字化、营销数字化、物流数字化、商品数字化、运营数字化等全链条数字化改革全面推进，基于多端跨场景的全域会员营销、全域获客、全域洞察快速兴起，引领经济社会从需求侧向供给侧全流程发生聚变。随着数字经济的发展，各行各业涌现出了大批工业电商平台，对推动产业链资源的集聚整合和行业转型升级发挥了重要作用。

（三）电子商务与数字经济相互促进

数字经济作为推动电子商务发展质量变革、效率变革、动力变革的重要驱动力，为电子商务的发展注入了新鲜元素。电子商务作为数字经济最主要的组成部分，是发展数字经济的重要抓手，是数字经济发展的牵引者，正最大限度地向智慧化、社交化、全渠道的场景布局，形成更有价值的商业模式和商业业态，享受数字经济时代的发展红利。数字经济与电子商务将进一步融合提速，成为经济高质量发展和新的动能转换的强引擎。

二、无锡电子商务助力数字经济发展的特色与优势

（一）创建电商示范基地，引领电商产业集聚发展

电子商务产业园是电子商务及数字经济发展的重要抓手，为无锡电子商务产业集聚、数字商务高质量发展提供了有效保障。近年来，无锡通过打造无锡山水城电子商务产业园、新吴区旺庄科技创业发展中心2个国家级电子商务产业示范基地，打造江阴澄江跨境电商产业园、梁溪电子商务产业园、无锡商业职业技术学院大学生创新创园及顺丰无锡电商产业园等7家江苏省级电子商务示范基地，以及打造家纺、电动车、汽摩配等跨境电商特色产业带，加强与优势产业和知名平台对接，发挥电子商务龙头骨干企业的示范作用，引领和带动无锡本地制造业和传统外贸企业转型升级。

（二）搭建公共服务体系，助力企业转型升级

跨境电商是数字经济时代发展最为迅速的贸易业态，驱动全球产业服务资源向平台集聚，助力全球经济数字化转型，成为重构全球贸易格局的重要力量。无锡按照"两核、五圈、多园"的整体布局，建设跨境电商通关场站，搭建综合服务平台，打造跨境电子商务产业集聚区，加快跨境电商产业发展。截至2020年，无锡跨境电商综试区建设在公共海外仓、保税进口商品通关、进口代理企业直接对外付汇、保税进口O2O线下体验中心及设立跨

境电商学院等方面名列兄弟城市前列。

(三) 打造电商垂直平台,催生龙头骨干企业

面向家纺、服装、电线电缆等重点行业龙头企业,以数据驱动为核心、以互联网平台为支撑、以产业融合为主线,形成与垂直行业电商平台数据互联互通的协作体系,催生了一批龙头骨干企业。

一是"智慧红豆"红又红。红豆实业股份有限公司自2016年开始,以信息化、数字化、智能化为核心建设"智慧红豆"项目,建立数据分析模型提升后台服务能力,通过重点打造敏捷供应链平台、全渠道营销管理平台、集成财务管理平台,实现商品数字化、用户数字化、订单数字化、库存数字化的数字化营销体系,加速推进电子商务与传统制造业的融合,实现了红豆品牌红遍天。

二是贝贝帕克率先打造智慧电子商务。贝贝帕克文化创意发展有限公司构建自身的大数据管理系统、自主定制开发电商ERP管理系统、数云管理系统、聚石塔-电商云工作平台等核心优势,将业务数据化,利用数据分析结果指导业务进步、决策执行、市场分析、产品研发、营销推广、客户服务等,一流的管理带来了一流的生产,锻造了国内外知名的婴童用品品牌。

三是远东买卖宝平台一跃成为线缆行业B2B的引领者。远东买卖宝网络科技有限公司,以电线电缆、电工电气行业为核心建设全产业链电子商务服务平台——买卖宝,借助大数据技术将传统的贸易流程电子化和数字化,为买卖双方提供高效撮合服务,重塑贸易流程。同时,买卖宝以开放平台模式为买卖双方提供线上品牌推广、仓储、物流、金融等电商配套服务,覆盖了整个电线电缆、电工电气行业。目前,买卖宝在线交易会员数已超30 000余家。2020年该电商平台实现在线交易额近54亿元,同比增长25.6%。

四是江苏云蝠集团公共海外仓服务更多跨境电商企业。位于美国加利福尼亚州洛杉矶市江苏云蝠集团公司海外仓总面积达40 000平方米,配备与ERP系统ABI链接的仓库管理系统,能提供7×24小时实时在线库存及订单状态查询,以及中国收货、空海运运输、美国清关、入仓、上架、出货等服务,平均2个工作日可达,可实现当地退换货和改派,为无锡纺织服装类企业,提供完善的纺织产品定制包装、质检、退货处理等优质服务。

五是生鲜电商平台深受百姓欢迎。无锡鼓励支持电子商务与社区商业深度融合,锡好网、食行生鲜等社区电商服务平台以及叮咚买菜、小兔买菜、朝阳到家等一批以电子商务为载体的智能生鲜配送连锁店联动发展,为老百姓提供便捷、新鲜的农副产品,服务民生和生活必需品保供效能得到显著提升。

(四)规范农村电商示范建设,助推乡村振兴

注重从基础设施建设、公共服务中心建设、溯源与品控体系及品牌开发、物流体系建设运营、产销对接体系、农产品供应链电商扶贫等维度,打通产品的研发、生产、服务的价值链和原材料供应、加工、服务的供应链,推进农村电子商务更加规范更具特色。

一是农产品开拓电商销售。阳山水蜜桃、杨氏草莓、宜兴茶叶、宜兴紫砂等农副产品网上销售规模进一步扩大。2020年无锡农产品电商实现网络销售15.5亿元,同比增长15.5%。"水军锅巴"亮相第三节中国国际博览会和无锡市农博会,特别是通过头部网红李佳琦直播带货后,成为家喻户晓的优质休闲食品。开通"锡菜通"信息平台,搭建地产农产品产销快速通道,宣传江苏省放心消费网络示范平台"朝阳到家",打造市民放心采购平台。

二是农产品实现品牌化、多元化、标准化发展。组织企业参与"苏获直播e起小康""乡村振兴e线带货"等无锡公益专场助农、京东城市直播节无锡站等活动,扩大无锡品牌的知名度和影响力。阳山镇"桃博士"品牌完善产品供应链、开拓60余个电商平台,通过电商与快递物流融合发展,带动阳山镇全民电商创业。

三是加大对农村电商政策扶持。将农产品电商销售额达到300万元且增幅15%以上的企业纳入政策支持范围,有效发挥政策资金的导向作用,鼓励农产品电商企业加大投入扩大规模并取得实效。

(五) 培育直播电商品牌,营造直播电商氛围

探索"直播+电商""粉丝"流量变现的"眼球经济",构建一批直播电商产业集聚区,培育一批直播电商重点培育机构、MCN 公司。直播电商基地发挥无锡软件、服务外包等产业优势,引导本地企业结合商业、文化、旅游等元素结合,聚拢粉丝,打造无锡网红品牌,发展平台经济。2020 年,无锡参与直播商品数 39.6 万个,实现网络零售额 104.8 亿元,实现网络销售量 1.6 亿件,直播场次达 24.9 万场,累计观看人次近 6 亿人。

一是依托行业协会加强对直播电商的统筹协调。为推动电商直播、网红经济等新业态快速发展,依托无锡商业职业技术学院成立无锡市直播电商联盟,搭建政、行、企、校之间的交流合作平台,整合直播电商行业上下游生态,构建适应直播电商业务发展需求的服务体系,引导直播电商新业态与传统产业融合发展,为实现创新链、产业链与人才链的融合发展提供更为有力的支撑和保障。

二是开展以"星耀锡城,让直播融入生活"为主题的无锡首届直播电商达人大赛。通过以赛促培、以赛促销,以赛促转,培育一批无锡本地网红主播,打造无锡网红品牌,营造直播产业氛围。

三是加大培育和政策支持。无锡市政府印发《关于支持电子商务创新发展的若干措施的通知》,对直播销售无锡产品按照其直播销售额给予额外奖励;对于获得国家、省级政府部门颁发荣誉的直播电商、平台电商等企业,给予分档奖励;对本地 MCN 机构、媒体和直播电商基地等人才培育企业给予培训支持。

(六) 加大商务人才培养力度,保障数字商务创新发展

加强组织领导、强化联动推进、政行企校多方协同,紧扣数字商务人才紧缺实际,打造高素质数字商务人才培养的新高地,为企业转型升级与数字商务创新发展提供创新驱动与人才支撑。

一是多渠道多元化培训电商人才。联合抖音、京东、阿里、微盛等知名数字电商平台开展"数字赋能新零售"系列培训和沙龙,组织企业参加江苏

省商务厅每周公益线上培训，累计培训近千人次。连续5年举办跨境电子商务创新创业大赛，累计孵化200余家跨境电商中小企业及50个学生团队，参加人数及规模逐年提升。

二是成立跨境电商人才培养产教联盟。依托无锡科技职业学院，联合13所无锡大中专院校，通过开设跨境电商人才培养短训班，孵化跨境电商人才。开展电子商务职业技能大赛、跨境电商创新创业大赛、直播电商达人大赛，颁发"互联网营销师"直播销售员专项能力证书。成立跨境电商学院和农村电商学院，培养数字商务高素质专业人才，为数字商务发展提供人才保障。

三是支持平台、院校和服务机构孵化培训数字商务人才。招引和培育有影响力的电商人才，对具有行业引领力、影响力的直播电商人才，根据企业贡献、主播年带货销售额，纳入"太湖人才计划"支持范围，并在人才落户、创新创业等方面提供服务保障。

三、电子商务与数字经济融合发展面临的机遇和挑战

（一）需要进一步建立和健全数据驱动机制

一要提高数字化赋能水平。调查发现，传统商贸企业或外贸企业，对电子商务了解不深入，尤其是企业决策层的数字化转型意识还不够强烈。少数企业初步达到管理数字化和供应链数字化，企业存在数字化、智能化、融合化水平不足问题。因此，企业需要不断提高数据管理能力、算法算力支撑能力和数据挖掘利用能力，赋能企业的数字化经营。

二要加强数据闭环管理。虽然数据采集无处不在，但无论从消费者个体、机构单位甚至是电商平台，存在大量"僵尸数据"和"无效数据"。企业需要形成从"数据采集—数据建模—数据分析—数据反馈"的全生命周期、全流程管理、全口径采集的数据闭环，强化电子商务企业的精细化运营管理能力、数据挖掘和数据分析能力。

三要建立数据协同和共享机制。数据是数字经济的关键生产要素。以单个平台或单个系统形成的数据协同生态描绘的是"碎片化"场景，解决的

是局部性问题。通过完善数据协同和共享,实现跨部门数据开放共享和电子商务平台前后端数据的一致性,提高数据要素的流通效率,促进电子商务产业健康快速发展。

四要形成数据驱动产业链。传统企业普遍存在数字化转型意识不强、资金投入不足、技术力量缺乏等问题。少数企业具有较好数字化转型基础,但缺乏线上终端场景的运营能力。通过数字化电子商务产业链的核心节点构建产业数字生态,形成产业聚变效应,以数据驱动发展,助力产业链提升效率。

(二) 需要进一步建立和完善数字商务综合服务体系

一要打造龙头骨干型电商平台。目前,主流 B2C 电商平台均是全国性平台,总部主要分布在杭州、北京、上海等地,其地位很难撼动。地方自建零售电商平台生存空间小,平台获取流量难度大。无锡拥有小天鹅、海澜、红豆等众多的电商龙头骨干企业,需要自建大型网络零售电商平台,增加消费终端品,形成第三方服务企业集聚和明显的带动示范效应,进一步加强产业集聚力和带动力。

二要培育跨境电商综合服务机构。相较于传统贸易,中国跨境电子商务交易规模不断扩大,并保持连续性的高速增长。但同时,跨境电子商务也面临着诸如支付、物流、报关、商检、售后等诸多"难点"。需要培育跨境电商综合服务机构,通过线上、线下两种方式为企业提供全方位跨境电商一站式服务,减少传统企业创新和试错的能力,增强传统企业转型意愿。

三要加大数字化复合型电商人才培养。数字化知识和技术快速更新迭代,跨境电商、社交电商、直播电商等新模式新业态的迅猛发展,企业对电商人才的需求更加全面和挑剔。要深化产教融合、校企合作,加大培养熟悉电子商务技术、数字营销、数据化运营和传统产业运营的复合型人才力度,持续扩大人才规模、优化人才结构。

四要完善电子商务相关法律法规。目前与发达国家相比,中国电子商务法律仍不健全,在保护消费者权益方面仍有欠缺。近几年,国家、省、市相继出台《电子商务法》《关于促进平台经济规范健康发展的指导意见》《大力发展电子商务加快培育经济新动力的意见》《网络直播营销行为规范》等文件,尤其是对电商平台企业、商家、主播、平台经营者、主播服务机构和参与用户的行为提出了更为具体的规范。无锡需要进一步完善电子商务相关法律法规,实现纵向的统筹考虑和横向的有效协调,及时规范电子商务新模式新业态发展。

四、加速数字经济赋能电子商务发展的路径

在经济发展新常态下,发挥大数据、物联网、云计算的产业优势,积极抢抓数字经济发展机遇,通过数字技术赋能实现电子商务与线下实体融合发展、消费互联网与产业互联网融合发展,逐步将无锡打造成长三角都市圈电子商务创新发展中心城市、电子商务人才培育示范城市。

(一)强化数据技术赋能电商产业

着力推进数字商务技术创新,"数据+算力+算法"共同驱动以消费者为核心、大数据驱动、智慧品牌引领、快速柔性供应链支撑、线上和线下全网与全渠道融合、端到端全链路高效精准匹配的数字商务。鼓励电商企业积极开展5G、大数据、人工智能、物联网、区块链等先进信息技术在数字商务领域应用创新,通过技术设施云化、触点数字化、业务在线化、运营数据化和决策智能化,实现企业数智化转型,全面提升企业核心竞争力。深入推进商务大数据应用体系建设和电子商务大数据共建共享工作,实现数字商务领域数据资源互联互通、有序共享,合力完善电子商务统计监测体系,形成定期共享和双向反馈工作机制。积极引导和支持各类电商企业高度重视电商大数据技术应用,挖掘电子商务数据重要价值,加强电子商务统计分析和运行监测能力,对海量信息和用户进行精准、高效匹配,助力企业运用大数据制定产品生产、价格制定、物流配送、仓库备货、制定营销方案,不断提高产品质量和服务水平。

(二) 推动数字商务优势产业集聚

制定数字化赋能电子商务发展战略,重塑和调整企业商业模式,融合数字"销售＋营销＋运营"思维,实现数字"技术＋客户＋生态"协同发展,推动企业数字化转型升级。发挥线上线下融合发展数字商务企业的示范引领和电子商务示范园区的产业集聚效应,引导数字商务示范园区差异化、特色化发展及错位发展,大力推进电子商务数字化企业的集聚发展,加快形成覆盖全产业链的服务体系。利用电子信息、高特纺织、电线电缆、新材料国家级产业基地以及电动车出口基地等产业集聚优势,培育制造业领域数字商务骨干应用企业。

(三) 服务跨境电商高质量发展

打通跨境电商全链条,实现产业链和价值链的协同与融合,数字化赋能跨境贸易新形态。开通跨境电商产业园区及孵化中心、专业服务平台、供应链平台、追溯平台、税收结汇、金融服务、公共海外仓、信用信息库和跨境人才库等模块提供一站式服务。通过鼓励传统外贸企业利用亚马逊、ebay等跨境贸易电子商务平台或自建平台拓展销售渠道;创建跨境电子商务综合服务中心,出台跨境电商创新发展政策,提高通关、物流等便利化水平。打造家纺、电动车、陶瓷、服装、汽摩配、电线电缆等一系列"跨境电商线上产业带",联合亚马逊、阿里巴巴、快手等国内外知名电商平台,引导企业通过跨境电商拓展海外销售新渠道,将无锡"智"造推向全球。

(四) 开展"数商兴农"振兴行动

开展"数商兴农"行动,提升电商与快递物流协同发展水平和农产品数字化水平。加强物流配送、农产品分拣加工等农村电商基础设施建设,发展智能供应链,促进数字产品和服务在乡村地区应用。加快电子商务与快递物流协同发展示范区建设,培育综合性电商快递科技园,形成更多可复制可推广的创新成果。发挥农村电商示范县创建成果,打造农村电商公共平台,提供咨询服务、技术支持、营销推广、品质控制、品牌培育、代理运营等专业化服务。协调邮政管理部门加快建设物流集散中心,发动"四通一达"等民营快递物流公司力量,引导社会资本参与示范县项目建设。加强物流仓储中心和快递末端综合服务场所建设,完善仓储物流服务、仓储分拣服务、电商多渠道收单服务、代发服务、物流公共信息服务等功能,为农村电商上下行双通路提供有力支撑。

(五)推动直播电商产业发展

推动数字经济、网络经济和传统产业跨界融合、协同发展,培育和塑造网红直播,孵化新的经济增长点。大力发展新零售,推动传统产业数字化转型发展,促进消费扩容提质,加强与知名电商平台合作,助力企业拓内销、稳产能,寻求数字经济时代贸易新的增长点。发挥无锡市直播电商产业联盟作用,通过开展直播电商达人赛,打造内容制作分发、网红孵化、网络直播、电子商务以及线下活动等多功能于一体的网红孵化体系及网红直播人才孵化中心,积极营造直播电商产业发展环境。通过比赛完善"红人"孵化的培养路径与直播环境,打造一批无锡直播电商达人,推出一批无锡网红产品,培育一批直播电商基地。

(六)加快数字商务专业人才培养

加大电子商务、跨境电商和直播电商等领域专业人才、高级人才和紧缺性人才的培育和招引。依托电商示范园区、直播电商联盟、跨境电商产业联盟等资源,组织开展电子商务职业技能大赛、跨境电商创新创业大赛、直播电商达人大赛等,提升高层次管理人才和高技能运营人才水平。推动政行校企合作,实现产学研用联动,培养专业化、复合型数字商务人才。积极完善数字商务人才培养载体,开展多种形式的数字化、网络化、智能化培训。重点引育在全国有行业引领力、影响力的电子商务人才,特别优秀的纳入"太湖人才计划",授予"太湖商务师"称号。

(七) 营造数字商务创新发展氛围

电子商务数字化的广泛推广,打破了时空限制,改变了贸易形态,加速了整个社会的商品流通和消费促进。加大数字商务的宣传引导力度,通过专题报道、人物访谈、典型案例分享等多渠道、多形式宣传数字商务理念、数字商务政策,营造协力发展数字商务的舆论氛围。始终把大力发展数字商务,降低企业成本,促进商品销售,提高企业竞争力作为工作的出发点和落脚点,真正发挥数字商务在助推无锡经济高质量发展中的"新引擎"作用。

执笔:欧国君　郭桂荣　颜　艳

B.15　建设国际一流数字化环保产业基地

快速发展的新一代信息技术,在中国环境保护事业发展中的重要作用日益凸显。一方面,应用物联网技术,环境监测实现了信息化、数字化,环境管理工作更加科学高效。另一方面,在环保装备智能制造、智慧运维、数字化管理等方面,加快推动了环保产业转型升级。宜兴环科园作为国内唯一以环保产业为特色的国家级高新区,依托"环保之乡"40年的产业积淀和30年的园区专业发展,加快推动以物联网、大数据、云计算等新一代信息技术为支撑的"数字环保"产业发展,形成了"智慧监测＋智慧检测＋智能制造＋智慧交易＋智慧服务"的产业新体系,为建设国际一流数字化环保产业基地提供有力支撑。

一、当前数字环保产业的发展

就国外而言,数字化环保技术日趋成熟,广泛运用于环境监测、水资源调度、城市供水、水污染治理、环保设备生产制造、水生态保护等环保产业各个环节。特别是德国"工业4.0"战略提出以来,以数字技术和互联网技术为基础的智能制造业飞速发展,不少发达国家大力推动环保智能工厂建设,建立高度自动化、智能化生产线,环保行业智能制造水平快速提升。德国琥珀环保建立标准化体系,全面实现配件智能化生产;美国佛罗里达的MARVIN传感平台,可根据有害藻类富营养化状况提供即时水质信息,在智慧监测领域领先;丹麦Marbjerg水厂、美国Regional San水厂等无人水厂建设不断推进;通用电气公司的智能管网和管理系统、新加坡的智慧水网系统,实现了配水、供水的智能化运维。

就国内而言,党的十八大以来,随着习近平总书记"两山论"的提出,相关法律法规不断完善,生态文明建设、污染防治攻坚战纵深推进。2020 年 9 月,习近平总书记在第 75 届联合国大会上提出"2030 碳达峰"和"2060 碳中和"目标,标志中国环境治理迈入新的阶段。随着《"互联网+"绿色生态三年行动实施方案》等国家政策的发布,数字化、智能化、智慧化成为生态环境治理及产业发展的内在需求和必然趋势。无锡成功应用智慧监测系统,为太湖治理提供有效数据;北控水务"污水厂数字双胞胎"运营管理平台,运用在线模拟和大数据分析技术,实现水质预测、水量预测、生化分析、物料平衡、工艺调整模拟、设备故障诊断等功能,成为智慧水务高效运营管理的典范;国内环保设备生产制造领域,推进以智能系统为核心的生产线建设,利用人工智能、机器人、智能系统等方式,实现环保设备的标准化、智能化制造。

就宜兴而言,环保产业结构以装备制造为主,中小民营企业居多,存在行业龙头偏少、智能制造和高端装备不足、市场竞争力弱、可解决环境问题的系统输出能力欠缺等问题和瓶颈。鹏鹞环保作为宜兴唯一在创业板上市的环保企业,在全国 129 家环保上市企业中仅排名第 68 位。当前,宜兴环保亟待重构产业生态,由传统环保装备制造向数字化、智慧化转型,为打造千亿级产业注入新动力。一方面,提高环保装备智能制造水平,由小作坊式非标设备制造向生产标准化、规模化发展,实现制造智能化转型,增加高端装备及关键核心装备供给,提升环保装备附加值,突破低、小、散产业瓶颈。另一方面,加强环保装备制造与互联网、信息化融合发展,探索新模式、新业态,提升制造企业服务差异化能力,引导环保装备企业向系统设计、设备制造、调试维护、运营管理一体化,提供系统解决方案的综合服务商转型,逐步迈向产业链中高端。

二、发挥自身优势,奠定数字环保产业发展的坚实基础

依托"环保之乡"的产业优势,历经 30 年的建设发展,宜兴环科园已积累了丰富的创新资源,构建了完善的产业体系,形成了独特的品牌优势,都

为发展数字环保、推动产业升级转型提供了支撑基础与良好条件。

(一) 形成了国内最大的环保产业集群

宜兴以环科园为主阵地，集聚了 5 000 多家环保企业，造就了 10 万环保产业从业人员，拥有环保专业研发人员上万名、专业技术人员 2 万多名。业务涉及水、气、固、土、声等多个领域，产品包括七大类、200 多个系列、3 000 多个品种。宜兴环科园以装备制造业为主，环境工程为辅，技术研发设计服务蓬勃发展为特点，实现了从装备制造—工程—环境服务的完整的产业链，是中国环保企业最集中、产品最齐全、技术最密集的产业集聚区。其中，水处理设备自我配套率高达 98%，国内市场占有率达 40%。200 家规模以上环保企业中约 80% 已经开始实施数字化转型。

(二) 集聚了全国密集的环保创新资源

宜兴环科园建设了 200 多万平方米的各类功能性载体，形成了环保设计、研发、孵化、检测、培训、展示、交易和科技金融等为一体的完善产业链。和中科院、南大、哈工大等共建 15 个产学研合作平台，集聚各类高层次人才 1 000 多人、高校研究团队 100 多个；牵头实施国家 863 水专项等研发项目和科技成果产业化项目 400 多项，集聚了全国最密集的环保创新资源。连续举办世界物联网博览会智慧环保高峰论坛，引进一批环保物联网、环境监测、标准化、智能制造等高端资源落户。集聚了中国工程院院士任南琪、罗锡文、潘德炉、刘文清等一批业界专家，华为、中国电信、IBM、Intel、南瑞集团、中节能、中电智云、中交遥感等一批行业信息及智能化企业。联合北控水务、苏伊士、首创股份、江苏天长等数字环保行业领军企业共同发起成立"中国智慧环保联盟"，共建数字环保生态圈产业链，推进数字环保转型发展。

(三) 培育了一批环保细分领域的龙头企业

宜兴环科园建立了中美、中德、中韩等 14 个国际清洁技术对接中心，先后承担了中新、中韩、中美、中以、中德 5 个国际合作项目,与美国 PARC 研究中心、以色列威兹曼研究院等境外研发机构合作建立环保技术联合研发中心,引进 100 多项先进技术和合作项目,培育了 50 多家环保细分领域的"单打冠军"。如:水处理领域的鹏鹞环保、康宇水处理,大气治理领域的双盾环境、瑞鼎环保,噪声治理领域的远兴环保,环保物联网领域的天长环保、卓易科技,装备制造领域的一环集团、兆盛环保、百事德等。新奇环保、碧诺环保、蓝必盛、三强环保在垃圾渗滤液处理、污泥处理处置、化工废水处理、医药废水处理行业成为可提供系统解决方案的明星企业。

(四) 打造了一批引领数字环保发展的示范工程

引进中国电信、诺基亚贝尔、新华三、中电智云、蓝创智能、云鲸生态工厂等知名信息化、智能化企业落户宜兴,合作建设智慧环保物联网产业园、环保大数据中心、生态农业物联网示范园等一批数字环保重大项目。建设了国家首个服务国家乡村振兴战略的"乡村环境管家""环境医院"一站式环境治理综合服务模式、面向 2030 年的城市污水资源概念厂、以四川武胜农村环境综合治理为代表的区域合作项目等一批数字环保先行先试的示范工程和产业标杆,形成可复制、可推广的模式。通过人才引进、项目合作、技术引进等培育了一批引领数字环保发展的"黑科技",包括达到国际领先水平的"长天长环保物联网平台"、无须人员值守的"厕所革命"标志产品——太阳能生态厕所、智能水库水环境修复技术——WEP 水生态系统、畜禽粪污资源化利用的"田园牧歌城乡环境综合体"等。

三、坚持"先行先试",构建数字环保产业五大创新体系

近年来,宜兴环科园始终坚持"先行先试""率先突破",以信息技术、物联网应用为路径和方向,在环境感知、装备制造、产品销售、环境服务、环境管理等产业链条上逐步实现数字化转型,初步形成了"智慧监测+智慧检测+智能制造+智慧交易+智慧服务"的五大创新体系,重构宜兴生态环保产业新生态。目前已引进培育了一批环保物联网领军企业,涌现出鹏鹞环保、天

长环保、卓易科技、碧诺环保、国合基地等一批数字化环保代表企业,营业收入年均增长率普遍超30%,成为推动宜兴环保产业转型升级的重要力量。

(一)智慧监测体系

宜兴环科园围绕环境监测和监管,在环保IT软件服务、在线监控系统综合集成等领域,已培育了一批行业领军企业,实现了环境要素数据化、数据资源化、资源智慧化。

天长环保由"数字环保"的首倡者林宣雄教授创办,组织建设了"排污费征收管理全程信息化系统"和中国最大的物联网——"环境保护部国控污染源监控中心核心软件建设项目",开发了具有国际先进水平的长天长环保物联网平台(JointFrame应用系统支撑平台),为全国30个省份、500多个城市的环保部门和4万多家排污企业提供了数据采集传输仪(边缘计算网关)、国控重点污染源在线监控系统、环保税在线评估系统、地市级智慧环保应用集群、绿色工业互联网平台、企业环保管家等服务。

卓易科技是科创板上市企业,是中国唯一一家可在硬件和系统间提供BIOS技术的公司,是国内少数掌握X86、ARM、MIPS等多架构BIOS技术及BMC固件开发技术的厂商之一,也是中国大陆唯一、全球四家之一的X86架构BIOS独立供应商。作为国内少数能够为国产芯片龙芯、华为等提供BIOS固件技术服务,能够满足采用自主、可控国产芯片的云计算设备的BIOS、BMC固件配套需求的厂商,卓易科技获得2020年度无锡市长质量奖。卓易科技2017年与Intel合作打造基于大数据的环保感知系统——卓易环保云(EQMap),广泛应用于区域环境监测和环境分析,具有自动在线监测、污染溯源、预警预测、分析决策等功能。

中宜仪器自2013年起与清华大学施汉昌教授合作,已经发展成为宜兴唯一一家兼备环境监测仪器制造与集成能力的供应商。中宜仪器主要开发环境预警的生物毒性仪、微型智能多参数水质监测站,通过互联网水质监测可实现远端无人值守,在雄安新区、广州、杭州等地的水质监测与预警中得到了广泛应用。

小鱼环境引进由日本生物监测第一人——山本隆洋发明的日本市场占有率第一的生物监测设备技术,研发生产的水质毒性自动监测设备,通过视频连续监测,利用鱼对污染物的异常反应,实现对水质污染的快速预警。公司产品主要适用于饮用水、水源地水质的常规预警监测,以及养殖业、食品饮料企业的水质毒性监测,已在宜兴、石家庄、云南等地得到应用。2018年小鱼环境与阿里云、上海繁易合作,建设物联网平台,对其售出设备进行远程监控。

森维电子研发的环保治污用电监测系统通过对企业生产设备、污染治理设备的用电信息进行实时监测分析,帮助环保监察部门提高工作效率,降低监管工作量,提升执法精准度,实现了向环保执法物联网的应用转型。

(二) 智慧检测体系

宜兴环科园打造了一批高标准的检验检测平台,支撑智慧环保监测监管及环保智能制造,形成"环保装备检测保证高质量产品+环境检测印证环保装备"的高效闭环,推动新工艺、新技术、新装备变革,助推宜兴环保产业的转型升级。

国家环保设备质量监督检验中心(江苏)在2012年由原国家质检总局批准筹建,2017年获国家认监委、认可委颁发的CMA、CAL、CNAS检验检测资质,2018年通过国家质检中心能力验收并正式对外运行,成为四大国家级环保设备/产品检测平台之一。中心建设投资约2.2亿元,现有实验室面积15 000多平方米,是中国目前投资规模较大和影响力较强的环保设备检验机构之一,也是全国环保检测项目最全的检测机构之一,检验检测能力覆盖水质、空气和废气、土壤与固体废物、环境微生物、环保设备整机、金属/非金属材料及制品等10个领域,涉及300多项产品、600多个参数,覆盖85%以上环保设备及相关产品,并与SGS、TüV莱茵等多家国际知名检测机构签约互认实验室,现已成功入选江苏省先进制造业集群重点创新平台。

中宜金大是2013年环科园与南京大学合作共建的第三方检测机构。中宜金大依托南京大学的强大技术力量,立足宜兴、面向江苏、辐射全国,开展环境、农业、渔业、食品等多领域的分析检测、技术开发、标准制定等各项工作,已主持制定四项国家标准、获得20余项国家发明专利。中宜金大获得CMA、CATL资质,连续多年入选农委指定第三方检测机构名单库,获得了江苏省农业面源污染国控点监测的唯一指定第三方检测机构资格。中宜金大配备各类样品制备仪器150余台/套,能够对水和废水、空气和废气、土壤、固体废弃物、噪声、室内空气、海水、海洋沉积物、海洋生物体、种植业产品、渔业产品、食品等12类共2 500余项指标作出科学、准确的检测,也是无锡市首家环境司法鉴定所。

中宜生态土是2014年宜兴环科园与中国科学院武汉岩土力学研究所共同打造的土壤检测一站式综合服务平台。中宜生态土具备CMA资质,检测能力涵盖饮用水/废水/地表水/地下水、土壤/底泥/沉积物、固体废弃物、市政污泥、土工膜渗漏破损检测等业务领域6大类、12小类、1 000余项检测指标,可提供场地环境调查的检测和采样、固体废弃物风险表征的测试分析等特色服务。中宜生态土目前已承接国内外30余项工程项目、400余项检测项目,项目遍及全国15个省份。

迈斯特检测是第一批通过江苏省环保厅环境监测资质认定的第三方检测公司,已获得CMA资质,检测范围有8类400多个项目,并承担环境监测、环境咨询、环境污染源治理设施运行等委托运行一站式服务。

(三) 智能制造体系

宜兴环科园通过推进省环保产业集群标准化试点、国家水环境技术与装备标准化基地建设,构建高质量的环保装备标准化体系,抢占行业制高点。园区各类环保企业制定企业标准超过540项,参与了近30项国标、行标的制修订工作,为宜兴环保智能制造转型奠定了良好基础。同时,园区加快打造"标准化工场+N个智能制造公司"装备集成和智能制造体系,由单一的装备向工艺装备化、装备自动化转型,进一步提升环保装备附加值。

国家技术标准创新基地(水环境技术与装备),由中国工程院院士、南京大学环境学院院长、南京大学宜兴环保研究院院长任洪强等领衔,2020年正式启动建设。该基地重点推进"123"平台建设核心任务:"1"是建设全国第一个生态环境保护装备标准化库平台;"2"是形成两个全国一流的生态环境科技资源库,即装备专利资源库和装备标准资源库,并做一些研判性的产业发展分析;"3"是打造三个国际领先的科技示范基地,即面向未来水资源厂的示范、高端环保标准化生产示范厂、建成国家技术标准创新基地。通过装备创新中心的打造,以支撑重大装备的标准化、智能化,进一步发挥宜兴环保产业的作用和贡献。

国合环境高端装备制造基地,成立于2017年,是宜兴环科园推动环保产业转型升级、提升国际化合作水平的主要载体平台,已集聚了海绵城市建设、固废处置、水生态修复等一批国际先进清洁技术和项目。该基地以信息化智能化融合贯穿、工业产品设计 VI+PI、ETV 认证+标准化建设及4S工厂建设提升用户体验等,提高宜兴环保装备制造集聚区的发展质量,实现高端装备制造和完善的售后服务能力;引进德国弗劳恩霍夫协会旗下的 IPA 研究所,共建"中德工业智能制造基地";联合国际先进工业4.0研究实践机构,共同探索环保装备非标产品的模块化设计、标准化制造,推广物联网、机器人、自动化装备和信息化管理软件在生产过程中的应用,提高环保装备制造业智能制造水平和信息化管理水平,建设"智慧生态工厂"。

鹏鹞环保装备智造园由A股上市企业鹏鹞环保投资建设,主要围绕打造高端先进的"环保标准化工场",吸引国内优质环保制造型企业,配有国际先进的加工设备及多条智能化生产线,所有环保设备设计、生产均采用数据化,任何环保装备只需要制造图纸或数据,即可在最短时间内高质量完成生产,引领宜兴环保产业实现产品标准化、服务智能化和装备集约化。同时,该智造园引进国际先进的加工和仓储设备,改变当前环保产业传统的加工生产模式。该智造园通过高端加工装备配置,大数据集成,工业 App、互联网云服务、产品 PLM 等打造出3个中心,形成环保装备研发创新、网络营销、智能加工和制造以及售后管理的一条龙服务。其中,PPMI 不锈钢装配式污水厂项目建成后年产值将超过10亿元。

(四) 智慧交易体系

宜兴环科园围绕环保产业装备交易链条，打造"互联网＋环保"的电商营销新模式和环保装备供应链大体系，形成集采购、电商、金融、销售等功能为一体的环保装备产品大集采平台，有效解决宜兴传统环保销售主要依靠销售员跑单模式、销售渠道成本高、信息交流不畅通以及装备水平不高、供给分散等问题。

"宜正环保电商"线上环保交易平台，由宜兴环科园和南京大学合作，力争建成全国最大的具有公信力的环保产品交易平台。2014年2月，"宜正环保电商"正式登录阿里巴巴平台，成为中国首家专业环保电商，也是国内首家成功通过阿里巴巴集团全方位认证、正式入驻工业品品牌商城的网上环保综合类电商。自运营以来，该商城已入驻知名品牌40多个，上线100个大类、近2 000种规格的环保产品，涵盖水处理领域70％的产品。

云鲸环保集采平台，是宜兴环科园于2018年引入的环境领域产业互联网生态平台云鲸网（已入驻供应商3 300多家、商城产品2 500多种）联合打造的环保集采平台。该平台一端链接需求方——如首创股份、中国水务投资等环保大公司、大集团的采购需求，打破原有的采购壁垒，选择一个有公信力的采购云平台，让需求方在降低采购成本的同时，获得更优质、更有服务保障的装备，获得有完善供应链服务的支撑体系；另一端则链接供给侧——宜兴环保装备制造公司，并和宜兴环保标准化工场形成联动，将产业链上的各环节、各参与方组成较强互动、完整闭环的供应链体系，将传统的采购模式变为更高效、更智能的采购模式。

(五) 智慧服务体系

随着大数据、人工智能、云计算技术的日渐成熟和飞速发展，传统的运维技术和解决方案已不能满足需求，智慧服务逐渐成为环保产业的热点领域。通过移动互联网、手机和PC设备，对环保装备产品和工程项目进行在线监测、实时远程监控、远程在线控制、远程反馈诊断、远程应急处理等，及时提供智能解决方案，推动了宜兴环保企业由"装备制造商"向"环境综合服务商"转型。

供水设备全寿命周期追溯监控平台，由无锡康宇与国电南瑞集团战略合作开发，主要借助物联网高并发感知网络，实现对"二次供水设备"全寿命周期的动态监管。该平台通过大数据分析辅助决策，实现智能诊断，从而做到精准、可靠、稳定的"自动化运维"。该平台共包含四大模块：统一视频监测平台、智能采集终端装置、物联网大数据平台、移动应用模块。该平台在供水设备统建统管区域，利用"设备免费、运维收费"的模式快速占领市场，助推了无锡康宇从"传统单一的装备制造商"向"智能制造、智能运维、智慧供水的综合运维服务商"的转型升级。

"零碳厕所"远程监控运维系统由宜兴艾科森生态环卫设备有限公司开发。2015年，宜兴环科园联合美国工程院院士、中国工程院外籍院士、美国加州理工学院Hoffmann教授团队，成立了宜兴艾科森生态环卫设备有限公司，运用电催化氧化水处理黑科技，打造提供绿色、安全、可持续的零碳生态厕所产品。通过建立远程监控运维系统，在智慧运维、远程监控、水质数据统计分析方面，搭建了基础层、传输层和数据分析层的完整系统，可对生态厕所进行在线监测、数据分析及远程运维指导。目前该产品已广泛运用于宜兴、香港、南非等地区和国家。2017年荣获国家旅游局全国厕所技术创新大赛一等奖。

TIMPI智能模块化装配式集成污水处理系统可针对污水处理传统技术的占地面积大、施工周期长、固定式无法移动、系统适应能力差、运营维修困难，很难适应目前短期、多点处理污水等需求痛点。泰源环保作为全国首批推出应急处理模式的公司之一，2018年与中国环境科学研究院合作，研发TIMPI智能模块化装配式集成污水处理系统，创新出最适合系统的工艺、设备构造及微生物，保证出水达到准Ⅳ甚至准Ⅲ类排放标准。该系统将物联网技术融入系统设计，可实时监视污水厂的生产运行情况，对现场实现实时调控，集成了工程设备化、设备模块化、模块标准化、标准装配化、系统集成化、材质永久化和施工生态化等多重特点，具有占地面积小、施工周期短、模块设备任意组合、系统适应能力强、运营维护等方面的明显优势，在市政溢流污水、黑臭水体应急处理、新建污水厂等领域方面拥有广阔前景。

"田园牧歌"零碳城乡环境综合体是碧诺环保2019年在湖北枝江开工建设的畜禽养殖废弃物资源化利用项目。该项目总投资近2.5亿元,可年处理畜禽粪污170万吨,年产有机肥7.5万吨、炭基肥7.4万吨、液肥95万吨,通过变废为宝,产出有机肥和生物炭,改良土壤,发展种养循环农业,有效解决有机废弃物产生污染的问题,助力打造"三峡水乡、田园枝江"。该项目整合了丹麦的畜禽粪污治理工艺及理念、韩国的好氧发酵翻抛技术、日本的炭化技术和经验等一系列世界优质资源及技术方案,结合物联网、大数据、信息化系统,以高科技形成协同整体解决方案,从而解决农业农村发展难题,最大限度减少化肥使用量,全面改善农村人居环境和土壤地力。

化工园区污染综合治理"一体化管理平台"在2016年由蓝必盛开始建设。蓝必盛作为一家集环境评估、环境治理和技术服务为一体的化工污染治理综合服务商,对接国际先进环保技术,依托化工环保技术研究院、化工环保设计院、环保培训学院、化工环境综合治理联盟四大专业力量,推出了物联网技术远程智控系统,改善化工治理项目安全、节能、维护等管理难题。蓝必盛每年对150多家化工企业污染物分析化验,累计实施化工污染治理工程300多项,采集全国3 000多家化工企业污染物进行小试,同时坚持自主研发、合作和引进消化并举的技术创新方式,积累了100多项化工污染治理资源化和达标技术,打造数十个工艺包为化工客户解决各类疑难杂症。目前,蓝必盛在中国化工污染治理领域处于行业领先地位。

四、立足"四个领先",探索形成引领中国环保产业高质量发展的"宜兴路径"

"十四五"时期,宜兴环科园将依托环保产业集群化发展及产业支撑体系完善等优势,围绕"打造中国环保技术创新策源地、环保产业发展高地"目标,坚持以"智慧+环保"为创新抓手和契机,提升产业标准化水平,树立高端装备制造业标杆,构建智慧环保产业生态圈,实现"产业规模扩体量、数字支撑有力量、产业转型提增量、数字治理优质量",打造国际一流数字化环保产业基地,探索形成引领中国环保产业高质量发展的"宜兴路径"。

(一) 构建全国领先的数字环保智能制造基地
发挥宜兴环保装备制造优势,构建智能化、定制化、标准化制造新业态,打造具有较强市场竞争力的智能制造环保产业集群。

一是推动5G通信、人工智能、大数据及工业互联网等新兴技术和先进制造业深度融合,引导企业创建省级、无锡级智能工厂车间,申报国家级、省级、市级工程技术中心,提高环保装备制造业智能制造水平和信息化管理水平,助推100家以上企业向数字化转型。

二是联合德国工业4.0领袖——弗劳恩霍夫协会打造智能制造平台,实现环保装备非标产品的模块化设计、标准化制造,加快建成并推广国合生态工场、鹏鹞智能制造园、三强环保智能化产线等示范模式,引领更多装备制造企业转型升级,培育一批雏鹰企业、瞪羚企业、准独角兽企业和"隐形冠军"。

三是瞄准世界环保百强企业、中国环保百强企业,创新采用市场置换等龙头企业招引模式,引进有国际竞争力的环保智能制造企业。大力支持央企、国企、上市公司和实力民企与本地环保企业的兼并重组,通过强强联合和行业性整合,培育5—10家数字环保行业龙头和领军型企业。

(二) 打造行业领先的数字环保创新中心
依托苏南国家自主创新示范区和太湖湾科技创新带等重大战略,深入实施创新驱动,为数字环保产业高质量发展提供"源动力"。

一是打造一批重大环保创新平台。重点建设零碳创新中心、江苏省环保装备产业技术创新中心、国家水环境技术与装备标准化示范基地等重大科技创新平台,引导园区企业、院所平台参与各类标准的制定,形成高质量的标准化、智能化、数字化体系,掌握话语权、抢占制高点。其中,宜兴环保物联网中心将布置500—600架5kVA数据机柜,利用大数据、物联网等新一代技术,建立完整的环境信息化系统,形成年产存储服务器3500台的产能。

二是推动政产学研高效联动。针对产业"卡脖子"技术难题,加强与南宜研究院、中宜生态土研究院、省环保创新中心等平台及各大科研院所间的协作,联合产业链上下游创新主体资源,搭建集技术研发、检验检测等于一体的数字环保协同创新平台,在关键核心技术攻关、技术标准制定、知识产权创造与应用等方面开展广泛合作,为企业提供技术创新服务。

三是推动科技成果产业化落地。借鉴荷兰 Wetsus、新加坡 PUB 等创新机构模式及经验,建立一批市场导向的中试平台或创新机构,推动新南威尔士大学(宜兴)环境技术转移中心、国际清洁技术转移中心、概念水厂生产型研发中心等高水平发展,打造集成果转移、项目孵化、风险投资、资源链接、科技咨询等于一体的一站式科技成果转移转化中心,助力数字化先进技术快速转化为创新生产力。

(三) 构筑国内领先的数字环保高端人才集聚地

坚持人才优先,加快建设以高层次人才、产业技术人才、科技服务人才为主体的数字环保人才体系,营造人才发展新环境。

一是强化"双招双引"工作,深度实施"太湖人才""陶都英才"计划,持续高标准举办智慧环保高峰论坛、环保产业高峰推进会、环保创新创业大赛、院士技术路演等品牌活动,继续加强与沪杭高端人力资源服务机构合作,对接杭州电子科技大学、南方科技大学等著名高校,吸引数字环保行业长三角地区顶尖人才、高校毕业生到宜就业创业。

二是完善创新创业孵化体系。推进省级宜兴环科园环保产业众创社区建设,引导各类主体开展聚焦数字环保领域孵化器建设,形成"众创空间—孵化器—加速器—专业园区"完整孵化链条。引导宜兴留创园、环保黑马营、久力缘、卓易软件园等孵化机构创新模式,提供创业辅导服务,提高在孵企业成功率。加快联东 U 谷、华润环保园中园项目建设,依托园区产业资源孵化先进制造、智能装备,加速产业化。

三是瞄准行业顶尖人才,在西工维新、南宜研究院、国合基地、浙江工业大学高塍研究院、宜兴市级研究院、院士协同创新中心等平台打造经验基础上，进一步完善"人才＋平台＋科技型企业"的科技成果转化模式，推进产业链与创新链的深度融合。

(四) 建设国际领先的数字环保技术服务示范工程

依托产业集群优势和技术创新优势，培育一批引领行业未来发展、可复制的数字化环保示范工程，推动技术整合与系统输出，实现智能制造业和高端服务业同步发展。

一是加快建设中宜云鲸、丰树宜兴智慧物流园等跨境电商、供应链项目，完善"互联网集采平台＋供应链公司"的供应链服务体系，积极引入国内外领先的环保互联网平台，培育阿里巴巴网上交易中心等新的商业模式和服务产品，构筑"平台＋银行＋保险公司"等新模式，拓宽宜兴环保智能装备销售渠道，推动环保服务业数字化发展。

二是围绕"中宜环境医院"建设，集聚一批数字环保"黑科技"，推进未来概念水厂、零碳厕所、田园牧歌、零碳创新中心、新街流域治理、水环境修复等示范项目的建设运营，打造统一输出平台，打造集碳交易中心、碳计量中心、碳资产管理中心等于一体的碳排放交易中心，融入服务"长江大保护""长三角一体化"等重大战略，在全国推广复制一批生态产品，为"碳达峰、碳中和"行动提供重要支撑。

三是结合智慧环保联盟、国际低碳产业联盟（G11联盟）、中国东盟环保产业示范基地建设，支持宜兴数字环保优势企业利用建设"一带一路"机遇、中国-东盟信息港等战略平台，积极"走出去"实施境外投资，承包境外项目工程，带动成套装备、技术标准和服务出口，在"一带一路"沿线国家建成一两个国际合作重点样板园区，承接一批国际合作重点项目，提升宜兴环保国际影响力和竞争力。

执笔：闵德强

B.16 抢抓数字经济发展新机遇，打造数字化新能源产业新高地

　　江阴是长江经济带发展基础最好、综合竞争力最强的县级市之一。近年来，江阴更加坚定地依托长江经济带，更好地拥抱无锡、拥抱上海，深度融入一体化发展，着力打造全球资源集聚之地、科技创新应用之地、高端产业承载之地、开放枢纽拓展之地、金融贸易活跃之地的新地标。依托长江经济带，江阴加速新旧动能转换，加快产业数字化转型。其中，以新能源产业为代表的战略性新兴产业快速发展。目前，江阴正着力打造 600 亿级能源产业集群，加快在能源领域推广新型数字化技术，积极探索能源数字化转型、能源数字经济发展的可行路径。

一、江阴新能源产业发展概述

（一）产业规模不断壮大

　　2004 年，海润科技和浚鑫科技的成立，标志着江阴新能源产业迈出第一步。历时 17 年，江阴新能源产业从无到有、从小到大、从弱到强，历经行业洗牌、结构调整，产业规模连上新台阶。"十三五"期间，江阴新能源产业产值年均增长达 27.4%。到 2020 年末，新能源企业已有 62 家，完成产值 631.18 亿元，同比增长 47.91%，占江阴规模以上工业产值的 12%。其中，光伏产值达 173.68 亿元，同比降 4.6%；风电产值达 451.65 亿元，同比增 84.9%；锂电池产值达 5.85 亿元。

　　2020 年，江阴光伏产业产能为方硅芯 27 万支，晶硅组件 3 GW，逆变器 20 MW，铝浆 666.55 吨，银浆 24.89 吨，太阳能边框 1 亿套，回旋减速机 42

万套,回转减速器 26.7 万套。

2020 年,江阴风电产业产能为:整机 2 400 台、11.5 GW,轮毂及底座各 6 万吨,主轴及支架 25 万吨,塔筒 514 吨,叶片 720 片,齿轮箱 15 万吨,机舱罩 514 吨,其他零部件(如:转子、定子、法兰等)1 万吨。

(二) 头部企业快速成长

江阴新能源企业不断提升技术创新能力,涌现了一批对行业发展起到带动和支撑作用的细分龙头企业。

在风电方面,远景能源已掌控风电核心控制技术、载荷优化技术,稳居陆上风电整机制造商第二,成功研发总装了 4.5MW 陆上风电机组及 5.2MW 的海上风电机组,年生产整机 2 400 台,实现产值 360 亿元。

在锂电池方面,远景能源的储能项目正在加快建设,联动天翼联合松下等国内外知名厂商致力打造国内锂电研发、制造领域的领先者;一期项目总投资 50 亿元,主要建设圆柱锂电池生产线及锂电池 pack 生产线,目前两条生产线已投产,实现产能 1 GWh。海基新能源生产的储能锂电池系统已达到 MW/MWh 级规模能力,循环寿命达到 5 000 次以上,能源转换效率在 80% 以上,具有循环寿命长、性价比高、充放电效率高、温升低的特点,能适应各种极端自然环境。

在光伏方面,双良节能从 2018 年开始陆续与新特能源签订了约 5.4 亿元的多晶硅还原炉订单;2021 年收到特变电工 1.21 亿元的多晶硅扩建项目循环水闭式冷却塔项目成交通知书,双良节能循环水闭式冷却塔系统可为国内光伏企业发展普遍存在的缺水问题提供有效的解决方案。除特变电工外,双良节能目前也与通威、大全等知名晶硅生产企业建立了大客户合作关系,不仅在多晶硅还原炉及配套设备市场中占据重要地位,也协同切入了溴冷机、换热器、空冷器等设备及其系统,公司系列装备将进一步打开国内光伏行业市场。

在工业互联网方面,2018 年起,海澜智云通过"海澜工业互联网智慧云平台",帮助张家港耗能大户华昌化工实现节能降耗,兑现了"1 年可节约 1

万吨标煤"的承诺。目前，海澜智云依托物联网、云计算、大数据、人工智能、区块链、智能优化控制 MPC 等技术，深度运用工业数据和机理建模技术，打造数字化、智能化工厂。截至 2020 年，该公司提供给用户的系统节能服务综合节能率达 25%—40%，每年可为服务企业节约电量 7 000 万千瓦时，节约标煤 2.4 万吨，减碳排放 6.3 万吨；服务客户数超 6 000 家，接入设备数近 10 万个，发布工业 App 数量近 1 300 个，提供工业机理模型沉淀数量近 1 400 个，微服务数量近 1 300 个；公司营业收入达 6 000 万元，2021 年目标实现 1.5 亿元。2021 年 6 月，海澜工业互联网智慧云平台获评省级服务型制造示范平台；7 月，海澜智云获评"无锡互联网综合竞争力优秀企业"。

（三）数字能源走向国际

近两年，远景能源已成为风电行业的一匹"黑马"，企业走出了一条有中国特色的风电设计之路。截至 2020 年底，远景能源智能风机海外累计装机超 1 GW，海外项目广泛分布于拉丁美洲、欧洲、东南亚、中亚等地，凭借国际市场的成功实践，展现了中国绿色科技企业引领全球可持续发展的实力。2021 年 5 月，远景能源将 300 多台智能风机运抵越南。集团在越南累计开发的风电项目超过 2 GW，在建项目规模超 1.2 GW，已经成为目前越南市场最大的陆上风电整机商。6 月 24 日，全球"以人为本"清洁能源转型委员会举行第二次委员会议，远景科技集团 CEO 张雷作为唯一企业家委员，与委员会就清洁能源转型对个体和就业所产生的影响做了专题分享。6 月 28 日，远景科技集团旗下远景动力与欧洲电动汽车销量冠军法国雷诺集团达成全面战略合作，雷诺向远景提供 5 年 40 GWh 至 120 GWh 动力电池订单，远景将发挥其领先产品优势与全球化运营能力，支持雷诺全面电动化战略。法国总统马克龙来到现场，见证双方战略合作。7 月 1 日，远景科技集团同日产汽车深化战略合作，远景动力将为日产下一代电动汽车平台提供动力电池解决方案，并联手日产在英国建设全球首个集成电动汽车生产、动力电池制造、零碳智能电网、可再生能源电力系统的零碳新工业区，为英国和全球零碳新工业发展树立标杆。英国首相鲍里斯·约翰逊到访见证。

(四)产品性能优势突出

近年来,江阴一批新能源企业,凭借良好的产品性能、稳定的工艺技术、先进的装备水平,在激烈的市场竞争中抢占一席之地。远景能源自主研发的核心智能控制技术,使得风机能量捕获提升15%,让全球广大低风速区域得到有效开发。吉鑫风能的轮毂、底座等产品备受国内外市场青睐,其"铸态无镍低温球铁铸造大型高韧部件"获得了国家发明专利,填补了国内空白,并受国家风电技术标准委员会委托起草了《风力发电机球墨铸铁件国家标准》,赢得了行业话语权。振宏锻造、方圆环锻、恒润环锻已成为国内重要的风电主轴、风电齿轮锻圆、锻件等风电用钢生产基地。浚鑫科技积极研发PERC和HJT技术,将光伏电池转换效率提高至23%。

(五)细分行业特色显著

1. 风电行业集中度高

江阴风电产业基本形成了陆上3兆瓦整机、海上5兆瓦整机、风电特钢、轮毂、底座、主轴、塔筒、法兰、变浆轴承、轴承座、机舱罩、特种涂料等关键零部件较为齐全的发展格局。此外,江阴风场建设及运营、铸件、法兰、塔筒等关键零部件的制造装备和检测设备的先进化水平保持行业领先,风电零部件专用特钢的冶炼、铸造、锻造与热处理技术也普遍处于行业领先地位。远景能源2020年新增装机容量超10吉瓦,在风电整机商中排名全球第四。振江新能源推动大兆瓦海上风电关键零部件核心技术的产业化,打破了国外技术及市场垄断,助力中国风电向10 MW及以上功率领域跨越。中船澄西船舶的风电塔筒、国光重机的风电主轴市场占有率名列国内前茅。

2. 锂电池行业发展迅速

随着锂电池成本的快速下降,锂电被认为是电力储能领域最有潜力的发展方向,可用于发输配用等各环节,装机占比快速提升。储能技术可以消除能源在时间空间、供需之间的不均衡和错配,提升能源综合应用效率,创造社会和经济价值。江阴主要以电化学储能和动力锂电池技术为主。2020年10月,远景能源在北京风能展期间获得全国首张储能系统级符合性证书,是全国首家包含"电芯＋模组＋电池簇＋储能系统"全产品体系认证的企业。目前,远景智慧储能系统已通过IEC62619国际储能电池标准、GBT36276国家电力储能用锂离子电池标准和泰国电网PEA标准等认证;远景成为全球首个也是唯一能够提供智慧风、光、储绿色能源全产业链技术解决方案的科技企业,围绕"绿色科技"和"智能技术"布局零碳时代,引领能源转型。远景能源今年还发布了全球首台绿色充电机器人,该款机器人采用的软包电池由远景AESC生产,其最大的电池生产基地就在江阴。海基新能源经过近年来的建设发展,电池项目一期已经量产,2020年的规模在1GWh,产值4.5亿元;海基引进先进的全自动化、信息化、可追溯性强的生产线,产品广泛应用于大型智能电网、用户、通信等储能系统,车用动力系统、备用电源、移动电源灯领域;海基二期预计在2021年底进行试产,产能达到2GWh,三期(完成时间2024年)全部完成后年产量达到4GW。

3. 光伏行业加速转型

江阴光伏行业包括多晶硅冶炼、单晶硅拉棒、多晶硅铸锭、电池片切割、组件封装、铝合金边框、光伏应用产品和发电系统、石英坩埚、切割钢丝、向日跟踪转向装置等较完整的产业链。振江新能源在位列"2021中国光伏支架企业20强"榜单第13位。数年来,振江新能源已为国内诸多电站业主及EPC提供领先的支架技术解决方案,截至2020年12月累计海外案例12个、国内案例60个,共计22GW。在光伏迅猛发展的大背景下,振江新能源持续优化供应链管理、强化质量意识、深化国际合作,不断向全球输出中国企业的制造技术和创新理念,助力全球清洁能源建设。东鋆光伏重点生产单晶、多晶电池片、电池组件和屋顶电站建设。2020年生产600MW电池片、2GW电池组件;新上车间兼容182规格电池片。公司致力于研发电池片背钝化、制绒工艺,提高电池转换效率,其国外市场主要在印度、欧洲等地。江苏爱康科技2020年产出2500万套光伏组件铝合金边框,市场占有率全球第一。公司实施自动化改造,可根据客户要求进行边框设计。

二、江阴新能源产业数字化转型现状分析

(一) 新能源产业数字化转型加速发展

当前,江阴新能源行业与数字经济加速融合,数字化、网络化、智能化发展快速演进。2016—2020年,江阴新能源行业累计投入项目288个,累计完成投资198.9亿元;2018年以来,江阴新能源企业累计新增省智能车间4个、省工业互联网服务资源池2个、省双创平台2个、五星级"上云"企业3家、四星级"上云"企业8家。

随着风电、锂电池和光伏在整个能源和电力系统中的占比越来越大,以及大数据、物联网先进技术的应用和落地,整个新能源领域面临着数字化转型的挑战。面对挑战和机遇,江阴多家新能源企业找准转型"突破口",加速数字化转型发展。

远景能源搭建EnOS操作系统,EnOS物联平台在新能源领域,一方面针对运营管理人员搭建了很多应用,通过先进算法助力实时监控和诊断电站资产;另一方面,聚焦于服务资产管理人员,通过对一些历史数据深度地分析和洞察,帮助提出更先进自动化资产管理的实践方案。

双良集团以数字化为核心驱动力,实行数字化经营、数字化管理和数字化商业全方位变革,构建产品智能化、系统智能化、运维智能化三位一体的智慧能效管理网,创新形成"专家+管家+互联网+"的服务型制造模式,凭借自主制造装备、集成优化设计、运维服务保障、智慧能源管理四大核心能力,为用户在公共建筑能源服务、工业余热利用、分布式能源冷热电联供、多能互补清洁供热等重点领域提供智慧高效的能源管理路径和全生命周期运维服务。

振江新能源近年来不断推进数字化转型,实现传统制造向智能制造升级,通过数据采集与集成应用、建模分析与优化等技术,实现制造系统各层级优化,以及产品、资产和商业的全流程优化,形成互联网与制造业融合创新的新模式、新业态。

海澜智云作为一个数据采集、汇总、预警的平台,依托大数据对传统行

业进行个性化、系统化改造,在"用料最少、用能最少、产能最高"的基础上,以数字驱动和智能运营赋能传统制造业的转型升级,找到实现高效生产的"最佳平衡点"。

(二)新能源产业数字化转型存在的问题

近年来,虽然江阴在新能源产业的数字化转型方面取得了一定的发展成就,但行业的发展过程中也暴露出一些问题,阻碍了新能源产业数字化转型发展,主要有以下五个方面:

1. 数字化转型战略缺乏顶层设计

新能源行业(企业)数字化转型过程难点主要是产业、企业层面数字化战略缺乏顶层设计,发展路径缺乏系统性、自身数字化能力和人才不足、数字化成本高、传统企业组织架构不适应新的数字化运行方式。

2. 行业数字化转型的整体基础较为薄弱

在风电行业,风电整机在向大型化发展,6兆瓦以上机型占据海上风电绝对主导地位,配套零部件也随之大尺寸,江阴风电企业现有部分生产设备无法满足新产品的要求。在光伏行业,目前江阴光伏企业缺乏强有力、能整合产业链上下游的引领型头部企业,产业链仅有中段电池片及组件,以及一些相关配套企业,且规模不大,多以生产太阳能边框及组件支架为主。像浚鑫科技组件生产部分已外迁,江阴电池片及组件生产仅有东鋆光伏一家,组件年产量2GW,与行业头部企业规模差距逐渐拉大。另有个别企业生产逆变器、跟踪追日系统,但这类企业的体量都不大,行业内的占比不高。在锂电池行业,江阴锂电池企业集中在中游电池封装,锂电池的上游原材料隔膜、两极、溶液等均需外地采购,无下游应用企业,同时锂电池的生产设备及系统集成本地也无配套企业。

3. 行业数据积累较少阻碍数字化转型

新能源行业在发展初期较为粗放,对新能源电力在发电、输电、配电和售电环节的数据积累较少,因此行业内有记录且可用的历史数据并不是很多。新能源软件的开发和优化除了需要收集和利用实时数据外,往往需要大量的历史数据进行论证和模拟,历史数据积累的缺少限制了新能源信息化应用的发展,也阻碍了新能源软件的迭代速度,成为行业发展面临的制约之一。以光伏行业为例,相比于风电已经高度标准化的数据集成方案,光伏行业面临各种各样的数据问题。对于光伏行业,另外一个最大的挑战是设备数量特别多,很难形成真正的数字化。很多客户反馈说根本不知道问题设备在哪里。

4. 数字化转型的针对性还不足

在服务平台建设上的成果还不多,存在高端软件服务能力不足、系统集成服务能力较弱等短板,智能制造软件、信息安全基础相对薄弱,覆盖工业控制领域、信息化领域的整体解决方案供给能力不足,难以满足企业数字化转型要求。本土企业间的智能化改造供需信息也不对称,没有形成良好的联动机制。

5. 人才缺乏成为企业数字化转型瓶颈

在企业数字化进程中,数字化人才缺乏成为最大的阻碍。一方面,部分企业家缺乏数字化思维,不能敏锐感受到外部环境的变化,不能及时从上到下推动企业进行数字化变革,导致错失市场机会。另一方面,企业内部人员的知识结构不合理,很多技术人才缺乏云计算、大数据、人工智能等新知识的储备和应用经验,不能很好地将数字化转型技术与日常业务进行融合。

三、新能源产业数字化转型发展趋势分析

(一)数字经济快速发展加速新能源产业赋能

数字经济与新能源产业联动发展,需要探路和发挥新能源"数据"优势,加速能源数字化转型。能源结构加速转型和数字经济蓬勃发展将为新能源产业赋能,驱动新能源产业进入一个大时代。国家发改委能研所的报告认为,到2050年非化石能源在能源结构中占比将达70%,其中风能和太阳能在总量中占比接近一半。光伏、风电和储能的地位日趋重要,将迎来更为广阔的发展前景。

1. 光伏行业

光伏产业发展迅速,2020年中国光伏发电量为2 605亿kWh,同比增长16.2%,占总发电量比重3.5%。并网太阳能发电装机容量为253.43 GW,增长24.1%。全国光伏新增装机48.2 GW。其中,新增集中式光伏电站32.68 GW,新增分布式光伏15.52 GW。2020年光伏产业开始实现由补贴推动向平价推动的转变,整体光伏市场有所下滑,但受益于海外市场的增长,光伏产业整体向着更高水平发展:投资规模更大、技术水平升级速度更快。随着应用市场多样化以及电力市场化交易、"隔墙售电"的开展,新增光伏装机将稳步上升。

2. 风电行业

近年来,中国风电装机规模迅速扩大。2020年,全国风电累计装机28 153万kW,增长34.6%,占全国发电装机规模总量的12.79%。中国海上新增装机306万kW,占到全球海上风电新增装机规模的50%。由于中国陆上风电的建设技术日趋成熟,国家风电发展政策逐渐向海上风电倾斜,海上风电则代表了当今风电技术的最高水平。中国海上风电资源更为广阔,国家加大海上风电开发力度,因为海上风电具有对环境的负面影响较少,风速更为稳定,允许风机机组更大型化等优势。近年来,国家循序渐进推进风电无补贴平价上网项目建设,全面推行风电项目竞争配置工作机制。风电平价化趋势以及在2022年后不再补贴新增风电项目的政策,势必在2021年引起抢装热潮。

3. 锂电池行业

江阴主要以电化学储能和动力锂电池技术为主。锂电在电力储能中已经成为绝对的主流。锂电储能可组规模灵活,响应时间较快,适用于充放电转换频繁的场景。随着锂电池成本的快速下降,锂电被认为是电力储能领域最有潜力的发展方向,可用于发输配用等各环节,装机占比快速提升。储能技术可以消除能源在时间空间、供需之间的不均衡和错配,提升能源综合应用效率,创造社会和经济价值。储能技术是太阳能、风能发电成为主力能源需要解决的关键技术,尤其可以帮助不稳定的风电场输出平滑和"以峰填谷"。随着中国经济不断发展,新增的电网建设和能力优化对储能提出要求,国家发改委要求新上电网项目中必须匹配5%—20%的储能。今后储能应用的内涵将日益丰富多元,在能源结构中的地位日渐上升。

(二)制胜"双碳"赛道,江阴企业正在发力

2021年国务院政府工作报告提出,中国二氧化碳排放力争2030年前达到峰值,力争2060年前实现碳中和。降低能源活动的碳排放量是实现"碳达峰、碳中和"目标的有效途径和关键环节。当前,能源革命正在与数字革命走向深度融合,数字化成为能源领域实现高质量发展的重要途径和必然选择。

企业在生产、消费、传输、运营、管理、计量、交易等环节和链条广泛进行数字化应用,能够直接或间接减少能源活动产生的碳排放量,带动新能源产业链联动,营造良好的产业发展环境,助力中国"碳达峰、碳中和"目标的实现。

顺应"清洁低碳"新经济秩序,抢抓"双碳"超长赛道新机遇,江阴企业坚持创新驱动,积极主动作为,为构建清洁低碳、安全高效的现代能源体系贡献智慧和力量,争当"双碳"赛道领跑者。

2021年,远景能源发布首份碳中和报告与碳中和时间表,发布远景碳中和报告,承诺将于2022年底实现全球业务运营碳中和,2028年底实现全价值链碳中和。此外,远景与红杉中国宣布,将共同成立总规模为100亿元人民币的碳中和技术基金,投资和培育全球碳中和领域的领先科技企业,构建零碳新工业体系。该基金也是目前国内首只绿色科技企业携手创投机构成立的百亿规模碳中和技术基金,将积极与企业和政府合作,打造碳中和技术创新生态。同时,作为全球领先的数字能源科技公司,远景科技集团深入打造1.79平方千米的远景千亿级智慧能源产业园,形成了智能风机、风电测试验证中心、叶片研发中心、智能电池以及分布式发电、齿轮箱的链式发展新格局。同时,该集团顺应"新煤炭""新石油""新电网"的能源转型大势,布局智能风机、动力电池与储能、智能物联网、智慧城市等业务,成为政府和行业的"零碳技术伙伴"。在2021年国际太阳能光伏与智慧能源大会暨展览会上,远景科技集团携"远景方舟碳管理系统"及全生命周期零碳解决方案亮相展会,并与亨通集团、西城钢铁、凯伦股份等企业达成了多维度的零碳合作伙伴关系。

双良集团作为国内节能环保领域领军企业,是国家"碳中和"践行者,长期以来深耕能源产业。双良集团在"十三五"期间逐步形成了清洁能源供热、生物有机肥、水环境治理、智慧能源四大新兴产业;提升能力帮助工业/建筑用户实现碳中和、实现新兴产业营收占比50%以上成为"十四五"期间双良集团首要任务。双良集团在2021年的第三十二届国际制冷、空调、供暖、通风及食品冷冻加工展览会上向全世界展示了智慧运维及最新"数字化驱动的综合能源服务"解决方案。2021年6月25日至26日,双良集团旗下无锡混沌能源技术有限公司携最新数字化技术产品精彩亮相2021雪浪大会。作为能源数字化领域先行企业,双良混沌围绕"从制造业中来,到制造业中去"会议主题,遵循当前时代背景下的"碳达峰"与"碳中和"目标要求,紧抓低碳化和低能耗两大优势特点,重点展示了工业互联网城市级智慧能源平台与智慧供热平台,呈现了双良混沌在机场行业和酿酒行业的能源数字化管理领域取得的技术突破。

四、打造数字化新能源产业的思路举措

发展能源数字经济,着力打造数字化新能源产业,对加快推进无锡产业数字化转型、打造数字化高地以及数字产业强市来说,意义重大。江阴要聚力打造数字化新能源产业,发挥数字产业的"乘数效应",助推无锡数字经济高质量发展。

(一)夯实新能源产业数字化发展基础

一是着力打通数据壁垒。推进能源大数据的汇聚、融通,从制定能源行业的数据管理标准和法律规范、健全能源企业之间的数据互换和共享机制等方面入手,着力打通能源数据壁垒,充分发挥和释放能源大数据的巨大价值。

二是调整调优能源结构。以双良集团为代表,推进能源体系清洁低碳发展,稳步推进水电发展,安全发展核电,加快光伏和风电发展,加快构建适应高比例可再生能源发展的新型电力系统,完善清洁能源消纳长效机制,推动低碳能源替代高碳能源、可再生能源替代化石能源。推动能源数字化和智能化发展,加快提升能源产业链智能化水平。

三是加快实施智慧赋能。推动远景能源依托全球研发资源扩大技术储备,通过技术创新提升机组等效利用小时数和单位千瓦扫风面积,进一步增强海上机组的稳定性和可靠性,降低运维成本。积极发展智能风电(光伏)。依托"互联网+"、云平台以及大数据平台管理风场(电站),积极应用激光雷达为代表的新型传感技术和以大数据分析为基础的智能技术,使管理和运维更加高效,打造具有状态全面感知、信息高效处理、智能辅助决策和远程监控运维特征的智慧管理与服务系统。

四是加速低碳研发推广。以远景、双良为代表,契合国家提出的碳达峰、碳中和目标,坚持以市场为导向,更大力度推进节能低碳技术研发推广应用,加快推进规模化储能、氢能、碳捕集利用与封存等技术发展,推动数字化信息化技术在节能、清洁能源领域的创新融合。加快完善有利于绿色低碳发展的价格、财税、金融等经济政策,推动合同能源管理、污染第三方治理、环境托管等服务模式创新发展。

五是打造"智慧+云平台"。以海澜智云为代表,打造"江阴样板"的工业互联网平台,将平台的功能渗透到制造业研发、生产、管理、营销、物流、服务等全部流程,重塑制造业研发创新体系、生产组织方式和经营管理模式;适应不同层次、类型、规模的企业,支持各种工业设备接入,集成各类工业应用服务,构建良性工业生态体系,使制造管理更加便捷高效;构建涵盖设备安全、网络安全、控制安全、应用安全、数据安全和商业安全的工业互联网完整生态体系。

(二)补足新能源产业数字化转型短板

一是加快光伏产业发展。鼓励江阴光伏企业通过技术改造、革新工艺、改良装备、加强管理，有效控制耗能和成本，改良或置换污染重、能耗大、效益差的工艺环节，持续推动电池组件效率提升、制造生产率提升、规模成本效应提升，继续降低太阳能系统的成本。积极应用自动汇流焊、智能EL图片自动分析、激光串焊一体机等先进系统，实现光伏产能智能化改造。引导利康、尚驰做强做精光伏支架、回转减速器等光伏配件。推动江阴光伏企业的战略调整与重组，促进各类要素向龙头企业、优势企业集中集聚，支持企业间兼并、重组、联合。

二是做强做优风电产业。策应江阴"345"产业集"群"强"链"三年行动计划，以领军型规模型企业为龙头，引进齿轮、轴承、减速箱等配套企业，尤其是与大功率海上风机相匹配的齿轮箱、发电机、铸件、主轴承等核心零部件企业。推动远景能源齿轮箱和叶片项目早投产早达效，进一步延伸风电产业链。积极配套远景整机制造，加快推动储能电池发展，推广"风电＋储能"发展模式，让新能源之间共融共通，在更多领域实现多样化应用。

三是积极培育新增长点。继续加强远景能源大兆瓦级风电整机自主研发能力，针对今后海上风机深水远海化特点，推动吉鑫、振宏等研制型号大、重量轻、强度高、耐腐蚀的轮毂、轴承等大型配件，在大容量机组研发方面赶超国际领先水平。针对主轴等大型配件的空心化趋势，攻克改良锻造方法、热处理办法，改造提升压机、车床等装备能力，提升产品安全性和性能，推动其成为新增长点。

（三）优化新能源数字化转型发展环境

一是积极引育专业人才。新能源产业属技术密集型产业，最终的竞争是人才的竞争。根据国家2030年实现碳达峰、2060年达到碳中和的目标计划，新能源产业将迎来快速发展。目前，江阴各类领军型、专业型人才缺乏，很多人才落根上海、苏州等地。进一步加大人才政策的吸引力度，积极招引有技术、资本以及管理才能的海内外专门人才来江阴投资创办新能源企业，投入新能源研发及制造。江阴高新区、临港开发区等重点板块应从产业发展的实际和园区功能定位出发，突出人才层次提升和人才缺项补齐，明确工作计划,加快培育引进。

二是搭建科技创新平台。江阴有关品牌、标准、专利、新产品奖励扶持政策向新能源产业倾斜,加大在新能源领域的研发投入,引导新能源企业设立工程(技术)中心、工程实验室等科技创新平台。创建以企业为主体的技术创新体系,鼓励企业以自主研发为重点,通过多种形式引进消化吸收再创新。加强产业关键技术开发,支持企业与国内外研发机构联合,建立互惠互利的创新战略联盟,集中攻关,突破制约产业发展的技术瓶颈,建立具有国际先进水平的技术创新平台,加速科研成果转化。

三是营造良好发展环境。保障新能源产业发展的各项扶持政策、措施落实到位,帮助解决企业发展中的实际问题和困难。在对上争取和政策扶持上,重点对新能源企业予以倾斜支持。对新能源企业在工业用地绩效评价打分中给予一定的加分考虑,减轻企业在水、电、气等能源价格上涨方面的压力。按照"放管服"的要求优化政府服务,简化行政审批流程,缩短行政审批周期,对新能源企业和项目提供政府一站式服务。通过实际走访调研、听取企业的呼声发现,江阴新能源行业面临的环保压力大于周边县市。像电池片酸洗等环节,出于环保要求,不得不转移到其他地区,电池片产能扩大受到限制;风电铸件企业也因需产能置换而影响产能扩大,形不成规模优势,在行业中缺乏竞争力。对新能源产业项目要视情况开启绿色通道,减少阻力,形成合力,加大推力,助推新能源产业发展进入快车道。

执笔:谭滔涛　刘　佳

B.17 无锡国家数字电影产业园领跑数字影视产业新赛道

数字化浪潮迎面而来,5G时代数字影视产业新一轮发展赛道已开放。以数字影视率先发展引领,是今后决胜数字文化的关键。无锡市滨湖区确立了鲜明的数字经济发展导向,对无锡国家数字电影产业园提出了"争创国家电影产业创新实验区背景下最具竞争力的电影名城"的目标要求。无锡作为数字影视产业发展的先行者,努力实现影视产业数字化,建设以"数字影视"为核心构建国际知名数字文化产业发展高地。

一、数字影视产业方兴未艾

世界正在进入数字化时代,数字经济是中国在新时期推动经济增长的重要力量。纵观国内一、二线城市的发展,新基建是现阶段各地数字经济发展的强劲动力。但数字经济的产业风口不只是新基建。在人工智能、大数据、云计算等数字科技的支撑下,数字文化产业将成为数字经济中最具增长潜力的板块。电影产业属于文化产业的核心层,在文化产业中占据十分重要的地位。近年来,中国电影总票房继续稳占世界第二大电影市场;电影银幕数已超过6万块,位居世界第一。中国数字影视产业在急速发展。习近平总书记在湖南考察时指出:文化和科技融合,既催生了新的文化业态、延伸了文化产业链,又集聚了大量创新人才,是朝阳产业,大有前途。《中共中央关于制定国民经济和社会发展第十四个五年规划和2035年远景目标的建议》,明确提出到2035年建成文化强国,指出要繁荣发展文化产业,实施文化产业数字化战略,推动文化和旅游融合发展。中国目前数字影视产业以高于第二产业的速度增长,中国影视消费市场成长空间巨大,数字影视产业前景可期。

拥有100多年历史的美国好莱坞电影早已形成一个强大的电影工业化生产制作模式。参照好莱坞的成熟模式,数字影视产业正在向工业化、流程化发展。美国好莱坞的影视产业投资、制作、发行、放映、后期衍生品开发都有成熟的商业模式,具有可复制性和可量化性,全程实现项目化、标准化、流程化。国内数字影视产业工业化体系还在起步阶段,前期编导对后期制作不熟悉、不重视,加之科技拍摄及后期制作能力还不足,导致目前中国还很难出现比拼国际水平的大电影。印度作为世界上最大的电影生产国,有超过100家电影制片厂,年产电影1 000部以上。印度的宝莱坞走以集群为基础的产业模式。这种集群化的产业模式在宝莱坞电影工业的应用和发展,让宝莱坞得以在取得发行和融资上的规模效益的同时发挥其在经营小型公司制片上的管理优势。

国内繁荣发展的电影市场成为各种资本争相追逐对象,如阿里、百度、腾讯等资讯巨头,爱奇艺、优酷土豆等视频网站争相投资电影产业。同时,与电影票房屡创新高步调一致的是,"BAT"、上市公司、影视基金、证券基金,以及来自各路民间资本都加速进行行业布局。国家文化和旅游部的《关于推动数字文化产业高质量发展的意见》明确鼓励建设一批数字文化产业集群,鼓励数字文化产业向国家级文化产业示范园区、国家文化产业创新实验区、国家文化与科技融合示范基地等重点功能平台集聚,为数字影视产业发展提供了良好的政策环境。但是中国数字影视产业还没有走上工业化之路,还缺乏统一的规则和标准,导致影片很难实现盈利,影视投资人收益很难得到保障。银行、保险业很难介入。数字影视行业很难持续健康发展。

受宏观政策影响,中国影视行业深度调整仍将延续。目前,中国影视行业融资案例同比大幅下滑。版权、演员片酬等产业链各环节价格逐渐回归理性,大型机构通过联合出品降低风险,众多影视基地开始转型,打造科技影棚向数字影视发展。同时,随着观影消费转型,重工业打造的非现实题材片更适合院线观影所需的故事强度。疫情时外景拍摄受到限制。在这样的情况下,市场渴望优质内容的期待并没有改变,电影产业未来将聚焦数字影视转型发展。

二、无锡数字影视产业发展步入快车道

无锡拥有国家传感网创新示范区,是物联网跨界融合发展的标志城市之一,物联网等信息技术一枝独秀,产业规模约占全国四分之一,具备发展数字文化的环境优势;无锡拥有国家级的数字电影产业园,在现代影视技术和配套服务等方面已占据全国领先地位,具备发展数字影视的产业优势;2019年5月,"江苏省电影产业创新实验区""江苏版权贸易基地""江苏省影视游戏版权贸易(无锡)基地"在电影产业园正式挂牌,加之先前已经获批的国家重要制片基地、国家文化与科技融合示范基地等,为发展数字文化提供了政策优势与打造品牌的基础。

5G时代来临,给数字影视产业带来了爆发式增长的历史机遇,无锡正大力支持无锡国家数字电影产业园发展数字影视产业。无锡市政府2021年工作报告中指出,要培育文化产业项目,支持山水城无锡国家数字电影产业园发展,增强城市文化软实力。目前,无锡已投入数十亿元建设科技拍摄棚等影视技术平台,着力推动数字影视产业"从大到强"的发展。纵观无锡国家数字电影产业园发展历程,主要有以下几方面成效。

(一)抢机遇,园区影视产业日趋成型

1. 头部作品集聚效应明显

数字影视作为数字文化产业的龙头,最能集中体现数字文化的引流集聚特征。在园区拍摄的影视作品,因其自带网络综艺、明星引流、粉丝营销等多重热点标签,每次录制或宣发,均能带来十分可观的流量。园区每年约有10万人入驻拍摄,可引流商务、探班、探亲等近200万人次来锡,加上对旅游、餐饮等行业的拉动,园区影视产业每年约可带动消费约100亿—200亿元。

2. 数字影视产业优势凸显

无锡国家数字电影产业园是全国第一个影视产业园区,产业功能完善、

服务水准一流、发展实力领先,在行业主管部门和业界都有着较高的口碑。目前,园区正在依托数字影视产业优势,积极谋划上市,增强发展动能,围绕五大内容——"数字影视+数字制作+数字文娱+数字传播+数字教育",打造影视文化互联网产业园,形成数字文化产业生态。

(二) 抓龙头,产业规模逐步做大

1. 规模龙头企业快速集聚

2015年以来,园区围绕影视科技元素,大力发展现代影视产业链,同时积极向数字文化领域拓展,现已累计集聚行业规模企业1000余家。其中包含:博纳影业、北京文化、星皓影业、猫眼文化、自在影业、捷泉星纪元等一批影视知名企业;墨境天合、倍飞视、天工异彩、诺华视创、亿和科技、恒信东方、盛悦国际等一批影视制作头部企业;快手、易幻科技、友谊时光等一批大型数字文化企业。园区产值效益连年跃升,已形成65亿元年产值规模,发展水平位居全国影视基地前列。

2. 精品影视作品不断涌现

2015年以来,园区累计承接了1 200余部影视剧的拍摄制作,先后产出了《中国医生》《中国机长》《猎狐行动》《流浪地球》《西游记系列》《捉妖记系列》等电影项目,《父辈的战场》《那年花开月正圆》《人民的名义》等电视剧项目,以及《炙热的我们》《中国新说唱》《明日之子》《中国梦之声》《幻乐之城》等综艺栏目。园区年招引剧组能力80—100个(吸引拍摄主创团队约5万—10万人),年立项影视剧超300部,承接影视项目拍摄制作200余部。一批园区影片获得江苏省"五个一"工程奖、华鼎奖、金鸡奖等各类国内、国际奖项。

(三) 搞配套,发展体系日臻完善

1. 数字影视技术平台发挥支撑作用

园区已建成12座专业科技影棚、3座国内领先的水下特效棚、4座音乐录制棚。园区影棚具备虚拟拍摄、3D拍摄、同期录音等技术功能,能够满足

大型高科技影片拍摄需求，5 年间完成了 900 多个影视项目的拍摄制作。园区的虚拟棚采用动捕结合引擎实时渲染应用于预演和动画制作相较传统的制作方式，效率提升显著。通过数字影视技术，影视拍摄的捕捉范围可实现 400 平方米空间内 10 个角色、数百个道具的同时捕捉，捕捉精度可达到 0.1 mm。结合中国自主研发的惯导传感器进行数据融合后，跟踪点旋转抖动可控制在小于 0.001 度。虚实结合的虚拟拍摄，在灯光、运动透视甚至画面景深方面都能做到很好的融合匹配。这种数字影视拍摄方式对现场调度、运镜、表演具有很大价值。其中，匹配摄影机的场景光照还原，通过数字化技术后，可根据需要匹配的背景素材色彩信息来影响前景拍摄的现场灯光，令后期合成匹配十分轻松。同时，拍摄现场可以通过数字化技术实现迅速调整整体的灯光效果，提升布光效率。传统影棚拍摄中转场时，环境光的布置调整往往需要几十分钟甚至数小时，用数字化的灯阵系统可以直接调取提前做好场景环境光照预设，实现 1 秒切换。这种技术对于模拟外景拍摄光线环境带来的效率提升更加明显，不再需要等待特定时段与天气的天光。以 LED 幕墙为背景的数字化虚拟拍摄的新兴技术，使绿幕拍摄的替代方案，不再需要后期进行抠像合成，现场即可看到匹配摄影机透视的背景，实拍对象也能拥有更加真实的光照反应。《中国医生》《中国机长》《西游记系列》等国产大制作影片都在园区影棚内置景拍摄。《中国机长》剧组使用国内数字化技术团队，在园区特效棚内按 1∶1 搭建了一架空客 A319 模拟机，而且实现了飞机的头、中、尾三舱联动，用平板电脑即可精准控制，实时响应速度不超过 10 毫秒，误差不超过 0.1 度，技术上已经超过了国外同类剧组。《西游记之三打白骨精》使用园区 5 个影棚置景，动用 10 组 3D 摄影机进行数字化拍摄，片中孙悟空的打斗戏份，以及白骨精的毛发、粒子特效等，都是当时国内的一流水准。《西游记之女儿国》剧组使用 11 个影棚搭设内景，并在园区搭建了一个占地 65 亩、超 8 万平方米的室外场景，前后拍摄了 4 个多月。这部总投资 5 亿元的特效大片，仅后期数字化制作费用就达 1.5 亿元，后期团队超过 1 500 人。剧组同样使用了 3D 数字摄影机实拍，蓝幕绿幕抠像等技术。

园区与华为集团合作搭建"华为5G数字影视创新中心",研发影视后期制作解决方案,建设影视产业生态,以5G为前沿代表的核心技术和能力,依托大数据、物联网、云计算、人工智能、超高清技术助力影视产业实现技术引进和转型升级,进一步提升影视技术研发应用实力。

园区搭建后期制作线上协同平台,提升制作效率、安全等级,降低制作成本。园区2020年制作的《金刚川》,依托新建立的影视后期制作线上协同平台,集合12个部门,约1 500名视效人员协同联动,仅用64天便完成了427个特效镜头的制作,占全片特效镜头的70%,实现了影视后期制作的数据集中化管理及远程异地同步合作。

园区的影视特效仿生技术服务平台,由国内知名物理特效公司盛悦国际搭建,涵盖特效化妆、仿生机械、特殊道具、特效服装、特效装置、自然灾害模拟装置、微缩景观制作等内容。其技术服务广泛用于影视剧特效拍摄,如《绣春刀》《鲛珠传》《二代妖精》《功夫联盟》《西游记之女儿国》《疯狂的外星人》《白鹿原》等。

园区积极支持入园企业制定影视行业标准,推动中国影视产业标准化、规范化发展。园区企业倍视传媒参与制定撰写了《2021中国电影数字制作标准白皮书》第四章《视效制作的流程与标准》。从前期准备、中期现场拍摄、后期视效制作与剪辑交接等环节,详细介绍了视效在影视制作各阶段中的作用和功能,为从业者提供可操作性的技术标准。

2. 服务保障体系不断优化完善

一是完善数字服务平台。园区设立了省级影视剧行政受理窗口和审片室,为影视剧、网剧立项和审查开通绿色通道;建立了覆盖影视生产全流程的剧组管家体系,免费提供科技影棚、外景协调、生活配套、后期制作等各环节一条龙服务。二是建强金融服务平台。园区建立了省级的影视文化金融服务中心,联合银行推出影视金融产品,支持企业发展;已落地江苏赉泉华莱坞影视文化基金、江苏大运河影视文化基金,投资优质企业及影视项目。三是构筑协拍服务平台。整合全市外景资源,规范协拍市场运行,建立统一的管理服务机制,为剧组提供一站式外景协拍服务。

(四) 找支点,园区发展实现跨越

1. 成功创建省级"实验区"

2019年5月,经江苏省委、省政府同意,"江苏省电影产业创新实验区"在园区挂牌。江苏省版权局同时将园区列入"江苏版权贸易基地",并加挂"江苏省影视游戏版权贸易(无锡)基地"牌子,园区发展动能和竞争优势进一步增强。目前,园区正筹备"中国电影产业创新实验区"创建工作,推动园区跨越式发展。

2. 成功创办影视投资峰会

2016年起,园区创办了由部省市共同主办的"太湖影视文化产业投资峰会",现已成功举办5届,促成了大批优质影视项目落地,极大提升了园区形象,扩大了产业影响。

3. 成功举办中国国际智能传播论坛

随着5G时代来临,智能传媒蓬勃发展。2021中国国际智能传播论坛在锡举行。央视网与无锡市现场签署了战略合作框架协议,在智能传播、大数据和人工智能技术应用等方面进行广泛深入合作。论坛集中展示了无锡智能传播产业、数字文化产业的发展成果。

无锡数字影视产业发展具有较为明显的优势,但对照产业发展要求也存在一定不足。目前对数字影视产业的管理仍沿用传统产业管理思路:一是以设备、人员等实物资产为企业信用管理体系,不符合数字影视文化产业的轻资产、创意生产特征;二是对转入的成熟互联网企业,要求其重新申办资质证件且办理时间过长,影响产业快速集聚;三是针对网红、明星等工作室等文化主体,在工商注册、税收核查、办公载体、人员数量等方面按照传统制造业的标准来管理,不适应数字影视产业的发展需要。

三、迈向国家级数字影视标杆园区

"十四五"时期中国影视产业仍将处于黄金发展期。未来五年,无锡国家数字电影产业园应围绕提升产业规模和技术实力,加快构筑"千亿级产业"集群,力争早日建成国家级影视文化标杆园区。

(一)"科技拍摄＋后期制作",建成现代影视产业基地

1. 高标准大目标

立足数字影视,拓展延伸产业提质增效,力争从2021年起,未来三年内每年集聚数字电影及数字文化企业100家、头部企业3家,年产电影100部、主旋律精品影片2部,第三年实现产值150亿元,税收10亿元,加快构建电影产业生态圈。

2. 加快产业载体扩容

新建、改建5—8座摄影棚,增强产业承载力,与现有影棚载体形成有效互补,形成较为完善的现代电影拍摄支撑体系,吸引高科技、大制作影片来锡拍摄,成为精品影片拍摄集聚地,进一步提高产业能级,打造文化名片。

3. 建国家级数字管理平台

提升华为5G数字影视创新中心的技术功能,打造实时远程协同云制作平台。围绕数字文化生产创作全流程,促进生产过程从线下转线上,搭建国家电影5G云中心和最强大的工作站,打造国家级的数字服务管理平台。联手国际国内影视技术研发领军型单位,积极打造数字电影技术研发中心,构建数字图像处理技术、计算机图形与仿真、视觉计算、数字影视设计、动画设计与制作等方面的专业服务管理平台,助推数字影视文化产业的工业化、流程化和现代化进程。

(二)"版权交易＋金融服务",建成影视规模集聚区

1. 建设版权保护交易平台

加强与版权运作机构、影视公司、协拍平台、电视台和网络视频播放平台的合作,创新建立数字文化产品版权存证、监控取证、司法维权全链条,打造真正可信、可靠的版权保护平台。充分利用先进信息技术和各类金融工具,进行产业开发和业务模式创新,打造线上线下相结合、文化与资本相融合的全产业链影视产权、版权交易平台。

2. 搭建金融配套服务平台

加快构建金融创新平台,以省级引导基金为带动,加快提升金融支持力

度,进一步扩大基金规模,吸引社会资本,投资优质影视企业和影视项目,为企业提供创新的文化金融服务,助力产业快速发展。积极推进园区资产证券化工作,强化园区资金筹集能力,快速增强发展动能,形成产业园运营品牌。

(三)"影视文旅+衍生开发",建成影视文创胜地

1. 实现影视资源转化利用

加快影视产业资源向文旅文商的转化与引流。文旅方面,重点推进园区工业遗迹改造为网红打卡点,推进华莱坞·三期数字文创园建设;文商方面,通过重点项目建设和旅游商业产品开发,建成影视主题、科技特色的文娱景区,打造新型景区的样板。

2. 架设衍生品创意平台

加强与环球影城、迪士尼、暴雪娱乐、漫威等国际巨头的合作交流,争取IP授权;加强与国内头部影视衍生品创意企业合作,推动国产电影IP衍生品开发,实现服装鞋帽、食品饮料、联名产品等各类衍生品全覆盖。

执笔:周宇航

Ⅲ 案例篇

近年来,无锡围绕产业数字化、数字产业化和数字化治理全面推进城市数字化转型和产业升级,大力培育数字经济创新主体,做优数字经济产业生态,打造数字经济产业集群,在5G、云计算、大数据、人工智能、区块链、物联网、车联网、数字智造、城市大脑、工厂大脑、智慧医疗、智慧养老等领域涌现了一批数字经济领军企业和创新平台,诞生了一批在全省乃至全国具有影响力的"数字案例",如:雪浪小镇矢志成为数字经济时代的思想策源地、产业新跑道、资本新天地;华中科技大学建设国家数字化设计与制造创新中心、射频芯片数字化赋能的中国领头雁、中国"云"的引领者等。这些各具特色、丰富多彩、亮点纷呈的数字经济发展案例,成为引领无锡数字经济创新发展的样板和生动写照。

B.18 数字经济的"雪浪范本"

——无锡雪浪小镇

数字经济作为以数字技术为核心的新型产业形态,有数字化、互联网(固定互联网、移动互联网、物联网)、数字孪生3个阶段发展,当下中国主要处在第二阶段。数字技术被广泛应用于各个领域,尤其是工业互联网蓬勃兴起,为数字经济发展提供了更大空间,对于推动传统产业发展和转型升级,具有重要而深远的意义。数字逐梦,英雄辈出,数字物联网小镇值得细读回眸。

雪浪小镇,位于无锡经济开发区核心区域,规划占地3.5平方千米,于2017年8月在江苏省委、省政府及无锡市委、市政府的大力支持下,由中国工程院院士、阿里云创始人王坚博士领衔策划、发起创立。诞生于无锡这片制造业的"黑土地"、中国物联网产业发轫之地,雪浪小镇将物联网思维投射到制造业产业领域,撬动制造业数字化这个广阔市场,根据市场需求布局发展以工业互联网为代表的数字经济,打造全球物联网地标。立足于"思想策源地、产业新跑道、资本新天地"的使命,雪浪小镇以不断的探索与机制创新,让数字经济在小镇的土壤上生长出来。它的发展经验也具有典型和示范意义:告诉外界一个全新的区域在发展一种全新的经济业态——数字经济,应当遵循怎样的产业逻辑、导入什么样的发展资源、营造怎样的发展环境。

一、思想策源地:市场需求是产业发展动力

雪浪小镇的创始人王坚博士在小镇启动会上曾发表过一个重要观点:

没有互联网的制造业没有未来,没有制造业的互联网更没有未来。在未来,制造业会是整个互联网最重要的资料来源,工业数据将成为关键要素,这里面蕴含着巨大的创新空间。基于这个对制造业与互联网关系的认识与思考,雪浪小镇明确了"制造业是数字经济的引擎",并选择了以工业互联网为代表的数字经济赛道,打造"服务新制造的第三方平台公司和标杆企业聚集地"。但要撬动巨大的市场,还需要让制造业企业和创新公司都意识到制造业数字化转型对自身的重要意义。于是,雪浪小镇在启动之初,同步发起了"唤醒计划":让互联网唤醒制造业,让制造业唤醒未来的互联网。

"唤醒计划"的实施依托于雪浪小镇独有的创新机制——雪浪大会。作为国内首个由制造业企业发起的数字化峰会,雪浪大会推动制造业龙头企业走向前台,以其数字化转型升级的实践为示范引领,引导、激发更多的制造业企业积极与互联网创新公司交流互动、广泛对接,创新公司深入制造业企业了解需求,为自身科技成果找到海量制造业应用场景;制造业企业发布自身痛点问题,对接创新公司。

2018年,无锡本土及长三角的制造业龙头企业联合发起了首届雪浪大会,吸引了10万人次左右、近千家制造业骨干企业和创新企业代表参会,提出了"从制造业中来,到制造业中去"的永恒主题,开启了探索制造业和互联网融合之路。2019年,第二届雪浪大会提出"新工业人、新工厂、新工业梦"衍生主题,制造业数字化转型升级的路径逐渐清晰。到了2021年的第三届雪浪大会,许多参会的制造业龙头企业开始向外界展示其在数字化转型升级上的具体行动实践。从第一届的"启蒙",到第二届的"明晰路径",再到第三届的"率先行动","从制造业中来,到制造业中去"的永恒主题不断被深化,"唤醒计划"的效应逐渐显现。

随着制造业企业数字化转型升级加速,雪浪小镇也进一步加快了唤醒步伐。第三届雪浪大会发布了数据下基层进工厂三年行动计划和十大制造业行业领军企业数字化行动。前者计划用3年时间,聚焦3个制造业重点集聚区,打造300个制造业行业数字化解决方案,推动300家制造业行业骨干企业实现数字化,形成至少 3 000 个工业知识组件和工业 App,实现数据为基层、工厂服务;后者由中国商飞、双良集团等 10 家行业领军企业,携手雪浪小镇制造业数字化创新资源联合发起,旨在探索领军企业推进数字化的标杆路径。

二、产业新跑道:产业数字化与数字产业化

在基于市场需求锚定工业互联网等数字经济发展方向后,雪浪小镇需要思考如何让产业在这里落地并快速成长。作为为制造业而生、因制造业成长、与制造业企业血脉相连的命运共同体,雪浪小镇的肌理带有制造业的传承。也正是这样的特质,使得雪浪小镇在发展数字经济时坚持不脱离制造业实体经济,以"数字产业化"和"产业数字化"两大方向为抓手,积极推动两者的交叉、融合与协同:产业数字化更加贴近传统制造业,回应传统制造业企业数字化转型升级之困,不断破解技术难题,夯实数字产业基础;数字产业化紧紧把握数字前沿技术发展趋势,培育新业态,充分利用"数字红利"释放新动能。而这一切的实现,得益于雪浪小镇独特的产业发展路径与创新机制。

(一) 数字与产业互成就

推进数字产业化、发展以工业互联网为代表的数字经济产业,对于起先没有任何相关产业基础的雪浪小镇而言,是一个从零开始的过程。如何让数字经济"无中生有"? 不同于其他地区依托招引成熟型企业来发展产业的模式,雪浪小镇走的是一条独特的"小镇+平台+生态+集群"的发展路径:引入具有潜力的原创型创新创业团队;培育从小镇自身土壤中"生长"出来的产业平台;依托企业及产业平台营造小镇产业生态——让关联产业领域的企业能够在这里寻找到上下游企业、战略合作伙伴及客户,彼此之间形成良性合作;优质的产业生态也成为雪浪小镇招商引资、招才引智的"金字招牌",吸引越来越多创新链、产业链上的企业、创新团队在此集聚,逐渐形成了产业集群。

雪浪小镇成立伊始，同步引入了雪浪数制团队。这支原创型团队的成员来自阿里巴巴、西门子、美国国家仪器、ABB、SAP、浙江大学、日本马扎克等国内外顶尖互联网及自动化公司、高校机构，在工业产业及互联网领域具备着深厚积淀，而其专注于工业互联网的定位也与雪浪小镇的产业发展方向高度契合。雪浪数制团队在经开区成立了雪浪数制科技有限公司，凭借自身的技术储备、资源积累，很快就自主研发出了雪浪 OS 工业数据操作系统，培育了雪浪云国家工业互联网平台，打造了"工厂大脑"。依托雪浪云国家工业互联网平台，雪浪小镇开始探索"1＋N"的布局模式，即基于"1"个面向工业企业的跨行业、跨地域的"一站式"工业互联网平台——雪浪云，衍生建设 N 个制造业龙头企业垂直工业互联网平台。典型的如雪浪云与双良集团联合开发的"混沌能效云"平台、与阳光集团合建的"纺织大脑"。前者是针对建筑楼宇能效管理的工业级云平台。后者则能够借助人工智能的图像识别技术，帮助企业实现机器代人找疵点、找布料。在这样的衍生发展过程中，各类生态合作伙伴企业、工业 App 会相继落户雪浪小镇，数字产业生态圈由此逐渐形成。

在"小镇＋平台＋生态＋集群"的路径之下，除了雪浪数制、雪浪云国家工业互联网平台，雪浪小镇还落地了中科海拓、远景科创智能、浪潮卓数、安超云、博世、瑓数科技等一批创新公司，培育了中科院计算所工业智能计算平台、远景智能城市操作系统开放平台、浪潮大数据加工及交易平台、安超云云计算平台、德国博世车联网产业平台等，数字产业集群由此形成，数字产业化在雪浪小镇呈现出了蓬勃发展的态势。

数字产业化为雪浪小镇奠定了数字经济基础。但小镇的产业数字化并不局限在本地，因为有着大量专注于工业互联网标识解析、工业大数据、工业智能计算、新工业软件、数字孪生、大规模定制等领域的数字产业化企业在此集聚，雪浪小镇具备了为全国各地的广大制造业企业赋能的实力。

以雪浪云国家工业互联网平台为例。作为数据驱动工业智能平台，雪浪云能够为企业提供涵盖供应链、研发、生产、销售等一站式的数字化服务，它的数字化整体解决方案已经深入装备制造、航空、新能源汽车、钢铁冶金、矿业、化工等6大行业,所服务客户遍布全国各地:既有双良、阳光等无锡本土制造业企业,也有中国商飞集团、兆丰集团、卧龙集团、春风动力、老板电器等来自上海、浙江等地的长三角制造业企业,还有铁建重工、中铁装备、潍柴动力等全国其他地区的企业。2018年底,双良集团与雪浪数制合资成立了无锡混沌能源技术有限公司,双良集团实现了从完全的制造业企业向服务型企业转型;2020年12月,浙江省公布了十家"未来工厂",其中的春风动力和老板电器是雪浪云的客户。这些是对雪浪云专业水平、服务能力的肯定。雪浪云与雪浪小镇的其他创新公司将数字技术、产品、服务以及整体性解决方案从这里输送向全国各地,诞生于雪浪小镇的数字化转型方案为中国的制造业转型升级、产业数字化贡献了自身力量。

(二) 协同融合获共赢

在雪浪小镇,数字产业化与产业数字化呈现出了交叉、融合与协同态势。创新公司与制造业企业之间的关系更为紧密,数字产业化回应、解决产业数字化过程中遇到的痛点、难点,产业数字化则为数字产业化提供发展提升的动力。

以雪浪云为例,它在服务制造业企业客户时呈现出的从1.0到3.0的进阶是这种融合、协同的最好诠释:在1.0阶段,依托一个个项目,积累不同制造业场景的典型案例;在2.0阶段,通过解剖典型案例,提炼案例中的工业机理模型、数据模型、AI算法模型等模型,并全面深入地了解企业在数字化转型升级过程中对于数据与计算的诉求,进一步地,挖掘、参透这些不同模型以及企业诉求背后所蕴含的共性工业基础理论知识和规律;在3.0阶段,通过数据与计算将共性的工业基础理论知识数字化,重新注入新工业软件的设计。通过从1.0向2.0再向3.0的迈进,雪浪云所提供的数字化解决方案也变得更加具有普适性与实用性:能够实现在某些垂直领域的通用,也更加贴近企业的需求,更好地解决企业在转型过程中遇到的痛点与难点。这样的进阶与融合能够在雪浪小镇得以实现,背后离不开这里独特的创新机制。创新机制帮助企业解决了在这个过程中出现各种技术性、学理性问题。

创新机制之一是成立了雪浪工程院。雪浪工程院是由雪浪小镇名誉镇长、中国工程院院士王坚发起,在无锡经济开发区成立的民办非营利科学与工程技术创新机构。它的前身是云栖工程院雪浪小镇数字制造创新中心。雪浪工程院为相关科技人员提供了开放的大规模软硬件设施,并能够以一种公益和共享的方式为企业降低创新风险、解决技术难题。一方面,其前身云栖工程院雪浪小镇数字创新中心为雪浪小镇打造了数字化的底层技术框架——制造业中枢系统,这个系统帮助初创型团队大幅减少了创新的环节和成本,一定程度上也帮助其规避了创新风险。另一方面,当创新公司在服务制造业客户过程中遇到技术难题,仅靠自身无法攻克、委托给相关机构费用又相当高昂时,雪浪工程院作为第三方公共研发平台就会发挥作用。围绕着技术难题,雪浪工程院会依托生态企业的研发力量以及院士的背书,将关于数据算法、城市创新、制造业创新领域的专家和有相关技术需求的企业集聚起来,彼此以志愿者或是交流者的身份共同探讨、研究,用低成本的方式解决难题。

创新机制之二是成立了雪浪学院。王坚院士曾说,雪浪小镇是唯一没有一个院士工作站但是院士们愿意经常来的地方。这部分得益于雪浪学院的存在。雪浪学院由雪浪数制科技有限公司与雪浪小镇管委会共同发起成立,并得到了中国工程院院士、雪浪小镇名誉镇长王坚,中国工程院院士、中国机械工程学会理事长李培根,中国工程院院士、上海交通大学校长林忠钦,中国工程院院士、浙江大学机械学院院长杨华勇和中国工程院院士、华东理工大学副校长钱锋的共同支持。在雪浪学院,院士、创新公司及其生态合作伙伴、制造业企业汇聚在一起,面向制造业和互联网的融合,由各位院士、教授在制造业和互联网领域中穿针引线,运筹协同,将工业领域学理性的知识语言转化成制造业和创新公司能够听懂的语言,真正实现用数据与计算重构工业体系。与此同时,也让沉淀在论文、著作和实验室的工业知识真正在制造业数字化的场景中落地融合,完成产业化。

三、资本新天地:"创新资本"的能量

数字经济的发展还需要有如资金、技术、人才等创新要素的支撑与保障。在雪浪小镇,创新要素的盘活、集聚是通过创新资本这一纽带来实现的。雪浪小镇的"创新资本"具备以下两个特点:第一,对于工业互联网等数字经济本身的产业发展逻辑有着清晰认识。第二,认可雪浪小镇发展数字经济所走的路径与模式。因此,"创新资本"不仅仅会投资雪浪小镇的项目,更会主动从外部导入关联产业领域的项目,为雪浪小镇带来技术、人才,助力营造产业发展生态。银杏谷资本是雪浪小镇创新型资本的代表,它曾为雪浪数制团队投下第一笔数千万元种子轮投资,也曾将一些从事制造业与互联网融合的外部企业、创新团队引入雪浪小镇。2021年,银杏谷在雪浪小镇发起设立了"唤醒基金"。依托"唤醒基金",未来创新型资本将为雪浪小镇数字经济发展注入更强大动力。

"雪浪大会""雪浪工程院""雪浪学院""创新资本"这些基于市场力量驱动而形成的"创新机制",也会对政府治理提出新的要求,于是,雪浪小镇管委会应运而生。雪浪小镇管委会为更好地发挥"创新机制"作用提供管理与服务,最大限度地将高效的政府与充满活力的市场实现结合。

现在,"创新机制"开始在推动雪浪小镇参与长三角一体化过程中发挥作用。雪浪小镇正与杭州云栖小镇、上海海纳小镇共同推进"三镇联动":扎根江苏的制造业土壤、以物联网推动制造业升级为核心定位的"雪浪小镇",植根浙江的互联网先发优势、以云计算大数据为产业发展方向的云栖小镇,以科创策源、数字城市为主要方向的海纳小镇,将错位发展、协同合作,共同推动长三角数字经济发展,为打造数字长三角贡献小镇力量。在这一切的背后,大会、工程院以及创新型资本这些小镇独有的"创新机制"的力量不容忽视:借助雪浪大会、云栖大会、海纳夜话的交流平台,实现数字经济发展思想与理念的共通;通过云栖工程院、雪浪工程院、海纳工程院,实现技术的交流与合作;依托云栖基金、雪浪基金及在海纳小镇成立的基金等创新型资本,促进创新要素的流动。

三年,雪浪小镇缔造了发展数字经济的"雪浪范本",其辐射力、影响力也在不断扩大。未来,雪浪小镇将以更大格局推动数字经济高质量发展,以自身的探索和创新,成为国家科技创新的战略力量,成为数字经济时代下的"思想策源地、产业新跑道、资本新天地",打造更具支撑力的"无锡雪浪"、更具辐射力的"中国雪浪"、更具引领力的"世界雪浪"。

执笔:陈　莹

B.19 软件创新发展数字经济
——无锡软件园

进入数字经济引领经济发展的新时代,软件产业作为数字经济的核心、新一代信息技术的灵魂,是中国经济中增长最快的战略性新兴产业之一。同时,软件业在数字经济时代也在加速转型升级,步入加速创新、快速迭代、群体突破时期,正加快向网络化、平台化、服务化、智能化和生态化转变,带动云计算、大数据、物联网、区块链和人工智能等新技术的快速演进。软件赋能数字经济。

一、园区概况

无锡软件园(iPark)创建于1998年,位于无锡国家高新区,是"感知中国中心"与"无锡Park模式"的发源地。园区共有五处载体,已建成投用载体面积86.7万平方米,较成立初期增长47.8倍。其中,70%为科研办公用房,约30%为商务生活配套,现由无锡高新区(新吴区)直属国资公司——无锡软件产业发展有限公司负责开发建设和运营管理。

表 19-1　　　　　　　　iPark 各载体情况

载体	土地面积(亩)	载体面积(万平方米)	投用时间
信息产业园	40	2.55	2003 年
iPark 一期	128	13.5	2007 年
iPark 二期	252	25.1	2008 年
iPark 三期	92	13.6	2010 年

续 表

载 体	土地面积(亩)	载体面积(万平方米)	投用时间
iPark 四期	110	32	2015 年
iPark 五期	160	28(规划)	规划中
合计	782	114.75(已投用 86.7 万平方米)	

无锡软件园以打造中国数字经济领军园区为目标,加快推进三大特色产业发展。园区数字经济规模连续多年高速增长,综合实力持续攀升,先后获得国家火炬计划软件产业基地、国家传感网高技术产业基地、国家广告产业园区、国家动漫游戏产业振兴基地、国家动画产业基地、国家数字出版基地、国家文化产业示范基地、国家级科技企业孵化器等 8 项国家级品牌及数十项省级以上荣誉,先后走出 7 家上市公司。截至 2020 年,园区集聚在册企业 1 500 余家,入驻企业超 400 家,其中产值超十亿元数字经济企业有 7 家,超亿元数字经济企业有 33 家,在园企业年度总营收超 252 亿元,税收贡献超 8.5 亿元,跻身全国火炬计划软件产业基地十强,连续四年获国家级科技企业 A 类孵化器称号,位列无锡市"Park"园区排名榜首。

二、发展历程

20 世纪 90 年代末,无锡高新区在成功引进一批国内外高科技制造企业后,敏锐地意识到软件产业是高科技产业的重要组成部分,逐步开始探索发展占用低、效益高的软件产业。无锡软件园在 1998 年经科技部火炬中心批准开始组建,并于 2002 年正式开园,成为政府层面引导和发展软件产业和未来数字产业的重要载体。2004 年,园区通过科技部火炬中心验收,正式获批无锡国家火炬计划软件产业基地称号。

iPark 数字产业随着园区二十余载建设发展,主要分三个阶段:

一是成长期(1998—2007 年)。2007 年,iPark 一期正式投用,软件开发和数字文创产业是当时的主要产业方向。在此期间,就软件开发方面而言,园区内永中软件、江苏税软、横新软件等一批骨干企业快速成长,各类从事与软件开发、服务相关的注册登记企业有 300 多家,认定的软件企业有 64 家,园区内软件产品登记 216 个,获得 CMMI 资质认证的企业有 8 家,高新区软件产业产值增加近十倍,软件外包产业初见端倪;就数字文创方面而言,2007 年园区企业完成网络游戏开发 75 个,上线运营网络游戏 45 个,动漫产品生产累计完成 11 600 分钟,原创动漫(含游戏)产品时长达 5 400 分钟,衍生产品外包业务量达 6 200 分钟,在全国同类型园区中名列前茅。

二是壮大期(2008—2015 年)。iPark 二期至四期分别于 2008 年、2010 年和 2015 年建成投用,载体扩容强势助力园区数字产业进入爆发期。凭着无锡日资高地的优势,对日软件外包成为园区软件产业支柱。2009 年温家宝总理视察 iPark 二期,物联网产业由此发祥,物联网及相关产业成为园区发展新的增长极。2012 年园区又积极探索将传统广告与互联网相结合,将互联网广告、数字营销设为数字文创产业的主攻方向。在此期间,全国十大软件外包企业有七家落户园区,无锡物联网产业研究院、感知集团、微软、联想、文思海辉、索尼软件、CNTV、艾德思奇、中报社、珍岛集团、去哪儿、今日头条等一大批聚焦软件外包、物联网和数字文创产业的优质重点企业纷纷落户,慈文影视、七酷网络、朗新科技相继上市,园区数字经济效益持续攀升,数字经济龙头企业的逐步壮大,相关产业专业人才迅速集聚。

三是加速期(2016 年至今)。"十三五"期间,园区按照"六个一"专业园区运营模式(围绕一个特色产业、制订一个产业计划、建设一个专业园区、组建一家运营平台、设立一只发展基金、成立一个专业服务机构),围绕高新区支柱产业,形成以基础软件、IC 设计、软件外包为代表的软件和信息服务产业,以物联网、智能制造等为代表的新一代信息技术产业,以互联网、数字营销、动漫游戏为代表的数字文创产业等三大数字经济特色产业。至"十三五"末,园区产业规模、集聚效应居全市 Park 园区之首,亩均产值达 3 223 万元,亩均税收 109 万元;园区每万人拥有高企 27 家,专利数 667 件,发明专利 267 件。

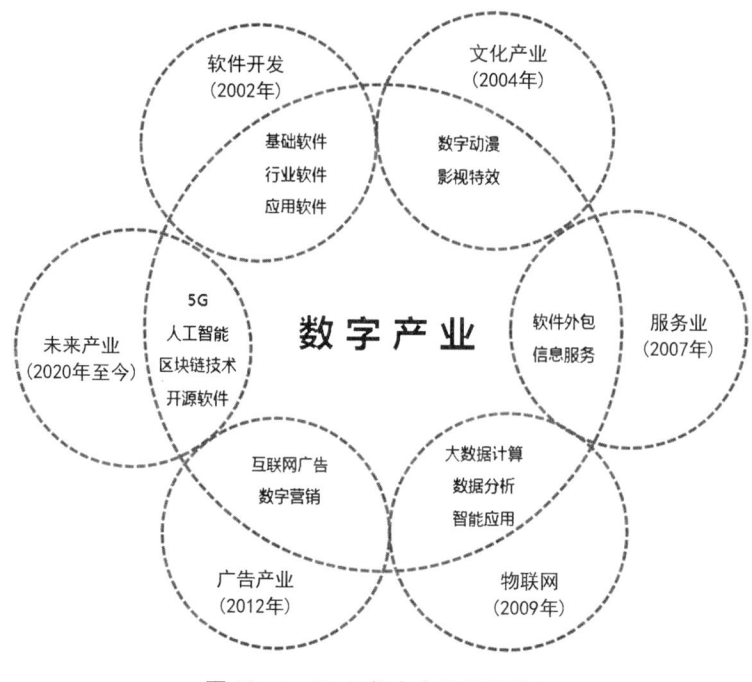

图 19-1　iPark 数字产业汇聚情况

三、发展特色与思路

(一) 找准定位,发展特色软件产业

无锡软件园在广义的软件产业概念下,灵活机制、探索创新,既强调把握时代趋势,积极布局未来前景方向,又紧跟地方发展实际,有效助力数字经济生态构建,形成三大特色产业方向。

一是软件和信息服务产业。永中软件荣获 2020 年度江苏省科学技术奖二等奖,其产品线覆盖桌面办公、云办公、移动办公、文档转换服务等诸多领域,已入围国家信创产品目录,在全国信创 Office 产品市场上约占 30% 份额;CEC 中国电子收购的文思海辉,已从传统软件外包企业转向为全行业企业提供全方位信息化升级和数字化转型的龙头骨干企业;华瑛微电子获数千万元融资,业务大增,已成为全国半导体绿色制造的引领者;江苏税软成功被上市企业美亚柏科并购,其产品打通了"涉税"全领域,已成为该细分行业的"隐形冠军"。

二是新一代信息技术产业。朗新股份先后参与了全国14个省份、近40座城市的数字化建设,其开发运营的"灵锡"App注册用户数已达300万,是无锡市民乐享数字生活的最佳载体;深度感知所的技术和产品广泛应用于智慧交通、辅助驾驶、军用无人系统、消费电子等领域,获"中国智能科学技术最高奖"吴文俊人工智能科学技术奖三等奖;汉和航空成功斩获"全球最耐飞无人机"吉尼斯世界纪录,是农用无人机首次获得该纪录。

三是数字文化创意产业。慈文影视成功转变为国资主导的混合所有制上市公司,2020年有12部影视剧分别取得发行许可证、上线备案号或在后期制作中,荣获"权利榜·2020年度最具影响力剧集公司"称号;邦道科技聚焦公共服务行业的移动支付与互联网营销整体解决方案,已为4 000多个公共事业机构提供专业化的互联网缴费服务,为3亿多个用户提供便捷缴费及账单服务;CNTV获评"2020年度全国广播影视业经营创新示范单位"(全国仅有15家),累计荣获国家、省、市级荣誉奖项达80余项;珍岛集团与华东师范大学"数据科学与智慧营销联合实验室"联合科研成果"支持互联网级关键核心业务的分布式数据库系统"喜获"2019年度国家科学技术进步奖二等奖";曲速教育致力于研发运营全场景全流程的教育协同平台,成功被字节跳动收购,成为字节跳动教育板块主导企业。

(二) 构建平台,园区服务体系数字化

无锡软件园在发展过程中,按照"四园"理念(校园、家园、乐园、花园),持续完善基础配套设施,依托高新区与园内龙头企业构建金融服务平台、人才引育平台和公共技术平台,全方位提升园区服务体系。

一是基础设施配套平台。园区周边目前部署有中科曙光全国投资规模超大的无锡城市云计算中心、国际超高标准T4级中国电信国际数据中心、中国移动IDC以及中国联通IDC等。园区通过双招双引,积极推进数字新基建布局。

二是金融服务平台。为缓解数字经济企业融资难与贵问题,园区依托高新区及众多区内金融机构，成立无锡首个科技金融服务中心，持续创新中小企业融资模式，通过招引特色产业基金，营造良好金融环境。园区现有10余个产业基金，规模逾20亿元。园区同步设立自己的股权投资基金，尝试开启"房东＋股东"模式，寻求科技地产与产业投资的有机融合和协同发展。

表19-2　　　　　　　　　iPark产业金融服务基金示例

基金名称	基金规模（万元）	基金名称	基金规模（万元）
新动能母基金	500 000	新投领庆	21 000
华软基金	60 000	钧溪投资	15 000
临芯基金	39 500	金程高新	12 000
新吴基金	30 000	新投丰源	10 000

三是人才引育平台。园区从精准引和精心育两方面发力，持续提升人才引育服务能力。"精准引"，配合人才管理部门进一步优化"飞凤人才计划"等人才引进政策，提升数字经济专业人才吸引力和支持的精准度。"精心育"，强化数字经济人才实训基地建设，逐步完善数字技术人才社会化培训力量，为区域数字经济产业培育实训数字经济专业人才。园区现汇聚相关人才近3万人，其中本科及以上学历人才占比达到85%；拥有科技部创新人才推进计划4名、省创新团队8个、省双创人才40名、市太湖人才181名。

四是公共技术平台。园区与园内众多龙头骨干企业合作，形成"政府搭台—园企共建—合作推广"的公共技术平台建设与运营模式，目前已形成十余个面向量子网络、IC设计、智能制造、互联网、数字营销、新能源等方向的技术平台，为园区乃至全市、全国相关企业提供技术指导和支撑。

表19-3　　　　　　　　　iPark公共技术平台示例

公共技术平台	建设运营单位
国家增材制造产品质量监督检验中心	无锡质检院
国家高端储能产品质量监督检验中心	
国家光伏产品质量监督检验中心	

续表

公共技术平台	建设运营单位
国家"芯火"双创基地	集萃智能研究所
城市云计算中心	中科曙光
瀚云 HanClouds 工业互联网平台	瀚云科技
CNTV 网络舆情大数据监测平台	央视国际网络
珍岛数字智能营销平台	珍岛智能技术
感知金服物联网金融科技服务平台	物联网研究院
量子保密通信控制中心	国科量子
军地协同技术公共服务平台	五军防务
多盟短视频制作平台	多盟睿达

五是综合服务平台。园区为企业提供全方位全生命周期的服务,根据产业发展方向和政策支持导向,灵活调整服务方式与内容,注重提升服务效能,为入驻企业提供系统解决方案。360度全生命周期的服务模式更加贴近企业需求,实现与企业无缝隙、无盲点的互动,及时发现问题、解决问题,有效提高了服务质量和企业对园区的依赖性。

(三) 擦亮品牌,建一流智慧园区

无锡软件园在已获得8块国家级品牌和数十项省市级品牌荣誉的基础上,全力做好 iPark 品牌争取和维护工作。园区2020年获批无锡市首批大数据产业园,先后四次荣获江苏省科技企业孵化器评价优秀,连续四次获评国家级科技企业A类孵化器,跻身全国火炬计划软件产业基地十强。"十四五"期间,园区申报江苏省软件名园试点,全力创建中国软件名园。园区在擦亮金字招牌的同时,积极主办或协办江苏省"i创杯"互联网创新创业大赛、中国无锡"太湖杯"国际精英创新创业大赛、中国(无锡)互联网广告峰会等一系列国内外知名的产业双创活动。

园区自2012年开启智慧园区1.0建设,推进了园区一卡通、网上园区、微信公众号等平台建设,以信息化手段加强内控,投用了综合业务信息平

台、物业管理系统,提升服务效能。2020年,园区与朗新股份携手,建设以智能硬件为抓手、云平台为中枢、灵锡码(锡康码)为身份识别的智慧园区2.0版本,以AI大数据和物联网为技术核心,以"一平台、二中心、三应用、四体系"对应软硬件建设,建成共享开放的大数据应用体系、创新集聚的智慧产业体系、精细敏捷的智慧治理体系、便捷普惠的智慧生活体系、智能泛在的感知网络体系和自主可控的信息安全体系,整体水平保持国内领先,部分领域达到国际先进水平,打造"AiPark"智慧园区新品牌。

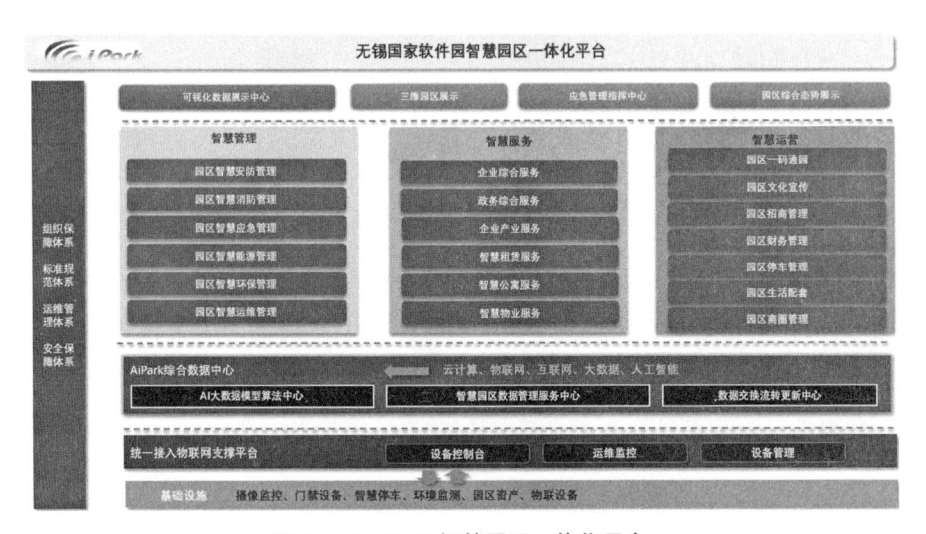

图19-2 iPark智慧园区一体化平台

四、迈向数字经济的明天

2021年1月4日,太湖湾科创城建设指挥部暨无锡太湖国际科技园管理办公室正式揭牌。作为无锡市太湖湾科创带核心区的无锡软件园,迎来打造中国数字经济领军园区新发展机遇。

无锡软件园清楚地认识到,以算法和算力作为关键要素的数字经济蓬勃发展,将成为推动区域经济增长的重要力量。展望未来,唯有在算法上持续突破,数字经济才有更进一步发展,准确把握"十四五"时期数字经济发展关键要素,对于维护延长无锡软件园发展战略机遇期、推动实现数字经济高质量发展具有重大现实意义。

无锡软件园一方面以算力为核心加强数字经济新基建。园区大力推进超算中心升级、人工智能服务器全面换代,为技术企业提供更强计算性能与更高互联带宽的丰富产品,支撑用户进行更大数据规模、更复杂模型的 AI 训练及部署;加强面向人工智能发展应用的 5G 网络、边缘计算硬件等技术中心建设,强化人工智能发展基础。另一方面,园区注重数据算法基础性创新。在数字经济中软件是灵魂,算法举足轻重,每一轮发展浪潮的来临都源于新型算法的出现,而每一次低谷的到来也都是因为算法应用遇到瓶颈所致。国内外数字产业龙头企业非常注重包括算法在内的基础性研究。未来,园区将持续对优质双创项目、成熟龙头企业双管齐下,与无锡数字经济研究院、南大数据科研中心无锡应用中心等研发机构展开深度交流合作,加强数据算法创新攻关和布局,以算法创新大突破带动数字经济大发展。

表 19-4　　　　　　　无锡软件园数字化大事记

时间	事件
2002 年 9 月	无锡软件园正式开园,以软件为主脉的数字产业加速发展
2009 年 8 月	时任国家总理温家宝调研无锡软件园,提出建设"感知中国"中心,物联网产业如火如荼展开
2014 年 4 月	获评国家广告产业园,无锡软件园 8 块国家级品牌熠熠生辉
2017 年 1 月	无锡软件园实施体制改革,企业化运营
2021 年 1 月	太湖湾科创城揭牌,园区作为重要组成部分,迎来数字经济新一轮发展机遇

执笔:范子杰

B.20 数据湖让城市大脑更智慧

——无锡数据湖信息技术有限公司

城市管理数字化的重点是建设好城市数据基础设施。城市大数据中心作为城市数据基础设施，必须解决数据采集、存储、计算、管理、分享、应用、服务、安全等问题。城市数据湖应运而生。它是面向政府城市数据管理，围绕"湖存储＋云计算"（"天上有云，地上有湖"）的构架构建的一个城市数据生态系统。

无锡数据湖信息技术有限公司（以下简称"无锡数据湖"）成立于2019年12月，注册资金3亿元，由中国华录集团控股的上市公司北京易华录信息技术有限公司联合当地政府共同组建。公司落户无锡市梁溪区，打造以大数据、云计算、人工智能为支撑，基于数据资源和数据生态的应用技术，融合数据感知、收集、存储、治理、应用和融通交易为一体的智能化综合信息基础设施和数字应用系统平台。无锡数据湖投资约50亿元，以"科学规划、分步实施"为原则，分三期建设占地面积约172亩无锡数据湖产业园。一期项目总建筑面积约6.8万平方米，同时实现550PB的磁光电一体智能超级存储能力以及云计算系统的部分搭建工作，包括计算资源池、网络资源池等。一期项目于2021年4月开工建设，将于2022年12月建成投用。重点打造华东地区高品质的大数据产业集聚区，建设大数据科技创新产业示范基地，为无锡打造"数字码头"的城市新名片。

区别于传统数据中心，无锡数据湖为政府在大数据时代实现海量数据存储和计算提供了可能，是支撑数据采集、传输、存储、计算、分析、应用、安

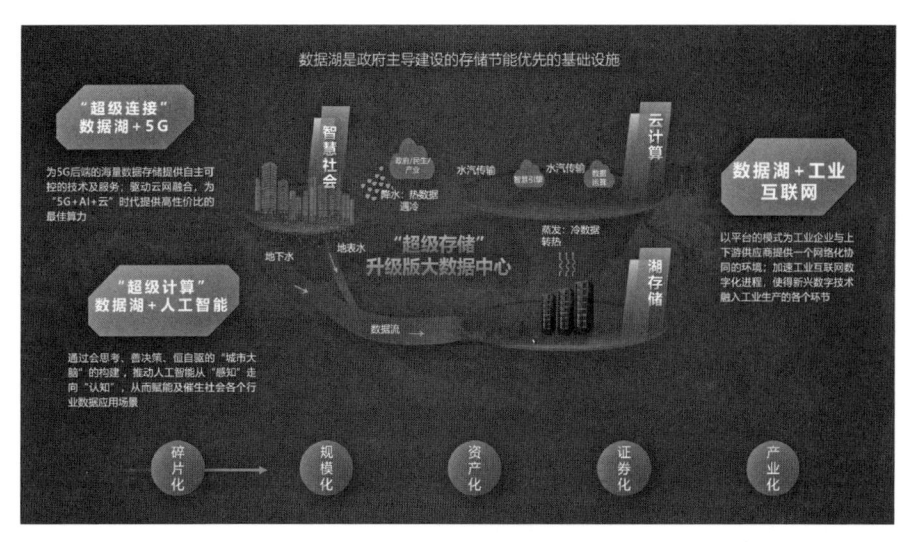

图 20-1 "数据湖"生态示意

全等能力的新一代数字经济基础设施。通过良性运营,它将逐步形成"一湖、一园、一院、一大脑、一银行、一基金"的布局,即一个城市基础设施,一个城市大脑,一个产业园区,一个大数据创新研究院,一个产业基金,一个数据银行,六大板块发展交融,以数据汇集资源,打造城市数字综合体。

一、无锡数据湖发展方向

(一)建设无锡数字经济的"底座"

2021年4月无锡数据湖决定在数字经济、数字社会、数字政府、数字生态、IDC/云计算运营、超级存储和智能交通等七个板块开展技术研发和业务推广工作。

1. 建设海量大数据存储中心

依托高集约性、低更换率的蓝光存储设备,建设集约化、可长期利用的数据存储中心。这是存储容量达到364PB光存储、50PB磁存储及210个云计算节点(包含物理主机以及配套网络设备、安全设备及云平台、大数据平台、人工智能平台、安全平台等软件平台,提供虚拟机服务)的数据存储中心,能为无锡未来几何倍增长的政务数据、企业数据、个人数据提供海量存储服务。

2. 建设安全可靠的大数据堡垒

基于国内外大数据安全实践及标准化现状，参考大数据安全标准化要求，无锡数据湖将从网络安全、物理安全、数据安全、云安全服务、服务管理和应用安全等六个维度为数据安全进行规划，为无锡大数据发展保驾护航。

3. 建设绿色开放的大数据资源池

在提供数据安全保护的前提下，提供多样的数据资产管理服务，搭建数据银行、数据证券等大数据交易中心平台。将具备资产属性的大数据价值定量化处理，通过系统方法筛选、分类，使原本无系统的大数据发挥其资产的最大价值。面向众多企业痛点业务场景，挖掘数据智能，创新升级业务平台。通过大数据生态环境的建设，为各类产业链的上下游、各企业信息化发展提供便利，有效支撑城市的可持续快速发展和社会稳定。

4. 建设标准化大数据生态圈

发挥数据湖标准化转换整合能力，对结构化数据、非结构化数据、不同领域的行业数据格式进行统一的标准化处理，形成可满足大数据各类应用服务、人工智能能力培养的数据格式，形成基于本地标准化的数据湖资源池。根据数据特征及生命周期，规划数据管理模式，并最大程度发挥数据应用效能，与城市自身优势形成合力，吸纳关键性生产要素，在加速政府部门数据融合共享、创新政府管理模式等方面发挥重要作用，在实现数据内部利用的基础之上，兼顾对外开放，发挥数据价值的辐射带动作用，实现依托数字经济基础设施建设和大数据深入应用推动无锡数字经济高质量发展。

（二）打造长三角绿色数据产业项目

无锡数据湖作为新型绿色数据产业的基础设施，将作为核心节点，联通长三角区域城市数据湖为云网融合的数据湖集群。截至2020年底，易华录集团在长江三角洲区域落地了5个数据湖，分别为徐州数据湖（江苏）、泰州姜堰数据湖（江苏）、无锡数据湖（江苏）、常熟数据湖（江苏）、宿州数据湖（安徽）。2021年正在长三角建设的3个数据湖分别为张家港（江苏）数据湖、镇江（江苏）数据湖和温州瑞安（浙江）数据湖。由此，将形成以无锡数据湖为核心的长三角十余个城市数据湖互联互通的一体化云网融合集群。

未来以无锡数据湖为核心的长三角城市数据湖一体化云网融合集群，将具备超大云计算、融媒体快速部署业务能力，推动以大数据、云服务新业态新模式发展，支持企业线上线下业务融合，丰富云上应用供给，在全国率先实现一体化大数据中心协同创新建设要求，推动政企数字化转型升级。同时推进的湖云融合，将国内外主流的公有云下沉到各地数据湖中，形成独立的region（区域）。湖云融合将解决客户一次性业务开发投入及业务价值开发聚焦的问题，满足政企客户对业务快速迭代和差异竞争的诉求。湖网融合和湖云融合后，可以完成信创云、混合云、边缘云、多云互联、灾备中心等服务体系。湖网融合、湖云融合有助于提高数据湖运营、云计算运营、湖存储运营、数据资产化服务、赋能政企数字化转型，促进长三角数字经济高质量发展。

（三）为"碳达峰、碳中和"战略发力

城市数据湖打造"碳中和"+"绿色数据"业态。"碳中和"一方面要求企业在"消费端"提高能源利用效率，另一方面要求企业在"发电端"引入光伏、风电等可再生能源。目前无锡数据湖在"消费端"通过蓝光存储节约能耗，已基本满足"碳中和"的要求，未来将进一步推动在无锡数据湖能源输入端满足"碳中和"的要求，在无锡打造全国"碳中和"的生态示范。为实现以上目标，将逐步推动无锡数据湖与能源行业央企（国家能源投资、国家电力投资集团、中国核工业集团、中国华能集团等）展开合作，通过在无锡数据湖产业园内投资建设分布式光伏项目，实现生产电力部分自用，余电上网等服务能力，让数据湖中存储和管理的数据，真正成为低能耗的"绿色数据"。

二、无锡数据湖的探索实践

（一）"数据湖+大健康产业"

无锡数据湖梳理了医疗行业数据资产，以医疗影像数据，尤其是病理切

片数据为基础,进行数据的集中存储、集中开发利用,用病理数据赋能大健康产业,带动病理相关的上下游产业链。无锡数据湖打造了国内首个市、区、医联体联动的病理云中心和早癌筛查中心。该项目着重依托大数据的"数字化"和"资产化",主要组成部分为数字病理云平台门户、病理远程会诊系统、病理会诊申请站点、病理在线人工智能分析系统、病理教学培训系统、病理云切片库、病理质控系统、病理音视频会议系统。

(二)"数据湖+文旅产业"

无锡数据湖依托于无锡商圈、景区、综合体的新基建,把服务能力向外输出,利用数据赋能商圈。区别于传统的信息化建设,该项目基于大数据采集、大数据分析,使商圈的数据更立体、更多维,对商圈管理、商户画像、消费者画像勾勒,最终实现精准招商、精准引流、刺激线上线下消费。无锡数据湖带动文旅行业的上下游产业链,带动动漫产业、游戏产业、文旅产业融通发展。该项目采用光磁一体云平台、云计算平台和大数据平台,由数据池和人工智能中台为应用提供数据能力和算法能力,搭建对用户、店铺、景区的云上古运河应用、景区运营平台和景区管控平台。应用的展示形式为 App、小程序、PC 端和 WEB 端等多种形式。

其中,云上古运河应模块集运河文化展示、旅游信息查询、在线预订、线上导览、旅游攻略为一体,致力于为终端用户提供游前文化体验攻略和线上预订、游中实时导览和二次营销、游后游记制作和分享。展示形式采用当代年轻人更为青睐的动漫风格,由本地形象阿福作为东道主,为用户介绍景区的历史文化底蕴和游玩的景点,并参与用户互动。

(三)"数据湖+银行"

数据产品的共享、开放、服务是融通交易的主要形式。无锡数据湖在安全、合规的原则下,积极探索数据开放、交易、众包、抵押担保、数据招商等激活数据资产的应用形态。目前无锡数据湖对部分视频数据、动漫数据素材做尝试,在政府监管下脱敏,合规,探索资产评估、上架、销售定价、交易结算的落地实践。比如与某动漫公司合作,引导其十多年积累的动漫成果入湖,包括16 000多分钟的动漫视频和各种政府宣传类动漫短片。这类数据具有存储刚需,相关权属清晰,且权属人明确表示接受受托交易。这种数据银行业务的首个试点,实现了数据存储、数据确权、受托交易、交易分成等过程,打通数据交易的全流程。

(四) 成立无锡江南大数据研究院

2020年5月由无锡数据湖信息技术有限公司发起,成立了无锡江南大数据研究院,首批理事会成员单位由中国财政科学研究院、江南大学、无锡数据湖信息技术有限公司三家单位组成,立足打造具有区域特色的无锡大数据产业发展智囊机构,形成"政、产、学、研"一体化架构,侧重顶层设计、坚持智囊研究,致力于数据规模化、资产化、证券化、产业化研究,推动数字经济发展。其中,"政",提供政策研究和决策咨询服务,为信息互联互通、数据融通体制机制创新提供政策依据和参考。"产",立足数据银行、数据资产化、数字文化建设中面临的重大现实问题实施重点研究;"学",开展重大数字经济课题研究,举办大数据专业培训、交流会,培养和输送高层次大数据人才;"研",打造高端科研平台,聚集一流大数据研究人才,开展学术研讨、论坛峰会等。

从计算机,到互联网,再到大数据、人工智能,所有的变化都在以一种肉眼可观却又无法捕捉的状态悄然发生着,在变化发生的背后,则是数据价值的提升。未来,无锡数据湖以无锡数字经济底座建设,数字经济、智能社会和善政惠民建设为核心使命,分三个阶段实现发展目标。第一阶段,实施无锡数据湖基础建设;第二阶段,开展数字经济、智能社会和善政惠民工程建设;第三阶段拓展长三角和全国业务。无锡数据湖将围绕数字经济、数字社会、数字政府、数字生态、IDC/云计算运营、超级存储和智能交通等七个领域开展核心产品研发、业务拓展,为数字化转型、高质量发展做出贡献。

执笔:赵 阳

B.21 车联网极速巨变,数字价值未来可期

——锡东车联网小镇

智能交通作为5G应用场景,是构建智慧城市的重要组成部分。无锡是国家级江苏(无锡)车联网先导区和国家智慧城市基础设施与智能网联汽车协同发展试点城市,车联网技术创新和规模应用,集聚车联网发展要素,形成车联网产业链,是无锡未来发展方向之一。锡山区立足锡东新城以"车联网"为代表的特色展示区,发布了《锡山车联网产业发展规划纲要》。锡山车联网产业初现阶段性成效。

2019年,国家级江苏(无锡)车联网先导区正式获批创建,锡山区建设首个以"车联网"为特色的产业小镇——锡东车联网小镇(以下简称"小镇"),发布了锡山区车联网白皮书,取得阶段性成效。

小镇由中国南山集团和锡山区人民政府共同谋划,位于锡山区锡东新城商务区核心位置,由中国南山集团旗下上市公司平台南山控股投资打造。小镇以"车联网"产业为特色,依托中国南山集团产业、金融、人才等资源优势和无锡国家级江苏(无锡)车联网产业先导区政策优势。中国南山集团发挥公司三大主营业务开发运营经验,通过整合政府资源、产业基金、知识产权、技术转移、专业人才引进和行业协会联盟等要素,打通企业全生命周期链条,构建车联网、物联网等企业成长生态圈。2020年9月,小镇以新一代信息技术类别入选江苏省级特色小镇创建单位。小镇是未来智能战略产业和信息技术创新的重要聚集地,囊括了车联网、智能交通、人工智能、"互联网+汽车后市场"、新能源汽车及汽车主题文化等产业集群。小镇以大数据

企业聚集地、车联网数字化应用示范区为目标，打造国内具有影响力的车联网产业生态圈。目前博世集团、东软集团、晓枫汽车、隼讯智能等50余家产业企业已落地小镇，南京信息工程大学滨江学院、无锡学院、厦门大学、重庆车检院、公安部交通科学管理研究所等大院大所正与小镇在车联网监测、测试、技术研发、成果转化等方面开展全方位合作。

一、车联网小镇建设先行

目前，小镇已建设完成了集车联网产品/技术/应用展示、智能网联创新体验、会务活动、数据运营等于一体的国家级江苏（无锡）车联网先导区展示中心。小镇其他产业载体正在加快建设中。车联网先导区展示中心是全国首个国家级车联网先导示范区，打造了全国乃至世界重要的车联网产业展示交流、共享开放的平台，为车联网产业发展贡献"无锡智慧"和"无锡力量"。展示中心具体包含以下内容：

1. 车路协同展厅（V2X开放实验室）

车路协同展厅内浓缩了无锡打造的全球规模最大的车联网城市级LTE-V2X云平台。该平台上集中呈现了无锡城区范围600余个路侧基础设施数字化升级改造点段的实时情况。通过该平台和配套基础设备实现并探索了红绿灯车速引导、特种车辆优先通行、道路信号优先提醒、盲区预警等应用场景30余项，其中8项重点场景在展厅中做到了动态呈现。

另外，无锡重点建设的车联网大数据中心、交管数据交互平台、V2X数据应用服务平台、交通路况诊断与信息发布平台等"一中心三平台"在展厅内也通过文字及视频进行了集中展示。"一中心三平台"全面打通了交管、车辆、出行服务等领域的横向数据交互，形成了国内最齐全完备的交管信息接入和最为高效稳定的系统架构。

车路协同展厅以"创新引领　智慧前行"为空间设计理念，打造时光进化、云控展示、场景展示、成果展示、智能硬件展示、未来发展六个功能分区，全面介绍了无锡作为全国首个国家级车联网先导示范区近年来发展车联网的创新举措、创新经验和创新成果,让访客真切感受融合物联网、大数据、人工智能等新一代信息技术的车联网的前沿风貌。

2. 中国南山-博世智能网联创新体验中心

中国南山集团与博世中国携手打造的中国南山-博世智能网联创新体验中心,总面积约1 300平方米,运用全球领先的5G、物联网、车联网及自动驾驶技术,通过车载智能感知硬件、智能仪器/仪表及自动驾驶汽车等产品,构建了一个技术互动演示平台。在中国南山-博世智能网联创新体验中心内可以体验到全无人化的自动代客泊车、远程标定座舱、新一代多媒体数字座舱、博世RCS路况感知系统等全球领先代表产品。

3. 车联网成果展示区

锡东车联网小镇未来将聚集一批拥有全国乃至全球最前沿的车联网技术的企业,同时将吸引到车联网上下游相关的"大院大所"。围绕企业及院所的研发成果及成熟产品,车联网先导区展示中心内建成了专门的成果展示区,帮助企业及院所对外集中进行展示推广。

4. 车联网产业科普基地

车联网先导区展示中心积极面向社会公众开展科普,重点向青少年开展科普教育活动,积极推进车联网科普工作与教育部门对接,成为无锡市乃至江苏省、全国的产业科普教育基地,为实施"科教兴国"战略和提高公众车联网科学文化素质服务而助力。

5. 车联网产品发布和展示中心

通过举办各种形式的发布会和展览,构建一个智能网联汽车及零部件、车联网新产品和新技术展示发布的窗口和舞台,吸引商务客流,促进产品和服务市场开拓、信息和技术交流、商贸文化交流和吸引投资,把信息流、资金流、技术流等车联网产业急需的各种要素汇聚到小镇,带动车联网产业发展。

6. 会务和商务中心

车联网先导区展示中心规划有较强的会议服务功能,可满足一系列有影响力的大型活动和固定举办的高水平论坛、峰会。

7. 资本对接中心

我们身处金融与科技高度融合的时代，车联网产业的发展离不开金融的推动。车联网先导区展示中心内集聚银行、担保、券商、律所、科贷、小贷、基金等金融机构，根据各金融机构的投资偏好和金融服务产品，有针对性地搭建企业与资本机构合作的平台。

二、夯实车联网数字化设施

2021年，住房和城乡建设部、工业和信息化部联合发文，确定无锡为"智慧城市基础设施与智能网联汽车协同发展"第一批试点城市。以车联网小镇为主要基地的锡山区成为先导区及试点城市的核心示范区，将围绕"开放测试、智慧交管、前瞻创新"三大方向，构建完善的"车、路、网、云"协同环境与车联网应用体系。

（一）开放测试

围绕商用化场景设计、运营开放道路测试体系，为商用智能驾驶整车、设备厂商和算法公司提供可持续的综合测试服务。

开放道路测试区的建设以建立智能网联开放道路的商业运营测试场体系为目标，针对接近产品化落地的11个测试场景进行深度开发，并支持更为广泛的高级别辅助驾驶和自动驾驶测试场景前瞻研发，建设开放道路测试总里程24千米，覆盖面积6平方千米。除外场配置智能网联感知、计算和通信设施外，开放道路测试区还配备完整的测试管理平台、测试数据采集平台、测试运营展示平台、测试工具套件、评测软硬件工具包和测试配合车辆。

（二）智慧交管

以智能网联为抓手，通过丰富的路侧感知信息形成辅助交通管理决策能力，赋能智慧交通管理，推动智慧城市发展。

其中，包括运营区域路口行人横穿预警建设、快速路匝道汇流预警建设、运营区域高效绿波网、基于智能网联的可变限速等智慧交通精细化管理场景建设。

(三) 前瞻创新

以强化智能网联深度应用的前瞻研发为契机,保持无锡国家级车联网先导区在全国的领先性。

1. 基于智能网联的导航优化

基于车路协同云平台的能力开放系统,提供统一的 C-V2X 出行信息开放服务,打通互联网企业、图商企业、车企以及后装终端企业的业务应用,引入适合车载体验的智慧导航轻应用生态,实现以用户为中心的多端互联和数据流转,助力政府、企业的车联网生态建设和用户运营。

2. 与图商合作,实现城市 V2X 信息上图

与图商合作,让城市 V2X 信息上到图商的手机 App 上。在当前路侧传感覆盖有限的情况下,先和主流图商实现合作,以引领后传的车路协同公众网络(Uu)模式的标准。

3. "六跨"智能网联互联互通

六跨试点,在"新四跨"基础上实现跨地区和跨平台的 C-V2X 实验验证,让智能网联车可以跨地区跨车联网平台地接受车联网服务。跨地区和跨平台的验证,是车联网进入产业导入期后的必由之路,无锡锡山区和苏州常熟市邻近,可以就近实现跨地区跨平台试点。率先实现跨地区跨平台的试点,也符合工信部和省工信厅对先导区产业导入的期望。

4. 智能网联技术支持的智慧停车无感支付技术试点

停车场智能网联停车无感支付技术是智慧城市和智能网联城市"双智创建"的重要内容。在映月湖公园南停车场设立智能充/换电场景,利用 C-V2X 智能网联技术进行停车无感支付的试点。

5. 多维跨域融合感知系统

本地部署一整套完整的 SRIS 系统。该 SRIS 系统的方案建设内容从整体车路网云协同的车联网架构角度看,很好地融入整个智能网联汽车大

系统。该 SRIS 系统包括云端 SRIS 算力平台进行云端大数据处理和算法训练、具备深度路面状况感知的数据采集车、路面高精气象采集设备等,并在 SRIS 云端和车端 MEC 上分布式地进行相应的处理和运算决策。随着后续系统大版本路标的规划、开发和发布,SRIS 系统将纳入更多维度的道路侧、车端、行人、交通流量以及其他维度相关感知数据,形成更加综合和深度融合的高级自动驾驶车路协同支撑系统,包括路侧路面气象数据采集器、专用车载 AIOT 硬件、SRIS 云端软件迭代、运维云端信息共享(服务范围位于锡东新城)等方面。

6. 智能充/换电

在车联网小镇停车场建设充换电设备,配置:1 台 150 kW 分体式充电机群系统,可以满足 3 个充电车位同时充电;150 kW 分体式充电机配置 15 kW 宽恒功率直流充电模块,可服务车辆充电电压为 200—750 V,恒功率范围为 400—750 V;每个充电车位配置 250 A 圆柱形直流充电终端,可以满足车辆最大充电电流 250 A。自动泊车功能由车端系统支持。

7. 多场景身份认证和安全可信平台

联合中国信息通信研究院、江苏天安智联科技股份有限公司、郑州信大捷安信息技术股份有限公司、北京大唐高鸿数据网络技术有限公司、北京星云互联科技有限公司、博世智能网联科技有限公司、博世汽车部件(苏州)有限公司、江苏航天大为科技股份有限公司、无锡晓枫汽车技术股份有限公司 9 家车联网小镇合作单位,共同开展车联网身份认证和安全信任试点工作。

构建面向车与云、车与车、车与路三个领域的通信安全保障能力,形成适用于锡山区、城市道路环境的车联网身份认证体系,为后续更大范围的车联网身份认证和安全信任体系的建设和应用提供经验借鉴。

依托"数字化"建设,小镇将成为具有全国影响力的车联网产业集聚区。

表 21-1　　　　　　　　锡东车联网小镇数字化大事记

时间	事件
2019年5月	小镇与博世中国签署战略合作协议,共建中国南山-博世智能网联创新体验中心
2019年9月	正式纳入国家级江苏(无锡)车联网先导区核心创建单位
2020年6月	小镇车联网一期示范项目正式实施
2020年10月	国家级江苏(无锡)车联网先导区展示中心正式揭牌、中国南山-博世智能网联创新体验中心及先导区V2X展厅正式开放
2020年10月	车联网(LTE-V2X)城市级示范应用重大项目(中国·无锡)工作组授予小镇"优质服务创新奖"
2021年6月	锡山车联网二期示范项目暨无锡(锡山)"双智"试点核心区项目规划设计方案通过论证,进入实施阶段

执笔：朱海波

B.22 打造数字交通国家质量基础设施

——国家智能交通综合测试基地

数字交通以数据为关键要素和核心驱动,促进物理和虚拟空间中的交通运输活动不断融合,助力高效出行、节能减排,保障道路交通安全,提升道路交通科技管控水平。数字化是实现交通强国的必由之路。2017年,国家智能交通综合测试基地落户无锡。

《中华人民共和国国民经济和社会发展第十四个五年规划和2035年远景目标纲要》《数字经济发展战略纲要》《国家信息化发展战略纲要》《智能网联汽车发展技术路线图》《汽车产业中长期发展规划》《智能汽车创新发展战略》等国家政策文件均指出要大力发展数字交通产业,掌握数字交通关键技术,建立数字交通自主研发体系及国家质量基础设施体系。国家政策激发了市场活力,数字交通产业空前活跃。

2017年,为满足数字交通相关技术应用的运行安全测试评价需求,完善国家质量基础设施中国方案,工业和信息化部、公安部、江苏省人民政府签署共建国家智能交通综合测试基地协议,以集各方优势和资源,将国家智能交通综合测试基地(以下简称"测试基地")建设成为面向数字交通的国家质量基础设施。测试基地作为大力发展数字交通产业的重要抓手,将以测试评价为手段,以标准化为依据,通过完善国家质量基础设施促进数字交通产业集聚和融合发展,为数字交通产业健康快速发展保驾护航。

一、面向数字交通,打造国家质量基础设施中国方案

测试基地由公安部交通管理科学研究所承建,由道路交通集成优化与安全分析技术国家工程实验室、国家道路交通安全产品质量监督检验中心提供设计、研发等技术支持,组建一支由硕博士等高层次人才组成的科研队伍,从事车联网和自动驾驶运行安全性测试评价等相关技术研发工作。

(一)由点及面,全面布局数字交通应用运行安全性测试评价环境

数字交通以数据为核心重塑交通出行,通过人、车、路、云之间数据互联互通,实现智慧交通出行服务,涉及感知、通信、计算、控制等技术。为满足对数字交通运行安全性全方位、多角度的测试评价需求,测试基地构建了多样性的测试环境,包括封闭测试环境、半开放测试环境、封闭高速公路测试环境和车联网城市级验证环境。其中,封闭测试环境规划总面积为 208 亩,测试道路总长 3.53 千米,内设公路测试区、城市道路测试区、高速公路测试区、环道测试区、多功能测试区、室内测试区等 6 个区域,包含了不同道路、路口、路面材质类型,安装了新一代交通信号控制系统、车联网系统、视频雷达一体化感知系统,能够模拟城市交叉口、环岛、加油站等不同交通场景,对数字交通的功能符合性、性能可靠性和稳定性开展全方位、多角度的运行安全性测试评价。半开放测试环境包括约 6 千米的城市道路和景区公路,主要分布在无锡清源路、状元路、学府路、鹤溪路、鹤鸣路、鹤语路、山水东路、雪浪山景区北停车场等,包括 9 个信号路口、146 个视频全程监控点,主要用于测试数字交通系统在半开放条件下的运行安全性。封闭高速公路测试环境位于无锡市通锡高速公路(S19)南通方向,全长 4.1 千米。该路段为单向三车道,中央绿化带分隔,并设有紧急停车带,受极端天气影响少、地形无明显起伏、路形路面平直平整,视野开阔,用于数字交通系统在高速情景下的运行安全性测试评价。车联网城市级验证环境为中国首个国家级车联网先导区,结合无锡智慧城市建设,大规模改造了 240 个路口路侧管控及通信设施,覆盖主城区、太湖新城近 170 平方千米范围,涵盖高铁站、机场、测试

基地和5条城市快速路、1条城际高速公路,应用大数据和云端计算新技术,升级智慧交通出行信息平台,实现了车与人、车与车、车与路、人车路与平台实时精准协同交互,对数字交通系统开展全方位示范应用。这些测试环境实现点—线—面全面布局,构建了数字交通运行安全性测试评价的完整生态链,能够满足不同条件下的数字交通系统测试评价需求,为推动产业技术发展和示范应用提供重要支撑。

(二)虚实结合,全方位建设数字交通运行安全性测试评价能力

自动驾驶汽车和车联网是数字交通应用的重要载体和对象,对自动驾驶汽车和车联网运行安全的测试评价是目前研究的热点。测试基地研发构建了自动驾驶运行安全测试评价系统、自动驾驶虚拟仿真测试评价系统、高级安全辅助驾驶测试评价系统和车联网测试评价系统等四大平台,有效提升了针对复杂环境下不同数字交通应用对象的运行安全评价能力。自动驾驶运行安全测试平台集成了测试基地内外场高精度地图、视频监控、车联网、信号控制系统、交通诱导系统等智能化系统,构建了自动驾驶运行安全测试场景库、自动化评判算法库,能够对自动驾驶汽车运行安全测试进行全方位监控、智能化评判。自动驾驶虚拟仿真测试平台构建了测试基地高精度三维仿真地图,研究建立了27自由度车辆动力学模型和摄像头、微波雷达、激光雷达、IMU、高精度定位等传感器仿真模型,支撑自动驾驶汽车在极限、危险和泛化场景下的测试评价需求。高级安全辅助驾驶测试平台已完成整车级12类测试项目、系统级14类测试项目的测试方法和认证规则的制定,开展了自动紧急制动、车道保持、盲区监测、自动泊车等功能的测试工作。车联网测试平台依托车联网城市级示范应用重大项目,面向车联网功能应用,构建场景要素,开展了车联网路侧单元、车载单元及各类车路协同功能的测试验证。

(三)提高站位,推进数字交通安全运行监管应用基础技术研究

为实现在自动驾驶汽车和车联网相关安全管理关键技术创新突破,测试基地聘用中国工程院院士李骏教授为自动驾驶测试技术领域首席科学家，开展安全驾驶规则为导向的自动驾驶汽车相关技术前沿研究，探索自动驾驶预期功能安全研究。研究项目组建4个博士团队，围绕自动驾驶测试、自动驾驶政策法规、高级安全辅助驾驶功能测试、车联网测试领域等方面开展研究。除此之外，测试基地还与中国质量认证中心(CQC)合作共建了自动驾驶汽车测评技术联合创新研究中心，加强自动驾驶汽车从ADAS辅助驾驶逐步到L3、L4级的阶进式测评体系研究和应用。测试基地创新建设团队依托"新能源汽车""综合交通运输与智能交通"等国家重点研发专项、工业和信息化部2019年产业技术基础公共服务平台项目、无锡市"一所一策"专项项目，实现了自动驾驶测评场景构建和数据库建设，在自动驾驶汽车驾驶能力和安全性评估技术及平台建设、半开放条件下智能车路系统测评体系等关键共性技术方面取得了突破。在网络安全研究方面，智能汽车数字身份、公安交管路侧设施数字身份等基础性技术研究也在不断推进。基于国产密码的车辆、交管路侧设施数字身份与信息验证、加密等安全交互技术的研究，有利于相关部门探索建立跨行业统一的认证体系和平台，更好规范和管理自动驾驶汽车产业发展。

（四）立足国情，推动数字交通安全管理相关法律规范和技术标准完善

测试基地的建设，填补了自动驾驶汽车和车联网安全管理法规标准空白。2020年4月，项目技术团队参与编写《国家车联网产业标准体系建设指南（车辆智能管理）》。该指南针对车联网环境下的车辆智能管理工作需求，指导自动驾驶汽车登记管理、身份认证与安全、道路运行管理及车路协同管控与服务等领域标准化工作，推动公安交通管理领域车联网技术应用与发展，提升中国数字交通安全管理技术水平。围绕该标准体系，项目技术团队编制国家标准2项、公安行业标准5项，发布公安行业标准1项，正在申报国家标准4项，有力推进了数字交通运行安全管理技术标准化工作。项目法规团队配合国家立法机关修改《道路交通安全法》，就数字交通相关的自动驾驶汽车道路测试、交通违法处理、交通事故责任分担等问题开展针对性研究并提出修改建议;配合公安部、工业和信息化部、交通运输部开展《智能网联汽车道路测试管理规范(试行)》修订工作;参与江苏省经济和信息化委、公安厅、交通运输厅等部门制定《江苏省智能网联汽车道路测试管理细则(试行)》。这些法律规范和技术标准的制定与完善,有力推动了面向数字交通的国家质量基础设施中国方案的落地应用。

二、以国家质量基础设施为抓手,推动数字交通产业发展

根据中国智能交通协会公布的数据,2011—2020年,中国数字交通市场总规模由420亿元增长至1 658亿元,年化增长率接近20%,数字交通需求增长快,空间广阔。数字交通已经成为世界各主要经济体科技发展、产业升级与竞争的焦点。发展数字交通产业有利于提升产业基础能力,突破关键技术瓶颈,加速产业转型升级,培育数字经济新动力。

测试基地以国家数字交通战略为导向,广泛调研、提前布局、强化技术研发和创新,打造数字交通国家质量基础设施,形成标准检测检验、认证认可一体化解决方案,满足不同数字交通应用的运行安全性测试评价需求。同时,强化基础应用技术研究,在测试评价体系、测试工具链、测试评价标准等方面取得突破,对数字交通运行安全测试标准化和规范化起到促进作用。依托测试基地,由公安部批准设立,无锡市人民政府、公安部交通管理局共建,滨湖区人民政府、公安部交通管理科学研究所与太湖城管理委员会承建的无锡(国家)智能交通产业园(以下简称"产业园")快速发展,产业园占地11.24万平方米,总建筑面积为62.68万平方米,总投资24.96亿元。目前,产业园有键桥电子、大华锐频、金中天、加视诚、远博智能、君度国金等12家数字交通应用研发企业入驻,年销售额达2亿元。测试基地构建了面向数字交通的国家质量基础设施中国方案,为数字交通相关产业健康发展保驾护航,吸引了大批数字交通企业落户无锡,促进了无锡数字交通产业集聚和融合发展。

测试基地深耕数字交通运行安全性测试评价基础应用技术,支撑相关

政策法规的完善,提出数字交通国家基础设施建设中国方案,为数字交通产业的基础技术研发、政策法规完善、产业集聚发展探索了全流程一体化的新路子。我们有理由相信以数据为动力资源的数字交通产业明天可期。

表 22-1　　　　　　　　　测试基地数字交通大事记

时间	事件
2017年9月10日	公安部、工业和信息化部、江苏省人民政府"两部一省"共建的国家智能交通综合测试基地在无锡正式揭牌。测试基地是中国首个部省共建的面向自动驾驶汽车上路行驶考试和安全评估的测试场
2018年9月14日	在2018年世界物联网博览会"智能交通与车联网产业发展高峰论坛"上,测试基地半开放测试环境正式启用,并发放首批江苏省智能网联汽车道路测试临时行驶车号牌
2020年10月29日	国家智能交通综合测试基地(一期)正式启用

执笔:罗为明

B.23 后摩尔时代为集成电路夯实基础

——华进半导体封装先导技术研发中心有限公司

集成电路产业是支撑数字经济的战略性、基础性、先导性产业。集成电路封装技术伴随芯片发展,一代芯片需要一代封装,随着集成电路器件尺寸缩小和运行速度提高,封装要求将更高。当前摩尔定律逐渐到头,集成电路成本不断上升,封装将成为后摩尔时代获利的重要环节。5G、消费电子、存储和计算、物联网、人工智能等数字化应用,使先进封装成为集成电路产业的主推动力。2020年4月中国工业和信息化部批准,华进半导体封装先导技术研发中心有限公司组建"国家集成电路特色工业及封装测试创新中心"。

2012年9月,华进半导体封装先导技术研发中心有限公司(以下简称"华进半导体")在无锡高新区正式成立。华进半导体由中科院微电子所和长电科技、通富微电、华天科技、深南电路、苏州晶方、安捷利(苏州)、中科物联、兴森快捷、国开基金等十九家行业龙头单位共同投资设立。华进半导体本着以企业为主体、市场为导向、产学研相结合的方针,加快产业关键共性技术研发,强化企业合同科研服务,推进体制机制的创新与实践。华进半导体的研发团队由中科院领军人才和具有海内外丰富研发经验人员所组成,研发人员近百人,其中一半以上具有博士学位或硕士学位。华进半导体挂牌发改委高密度集成电路封装技术国家工程实验室、国家集成电路特色工艺及封装测试制造业创新中心、国家级博士后科研工作站、江苏省先进封装与系统集成创新中心、江苏省产业技术研究院半导体封装技术研究所。

华进半导体的目标定位是，建设在国际半导体封测领域具有影响力的国家级封装与系统集成先导技术研发中心，在部分领域能够引领国际产业技术发展。面向中国集成电路产业结构调整和创新发展需求，建设世界一流水平的国际化产业技术研发中心，在全球创新链中占有自己的位置，从而推动中国集成电路产业做大做强。

华进半导体作为国家级封测/系统集成先导技术研发中心，以企业为创新主体的产学研用结合新模式，开展系统级封装/集成先导技术研究，研发 2.5D/3D TSV 互联及集成关键技术（包括 TSV 制造、凸点制造、TSV 背露、芯片堆叠等），为产业界提供系统解决方案。华进半导体同时开展多种晶圆级高密度封装工艺与 SiP 产品应用的研发，以及与封装技术相关的材料和设备的验证与研发。

一、半导体封测先导技术研发平台

华进半导体承担了 2013 年、2014 年国家科技重大专项，项目分别于 2017 年、2020 年成功通过验收。国家重大项目的实施，使华进半导体拥有 3 200 平方米的净化间和 300 mm 晶圆整套先进封装研发平台，已初步建设成为全国领先、国际一流的半导体封测先导技术研发中心，国内最大的国产设备验证应用基地之一，人才实训基地和"双创"培育基地。华进平台，包括 5 个共性技术公共服务子平台：

一是特色工艺公共技术服务平台。这是依托中科院微电子所工艺线，开展硅光新材料、新工艺、新器件及硅基光电集成技术的研究力量，目前取得包括氮化硅波导器件、APD、光学超表面等一系列研究成果。

二是 12 英寸中后道晶圆级工艺公共技术服务平台。它是以晶圆级封装工艺为核心的工艺技术研发基地，同时为封测产业链提供晶圆级封装材料、设备验证服务。

三是芯片封装工艺公共技术服务平台。它提供以基板为载体的芯片封装工艺服务。

四是先进基板工艺公共技术服务平台。它以 SiP 技术融合为特色，通过异质集成形成功能性模块与SiP微系统,进行有源/无源埋入、精细线路、超大尺寸等具有显著技术特色的先进功能性基板的工艺研发与服务。

五是可靠性与失效分析检测中心公共测试服务平台。它为集成电路领域客户提供可靠性与失效分析的一站式检测认证服务和综合性质量解决方案。

二、集成电路产业的出色CRO

华进半导体创新中心建立以来,为超过600家集成电路行业的企业提供合同科研与技术服务。服务对象80%为创新型中小创企业,为大众创业、万众创新贡献力量,其中江苏企业超过三分之一。从2013年9项合同、2014年57项合同、2015年92项合同、2016年448项合同、2017年617项合同、2018年734项合同、2019年770项合同到2020年872项合同,已累计服务合同达3 600余项,合同金额累计5.3亿元。各项数据逐年攀升,年增长收入达20%。

三、行业核心技术的突破

华进半导体建立以来,先后承担国家科技项目、国家自然基金项目、省市科技项目20余项,自主研发的多项工艺技术指标国内领先,部分达到国际先进水平。"2.5D TSV硅转接板制造及系统集成技术""大板集成扇出先进封装技术""多芯片集成扇出型封装晶圆级先进封装技术"分别获第十届、第十二届、第十四届年中国半导体新产品和技术奖;"高密度三维系统级封装的关键技术研究"获北京市科学技术奖;"基于TSV的2.5D3D封装制造及系统集成技术"获中国电子学会技术发明类二等奖;"以硅通孔为核心的三维系统集成技术及应用"荣获北京市科学技术奖二等奖、第二届集成电路产业技术创新奖;"高端电子基板多品种高精高效制造核心装备、关键工艺及系统集成"荣获广东省科学技术奖。

2020年高密度高可靠电子封装关键技术及成套工艺荣获国家科技进步奖一等奖。华进半导体在该项目中承担核心技术研发,针对光子器件、电子器件封装的协同设计方法和集成技术进行深入研究。华进半导体通过对光、电、热、应力等多物理场参量建模以及测试技术的研究,掌握了设计仿真、工艺制备、测试验证等关键技术,并搭建了从研发到量产的中试平台。华进半导体对非气密光电异质集成封装、射频微波组件、多芯片混合三维集成等高性能产品应用作出特别贡献。

四、为国产封装材料填补空白

华进半导体设立国产封装材料实验室,为全国集成电路封测产业链的国产封装材料发展奠定了基础。该实验室针对应用端企业"卡脖子"问题,对集成电路封测的核心受限材料开展快速研发、快速评估验证和快速产业化,助推集成电路先进封装企业材料采购供应链的安全可控,破除 A 方在中国集成电路产业链先进封装材料环节的负面影响,实现中国集成电路龙头企业在封装材料上的自主可控发展目标。在国内大循环、国内国际双循环格局下,该实验室的成果填补了中国集成电路封测产业链中的关键国产材料与工艺的耦合环节缺失,将推动国内封装材料的产业化,助推无锡区域下游数字产业企业的发展壮大。

五、华进半导体创新探索

(一)诞生在市场化的土壤

华进半导体股东由行业内产业链上下游龙头企业、科研院所、基金公司组成,汇集了行业最顶层的丰富资源,特别是科研力量资源。以股权为利益纽带,在国家科技重大专项支持下,行业龙头企业与科研单位共建,建立切实有效的"产学研用"联合机制,实现从芯片设计、晶圆生产到封装设计、电热仿真、加工、量产测试、可靠性测试、基板加工等全面覆盖。值得一提的是,华进半导体的创新中心近几年带动了相关装备、材料业发展,产业关联效益超过 94.89 亿元。

(二)"运营公司+战略联盟+产业基金"模式

华进半导体的国家集成电路特色工艺及封装测试创新中心采取"运营

公司＋战略联盟＋产业基金"的商业化模式，以运营实体华进半导体为基础，依托国家集成电路封测产业链技术创新战略联盟运行，开创业内新型创新研发实体模式。一方面围绕产业链构建创新链，辐射产业链上下游，吸收高等学校、科研机构和材料、装备、封测、设计、器件应用等生产企业作为成员单位，构建从基础研究、技术开发、产品制造到商业化应用全产业链的协同创新联盟，提高先进封装技术创新能力和行业服务能力；另一方面，吸纳政府、产业发展基金与社会资本，加强投入建设，打造政产学研融用六位一体的协同机制。

（三）灵活多样的运营形式

华进半导体作为市场主体，结合产业界技术发展方向，面对国家项目研发、企业自主研发项目、客户合作、委托开发项目、客户技术服务项目、技术出资孵化项目、技术产业化项目、知识产权技术转让、技术培训项目等，统筹兼顾，协同发展。针对多个运营环节和业务模块，华进半导体形成了基于产业、面向产业、先与产业、服务于产业的多种灵活机制与形式，以数字化管理技术服务平台，为行业提供专业化公共服务。

（四）面向全球架设资源配置平台

华进半导体面向全球行业，建立了一个互惠共享的数字化信息合作平台，以行业数据流动牵引资金、人才、技术、知识等要素的分享，并促进资源全球化配置。华进半导体的国家集成电路特色工业及封装测试创新中心深化国际合作与交流，成功举办华进论坛 16 期、华进开放日 7 届、NCAP & Yole 先进封装及系统集成专题研讨 6 届、华进大师讲堂、技术攻关联合体等，为来自海内外学术界和产业界的专家、学者和研究人员及从业者，提供了电子封装与制造技术领域的新技术、新产品、新工艺、新模式、新思维交流平台，为建设世界一流的国际化制造业技术研发中心发声，已在全球创新链中占有一席之地。

执笔：任　盈

B.24 为制造业奏响数字化主旋律

——华中科技大学无锡研究院

21世纪,各国迈入数字化转型进程,新冠肺炎疫情倒逼数字化转型步伐加快。在制造业向数字化转型的时刻,一个创新型研究院恰逢其时,为中国制造业数字化而生。它从研发设计、生产制造、产品服务、组织管理等方面支持制造业数字化体系建设;用科技创新探索制造业数字化新路径;用无边界组织形态,突破领域、地域、技术界限,汇聚技术、资本、人才、政策等创新要素,开辟一片制造业的新生态。

无锡从现代工商业城市走向当代先进制造业强市,近年以数字制造、智能制造为转型升级主攻方向实现高质量发展。数字化设计与制造作为智能制造发展演进的范式基础和关键共性技术,是无锡实现其目标的重要路径。华中科技大学拥有国内一流机械工程A+学科,是国内最早从事数字制造、智能制造研究的高校之一。2012年10月,华中科技大学与无锡市、惠山区人民政府签署协议,共同成立以研发产业共性技术、推动科研成果转化、集聚高端人才、孵化和服务本地企业为目标的华中科技大学无锡研究院(以下简称"研究院"),为制造业数字化转型提供科技支撑。

一、建设制造业数字化创新平台——集聚资源,探索创新

研究院自2012年成立以来,一直致力于探索新型研发机构的体制机制,为产业经济高质量发展提供创新平台。

2015年10月华中科大无锡研究院加入江苏省产业技术研究院,逐步

实施"一所两制""合同科研""团队控股"等改革举措,集萃华科公司组建成立,建立了面向市场导向,兼顾高水平创新研究和高效率技术开发的体制机制。2020年10月获批建设江苏省数字化设计与制造创新中心,以"运营公司+联盟单位+网络服务"的方式组建,通过数字化手段,结合省级制造业创新平台的技术、资源和政策优势,构建包括省内有关高校院所、产业经济智库、新型研发机构、制造业龙头企业、投资机构等在内的创新联盟,平台架构日趋完善。

研究院针对创新资源分散、技术供给和技术需求信息不畅、研发流程复杂冗长、科研投入风险高等问题,运用数字技术描述、生产、挖掘、分析、集成、共享、协作相关信息,实现日常管理和知识管理;利用互联网、5G、云存储、大数据等技术打造新型研发机构的信息管理系统,对创新价值链进行全链数字化管理,为开展科技创新工作提供有效支撑。

目前,研究院的研发办公、加工中试和产业孵化载体面积超5.5万平方米,拥有仪器设备、软件系统近200台套,形成团队22个,专兼职人员总数超300名,累计承担纵横向合同科研597项,合同科研经费超过2.5亿元,拥有知识产权300余项,成果转化率超过30%。研究院通过产学研合作、教育培训、智能制造诊断等多种形式服务企业两千家次,衍生孵化高技术企业近20家,获得中国智能制造十大科技进展、江苏省科学技术奖一等奖、无锡市腾飞奖等多项奖励,为地方制造业数字化转型提供了强劲的科技支撑、产业发展服务,成为国内有影响力新型研发机构。

二、聚焦制造业数字化核心技术——技术创新,价值创造

研究院面向航空发动机及燃气轮机、航空航天飞行器、航天火箭、汽车、轨道交通装备、高端数控机床、能源及海洋重大装备等国家战略和支柱行业,聚焦数字化设计、数字化分析、数字化制造等方面关键共性技术,建设数字化设计与制造创新能力平台,为数字制造和智能制造关键领域研发核心工业软件和核心工艺装备,提供人才和技术支撑,形成中国数字化智能化制造技术的核心竞争力。

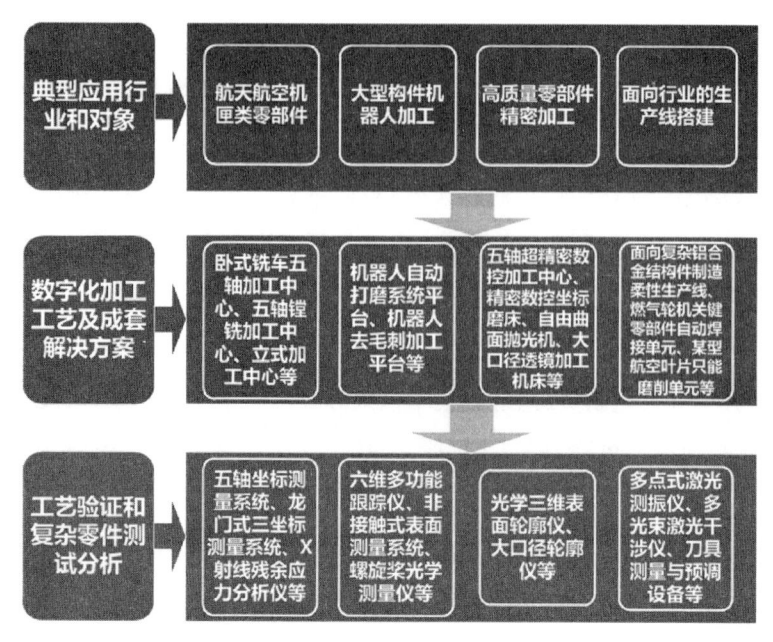

图 24-1 数字化设计与制造创新平台

一是摆脱"两机"复杂曲面零部件(小叶片)制造技术"卡脖子"窘境。基于丁汉院士在"复杂曲面数字化设计与制造"国家两期 973 项目和国家自然科学进步奖二等奖的理论成果,研究院"两机"团队开发了周向侧铣、周向定切宽、RSF 混合铣、自适应变形控制、加工补偿等创新工艺技术,积累了近 40 项自主知识产权,有效解决了业界加工效率低、变形控制难、品质一致性差、刀具磨损严重等系列难题,实现了"自主理论研究—自主产业技术—自主产业应用"的正向研制道路,形成高校理论研究成果产业化、技术转化的新模式。技术成果成功应用于中国航发、中国航天、无锡透平、东汽、哈汽等 11 家企业的近 20 类产品,取得显著社会和经济效益,荣获 2018 年江苏省科学技术奖一等奖。

二是攻克复杂曲面大型结构件(大叶片)加工"智能化"难题。研究院"大叶片"团队将"复杂曲面数字化制造"和"共融机器人"理论成果与大型构件智能磨抛加工产业化应用相结合,开发了全数字化多机器人协同智能磨抛装备,集成激光测量、三维重构、余量判定、机器人轨迹优化、末端力控、机器人系统集成等多学科技术,完全替代传统人工磨抛,大幅提升加工效率,有效改善磨抛表面质量,解决了困扰行业的难题,实现了"市场需求牵引—集成创新技术—市场需求验证"的集成创新道路。该成果成功转让至中国中车集团,并且与中车株洲所联合成立有研发团队持股的混合所有制公司,实现技术成果的就地产业化,荣登2017江苏省产业技术研究院十大技术转移优秀案例榜首,获评2018中国智能制造十大科技进展。

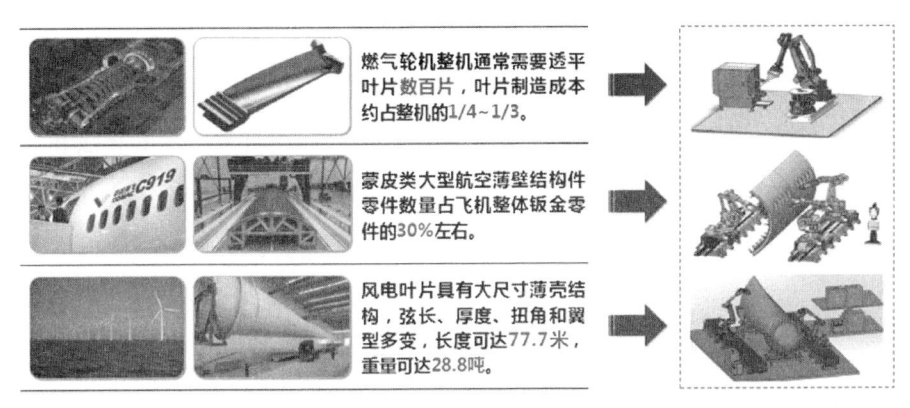

图24-2 复杂曲面先进数字化制造技术研发与应用

三是单元技术突破提升数字产业基础保障能力和工程化水平。研究院承接实施了中车、美的、上海电气、三一重工、烽火科技、树根互联等一批智能制造项目,在数字化设计与仿真、曲面加工工艺、数控、机器人应用、工业视觉、精密测量、工业软件、大数据分析等核心技术上实现行业引领,技术被诸多企业推广应用。研究院的智慧物料仓库、数字检测样板、机器视觉"导、控"非标自动化装备、海工和微流体泵阀、微纳制造装备、新能源电池模组技术等已实现产品化,"微纳材料表面纳米包覆技术和装备"入选"科创中国"先导技术榜单。"先合作开发,后成果转移转化"的合作模式成为产学研用的典范,实现了专业化、本地化、可持续的发展模式。

三、推动制造业数字化转型——需求牵引,数字赋能

数字化智能化制造是新一轮工业革命的核心,融合互联网技术(IT)、运营技术(OT)和数字技术(DT),诸如物联网(IoT)、信息物理系统(Cyber-

Physical Systems)和工业人工智能(Industrial AI)都是该领域代表性使能技术。

  研究院大数据团队面向数字化智能化制造,深入探索和研究前沿科学理论,开发自主可控关键使能技术,打造工业3T核心能力,服务无锡产业集群。该团队与无锡华润燃气长期合作,从燃气负荷智能调度和关键设备安全运维两方面着手,通过分析挖掘燃气大数据并结合专家经验,应用自主研发的工业人工智能技术,创新性地研发了数模混合驱动的调度和运维技术,实现无锡用气负荷的精准预测、关键供气设备的实时诊断和使用寿命准确评估。同时,为华润燃气搭建智慧燃气服务平台,运用自主研发的算法和模型,在华润本地服务器上完成部署,实现华润燃气业务整体数字化升级。

  数字化车间和智能工厂改变传统企业生产制造方式。研究院发挥在设计研发、生产制造、测量传感、大数据、数字孪生等方面的技术优势,服务众多传统企业数字化转型。研究院光机电所结合欧派家居智能车间建设需求,合作开发全新定制化家居生产制造智能软件系统、柔性制造系统、条码识别网络制造系统,形成一个从商场接单、个性化设计、三维成像、全自动电子传输、实时生成BOM,到车间按条码取料、开料、封边、打孔、包装、发货的完整产销链,改变了传统行业生产模式,走在国内外厨柜制造行业前列。

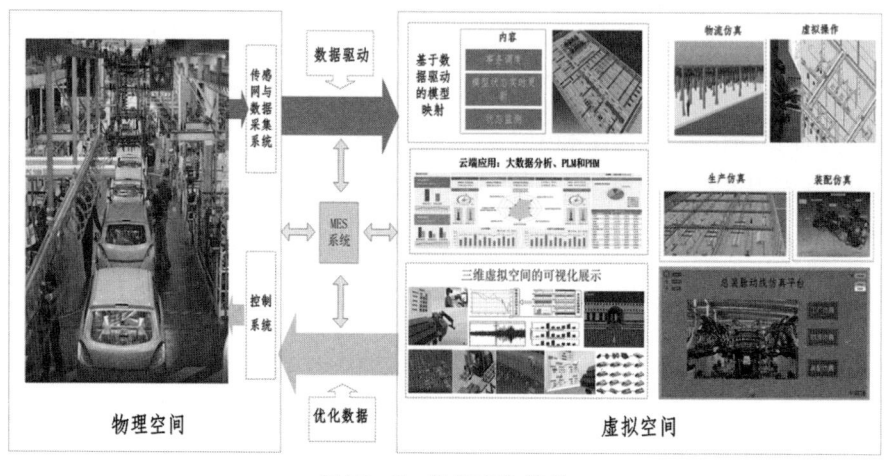

图24-3 数字孪生技术

近年研究院各团队累计走访调研企业千余家次,举办各类学术报告和技术发布、讲座、培训活动等超百次,牵头或参与成立智能制造、物联制造、服务型制造、机器人应用等 4 个产业联盟。研究院与无锡惠山区共同提出首个智能制造地方标准,将信息化、数字化、智能化融入企业发展全过程。研究院联合、辅助地方企业申报 50 余个科技、人才项目,形成开放共享型发展模式,实现技术供给和技术需求有效匹配,形成了一批智能化产品、装备、车间、工厂和新业务模式及解决方案。研究院为惠山区企业申报省市级智能车间赋能,成功申报的数量居全市前列。研究院服务制造业企业转型升级,成效卓著,2019 年获"新型研发机构助推产业高质量发展"无锡市腾飞奖。

四、创建制造业数字化新生态——资本研发,融合发展

研究院积极采用"资本+科研"双向互动方式,出资成立无锡华科大产业孵化有限公司,联合出资设立苏民无锡智能制造产业投资基金,以市场为导向、技术创新为引领、产融资本结合为保障,优化区域企业的数字化、智能化改造路径,借力惠山经开区集人才贷款、科技成功转化风险补偿、企业担保、企业转贷等一体化科技金融政策体系,引入天使、VC、PE、并购等企业全周期金融资源,扶持企业拓展信贷、资本双重资源,培育和推动高新技术与科研成果走向产业化落地。截至 2021 年 9 月,研究院孵化衍生近 30 家创新创业企业并参与投资 13 家企业。其中,中车时代智能、尚实电子、伦科思智能、黎曼机器人等获评高新技术企业并列入规模以上企业。研究院协助地方招商引智,引荐的产业科技型重大项目 3 个,总投资超过 10 亿元。

工业软件是数字制造业的基石。研究院攻克了复杂曲面数字化制造、智能机器人集成应用等核心工艺,研发了工业人工智能机理建模和模型驱动的工业优化决策技术,构建了工业数字化产业平台,形成了 3T 支撑的立体数字化服务体系。研究院正式发布了面向复杂曲面零件加工的国产 CAM 软件 TurboWorks 和面向复杂曲面检测的叶片型面分析软件 DAYUMETRIC。TurboWorks 有完备的特征定义、路径规划、刀路验证、

切削仿真、机床模拟、后置处理、在线自适应功能模块,集成多项专利技术的加工策略,能全面支持航空发动机整体叶盘、叶轮、叶环、叶片等特征零件的高效高质加工编程及仿真验证。

人工智能改变制造业形态,人工智能学习及人才培养是产业数字化关键。研究院大数据技术团队面向具体场景,打造完成开放式、低门槛人工智能算法平台。该平台主要针对复杂零件制造、能源管理、装备监控预测等工业领域,也可延伸至医疗诊断、交通管理、城市管理、金融预测等行业领域。华中科技大学无锡研究院的平台通过对企业、高校、科研院所及其相关从业人员进行普适化大数据教育培训,解决大数据入门难的痛点,加快工业大数据技术人才成长。同时,平台打造了大数据算法学习者和企业应用需求发布者的共享交流平台,形成分布式大数据算法人才智力供应池和企业大数据算法应用需求的发布池,推进研发工作者开展彼此合作,共同促进大数据技术的普及和发展。

图 24-4 人工智能算法平台

五、培育制造业数字化人才——创新发展,人才为本

研究院始终坚持以人才为核心,依托省"双创人才"、省产研院"集萃人才"、市"太湖人才"、区"先锋英才"等人才引育计划,通过"外引内育集聚人

才"的方式,吸引并培养了一批来自海内外知名高校、重点企业、科研机构的高层次人才。目前,研究院拥有专职博士16人,全体员工硕士生及以上学历占比近70%,形成了以院士、长江学者、国家人才领军,中青年高端人才为主力的研发管理团队,承担人才类项目30余项。集萃华科公司创业团队获无锡市"太湖人才计划"顶尖创业团队1亿元支持,形成人才加速集聚的"强磁场"。

研究院以培养创新人才和创业领军人才为目标,构建"高校—研究院—企业"联动的人才培养机制,共同建设人才培养和实训基地。研究院累计举办、协办各类大型培训30余场次,为企业培训人才1 000余人次,联合培养研究生400余人,通过开设与工业软件、大数据、人工智能等相关的培训课程,培育具备专业知识、计算机科学、数据分析、编程与其他专业学科间交叉融合的人才,扩大人工智能、大数据、工业软件、智能制造等数字经济专业人才输出。研究院通过学术沙龙、讲座、团建、竞赛等方式增进员工学习交流,营造学术氛围,打造复合型、创新型人才培养高地。

在全球数字化潮流中,研究院将植根数字经济的土壤,以数字技术创新应用为牵引,以数据要素价值转化为核心,以多元化、多样化、个性化为方向,探索制造业的服务化转型路径,将价值链由以制造为中心向以服务为中心转变。针对广大企业数字化设计与制造关键技术资源的需求,创新、强化现有需求发布、专家智库、技术服务、资源共享、转移转化、合作交流等平台功能,充分释放数字经济高质量发展活力因子,聚合形成场景新形态、业务新环节、产业新组织、价值新链条,为实现制造强国而奋斗。

执笔:丁建成

B.25　新能源产业数字化的领跑者
——远景科技集团

21世纪是能源革命的重要时期,人类必须建立清洁低碳、安全高效的新能源体系,提高能源供给保障能力。中国的目标是2030年实现碳达峰,2060年实现碳中和。在新能源产业发展过程中,数字化、智能化无疑是重要动能。远景科技集团10多年"新能源+数字化"的开拓实践让我们看到未来可期。

成立于2007年的远景科技集团,是全球领先的绿色科技企业。以"为人类的可持续未来解决挑战"为使命,拥有智能风电科技企业远景能源、智能电池企业远景AESC、开发全球领先智能物联操作系统的远景智能、管理远景—红杉百亿碳中和基金的远景创投,以及远景维珍电动方程式车队。其中,远景能源作为全球领先的智能风电和智慧储能系统技术公司,引领中国风电产业发展和变革,创造中国风电市场的多项第一。

进入新能源发电设备市场伊始,远景科技集团便提出"软件定义风机"概念,利用自主研发的智能控制技术,突破传统风机的技术边界,设计制造出"能感知、会思考、自学习、可判断和决策"的智能风机产品,实现了风机的数字化再造。坚持数字化理念的远景科技集团各项业务发展迅速,2020年在央企采购风电项目中远景科技集团中标量第一,截至2020年底远景科技集团风机累计出货量位居全球第四。根据彭博新能源财经(BNEF)发布的2020年全球风电整机商新增吊装容量数据显示,远景科技集团在全球累计新增吊装10.35GW,其中海外风机新增吊装量为0.28GW,出口包括法国、墨西哥和阿根廷等海外市场。远景科技集团依靠技术创新与产业数字化能力，连续多年平均增长超过40%，2020年全球吊装量增幅达到79%。

远景科技集团从新能源发电场站生产一线出发，综合物联网、大数据、机器学习等最新技术，实施一系列产业数字化工程，从能源发电场站的设计和运营，到帮助行业寻求更低度电成本、更优解决方案，成为新能源数字化领域的领跑者。

一、能源基础设施泛在互联——全球最大新能源资产智能物联操作系统

远景科技集团以EnOS™智能物联操作系统打造智能物联网，为物理设备与数字化服务提供连接纽带，实现能源基础设施泛在互联，通过监控、分析、预测和优化设备行为，帮助企业构建数字化新能源资产管理体系，提升投资组合收益。目前EnOS™连接超过250 GW新能源资产，连接数以亿计的物联网设备，每日处理物联网消息量超过1 500亿条，中国超50%的风电资产和23.32 GW的光伏资产接入EnOS™智能物联操作系统，EnOS™已成为全球最大的智能物联操作系统。

EnOS™基于开放标准和成熟技术，支持90%物联设备通信协议和主流IT数字化协议，实现智能设备之间的对话和协同，快速完成大规模新能源资产接入，形成能源基础设施泛在互联的核心能力；适配各类云平台、私有数据中心，提供自主可控的基础技术平台、快速集成企业内外部系统，打破企业数据孤岛，建立数据协同能力，提供数据分析和可视化开发工具，提高企业数据以及业务洞察力。EnOS™机器学习算法库融合远景新能源领域最佳实践和专业知识沉淀，帮助发电企业实现高效、敏捷地业务创新，提升50%的物联网实施效率和应用开发效率，推动能源企业数字化转型。

二、"数字化技术＋传感信息"——带来更低度电成本

远景科技集团通过数字化技术研发打造了超感知智能风机、"伽利略系统"和"格林威治系统"，为发电企业带来更低的度电成本。以中低风速区域

某平价项目为例,远景超感知智能风机总投资收益率超过16%,度电成本为0.22元/千瓦时;以高风速区域内某平价项目为例,远景超感知智能风机总投资收益率达到12.11%,度电成本为0.18元/千瓦时。据业内专家预测,到2023年东、华北西北地区风电、发电侧储能度电成本可降至0.1元/千瓦时,即以"风电+储能"模式产出的稳定绿色电力的综合度电成本降至0.2元/千瓦时。

超感知智能风机的内部加装有600多个传感器,能更快速调整风机姿态,适应复杂多变气流,提高发电效率,降低发电成本。远景科技集团超感知技术将提供机理信息的数学模型和提供环境状态的传感信息结合,实现风机对自身运行状态与行为的实时感知,如状态感知和趋势感知。状态感知提高故障监测的及时性与准确度,趋势感知建立设备预测性防护体系,提前在线干预;将网络数字化技术与风机、机群智能运行策略相结合,伴随风机不断适应周围环境变化与运行数据持续积累,每一台风机都会进化出适合自身的智能化运行策略,进一步降低度电成本。

"伽利略系统",基于模型重构技术搭建超感知智能风机数字化镜像,一方面实时监控风机运行情况,建立风机疲劳损伤和寿命估计模型,配合自适应控制模式,建立风机全生命周期的优化控制策略,实现和超越设计发电量;另一方面,基于风机实时疲劳损伤和寿命估算数字模型,科学合理"消费和呵护"其寿命,延长风机使用寿命,通过增值进而降低风电度电成本。

"格林威治系统",通过建立风场数字化三维地理信息模型,基于远景科技集团新能源领域人工智能算法,选取最佳风资源与风机安装点位,优化集电线路,合理规划风场施工道路,完成概算与经济评价等的一体化设计能力,帮助发电企业选择最优风场建设方案,减少建设投资成本。"格林威治系统"每年完成超过2 000个项目评估与设计,提高风场设计效率50%以上。

三、数字化管理系统——实现资产运营优化

新能源发电属于重资产运营行业,资产运营效率是发电企业的核心竞

争力之一。远景科技集团资产运营管理优化产品"EnWeather""孔明功率预测系统""智能监控与预警系统"帮助发电企业提高资产运营效率,创造更大的社会与经济效益。

EnWeather 是数字化精准气象预报服务系统。新能源发电受天气强烈影响,精准的气象预报是新能源企业制定合理发电计划的基础,可降低气象的不稳定性对发电效率的影响。远景科技集团依托超级计算机"无锡太湖之光"的强大算力,提供精确至 1 千米×1 千米范围内、15 分钟刷新频率的高精度气象模拟与精准预报。所预测的气象数据包括风、光、降雨、闪电、温度和湿度等对新能源发电与电网安全运行至关重要的天气数据,为发电企业准确分析与预测区域环境、能源供需、设备运行提供数字化支持。

孔明功率预测系统,借助 EnWeather 强大的气象预测能力,结合新能源发电预测算法,精准预测未来时段的发电趋势,每 4 小时滚动发布和更新数字信息。通过孔明功率预测系统合理安排发电计划,实现区域性的所有风光新能源未来各时间段出力特性的态势感知,降低来自发电出力波动性与随机性的影响,帮助发电企业提升场站功率预测水平和电网友好性。

智能监控与预警系统,能够为新能源发电企业提供集中远程监控、设备健康预警和生产数据分析于一体的数字化管理方案。场站管理人员可远程实时掌握新能源发电设备的运行状态,进行线上故障排查,实现新能源项目"无人值班,少人值守"的运行管理模式。结合设备智能告警、故障预警等功能,该系统将事后运行维护转变为预测性维护,降低风场运营成本。电站问题由此从快速识别、引导处理到验证闭环实现全线上化管理。

四、明天远景科技集团——为 2030 年碳达峰、2060 年碳中和而战

一是架设中国智慧城市平台。远景科技集团以新能源与智能技术融合为基础,建立未来城市智慧能源体系,整合智能发电、智能微网、分布式能源、智慧楼宇和智能社区等领域的产品与服务，将数以亿计的设备、机器、系统连接互动，为城市发展提供坚实的能源物联网基础，并建立城市智能物联网操作系统。该系统实现与新基建要素融合发展，一体化实现数据处理、智能算法、应用赋能，打通信息孤岛，实时动态管理好城市信息流、社交人流、交通流、物资流、基础设施流，将建设"零碳友好、坚强韧性、以人为本"的智慧城市。

目前，新加坡政府科技局（Government Technology Agency，GovTech）正基于远景科技集团 EnOS™ 智能物联操作系统，打造智慧国家物联网开发平台 DECADA（设备管理控制及数据采集系统），加速落地新加坡"智慧国度2025"战略计划，远景为新加坡建设"智慧国度"提供"数字底座"。

二是打造数字化碳管理平台，远景科技集团基于 EnOS™ 智能物联网操作系统，打造方舟碳管理系统，为企业、园区乃至城市计算碳排放、追踪碳足迹、规划碳抵消策略，提供端到端的数字化零碳解决方案。通过物联网技术，远景科技集团方舟碳管理系统溯源、抓取、并分类碳排放来源；通过人工智能算法，精准核算碳排放量，分解碳中和目标，实时跟踪城市碳足迹；通过一系列能效优化、绿电协同方案，降低碳排放，提高城市用电中绿色电比例；提供绿证申请、核发、交易、核销等一站式服务，为企业或城市创建新型数字化碳管理方案。

远景科技集团围绕方舟碳管理系统，将为企业或城市提供风电、光伏、储能等相关投资产品，包括自建自发自用的分布式风电和光伏，以及电气化改造升级、节能减排等一系列综合解决方案。目前，远景科技集团的"零碳方舟计划"及"方舟碳管理系统"，正在为微软、阿斯利康、凯德等全球领军企业提供零碳解决方案。

未来的远景科技集团将在数字化发展道路上继续砥砺前行，以数字资源驱动，深入探索低碳技术，进一步加快自身数字化进程，为中国数字化能源产业发展贡献更多力量。

表 25-1　　　　　　　远景科技集团数字化大事记

时间	事件
2008 年	首创"软件定义风机"技术,成为国内首家自主开发风电核心控制技术和载荷优化技术风力发电企业
2008 年	在丹麦成立中国风电企业首个全球风电技术创新中心
2009 年	推出全球首款 1.5 兆瓦 87 米风轮低风速数字化智能风机,全球首创低风速技术,被《福布斯》中国评为"中国科技先锋封面企业"
2011 年	首创智慧风场管理平台成功上线
2012 年	推出全球首创基于局部变桨技术和碳纤维主轴技术的 3.6 MW 新概念海上风机,被业界誉为"游戏规则改编者"
2013 年	推出全球第一款 4 MW 海上智能风机,成功并网发电
2014 年	推出"格林威治"场站设计与建设服务软件,解决"数字能源管理"领域全生命周期系统核心问题
2016 年 9 月	推出 EnOS™ 智能物联网操作系统
2018 年	发布第一代分布式智能风机产品及国内首份《中国分布式风电白皮书》
2018 年 10 月	中标新加坡政府科技局的物联网开发平台(DECADA)项目
2019 年 6 月	EnOS™ 智能物联网操作系统 2.0 版本发布
2019 年 10 月	发布首款 EN-156/3.XMW 系列"超感知"智能风机
2019 年 12 月	EnOS™ 智能物联网操作系统 2.1 版本发布,全面释放 AI 能力帮助企业探索和挖掘数据价值
2019 年	获"麻省理工科技评论"全球 50 家最聪明公司榜单前 10 位
2020 年 12 月	EnOS™ 智能物联网操作系统 2.2 版本发布,为企业实施数字孪生带来低代码开发体验
2021 年 4 月	宣布远景科技集团 2022 年底实现运营碳中和,2028 年底实现全供应链碳中和,成为承诺最早实现全供应链碳中和的中国企业

执笔:远　景

B.26 传统中药数字化新路探索

——江阴天江药业有限公司

中医药是中华传统瑰宝,为中华民族的繁衍发展起到了重大作用。在中医药漫长的发展过程中,由中药饮片所熬制成的汤药是最主要的一种治疗方式。随着现代社会生活节奏的不断加快,抓药、熬药成为服用中药人群的负担。为了让传统中药产业数字化、现代化,江阴天江药业的中药配方颗粒智能化改革,开启了现代中医药产业的新征程。

1992年,作为"全国首家中药饮片改革试点单位"和"中药配方颗粒试点生产企业"的天江药业在江苏南部的一个小县城正式成立。二十多年来,天江药业由最初员工只有10多人的天江制药厂逐渐发展至拥有员工近2 000人,集中药配方颗粒的研发、生产、销售为一体的国家高新技术企业。2015年,天江药业并入中国医药集团,成为中国中药控股有限公司旗下子公司,其科研水平、生产规模、市场占有率均名列前茅,是国内中药配方颗粒行业的排头兵和龙头骨干企业。天江中药配方颗粒产品被国家科技部认定为"中药现代化优秀成果",获国家科技进步奖二等奖,江苏省科学技术奖二等奖、三等奖。

随着数字化时代的到来,数字化转型成为企业面向未来塑造核心竞争力的关键。天江药业在全国仅有的六家中药配方颗粒试点生产企业中率先建设了中药配方颗粒智能生产车间。2018年,江阴天江药业"中药配方颗粒示范智能化车间"获批江苏省第一批示范智能车间,在行业内率先承担了国家工信部批准的"中药配方颗粒跨区域全产业链智能制造新模式"示范项目。数字经济理念的引入,使得企业管理及生产过程自动化、信息化大幅提升,公司销售业绩持续增长,2020年公司总资产达67.51亿元,资产负债率43.3%,实现销售收入42.38亿元,利润总额12.18亿元,银行信用等级为AAA。

近年国家高度重视中医药发展,中药配方颗粒标准研究纳入国家《中医药发展战略规划纲要(2016—2030年)》,全国各地陆续出台"鼓励中药配方颗粒发展"若干政策。《中药饮片行业发展研究蓝皮书》的数据显示,国内中药配方颗粒的市场规模从2010年的20亿元增长到2018年的151亿元,8年的年复合增长率高达33.48%。2018年,国内中药饮片市场规模约2 200亿元,中药配方颗粒占中药饮片比例约8.4%。中国中药配方颗粒市场呈现不断增长态势,增速高于中药饮片整体增速,未来市场空间广阔。

一、从天江药业发展成长看传统产业迈向现代数字化生产的轨迹

在创业创新阶段(1992—2003年),主要开展科研项目技术攻关。天江"单味中药剂型改革"科研项目成功立项,随后又先后承担了国家"星火计划"、国家"火炬计划"等科研项目数十项。2002年,天江药业通过GMP现场认证。这个阶段的特点是逐步形成研发生产能力、研究制定产品质量标准。

在发展规范阶段(2004—2014年),企业朝着标准化、规范化和规模化方向快速发展。"中药配方颗粒产业化关键技术研究与应用"荣获中药配方颗粒行业内第一个国家科技进步奖。"TIANJIANG"商标获得中国驰名商标。2014年,天江药业新厂部建成投产,引进自动化流水线,实现年生产中药配方颗粒制剂3 000吨。这个阶段的特点是在标准化和自动化基础上,初步进入信息化,并引入数字化理念。

自2015年起,天江药业进入高质量发展阶段。天江药业并入国药集团旗下,以标准化为引领,全面带动中药配方颗粒向智能化、信息化、数字化方向发展,率先建设中药配方颗粒数字化生产车间,形成以江阴天江为中心,

全国十多家产业园协同生产的新局面。2018年,天江药业成功获批国家工信部智能制造新模式项目"中药配方颗粒跨区域全产业链智能制造新技术应用"。同年,天江药业"中药配方颗粒示范智能化车间"被评为江苏省第一批示范智能车间。这个阶段的特点是数字化管理模式形成,数字作为要素纳入工厂管理体系。

二、天江药业走向"数字化"的迫切性

(一) 中药跨区域数字化工厂建设的迫切性

中药饮片质量受药材品种、产地、采收季节、炮制加工、贮存、运输等环节诸多因素影响。不仅原药材稍有不慎就发霉变质,且不同批次间原药材质量差异较大,影响患者服用效果。建设中药跨区域数字化工厂,可以实现异地生产资源合理配置,达到协同制定生产计划,调配生产物料,以及批次生产的物料和质量数据的可追溯。数字资源的汇聚与平台管理成为传统产业走向现代化的关键。

(二) 生产车间自动化水平提升的迫切性

随着国内劳动力成本逐渐增加,提升生产车间自动化水平可有效降低劳动成本,充分利用空间、减少土地占用面积,同时减少人工因素,提升产品质量稳定性。此外,随着销售规模的不断扩大,天江中药配方颗粒生产基地也随之扩大,企业在新一轮技术改造与工厂建设时,对车间的自动化、智能化程度提出更高需求,大量生产信息迫切需要储存、分析,以便优化生产管理。数字赋能成为有效手段。

(三) 全产业链信息化管理的迫切性

影响最终中药产品质量的因素包括药材源头质量控制、生产工艺研发、过程管理控制、质量管理体系等。为保证中药产品质量,迫切需要进行中药配方颗粒全产业链质量管控。在中药配方颗粒生产制造过程中,急需把分

散在产品制造过程中各种孤立的子系统有机集成起来,合理采集、集成、挖掘和利用海量生产及质量管理数据,实现全生命周期的信息化管理与追溯,建立大数据中心,研发基于数据挖掘的智能决策支持系统,进一步加强生产精细化管理水平,最终实现产品质量和生产过程的有效管控。

智能技术领域是下一个投资的风口,企业急需进行"数字化"技术变革,改变企业生产方式,构建以智能制造为重点的新型产业体系,促进新的生产管理方式形成,进一步增强企业的经济实力和市场竞争潜力。

三、天江药业"数字化"的探索之路

(一)运营模式突破——数字营销

天江药业"云药房"正式启动。互联网业务迅速增长,天江药业与平安好医生等多个互联网平台开展战略合作,实现线上线下一体化,打造连接各类医疗机构、医生、企业、调剂配送中心和患者的服务平台。

(二)调剂配送模式创新——数字服务

质量控制水平高、质量稳定的现代中药对于确保临床精准用药、确保临床用药的安全性和有效性具有重要的意义。天江药业智能配送中心采用"前店后厂"模式直接对接终端客户,通过计算机系统链接接受处方,按照处方进行药品调剂,在药品配置完成后发起送药上门服务,直接到达终端客户。其智能化调剂设备系统采用RFID技术进行药品识别,采用闭环控制精密传动技术进行定位,逐盒(袋)自动分药自动封装,且人机对话多次复核,提供完备的药品种类正确性检验和高可靠性的分药封装功能,避免了人工调剂过程中出现的药品调剂差错,有效保障了患者用药安全。

(三)构建跨区域协同——数字制造

基于中药材资源地理分布特点,天江药业构建跨区域数字生产车间,把中药生产车间前移至生产基地,通过加强中药配方颗粒源头药材基地建设与质量控制,引进国内外先进设备和自动化生产线,全面完善提升全过程工艺参数、设备参数和质量参数等控制水平,充分将 ERP、MES 等系统集成协同,创新性地构建"厂区间协同""厂区内部部门间协同""工厂医院协同"跨区域网络协同系统,在发展药材基地、合理利用药材资源和绿色生产前提下,合理配置生产资源,为临床提供稳定可控的中药配方颗粒产品。

(四)立体仓库——数字仓储

天江药业建设的全自动高架立体库,共有 7 200 个货位。库内装备了自动化温湿度监控调节系统,可安全存储 3 亿袋中药配方颗粒和 2 000 吨中药提取物。物料由条形码、二维码进行识别,通过软硬件协作和信息化技术实现物料自动定位、自动传送、自动搬运等功能。WMS 利用入库、出库等各模块数据进行批次质量追踪管理。通过自动化立体仓库与信息系统的集成,满足智能仓储、物料防错防混和追溯管理的需求,达到"信息流与生产物流"的同步。

天江药业对生产、制剂、包装、入库、出库、配送等全过程进行数字化、智能化改造,打造中药配方颗粒全流程智能数字制造新模式。在建设过程中,创新设计中药自动化投料系统,引入新型浓缩设备、自动化干燥技术、智能调剂配药设备等,合理设计中药配方颗粒从药材源头到生产制造过程全程各类参数范围,通过信息化在线检测和过程在线监测等实现数字化生产车间、无人化立体仓库,减少生产过程中人为因素的干扰,同时积累汇聚大量中药配方颗粒生产数据,以便分析中药配方颗粒质量因素、进一步优化各类因素,发挥质量智能预测功能,提升中药配方颗粒质量风险管控水平,实现配方颗粒从工艺到制造、检验及物流的全链条信息化、智能化;通过使用节能降耗的制药设备,实现药品的绿色制造、清洁生产,促进了中药制药工业提质增效、节能减排。

数字化赋能产业,天江药业生产效率提高 27.41%,运营成本降低 25.59%,产品工艺优化升级周期缩短 31.48%,中间品不良品率降低 28.48%,单位产值能耗降低 12.23%。

四、探索与思考

天江药业积极探索"数字化"模式新路径,率先建成中药配方颗粒智能生产车间,并成功入选江苏省首批示范智能车间名单。同时,以江阴为核心、辐射全国的天江药业系产业园,实现跨区域数字化全产业链智能制造的创新应用,为企业高质量发展、行业智能化升级改造提供了可借鉴的成功经验。

传统产业的数字化,先进智能制造技术与先进中成药制造技术相结合,从技术上存在各种不确定性。信息技术发展日新月异,数字化中的算法不断迭代,如未能选择正确的技术路线,可能存在因技术落后、供应商转型导致的后期无法维护的风险。为了防范该风险,在数字化过程中,首先要对所采取的技术路线进行充分的论证,选择具有前瞻性的技术路线与方案,使项目处于领先地位,同时要不断加大科研开发力度,不断完善设计,积极开展技术创新工作,提高技术管理和经营管理水平,提高产品的技术水平,确立产品在国内外市场的领先地位。

表 26-1　　　　　　　　　　天江药业数字化大事记

时　间	事　件
2001 年	国家食品药品监督管理局首批天江药业获批"中药配方颗粒试点生产企业"
2001 年	天江药业出版世界范围内第一部中药配方颗粒鉴别图谱《中药配方颗粒薄层色谱彩色图集》
2011 年	天江药业"中药配方颗粒产业化关键技术研究与应用"课题荣获中药配方颗粒第一个"国家科技进步奖二等奖"
2013 年	天江药业新厂部建成投产,引进自动化、智能化流水线,实现年处理中药饮片 3 000 吨。行业首家"共享中药—天江智能配送中心"落成投运
2018 年	天江药业获批国家工信部智能制造新模式项目"中药配方颗粒跨区域全产业链智能制造新模式应用"和国家科技部项目"中药提取物先进制造与信息化技术融合示范性研究"
2018 年 3 月	天江药业荣获江阴"十佳智能制造先进企业""十佳'企业上云'先进企业""十佳科技创新产出企业",获得 600 万元"产业强市"扶持资金

续　表

时　间	事　件
2019年11月	天江药业被评为江苏省工业和信息化厅"2019年度五星级上云企业"
2020年9月	天江药业荣获2020年江苏省省长质量奖
2020年12月	天江药业获批江苏省两化融合管理体系贯标试点企业

执笔：缪蓉蓉

B.27 让数字跳动在纺织服装生产线上

——江苏阳光集团

工业互联网的意义在于和大数据相结合,或者说大数据是工业互联网的一部分。传统产业的转型升级在于企业的业务形态和组织形态的变化。江苏阳光集团重新定义企业与客户、企业与供应商以及企业与员工的关系,由此培育出新的商业模式。

在推进制造强国战略的过程中,智能工厂作为智能制造的重要实践领域,引起了制造企业的广泛关注和高度重视。智能制造作为制造强国的主攻方向,离不开数字化、网络化和智能化,更离不开大数据。纺织服装是中国的传统产业,有着悠久的历史。阳光集团,中国纺织服装行业的领军企业,拥有世界名牌的全球最大毛纺生产基地,是国内首个承担ISO/TC38国际标准化组织秘书处工作的企业。阳光集团以"智能制造、智谋发展"的理念,在数字化道路上领跑。

20世纪90年代,阳光集团已开启了信息化建设,成立了"数字化研发中心",阳光集团始终秉承"工业大数据是智能制造的核心驱动力"的原则,收集从"市场需求→订单→计划→设计→工艺→生产→管理→服务"的全生命周期数据,分析数据、优化工艺、优化流程,开发了与企业自身相适应的信息系统和企业专业软件工具;先后荣获"中国信息化500强""中国两化融合企业""江苏省两化融合示范单位""江苏省智能车间"等荣誉。2020年,阳光集团作为纺织服装行业首批"国家二级节点示范企业",再次引领行业的数字化。

在制造强国战略的指引下,阳光集团采取了纺织服装智能化生产新模式,实现无人无缝对接、数据智能采集、机器换人,并以 C2M(用户直连制造)和规模化定制,全面提高企业生产经营效率。个性化服装生产线实现从客户下单到产品出货只需 7 天时间,远的如日本,甚至是大洋彼岸的美国消费者线上下单,工厂都能在 7 天内实现发货和出货。智能化生产即满足了服装生产小批量、多品种、快时尚的需求,又实现了生产效率的提高,平均效率提高了 30%—50%。通过智能化,连接数据,积累数据,改变企业内部上下游、供应商与客户之间的信息隔离状态,真正实现从客户下单到生产数据的同步共享,实现企业内部信息与生产设备的互联互通,产销一体快速反应,在生产与消费交叉互动的更大范围上形成新的生态,对产业、社会生活产生深远影响。

一、染料配方数字化

阳光集团承接的订单中相当一部分是 OEM 订单,即客户来样定做。来样定做得从原料分析干起,需花很多的时间去分析、实验,经过反复的实验才能达到来样的标准。阳光集团把原积累的海量历史性数据与现在的互联网以及数字化技术结合,由此产生了一个大而高效的快速生成配方功能系统。该功能系统可以根据产品的来样、图片、结构,实现精准的染料配合。人工智能系统根据染料配方的成本,对同一种颜色选取成本最低、环保效果最好的染料。该系统的百万级颜料数据库,使染料实现最高、最优的组合。

二、面料检验数字化

面料检验是纺织品和服装产品必经工序,这个工序需要有技术经验的检验员来完成。检验员的培养周期很长,工作量大。而且,随着产品小批量、个性化的趋势,标准数量的增多,检验过程越来越复杂,人工操作费时费力,根本无法胜任这一工作。阳光集团研发摸索通过"机器识别+人工智能"的方式,开发了"毛纺检验智能质检系统",即通过人工智能视觉识别,采集分析毛制品瑕疵的变化,对疵点进行智能判断、智能检验,实现从人眼到机器眼。该系统具有自动记忆功能，能对新增疵点自动记忆，保存至数据库。

三、裁剪数字化

传统的服装裁剪，通过毛裁、精裁来完成，效率低成本高；数字化裁剪模式，可实现从多次切到一刀精准切，实现服装裁剪智能化，制订服装裁剪最低成本方案。阳光集团以数字化智能化导向，引进力克 MTM 系统、格柏 MTM 系统、MES 系统、智能裁剪系统，结合 RFID 卡直接调取样板，实现一步到位精准裁剪，裁剪流程由 7 天缩减至 1 天。对于条格面料，可在裁剪系统中定义面料风格，将面料 1∶1 投影到裁床上，实现条格面料的一次性精准裁剪，单套效率由 80 分钟缩减至 15 分钟。

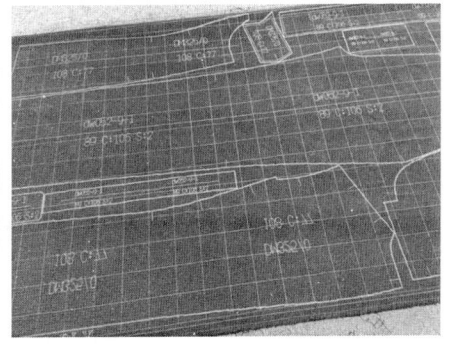

图 27-1 服装裁剪智能化

四、缝制传送数字化

依托智能化生产平台，可实现从手工传递到吊挂传输，实现服装缝制智能数字化传送。阳光集团依托 MES 系统，基于物联网 RFID 卡和吊挂系统，准确调取加工方案，将裁片精准送到每个站点，通过 MES 系统自动采集生产数据，智能分析产线平衡，并将瓶颈工序通过 App 自动推送班组长，便于管理者快速疏通瓶颈工道，提高生产效率。通过 RFID 卡，可自动调取款式工序的工艺信息、样卡信息、辅料信息、尺寸信息等，遇到新工序，员工可以通过标准视频的指导快速上岗。通过 MES 系统与 ERP 系统的完美结合,阳光集团先后获得服装行业协会科技进步奖二等奖、中国服装专利优秀奖、服装行业技术创新示范企业、无锡市青年科技创新大赛优秀奖、江阴市优秀信息化成果奖等。

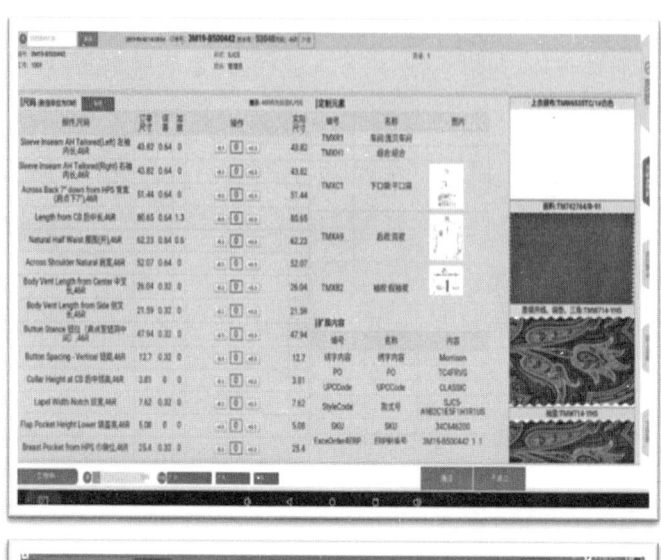

图27-2 服装缝制智能数字化传送

五、库存数字管理"网状化"

传统上,纺织企业的库存管理为"直线型",所有信息无法共享,造成库存面料越来越多、越来越难销,积压成本也越多。阳光集团通过智能化手段,对所有面料进行档案化管理,编制条形码,设置"蜂窝状"货架,加装"安灯拣货"装置,通过手持终端扫码入库、出库、移库,通过专用面料系统进行管理。阳光集团有自己的个性化品牌——睿玺定制,客户可以通过手机、平板电脑自动选择面料、选择款式、自动设计;将面料管理与个性化服装定制系统融合贯通,针对不同面料风格,智能推荐适合款式,便于客户选择。通过智能化手段,使库存管理"网状化",实现了库存面料增值利用,降低了库存,加快了资金周转。原来是企业负担的低值库存,因数字化图像系统与互联网的结合应用,生产过程形成闭环,变为了高价值财富。数据,在这里真正成为生产资料,改变了生产管理模式。

以上五个数字化的变革,不仅仅是单个技术的突破,而是带来整个制造体系的变革,为阳光集团构建整个行业的纺织大脑奠定了坚实的基础。在过去的四十年里,中国的制造业通过不断地改革开放,取得了空前的发展,成为世界工厂。随着互联网的快速发展,中国制造企业通过拥抱大数据、人工智能、物联网、必将迎来新的重要发展阶段,开启全新的历程。阳光集团作为纺织服装行业的龙头企业,肩负着行业变革和发展的重要历史使命,在新的历史时期,阳光集团将继续推进两化融合、智能制造,打造纺织服装大脑,将数据和知识转变成为产业转型升级的资本,为提升中国乃至世界纺织行业的数字化水平作出应有贡献。

执笔:杨 艳

B.28 在硅片数字化柔性生产的大潮中

——中环领先半导体材料有限公司

全球缺芯已成常态,中国面临挑战与机遇。中国芯要崛起,有多座大山要翻越,比如光刻机、原材料、设备、技术等,其中也包括硅片。半导体硅片又称硅晶圆片,是制作集成电路的重要材料,通过对硅片进行光刻、离子注入等手段,制成集成电路和各种半导体器件。硅片是集成电路产业的上游,面对生产工艺规格的提升与下游客户需求的多样化,中环领先半导体材料有限公司迎上硅片数字化柔性生产的大潮,从容面对挑战。

中环领先半导体材料有限公司(以下简称"中环领先"),其英文名称为:Zhonghuan Advanced Semiconductor Materials Co., Ltd.。中环领先成立于2017年12月14日,位于江苏省无锡市宜兴经济技术开发区。中环领先面向国家半导体行业的重大战略需求,以"全国领先,全球追赶"为发展战略,全面扩张集成电路用大硅片制造规模化生产,通过不断对成熟量产及研发中产品进行技术研发迭代更新,依托成熟的功率半导体产品技术经验,以及现试验线项目,为Low Cop & Cop Free产品储备硅片生产工艺路径,为后续大规模上量奠定基础,促使产品向IC级高端半导体转型升级并持续占有、巩固国际一线市场。

中环领先依托集成电路用大直径硅片项目,整合内蒙古、天津、江苏三地优势资源,进行全国化产业布局,于内蒙古建设晶体研发和制造中心,于天津建设半导体研发及功率产品制造中心,于江苏建设集成电路级半导体硅片研发制造中心,目标是打造国内规模最大、产品结构最全的半导体硅片研发生产企业。中环领先目前已具备4—8英寸区熔单晶硅片和4—12英寸直拉单晶硅片量产能力,并规划最终实现6英寸及以下硅片月产能50万片、8英寸硅片月产能100万片、12英寸硅片月产能60万片。

表28-1　　　　　　　　中环领先在国内布局的三个中心

中心名称	定位
晶体研发和制造中心(内蒙古)	全尺寸直拉单晶量产、8—12英寸直拉单晶研发和扩产
半导体研发和功率产品制造中心(天津)	区熔产品研发和量产、8英寸及以下产品量产、12英寸技术前期研发认证及设备选型
集成电路级半导体硅片研发制造中心(江苏)	8—12英寸全产品研发和规模化扩产

中环股份在2017年成立中环领先并正式启动大直径硅片项目。2019年中环领先大直径硅片项目正式投产。中环领先坚持创新驱动,不断推动数字化新工艺、新技术、新装备在公司得到广泛应用,深度融合5G+互联网在研发、生产、管理等过程中的集成应用与同步发展。中环领先依托数字化手段,着力打造"客户中心+精益制造"的两化融合体系;以大批量生产管理支撑产业规模、技术水平、市场品牌等全方位的全球追赶战略;通过复杂产品种类管理实现快速响应能力,争创全球综合门类最全的半导体材料供应商;满足复杂客户群需求,建设多渠道、全球化商业布局;强化高效的自动化、数字化生产运营和内部管控体系,重点打造先进的生产和运营方式,树立半导体制造业标杆。

从诞生之日起,中环领先就开始建设信息化系统与工业互联网基础。2019年,中环领先引进Waferview MES系统,2020年该系统正式上线。该系统与公司总部的鼎捷T100版ERP系统进行集成,并辅以搬运控制(MCS)系统、仓储管理(WMS)系统、统计过程控制(SPC)系统、设备预防保养(PMS)系统等信息系统。公司引进的自动粘棒定向机、线切机、脱胶清洗机、自动分选机、倒角机、打标机、抛光机、减薄机、自动去边机等全流程自动化生产设备,实现了与Waferview MES的数据交互,能够实时数据传输;

AGV自动化小车、OHT天车系统等自动化搬运设备,也能实现生产设备与Waferview MES软件系统之间的实时数据传递,多系统间实现集成与协作。

一、建设数字化工厂的动力

一是数据采集薄弱,系统无法互联互通。中环领先工厂之前通过已有信息化系统,实现初步的数据获取和存储功能,但未形成有效的数据管理和数据过滤机制,过程中存在较多的重复和无效数据;且车间暂未部署MES系统管理生产过程数据,无法自动采集设备数据。在信息系统应用方面,设备异常监控分析系统未与ERP、MES等系统集成,整体数据无法做到互联互通。

二是产品质量无法溯源。中环领先工厂之前已构建ERP系统,尚未导入MES实现可视化管理。生产计划制订靠人工完成,无法应对生产过程的快速变化。生产过程具备物料追溯体系,生产追溯仅能进行到批次。

三是柔性化生产难适应。随着下游客户的增多,客户需求变得多样并不断变化。面对日益繁多的产品及规格,中环领先在生产环节上无法实现柔性化生产,排产不科学,无法满足市场需求。

四是信息孤岛多地协同困难。中环领先在天津工厂、宜兴工厂、内蒙古工厂等地方设有3处工厂,各成体系,信息联通与实时对接,协同研发与生产较为困难。

二、数字化实施路径

一是通过数字化手段,实施基于ERP从订单到排程的决策及物料采购相关系统。通过MES派工功能全程实时在线调度,通过RMS实现工艺管控,通过MES柔性化生产及全过程追溯,通过EAP实现在线检测,通过自动化数据收集实现工厂高效运行,通过AGV和天车等自动化搬运实现工厂物流优化。公司生产系统实现经营数据、生产数据的有序规范、设计过程的优化和资源的共享,通过PDM、PLM等系统实现产品全生命周期管控与追溯。

二是通过 PLM 管控产品研发过程,对研发过程中的各项参数进行管控,管理产品变更流程,保障产品量产期间质量一致性,管理量产与研发过程的追溯。

三是引进 Waferview MES 系统,与之对应的是全流程自动化生产设备,涉及加工工序有:粘晶棒、线切、脱胶清洗、切片检验、倒角、倒角检测、磨片、磨洗、倒篮、减薄、边抛、去边、酸洗、酸洗后检测、抛光、抛光后检验、成品盒管理、入库管理等。该系统有效提升加工自动化水平,提升作业效率。

四是建立产品数据管理系统,实现产品多配置管理。

(1) 生产实时管控

通过生产大屏看板上的 CFM 系统模块,可实时查看所有自动化设备的设备状态及运转状态(Idle、Run、Down、Maintainence)以及设备上在 Run 的产品批次信息等;通过 MES 系统可实时查看每一工序的在制品状态、数量、Q-Time、设备实时报警等信息;通过 SPC 系统,可实时收集并监控产品量测数据、设备运行过程中的参数信息,通过统计过程控制手段实时识别出生产过程中的异常情况。

ERP 系统根据客户订单交期要求,结合产品库存、单晶库存、可转档产品库存、产能情况等给出合理交期,然后根据系统交期开工单进行排产,下发原材料、辅料、半成品等。计划部门通过工单的开工及完工入库日期跟踪入库的数量和达成情况,并根据情况适时调整,保证系统计划与现场进度匹配。

(2) 物料配送管控

车间内部综合采用 AGV 设备及自动化设备保障物料智能化配送,实现车间内拆包入/出库半自动、粘棒上下料自动化、线切机上下料半自动等功能。AGV 自动化小车、OHT 天车系统等自动化搬运设备,实现生产设备与 Waferview MES 软件系统之间的实时数据传递,多个系统之间实现集成与协作。通过 Waferview MES 集成 WMS 系统,实现产品货位的智能化管控。在物料、产品出入库时,集成系统可以直接获取货位;智能 OHT、MCS

系统可以实现货物到达指定位置时，即时更新数据；T100 ERP可以得到现场实时数据，实现仓库管理协同，提升发货过程跟踪管控效率。

(3) 产品质量管控

车间采用统计过程控制（Statistical Process Control）对生产过程进行分析评价，根据反馈信息及时发现系统性因素出现的征兆，并采取措施消除其影响，使过程维持在仅受随机性因素影响的受控状态，以达到控制质量目的。车间通过串口、网络、采集卡、传感器等形式将涵盖整个生产线各个相关模块的数据参数采集到系统，对设备运行状况的监控、自动优化和实时报警。数据实时传送到各相关部门，以随时掌握产量、质量、设备情况，基本实现无人化、智能化，保证产品质量，运行操作简单。

(4) 能源效率管控

中环领先在建立、健全能源管理制度的同时，采用工艺紧凑总平面布置，减少物料和产品在厂内迂回，全方位优化物流及利用，加强用电设备的维护和管理。公司一级和部分生产厂级能源计量器具由公司按《计量法》要求进行管理，具体按照《用能单位能源计量器具配备和管理通则》（GB17167—2006）规定的强制性条款要求进行计量仪表配备。在选择设备时，在满足工艺要求和技术先进实用前提下，选择生产效率高、能耗较低的产品。优先选择国家推荐的节能型产品，如节能电机、节能型LED灯等。在进行建筑平面、里面设计时，不仅考虑满足产品生产工艺要求，而且考虑使用节能材料及其设计。

(5) 网络安全管控

系统设计包含安全性、可靠性、可用性、可扩展性、可维护、可管理性等功能。同时营运部门制定《信息网络安全事故应急预案》，对信息系统、网络、业务系统、数据库等日常检查，并设立多种防护手段。

(6) 网络协同管控

通过计算机网络基础设施和数据库，一端连接企业内部ERP的销售与采购功能，一端连接客户和供应商（包括外协单位）。购销协同将传统的线性、链式供需链结构转化为中心共享式结构，有效提升供需链运作效率。

三、数字化成效

通过车间级计算机网络,实现从研发与量产管理的 PLM 系统定义公司所有产品数据,到生产现场的 EAP、MES 与数字控制制造装备的连接和数据通信,到 ERP 系统与 MES 系统实现订单排程、工单在生产现场通过 MES 派工与调度,最后到 MES 出货下 ERP 的集成管控。数字化系统实现了车间从订单到出货的业务贯通,实现了运营数据到生产数据、质量数据的全线贯通,实现了人、机、物、料、法、环在车间汇聚与贯通,形成简单制造,简单管理,人机和谐。数字化带来中环领先生产运营成本降低 42%,产品不良率降低 50%,能源利用率提高 10%,人员劳动强度降低 63%,提高了企业整体竞争力。2020 年 12 月中环领先入选江苏省两化融合管理体系贯标试点企业、江苏省示范智能车间、江苏省五星级上云企业;2021 年 2 月入选市级智能制造示范企业。

(一) 集成 ERP、MES 等系统实现企业资源计划与管理提升

在 ERP 系统产生的长期计划指导下,MES 根据底层控制系统采集的生产实时数据,进行短期生产作业计划调度、监控、资源配置和生产过程的优化等工作,加速自动化生产线研发,推进生产设备、制造单元、生产线系统集成和智能对接,加快企业人员、机器、物料设备、生产服务的互联互通,实现设备联网,生产计划调度实时监控,生产过程协同,物料智能配送,质量、安全、能源等实时管控,安全生产监管等功能。

(二) 数字化工业互联网平台实现多地公司运营联动

半导体硅片生产公司多为大公司,在多地建有生产基地,因此联动生产、采购管理为较大难题。中环领先管控集成系统工业互联网平台实现多数据采集与汇总,根据内部交易采购单进行 MRP 计算,推算单晶采购需求,自动产生内部单据资料,开展相关生产活动。中环领先理顺了三地运营联动流程。

(三) 借助 PLM 实现半导体行业产品数字化管理协同

围绕半导体生产在流程管理、项目监督、标准化、任务执行、集成、数据安全、数据管控等方面的实际需求，中环领先联合 Oracle 搭建模块化完整产品生命周期管理综合应用系统。该系统帮助中环领先突破业务瓶颈，开展编码规范化管理，保障不同数据对象间的互相关联，进一步增强协同流程效率，切实从公司生产、销售、管理等多方面立体搭建产品生命周期管理，推动了产品整体优化。

执笔：陈健华

B.29　3G、4G、5G数字化一路相伴

——俊知集团有限公司

中国移动通信历经从2G落后、3G跟随,到4G同步、5G引领的发展,深耕移动通信行业的俊知集团有限公司始终坚持创新驱动,技术引领,充分发挥信息化、数字化在企业转型升级中的支撑和牵引作用,全程见证并参与整个发展过程。在风起云涌的移动通信发展大潮中,俊知集团成长为行业领军的移动通信传输解决方案提供商。

2007年3月,俊知集团有限公司在宜兴环科园正式成立,当年开工、当年投产。俊知集团的产品主要是移动通信主设备、天线的连接方案和相关产品,主要应用场景涵盖3G/4G/5G/NBIOT宏基站、小基站、室内覆盖、地铁高铁轨道交通等,主要客户为中国移动、中国联通、中国电信、中国铁塔等移动运营商和华为、中兴等设备制造商,为四大运营商提供超过25%的整个基站建设的配套及相关传输解决方案。2010年俊知集团成为馈线细分行业龙头;2012年在香港交易所挂牌上市;2016年被国家五部委联合认定为射频传输领域唯一一家国家企业技术中心;2020年被国家工信部认定为国家级专精特新"小巨人"企业。俊知集团现已形成以"移动通信、光通信、传感、智慧工业"四大板块为主的产业链,产品大量使用在3G、4G、5G无线移动通信、高速宽带网络、建筑工程、国防(光纤制导、航空航天)等多个领域。

一、数字化升级路径

俊知集团从3G时代的"先人一拍",到4G时代的"智能制造",再到5G

时代的"数字赋能",紧跟移动通信发展,专注研发通信领域核心技术。在大数据、云计算、物联网、人工智能等新技术浪潮前,一路主动迎上,适应行业发展趋势,在全社会数字化转型不断深入之时,俊知集团把数字化作为企业提升未来竞争力的核心抓手。

(一) 3G 先人一拍

2007年初,国外3G业务开始普及,但在国内,作为第三代移动通信技术的3G产业还是蒙着美丽"面纱"的新兴产业。此时,俊知集团诞生,"江东子弟多才俊,卷土重来未可知。"(杜牧《题乌江亭》)公司名称中的"俊知"由此而来。钱利荣率领31个初创成员将业务定位在通信传输领域。全国范围内,当时谋划布局3G的线缆企业屈指可数,凭借敏锐的市场嗅觉和极具前瞻性的战略眼光,俊知集团抢先将"宝"压在了具有广阔空间的3G网络建设。

为了能在机会来临时,与当时在国内占据较大份额的美国、德国企业抗衡,俊知集团铆足了劲。先是引进奥地利罗森泰物理发泡串联、成型焊接轧纹生产线和美国哈挺、日本津上精密数控车床等世界最先进设备,然后马不停蹄地召集专业团队连轴攻关,在短短数月内,实现了自身技术与世界首台设备的完美结合,建起了世界上首条二氧化碳发泡生产线,取代了传统的氮气发泡,一举将产品发泡率提高84%,用生产设备及技术的自动化、数字化转变,吹响了向3G冲刺的号角。

在国内3G牌照发放前,俊知集团出品的通信线缆已经提前跨入了3G时代。2009年国家3G发牌,3G网络掀开大规模建设热潮,俊知集团以其深厚的技术积淀,出色的产品性能,一举闻名。俊知集团先是在中国移动的集采招标中排名第一,获得26个省份的供货权,占总量的41.5%;后又拿下中国电信与联通23个省份的供货权,销售同比增长515%;跃升为中国三大运营商的3G通信用RF同轴电缆第一大供应商。俊知集团先后获得"国家3G建设与创新成就奖(行业内仅华为与俊知集团获该奖项)""无线通信十大馈线厂商第一名"等荣誉称号。

(二) 4G 数字制造

3G 时代俊知集团靠"快"取胜,4G 时代俊知集团倚仗的则是"智",即智能数字化制造。"十二五"期间,4G 信息技术、三网融合、物联网等产业成为国家发力的重点,俊知集团紧跟移动通信发展,以智能技术、数字技术、信息技术为基础,通过整合工厂内的人员、机器、设备和基础设施,逐步实现从自动化向数字化、智能化、精益化转型。

早在 2013 年,俊知集团就以自动化程度较高的天馈系统组件生产车间为试点,派出技术人员前往国外企业参观学习,并引入国外先进设备,启动智能化 MES 车间建设。通过两年时间的精心打磨,整个车间全部覆盖 Wi-Fi 信号和工业 PON,安在设备上的 500 多个传感器感知到数据后,将信号通过无线网传输到平板电脑上。工人只需通过平板电脑点开车间生产线设备布局图,发泡、护套、绝缘等所有生产线动态可视。一旦生产出现故障,屏幕上旋转的绿色齿轮会变成红色,发出警报;想要知道某一工序的详细参数,工况动态图可告诉答案。产品数据不仅管理层同步可视,客户方也能随时看到。智能化嫁接后,车间生产计划完工及时率从 99% 提高至 99.8%。该车间于 2015 年被评为第一批"江苏省示范智能车间"。2016 年,俊知集团成功通过江苏省两化融合管理体系贯标。数字化后的制造,使企业产量质量进一步提升。

(三) 构建数字平台

产业的数字化让俊知集团收获颇丰,俊知集团敏锐地察觉到,数字化背后蕴含着巨大能量。在经过深入调研后,俊知集团立足自身发展实际,科学规划建设通信线缆制造企业数字化集成管控平台,按照"总体规划、分步实施、重点突破、效益驱动、应用为先"原则,通过企业资源计划管理系统(即 ERP 系统)、设计开发信息系统、产品生命周期管理系统、电子商务管理系统等模块的集成管控,以研发、生产、市场、财务、人事管理等核心业务的数字化建设为重点,打通生产执行系统(MES)、企业资源计划系统(ERP)与生产现场各类实时数据库、分布式控制系统(DCS)、可编程逻辑控制器

（PLC）、关键设备及财务、采购、市场等环节的数据互联,实现覆盖企业生产经营全过程的数字一体化管理。俊知集团通过现代信息技术与先进管理理念的融合互补,全面提升管理绩效,有效降低人力、生产、研发等成本,提高了市场反应速度。平台项目实施后,江苏俊知技术有限公司产能就提升了17.27%,次品率、用工人数分别降低和减少了26.05%、19.63%,为企业在5G时代抢占发展先机奠定了扎实基础。该项成果获评第二十六届江苏省企业管理现代化创新成果一等奖,并向全省推广。

（四）数字人才支撑

俊知集团的数字化成就来自数字人才,抢占行业制高点的法宝是人才与创新。

重视人才与创新是俊知集团的基因。企业成立之初,就建立了一支由行业领军专家、高校优秀毕业生组成的创新团队,不断储备科研力量。这几年,依托国家企业技术中心和三个省级技术（工程）中心平台,俊知集团不断加大领军人才和高端技术人才的招引力度,先后引进享受国务院津贴、成都普天总工程师代康,享受国务院津贴、原邮电部502厂总工程师任明当,哈佛大学博士后、毫米波顶尖专家肖可成等各类高层次人才担任公司创新团队负责人,由一批智能化、数字化领域的人才撑起了企业数字化天地。目前,俊知集团国家企业技术中心设有五大研究组：联网、固定宽带、云计算、仿真技术、物联网/传感。

此外,俊知集团善借外脑,先后与北京邮电大学、华东师范大学、常熟理工学院等高校,建立校企合作；与工信部中国电子信息产业发展研究院、工信部电子科学技术情报研究所、电信科学技术第五研究所、中电集团二十三所等国内重点科研机构开展项目共建、成果转化；与多所中职、高职类院校开办特色"俊知班",坚持实施订单式人才培养模式,通过个性化定制,培养工匠型人才。

强大的人才和技术支撑,让俊知集团的发展始终走在通信行业的最前沿。产业数字化与智能制造提升企业生产能力,自主创新增强俊知集团拥有行业话语权的底气。截至目前，俊知集团累计主持制定了75%以上的通信天馈系统国家及行业标准（近5年参与制修订标准41项，其中正式颁布实施标准20项），取得发明、新型专利200多项。作为组长单位，俊知集团主持了国家"十三五""十四五"发展规划纲要中射频馈线部分的编写。俊知集团先后荣获"中国通信设备技术供应商十强企业""全国厂务公开民主管理先进单位""中国驰名商标""中国通信4G网络建设贡献企业""中国无线通信领军企业""通信产业5G影响力企业"等荣誉称号。

（五）5G数字赋能

2020年是中国5G快速发展的一年，累计开通5G基站71.8万个，5G手机终端连接数突破2亿户。作为5G基站核心产品供应商，俊知集团是"新基建"的参与者，公司的5G相关产品一直供不应求。2020年，俊知集团连续多次中标四大运营商（中国移动、中国联通、中国电信、中国铁塔）总部集采及华为技术、中兴通讯、天津铁塔等采购招标项目，中标项目涵盖5G用大芯数、高性能非骨架式带状光缆、多场景用ODN光分路器、5G通信用电力电缆、5G用光电混合缆、馈线、漏缆等多项5G室分和基站建设核心产品。

2021年，国家将新建60多万座5G基站，强劲的需求对俊知集团的数字化、信息化建设提出了更高的要求。在稳固既有5G业务的同时，俊知集团积极联手当地的通信运营商，利用5G超低时延、超高可靠性、海量连接、超大带宽等特性，共建5G智慧厂区，对企业的数字化建设进行"反哺"和"升级"。俊知集团将通过建设5G专网，实时、稳定、高效获取工厂生产各环节运行数据，通过云平台、大数据和人工智能进行分析，实现"5G+工业互联"，从而进一步提升产品品控，降低运营成本，优化决策流程；结合工厂远程参观、会展等实际需要，以现实环境为基础，搭建5G VR全景车间；采用"5G+VR"全景直播和hubble远程协助系统，通过5G网络，把4K全景视频传输到服务器端，实现所有设备组网、状态反馈、实时直播、远程管理和远程操控等功能，打破空间、时间界限，可随时随地对制造现场进行全方位、无死角管控。

5G已经进入规模组网阶段,预计未来三到五年将是大规模建设周期。目前,作为5G产业链中通信传输细分领域龙头、5G基站建设核心产品供应商,俊知集团在手订单饱满,迎来发展机遇的同时,也需要通过数字化赋能,对时间、质量、技术、成本、服务等各种资源进行有效整合,依托国家企业技术中心数字平台,围绕5G进行一系列技术攻关,努力形成横向一体化和纵向一体化的产品链,成为5G建设的生力军。

二、通信制造业数字化探索

(一)集聚核心要素,构建"大通信"一体化供应链

俊知集团的核心产品是射频馈线、射频器件。由于射频馈线本身的研制生产既具有离散型又具有流程型的特点,再加上生产过程管理的复杂性,因此需要确保生产管理更规范、更统一。为此,俊知基于创新、绿色、协同、高效的发展理念,充分利用现代网络和通信技术的成果,构建从下单→排产→采购→生产→供货→检验→发货→应收应付→售后等的一体化管控平台;通过集聚行业核心要素,实现采购、生产、运输、仓储等活动的功能一体化,供应商、设施和市场之间的空间一体化,全面构建"大通信"一体化供应链。

(二)实现即时生产(JIT)与产品生命全周期管理(PLM)集成管控

俊知集团通过数字化集成管控平台,建立全新的计划排产模式,实现虚拟产能和模拟排产管理,计划排产精细到每日每小时,能够根据每条生产线产能进行排产,实时查看每条生产线的产能,以及安排加班来优化产能调整,缩短生产周期,加速订单生产;建立面向供应商和经销商的管理门户,实现企业与供应链上下游之间信息实时共享,订单快速下达,强化了企业横向和纵向的信息交流与共享;实现与PLM和条码系统的无缝集成,通过系统提供的BOM(物料清单)相关服务导入功能,将PLM系统中的BOM数据快速、准确地传到ERP系统中,减少ERP系统中的录入工作量及录入BOM的错误概率,实现资源信息优化共享;同时通过与外部设备条形码进行联动管理,无线扫描输入直接加快了产品出入库的速度,从源头上杜绝了

错混料现象。

(三) 打造数字化通信产品研发新模式

在数字化时代,实现产品研发、制造、服务全过程的打通和整合至关重要。俊知集团依托国家企业技术中心,对产品生命周期等实行数字化集成管控,以需求驱动产品研发、跨企业的设计协同、智能项目管理、变更管理等功能模块,系统管理产品研发过程的计划、资源、产品数据与研发费用等,实现了从设计到生产,再到用户使用及反馈等信息的高度智能化集成。研发人员由此能结合最新的通信市场需求,设计出适销对路的拳头产品,显著提高了研发成果的转化率。

表 29-1　　　　　　　　　俊知集团数字化大事记

时间	事件
2010 年 11 月	首批"江苏省信息化与工业化融合试点企业"
2015 年 9 月	获评江苏省首批"互联网＋工业示范工程""江苏省示范智能车间"
2016 年 12 月	被国家五部委联合认定为射频传输领域唯一"国家企业技术中心"
2019 年	获评江苏省工业互联网发展示范企业(四星级上云企业)
2020 年	获评"国家级专精特新小巨人企业"
2020 年	与当地运营商开展合作,共建 5G 智慧厂区

执笔:凡玉军

B.30　数字产业赛道的黑马

——江苏卓胜微电子股份有限公司

芯片无处不在，在手机、电脑、电视、家用电器、汽车、LED灯等商品之中，时刻围绕并改变我们的生活。这个被称为"工业粮食"的小物件当下成为焦点。"芯片荒"弥漫全球，中国企业正努力争取芯片领域的一席之地，中国在世界芯片产业舞台上终将赢得应有地位。

从集成电路设计行业的新生代，到国内射频接收端模组技术领域和市场化推进的先行者，这是一个创办9年企业的传奇性故事。江苏卓胜微电子股份有限公司（以下简称"卓胜微"），以不断创新进取的姿态致力于高端无线射频芯片的研究和开发，在数字产业体系中脱颖而出。2019年至2020年，卓胜微分别实现营业收入151239万元及279214.75万元，其中2020年较上年同期增长84.62%；公司归属于母公司股东的净利润分别为49717万元及107279.25万元，其中2020年较上年同期增长115.78%。2021年第一季度实现营业收入118304.58万元，同比增长162.37%，实现归属于公司股东的净利润同比增长224.35%。

一、专注成就行业"黑马"

2012年，卓胜微正式成立，致力于建设射频领域全球领先的技术平台。彼时，3G手机方兴未艾，对专门处理收发信号的射频芯片需求激增，卓胜微抓住绝佳的成长机遇，顺利打入了三星、OPPO、vivo等供应链。此后，卓胜微始终关注移动数字产品、移动智能终端市场需求，专注于无线技术领域的技术创新,把握住移动智能终端的发展机遇,也成功填补了国内技术空白。随着5G通信技术的发展,卓胜微在保持并深入拓展原领域的同时,深入挖掘通信基站、网通组网设备、物联网等应用领域市场机会,发展道路越走越宽。

中美贸易争端爆发,国内出现"芯片荒"。2019年5月,美国商务部将华为加入"实体清单",限制对华为的芯片供应。卓胜微凭借自身技术优势和多年经营的供应链资源,在关键时刻、关键领域给予华为巨大支持,成为华为的重要产业链企业。2019年6月,卓胜微在深圳证券交易所创业板上市,凭借优秀的业绩和巨大的成长前景,成为创业板当年股价增值最快的股票。作为射频芯片领域的引领者,如今卓胜微的客户覆盖三星、小米、vivo、OPPO、荣耀等全球主要安卓手机厂商,射频前端芯片累计出货超过100亿颗,天线开关产品累计出货接近28亿颗,其芯片也广泛应用于智能家居、可穿戴设备、汽车电子、无人飞机、蓝牙耳机等产品上,以及通信基站、网通组网设备等需要无线连接的技术领域。中国数字产业领域的发展成就了卓胜微这匹黑马。卓胜微入围2020年"科创中国"新锐企业、"2020江苏民营企业创新100强"榜单;产品获"国家级制造业单项冠军产品""2020年第十五届'中国芯'优秀市场表现产品"。

二、铸就数字产业里的"芯动力"

卓胜微所属的集成电路设计行业,技术壁垒较高,是整个芯片产业链中对研发实力要求比较高的部分,离不开深厚的技术积累和强大的研发能力。面对竞争激烈的半导体行业,低毛利率和定制化的行业发展趋势,要保持在数字行业领先,卓胜微的选择是不断自我革新。

一是攻坚技术难关,占领制高点。一块手机的主板上,1/3的空间是射频电路,中国是世界最大的手机生产国,但射频芯片技术高度依赖进口。卓胜微始终认为研发与技术创新是源动力,突破"卡脖子"关键技术,研发上狠下功夫,形成原始创新能力。2012年至2013年全球定位系统在移动智能终端上应用大幅增长,卓胜微敏锐捕捉到全球定位系统信号射频低噪声放大器的需求。在当时,行业内普遍认为这样的产品需要用特殊工艺(BICMOS、SiGe、GaAs 等)才能达到理想的性能,因此国外芯片公司用特殊的工艺垄断市场。但卓胜微技术团队研究发现,用最新的 RF CMOS 工艺,通过最优设计,同样能实现性能。同时他们看到智能手机市场快速增长,这类芯片需求将大增,欧美公司的特殊工艺供应能力将难以满足市场需求。依托早期电视芯片时代的技术积累,卓胜微决定大胆踏入该新技术领地。2012 年下半年,卓胜微 RF CMOS 工艺全球定位系统信号射频低噪声放大器的研发取得突破,拿出了第一款 GPS LNA 芯片,它是行业内第一款量产化的基于 RF CMOS 工艺的 GPS LNA 芯片。此时,iPhone 5 带动智能手机换机潮到来,市场惊现大缺货现象,连三星的旗舰机型也得不到供货保障。卓胜微适时推出产品,立即获得手机市场强烈反响,三星的采购和研发团队对其刮目相看,并与卓胜微建立长期信任和紧密合作关系。

卓胜微始终进行持续稳定的研发投入,不断加强核心技术储备与自主创新能力,保证技术上的领先优势。2020 年,卓胜微研发投入 1.8 亿元,同比增长 32.43%,在射频开关、射频低噪声放大器、射频滤波器、Wi-Fi 蓝牙产品等领域共计取得 63 项专利,其中有国内专利 62 项(包含发明专利 51 项)、国际专利 1 项(该项为发明专利),集成电路布图设计 10 项。

二是加速产品迭代,提升市场占有率。卓胜微设计团队在射频领域有丰富技术储备,不断提高产品的研发效率、缩短产品研发和制造周期,在产品布局、应用领域、业务模式等方面持续优化,同时关注市场走向,调整新设计、新工艺和新材料,实现核心技术的积累和进化。2014 年卓胜微迎来发展关键期。此时,GPS LNA 市场进入价格战,利润开始下滑,新产品出现空白,面临严峻挑战。经过多方论证评估,卓胜微决定从各个环节选择 LTE LNA 和射频开关产品建设。客户迅速切入及出货验证,生产管理体系得以建立,市场和产品策略快速明确,资金到位,以战养战扩大生产,卓胜微又开始向上攀升。

卓胜微产品研发和迭代速度加快,通过高端化、复杂化和个性化的新产品开发,完善了产品线和差异化的布局,全面覆盖并响应不同的市场需求。

以射频低噪声放大器/滤波器集成模组产品(LFEM)为例,卓胜微通过工艺推陈出新,以差异化的产品获得了市场高度认可。此前,市场普遍认为必须使用 BAW-SMR 和 FBAR 形式的体声波滤波器才能满足 Sub-6GHz 超高频的应用需求,对于高频宽带应用,LTCC(低温共烧陶瓷)滤波器是主流方案。凭借多年在新材料方面的深入研究和持续投入,卓胜微研发团队通过采用优化设计的 IPD 滤波器满足了 Sub-6GHz 的超高频段滤波需求,而且 IPD 滤波器具有设计堆叠体积小、调试灵活、成本低、产能充足等多重优势,相关性能都表现良好。卓胜微推出的该产品整体性能指标比肩国际先进水平,受到市场高度认可。随着 5G 智能手机销售规模的快速增长,LFEM 产品有望成为公司又一款拳头产品。

卓胜微新品开发成效卓著。它是业界率先基于 RF CMOS 工艺实现射频低噪声放大器产品化的企业之一,是国际上先行推出集成射频低噪声放大器和开关的单芯片产品的企业之一,是全球率先采用 12 寸 65 nm RF SOI 工艺晶圆生产高性能天线调谐开关芯片的企业之一,是国内企业中领先推出适用于 5G 通信制式中 sub-6GHz 频段射频前端芯片和射频模组产品的企业之一。

三、数字产业建数字化运营体系

为了从行业"芯片荒"中突围,除了不断加强技术和产品创新,还需要建立企业自主可控、稳定高效的供应链体系。置身数字产业中的卓胜微实施了自身数字化运营体系的建设。

作为芯片设计厂商,卓胜微不直接参与晶圆生产、封测等芯片生产制造过程,虽然已与全球多家知名的晶圆制造商、芯片封装测试厂商达成了战略合作关系,但生产厂商、研发或销售中心分布各地,在运营管理中带来诸多问题。为保证产品的质量与供货能力,卓胜微建立了完整的跨区域数字化管理体系,利用 ERP 等数字化管理系统对销存产一体化、生产计划、生产订单、派工质检、客诉反馈等进行一键式管理,实现了生产工艺、供应体系建设和内部管理上的数字化整合,以大量有效的实时数据,推动生产链的规范化和数据化。总部通过对数据实时分析,掌握真实运营状况并实现自我预判。2020年,集成电路行业受新冠肺炎疫情及国际政治形势的影响,国内外原材料市场竞争加剧,加上5G通信技术的商业化落地带来的新一轮换机潮,导致晶圆产能稀缺。卓胜微依托公司长期以来在供应链方面的耕耘和布局,凭借大数据对技术演进的准确判断及客户需求的精准把握,提前储备了相对充足的产能,确保产品保质保量按时交付,保障了客户的供应安全。

芯片制造业对工艺流程和精密制造的要求高、难度大,自动化和智能化是关键。卓胜微一方面加强供应商的筛选合作,不断完善管理标准、供应链控制、执行力强化等环节,建立生产专线,合作开发制造和封测工艺,自购关键设备,派驻工程师,积极参与并推进供应链资源建设;另一方面,积极探索自有供应体系建设。2021年,位于无锡市滨湖区胡埭镇的芯卓半导体产业化建设项目启动,卓胜微实现射频SAW滤波器芯片和模组自有产业化,再次夯实稳定的供应链。

四、以人为本,构建数字人才高地

卓胜微自创立起,始终专注于自主研发与创新,其发展离不开高素质的人才团队。卓胜微团队拥有丰富的行业从业经验和专业技术能力,具有高度协同力和凝聚力,是一支具备国际化视野的专业团队。技术团队由创始人带领,均于国内外一流大学或研究所取得博士或硕士学位,并曾供职国内外知名的芯片厂商,具备优秀的技术能力和丰富的产品开发经验,以卓越的创新能力引领行业潮流。历经多年在射频前端应用领域的深耕与积累,卓胜微有一支稳定高效、自主创新、成熟完善的专业团队,涵盖技术研发、市场销售、生产运营、品质管理、财务管理等各个方面,主要核心技术团队和管理团队保持高度稳定。人才优势成为公司发展优势、竞争力优势。

卓胜微高度注重人才发掘和培养,吸引国内外优秀高校学子加盟,引进国内外高层次技术和管理人才,架构了形成面向长远的人才梯队。根据地域人才情况,卓胜微还设立了侧重点不同的国内外研发体系,通过不断加强岗位培训和专业技能提升培训,提升公司的人才竞争优势,实现高效协同的发展格局。近两年,卓胜微拥有的研发人员数量呈快速增长态势,2020年同比增长38.36%。新鲜血液使得卓胜微在技术演进和需求变动中始终能保持本土市场领先地位,人才为卓胜微的可持续发展注入了新动力。

表 30-1　　　　　　　　卓胜微数字化大事记

时间	事件
2012年	卓胜微成立,成为三星移动电视芯片供应商,研发射频前端芯片
2013年	在行业内领先推出RF CMOS工艺的射频低噪声放大器芯片并量产
2014年	正式推出射频开关产品,射频前端芯片累计出货超1亿颗
2015年	正式推出天线开关产品,推出集成射频低噪声放大器和开关的单芯片产品,成为小米供应商
2016年	被评为高新技术企业,获评"第十一届中国半导体创新产品与技术"
2017年	卓胜微正式变更为股份有限公司,射频开关产品被评定为"高新技术产品"
2018年	正式推出SAW滤波器产品,成为vivo、OPPO供应商,获评"江苏省隐形小巨人企业"
2019年	在深圳证券交易所创业板上市,成为华为供应商;推出5G通信制式sub-6GHz射频芯片和射频前端接收模组产品
2020年	正式推出集成射频功率放大器的射频前端模组产品
2020年11月	在无锡市滨湖区胡埭东区投资建设芯卓半导体产业化生产基地

执笔：徐　婧

B.31 中国企业数字化背后的力量

——华云数据控股集团有限公司

信息技术的应用创新是建立中国标准、中国体系、中国方案的关键,更是中国数字经济的基石。10年之间,华云数据从公有云、帮助用户降低成本的1.0时代,到提供定制化私有云,帮助企业敏捷、快速上云、提升连续性的2.0时代,今天又迈入引领信息技术应用创新标准的3.0时代。华云数据在做中国企业数字化"背后的力量",连续五年当选云计算和大数据独角兽。

从华云数据诞生那天起,数字化创新一路相伴。

在初始阶段(2010—2013年),华云数据主要完成从公有云向私有云的数字赋能转型。华云数据拥有了首个私有云案例,奠定了接下来五六年乃至未来业务的发展方向;集团总部迁至江苏无锡,完成A轮融资,运营着在中国香港、美国等的近20多个数据中心。

在成长阶段(2013—2016年),华云数据快速扩张,主要表现为数字产品的研发积淀,发布了多款云计算产品:企业级私有云产品、混合云产品、数据中心云化产品、高品质公有云服务等。华云数据先后成为国家课题承接单位、中国互联网百强、中国私有云三甲企业。

在上升阶段(2016—2019年),华云数据进入信息技术应用创新筹备期。其间完成10亿元一轮融资,对美国领先超融合软件厂商Maxta的合法合规收购,国产通用型云操作系统"安超®OS"发布。华云数据,成为中国成长最快的云计算独角兽企业之一。

在加速阶段(2019年至今),华云数据全力进入信息技术应用创新加速期。华云数据连续 2 年入选工信部软件百强,连续 3 年入选中国互联网百强,连续 5 年入选云计算和大数据独角兽。华云数据连续 2 年上榜国际权威分析机构 Gartner 超融合魔力象限;蝉联 2019 年中国互联网企业 100 强,排名连年上升;发布的国内首款全球唯一支持全芯全栈全生态的"信创云基座",已在多个城市信息技术应用创新替代中发挥重要作用。华云数据面向中国企业,打造中国标准、中国体系、中国方案,将"数字赋能"作为最高使命。"信创云计算专家"成为华云数据的数字化名片。

2021 年,华云数据迈入 3.0 时代,以国家战略为指引、以市场需求为导向,积极推动信息技术应用创新,紧抓机遇,以国产通用型云操作系统安超®OS 为核心构建完备的"华云信创＋"生态,并打造"信创云基座"解决方案,实现了"全芯全栈全生态"的技术战略升级。华云数据作为信息技术应用创新工作委员会成员单位,在信创技术标准、信创人才标准方面从参与者进阶为引领者。由华云数据牵头运营和组织的"安徽信息技术应用创新适配验证中心""江苏省信息技术应用创新攻关基地""江苏省信创成果展示中心""江苏省信创人才培训中心"运营顺畅;在合肥的"信创云数据中心"也将建设完成,在安徽的中国首个信创云项目顺利部署。

一、华云数据与"信息技术应用创新"

(一)解决核心技术受制于人

信息技术应用创新是中国解决核心技术受制于人,以及推动建立中国标准、中国体系、中国方案的重要举措。华云数据持续投入几十亿元研发经费,组建了 350 人左右的团队,打造关键核心技术,累计获得 500 多项知识产权。

(二)解决国产芯片与操作系统兼容

由于国产六款芯片、两款操作系统互不兼容,在信息应用技术创新替代中给用户和应用厂商适用性增加了难度。华云的安超云操作系统提供统一的 API 和适配能力,为用户和应用开发商提供标准统一的管理界面和接口,作为承上启下的关键产品,地位举足轻重。

(三) 解决全芯全栈产业生态链搭建

兼容是一切的根基,有兼容才有全方位的产业生态链。在信息技术应用创新生态方面,华云数据已完成与鲲鹏、龙芯、飞腾、海光、申威等全国产芯片和异构指令集的 CPU 相兼容,以及与 UOS、红旗、银河麒麟、中标麒麟、深之度、普华、中兴新支点、华为欧拉、中科方德、一铭软件、万里红等操作系统兼容互认证的工作。作为国内唯一支持全心全栈的云操作系统,华云数据为信息应用技术创新领域全方位保驾护航,打造较为完备的产业生态链。

二、华云数据与数字化之路

(一) 数字化转型解决方案突破

2021 年 6 月 10 日,华云数据在北京发布"信创云基座",展示了更强大的华云"信创+"生态体系,宣布品牌战略升级。工业和信息化部、中国电子技术标准化研究院、中国信息通信研究院、中国电子信息产业发展研究院以及多个国家级行业协会单位全力予以支持。

信创云基座是一个支持全芯全栈云计算解决方案,可以适配国产化芯片,致力于构建完备的信创生态。从 IaaS、PaaS 到 SaaS,信创云基座涵盖了丰富的产品线;从云的使用形态上看,信创云基座支持包括虚拟化、超融合、私有云、混合云、桌面云、专属云在内的各种形态。同时,信创云基座作为承上启下的云平台,具有广泛的硬件兼容性,具有优秀的生态整合能力,网络安全、数据保护、人工智能等生态产品已经陆续整合到云基座产品中。"信创云基座"的发布意味着,华云数据彻底实现"全芯全栈全生态"的信创数字化战略升级。

(二) 云计算标准化落地

标准化是云计算真正大范围推广和应用的基本前提,也是数字化的保障。标准是云计算产业规范、健康发展，形成规模化和产业化集群的基础。云计算不仅是信息技术服务模式的重大创新，更是中国大力发展新型基础设施建设的技术核心、战略性新兴产业的重要组成部分，也是"新基建"产业健康快速发展的保障。华云数据，作为中国云计算行业领军企业，与中国云计算标准工作组、中国开源云联盟、云计算开源产业联盟等几十个行业联盟组织，一起推动多项国家、行业、团体相关标准的制定以及云计算白皮书的撰写，如《企业上云效果成熟度评估方法》《下一代云计算白皮书》，参加了混合云、开源解决方案等领域的相关标准起草等。

（三）建"信创+"生态体系

华云数据坚持融合方式，打通行业壁垒，实现相互赋能，形成全链式中国信创产业生态。除了在技术、产品、服务等方面深耕以外，华云数据更是与众多主流国产厂商完成产品兼容互认证测试，实现从芯片、操作系统、中间件、数据库、应用、安全、备份、PaaS到行业应用的全方位国产化适配工作，打造自主创新的国产化生态圈。华云数据以"赋能信创生态，成就信创伙伴"的宗旨和"中立、开放、包容、协作"的精神，构建信创云基座全链生态，全面赋能信创生态伙伴，实现数字化。

未来的五到十年，华云数据"身兼数职"，将担起推动数字产业建设重任。向上对接合作伙伴，打通上下游产业链，通过市场的应用反馈推动核心技术不断适配优化、性能提升和迭代升级；向下对接用户，基于自身信息技术应用创新产品的前瞻性和技术领先性满足用户安全可靠需求，构建该领域"命运共同体"。华云数据将积极支撑政府决策，响应用户需求，服务企业发展，从标准研制、供需对接到人才培育、产融结合等各方面创新进取。

中国将逐步建立自己的IT底层架构和标准，形成自有开放生态，推动全球IT生态格局由过去的"一极"向未来的"两极"演变。华云数据"信创数字化"之路的探索，将为中国数字经济发展注入新动能。

表 31-1　　　　　　　　　华云数据获得的主要荣誉

序 号	荣 誉
1	进入 2020 Gartner 超融合魔力象限
2	2020 年度 ICT 产业影响力企业奖
3	2020 年度中国软件和信息服务业信创领域领军企业
4	进入 2020 中国新经济独角兽 TOP100 榜单
5	蝉联 2020 全球独角兽企业 500 强
6	2020 年度 ICT 产业影响力企业奖
7	2020 中国大数据 50 强、数字赋能先锋企业 30 强
8	2020 新基建产业独角兽 Top100
9	2020 中国独角兽榜单 Top100
10	进入"2019 胡润全球独角兽"榜单

执笔：牛　佳

B.32 "锂电池装备大王"的数字化之路

——无锡先导智能装备股份有限公司

装备制造业,进入柔性个性化生产升级版时代,也跨入与服务业融合发展时代。在这个时代里,数字化、智能化是装备制造业实现转型的新动能。目前,中国装备制造业与现代服务业融合发展正处于新的快速推进时期,融合发展效应逐步显现,涌现出一批融合发展领军企业和典型模式。一家默默无闻的民营小企业,近10年数字化的磨砺历程,带给我们很多启示。

无锡先导智能装备股份有限公司(以下简称"先导智能")成立于1999年,是全球领先的新能源装备提供商,业务涵盖锂电池智能装备、光伏智能装备、3C智能装备、智能物流系统、汽车智能产线、燃料电池智能装备、激光精密加工、机器视觉等八大领域。先导智能建设有37万多平方米的研发中心和生产制造基地,目前拥有员工15 000余人,其中研发工程师有4 000余人。2015年,先导智能在创业板上市,目前市值1 000亿元人民币。先导智能是全球最大的锂电池智能装备制造商,市场占有率全球第一,打破了进口高端装备的垄断,填补国产空白。公司与特斯拉、松下、LG化学、northvolt、宁德时代、比亚迪等知名电池公司建立长期战略合作关系。

先导智能近年来保持了快速发展,2015年至2019年五年营业收入的复合增长率达71%,多项财务指标领跑行业。2020年先导智能实现营业总收入58.58亿元,同比增长25%;实现归母净利润7.67亿元,同比增长0.3%。

先导智能是国家火炬计划重点高新技术企业、国家两化融合示范企业、制造业单项冠军示范企业、江苏省智能工厂、江苏省工业互联网标杆工厂、江苏省科技小巨人企业、江苏省管理创新示范企业。先导智能建有 3 个省级以上研发机构,年研发投入占销售额 11%,拥有 1 300 多项授权专利,打破了日韩进口装备的垄断地位。公司多项装备被认定为江苏省高新技术产品、省首台套重大装备、省名牌产品等。

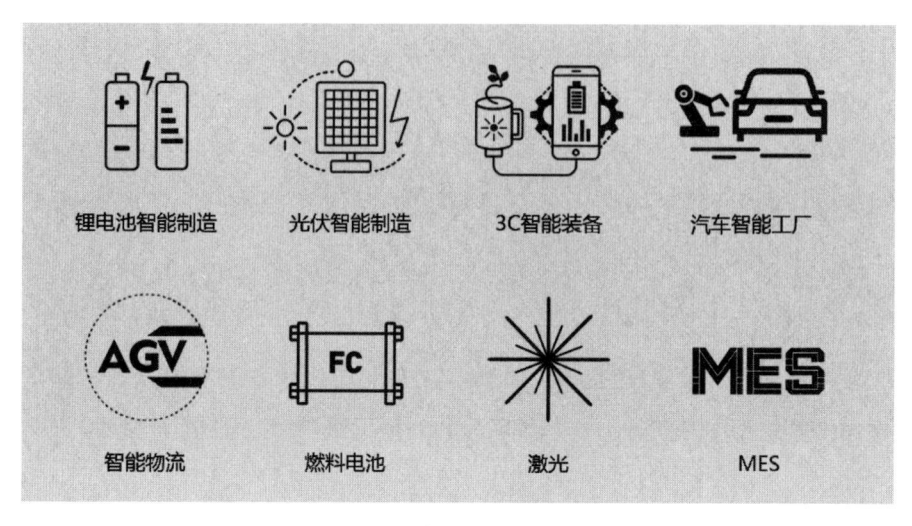

图 32-1 先导智能主营业务

一、发展之路

1999 年,在无锡县无线电二厂做了 14 年设备工程师的王燕清,在东亭租了一个 150 平方米的破旧仓库,雇了两个退休工人,先导电容器设备厂就此起步。2002 年,无锡先导自动化设备有限公司在无锡新加坡工业园区成立。几年时间里,企业在王燕清的带领下一步步发展,攻下法拉、松下、TDK、KEMET 等知名公司,在高压电力电容市场,把垄断多年的美国品牌绕卷机赶出了中国市场,同时,还把设备出口到德国、日本、美国等发达国家。

2008 年,先导自动化装备有限公司转型进军锂电市场,起步就按照高端设备的理念去研发,根据客户需求柔性化定制,使锂电生产真正自动化和智能化。2015 年 12 月正式更名为无锡先导智能装备股份有限公司。如今，先导智能在锂电池电芯生产的关键设备的技术水平已达到世界领先水平。2017年，先导智能全资收购了国内领先的化成电源、分容测试和锂电池后道物流产线一体化解决方案提供商——珠海泰坦新动力电子有限公司。通过收购泰坦，先导智能成功切入了锂电池后端设备环节，为提供锂电池制造整线解决方案打下坚实基础。

2018年起，先导智能确立"成为国际一流的智能制造整体解决方案服务商"的战略目标。先导智能洞悉市场和客户需求的不断升级，坚定国际化战略，在全球范围内整合资源、设置办事机构以及服务分支，始终保持技术的领先优势。目前，先导智能的产品已远销美国、德国、日本、印度等20多个国家和地区，在全球范围内设立了7家分/子公司，拥有50多个服务网点。2018年12月，先导智能与特斯拉签订锂电池设备采购合同。2019年1月，又与欧洲最大的电池厂Northvolt签订19.39亿元的战略合作框架协议，先导智能国际化进程迈出重要一步。从逐步替代进口，到打败竞争对手拿到欧洲电池龙头订单，先导智能是江苏省第一个把锂电池高端生产装备销往欧美发达国家的中国企业。

2021年1月，先导智能与宝马汽车签订合作协议，为其提供新能源汽车PACK产线整体解决方案。这次合作不仅是先导智能汽车智能产线业务迈出国际化的重要里程碑，更是先导智能数字制造技术碰撞汽车电动化趋势的结晶。与此同时，先导智能也在配合宁德时代的德国无人工厂做智能化解决方案。

二、数字化工程

"要做就做第一，不管是第二、第三还是第四，在第一的威胁下，市场占有量会不断减小，做企业不能随波逐流。"王燕清毫不讳言对市场的定位和危机感。在这种思维之下，2013年，当德国工业4.0的概念在国内还未火热之时，王燕清已经决定用技术"武装"产业，与IBM公司合作打造"先导云"，在三年内投入巨资，按工业4.0目标打造智能工厂，通过"云"将整个企业的研发、生产、销售、服务管理连接起来，最终实现全面的智能化工厂。目前先导智能已启用 IBM 云计算研发平台,设计师们只需一个键盘、一个屏幕便可多人在同一平台协同设计,从而实现产品的标准化、模块化和柔性化。

离散型非标制造企业的小批量、多品种、多变更的生产模式,导致很难推广智能制造。每家客户的工艺都不相同,研发设计工作只能依据客户订单需求开展,订单之间的相似率也很低,往往是边设计、边生产、边变更。但先导智能迎难而上,搭建工业总线、无线传感网、5G 网络、互联网多网融合的工厂网络,覆盖各工序关键设备和终端接入;建设覆盖整个智能工厂的 AGV 调度系统、智能立体仓库,充分应用人工智能技术实现高效集中的车间物流系统;建立高度协同信息化集成系统和工业云平台,保证了全生命周期生产数据完整性、互操作性和可追溯性;建立信息安全保障系统、健康安全环境监控系统,各个分系统既独立实施又有集成共享。

公司建立了近 100 人的信息化团队,搭建自己的开发框架,自主开发了 CRM、PLM、ERP、SCM、MES、CSM、IOT、HRMS、OA 等管理系统,打造了一套以项目为主线、从售前到售后、综合集成的信息化平台,将客户、供应商、外协商的纳入公司的平台中,协同打造出先进的、个性化的、智能化的装备,为公司战略的实现提供了有力的支撑。

先导智能的厂区被评为"2019 年度江苏省智能工厂",企业长期积累的智能化数字化改造成果发挥了重要作用,成为企业提升生产效率的"镇定剂"和数字化转型升级的"助推剂"。

(一)"先导云"让公司电脑没有一台主机

走进先导智能的研发中心,所有办公桌上的电脑都没有主机。电脑屏幕旁有个机顶盒大小的黑盒子,这就是控制电脑系统的"虚拟主机"。工程师王工登录自己的"先导云"账号,设计好光伏串焊机的上下料运动部件后,提交保存。工程师周工在云平台上打开该图,进行下一步骤的设计工作。在设计完成的同时,图纸通过云平台传输到机加工车间和装配车间,工人在第一时间进行生产作业。这是先导智能数字化的一个场景。

从拿到订单、成立项目组,到设计产品、发货配送,全部通过云平台实

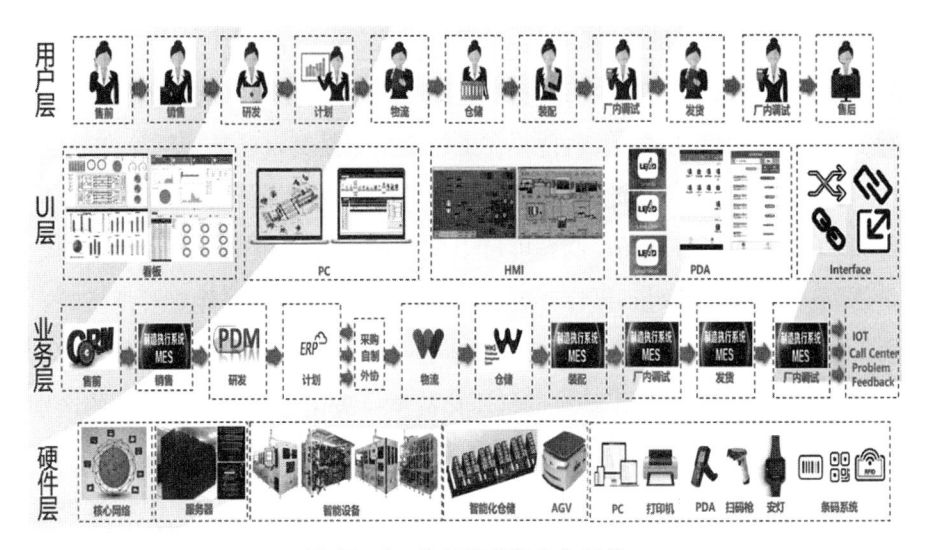

图 32‐2　先导智能数字化架构

现。智能装备是非标产品,订单来了,首先要由工程师进行评估,然后分配到各个设计小组。以前产品设计的第一步是录入文档,写明设计的各个部件以及完成的节点。当一个部件设计完成流转到下一个部件时,各部门之间需要通过一个庞大的文档传输,有时候跨部门之间的信息传送还要通过纸张打印出来。工业设计图纸容量非常大,如果通过网络在线传输的话,耗时耗力,还容易泄露商业机密。现在,当一名工程师在绘制某一生产设备的一个零部件时,另一名工程师可以同时绘制该设备的另一个零部件,设计好后不用等着文档传输,"先导云"自动流转汇总。协同设计的同时,设计师专业化的分工得以强化。一旦设计变更、订单需求变化,"先导云"将根据设计方案自动对应到具体负责人,调整设备运行安排,同时实时反馈生产车间的异常情况,数据、信息闭环流动。"先导云",貌似各个部门协同分工,实则无缝对接,"云"将整个企业的研发、生产、销售、服务管理有机串连起来了。

(二) 数字化刷卡"领任务"

上午 8 时 25 分,装配钳工小徐上班前在工位旁的电脑上刷一下工牌,屏幕上跳出了一张"任务卡",上面显示有生产计划号、部件号、部件名称、计划完成百分比、装配状态等,这就是他一天的工作内容。"任务卡"由车间主任每天根据项目完成进度在系统内一级一级分派。点击启动,小徐开始计时工作。等到生产任务完成,他再在工位电脑上提交自己的实际生产数据,实时传输到云平台。与此同时,装配一车间生产管理人员通过车间LED屏幕和LCD看板进行现场控制。屏幕上实时滚动各工位生产任务的计划数量、完成数量、合格数量,设计变更、缺料信息等异常情况也能直观地反映出来。这是先导车间的又一个数字化场景。

车间生产管理告别了传统的纸质化甚至口头化派工方式。最大的区别在于每天的工作量、工作时间和工作进度一目了然。通过打卡领任务,员工知道自己今天要装机器的哪个零部件,一天需要花多长时间装配阴极极耳保护胶带,花多长时间装配阳极涂布端保护胶带。等到下班刷卡时,能清楚看到自己的任务完成百分比。

图 32-3　工单执行数据采集分析系统

工位电脑旁的柱子上连接着一台液晶显示器,屏幕上是一幅机器零部件的三维立体图。研发部门设计好的图纸会在第一时间传输到系统中,并实时在每个工位的屏幕上呈现需要装配的产品。如果工人有不清楚的地方,只要动动鼠标点击零部件,就能看到相应的代码。

对于车间管理人员来说,这省去了每天检查零部件完成情况的繁琐工作。"先导云"能够实时显现零部件的装配状态,正在下料或者在调试中,完全"可视化"。某一部件装配所用的时间也能通过系统采集出来,可以精准核算生产每台机器所耗费的人力时间成本等,实现生产统计、人资考核和财务管理的智能化。运用该系统后,企业的按期交货率达95%,库存流转率提高30%,数据处理、统计报表的制作效率和准确率提高了6倍多,生产效率大幅提升。

(三)数字化给力柔性制造

一家锂电池生产厂商找到先导智能,提出要购买制造设备,但是附加了一个条件:他们想建立一条智能化生产线,设备要添加物联网功能,用以全程监控从上料到生产下线的整个流程。要求是:只要工人把物料放上去验证,系统就能自动识别是否符合这台机器的生产需求,如果符合,自动运转,达到设定的产量则停止工作,要像家里的智能电饭煲和微波炉一样操作简便。先导智能的研发工程师通过给原来的设备增加了一个小小的网络接口,实现了这家锂电池生产厂商的"美好想法"。

不同于规模制造企业,先导智能主要为新能源领域企业定制锂电池、光伏制造装备等。智能时代的到来,倒逼先导智能的生产方式发生深刻变革。现在越来越多的客户提出了个性化的智能改造需求。先导智能的每个产品都附着一套无线控制系统,可以远程监控设备在客户工厂的运行情况。产品是否稳定?故障原因是什么?不需要上门查看,先导智能的工程师在无锡公司里就能掌握远在千里之外的客户工厂情况。随时远程管控计划、生产、质量、库存、出货以及售后的系统,这是数字化企业的标配。

每个公司的系统不同,这意味着每台先导智能生产的设备的网络接口要匹配不同的客户需求。设计出规范化的通用接口成为研发部门的重要课题。柔性生产的关键是标准化,产品多样化与流水线效率最大化必须紧密结合。先导智能将来自不同厂商的PDM、ERP、MES等生产管理系统集成到智能车间综合管理平台,制定统一的标准,保障技术、流程和数据的一致性,同时预留一个开放端口,一旦订单需求变化,软件部门实现快速调整,为厂商完成不同品种产品的批量生产提供保障。

借力先导智能的数字化建设,公司的生产效率综合提升率约20%,能源利用率提升约18.75%,综合运营成本降低31%以上,产品开发合格率提升5.68%,工艺文件一次合格率提升7.0%,产品研制周期缩短22.27%,实现对动力锂电池装备制造过程的设备状态监测、故障诊断、次品预检、维保服务、三方协同、数据智能等功能。基于"先导云"大数据,先导智能下阶段将建大数据中心,届时整个企业的生产运营将奔跑在数字信息流上。

三、数字化制造整体方案服务商

先导智能从2019年开始把自己成功的数字化经验和能力向外输出,为客户打造包含基建、物流、设备、电气、生产管理、供应链、战略等各个层面的智能工厂。公司已经为一汽、东风、中航锂电、泰能等多家客户提供了智能制造整体解决方案。

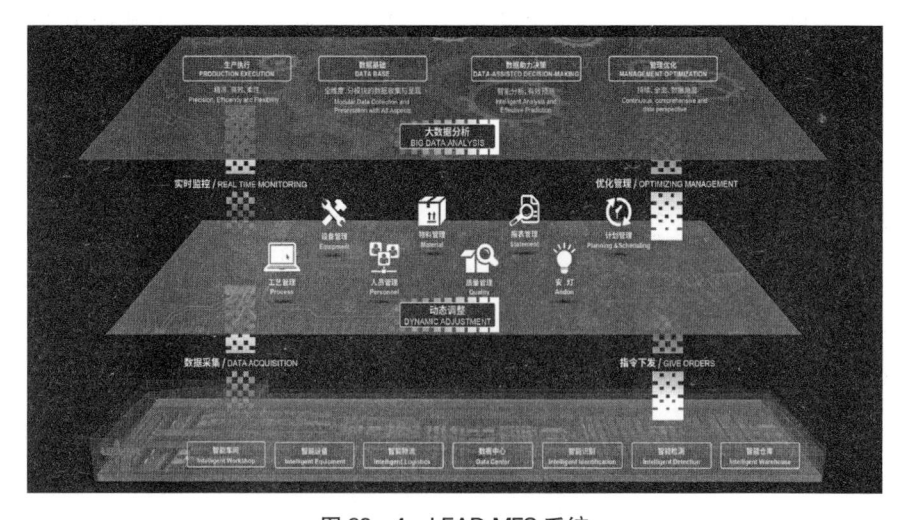

图32-4 LEAD-MES系统

先导智能围绕"数字化设计、智能化制造、信息化管理、网络化服务"战略布局,引入产品自动化、智能化生产、装配、检测等环节,打造全新智能工厂,实现全流程个性化定制服务,从根本上提高生产效率、提升产品质量,提升公司与客户的黏性。先导智能结合锂电池装备行业的发展特色,紧密围绕"设计—生产—服务"产业链条,以"互联网+"和"高产品附加值"为核心,进一步延伸产业链条,挖掘每一个环节的服务价值提升点,提升智能化集成制造水平,纵深产品的价值链,实现本行业服务型制造的转型。

执笔:胡　兰

B.33　X射线检测业隐形冠军的选择

——无锡日联科技股份有限公司

2021年5月"中国制造业隐形冠军"名单出炉,无锡日联科技股份有限公司荣登榜单。这是一家专业从事精密X射线技术研究和X射线智能检测装备研发、制造的国家级高新技术企业,也是国内首家集物联网"云计算"、大数据于X射线智能检测系统的集成商;现已发展为国内X射线检测技术和设备种类最齐全的龙头企业,是全球第四家微米级X射线源核心技术拥有者,行业内客户大多是全球著名头部企业。一个不起眼的民营企业何以在细分领域的赛道夺得第一?十多年企业坚持高起点研发与数字化是答案。

X射线检测技术作为重要的工业无损检测手段,作为产品质量的"守门神",广泛应用于电子半导体、锂电新能源、工业无损探伤、航天航空等高端制造领域。

近百年来,传统的X射线无损检测均以胶片成像作为图像信息的载体,但由于其存在现场透照、胶片暗室处理、底片评定、结果登记等落后的工艺状况,致使从业人员劳动强度大、费用成本居高不下、检测实时性差,无法适应生产技术快速发展的检测需求。随着计算机数字化技术的发展,新的检测方法——X射线数字化实时成像技术应运而生。它的主要特点是无须再采用胶片透照成像,就像用数码相机替代普通胶片相机技术一样,检测结果的载体是数字化图像,而不是胶片。这是X射线检测产业的一次重大革命,是射线检测技术质的飞跃。但长期以来数字化X射线检测装备的核心技术掌握在欧美日等地厂商手中,中国无法制造数字化 X 射线检测装备,一直依赖高成本进口。

在此背景下,无锡日联科技股份有限公司(以下简称"日联科技")应运而生,在江苏省无锡市国家高新区落户,埋头于精密 X 射线技术研究和 X 射线智能检测装备研发及制造。公司坚持数字化发展道路,现已发展成为国内 X 射线检测技术最完善、检测装备种类最齐全的企业,是全球微米级 X 射线源核心技术的拥有者,被评为"准独角兽企业""中国硬科技百强企业""行业隐形冠军"。

一、日联科技发展历程

X 射线是一个有上百年历史的技术,但在工业上的检测应用方面,中国相对来说比较滞后。在日联科技成立之前,这项技术被美国、德国、日本三个国家垄断。那时国内无论是航天航空、军工等国防战略领域,还是 SMT、半导体、LED、太阳能等制造业所购买的 X 射线检测设备,清一色都是进口的。仅 SMT 行业,每年就要为此花费 7 亿到 8 亿美元的外汇。日联科技董事长刘骏长期在外资公司做技术总监,大学专业是射线物理,看着这个领域被外企垄断,长期受制于人,觉得中国人应该占有一席之地,因此创业成立了日联科技。

一个名不见经传的民营企业,一跃成为行业龙头,成为行业隐形冠军,这与日联科技的两次数字化选择有着密切关系。

(一)第一次选择数字化,在高起点上创业

X 射线数字化检测技术的原理是当 X 射线穿透被测产品后,被产品另一边的数字化探测器接收,该探测器可以把不可见的 X 射线转换成数字信号,再经过工作站(计算机)处理,将数字图像显示在显示器屏幕上,可直观地看到被测产品内部的缺陷性质、大小、位置等信息,按照产品相关工艺标准对检测结果进行缺陷评定。X 射线数字化采集、计算机的海量存储以及宽带互联网的发展,使得这种技术的发展具备了实时检测、图像数字化、计

算机存储与网络传输、远程评定等优点。

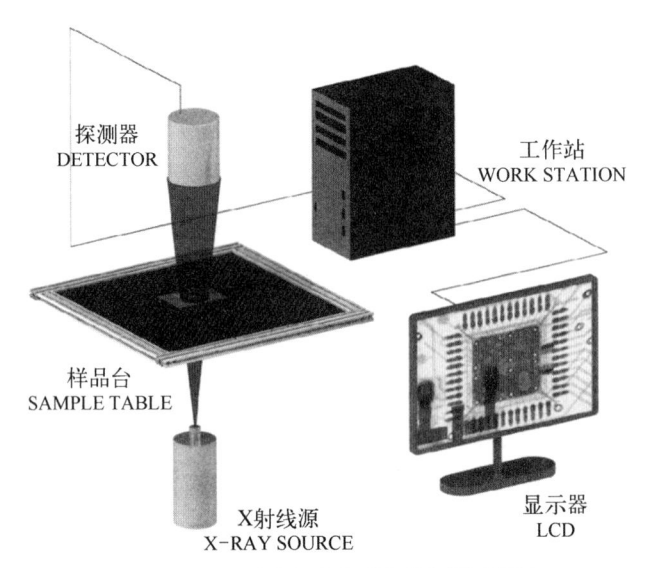

图33-1 X射线数字化成像检测技术原理

日联科技确定了数字化X射线检测发展道路,制定了"成为国际一流的X射线检测解决方案提供商"的战略目标。经过多年坚持研发投入、稳步向前发展,日联科技数字化X射线检测装备已广泛应用于半导体集成电路、锂电新能源、泛工业无损检测、异物检测、公共安防及航天军工等高科技领域,填补了国内多项技术空白,为中国高端制造提供了质量保障和技术支撑。日联科技与众多头部企业签订了设备采购合同,并建立了长期合作关系。客户包含松下、三星、LG、博世、飞利浦、西门子、安费诺、宝马、奥迪、特斯拉、华为、中兴、比亚迪、宁德时代、力神、欣旺达、国轩、立讯、伟创力、富士康、中国航天、中国兵器、中集集团、东风集团、顺丰速运、"三通一达"等众多国内外知名企业。

(二)第二次选择数字化,从传统制造向数字化智能制造蜕变

1. 准备阶段(2009—2010年)

公司高度重视用数字化技术进行产业改造,在2009年成立之初,就由以总经理为核心的企业数字化领导小组,组建了信息化中心,招收多名优秀的IT高新技术人才,负责企业数字化工作。公司首先从制度上确定了发展方针,即"以市场为导向,智能制造为核心,数字化为手段,提高质量,降低成本,形成新的企业竞争力"。其次,着手进行基础资料的准备:对公司经营的基础数据进行梳理工作和讨论,包括产品分类、产品编码编制规则、客户资料、市场信息维护方式与分类等。公司耗时近两年规范了在实施数字化过程中的制度、责任和基础信息管理方式,为接下来数字化建设的全面展开,打下了坚实的基础。

2. 数字化技术与研发设计融合阶段(2011—2016年)

日联科技以数字化创新研发设计手段促进产品自主创新能力的提升。在公司普及数字化研发工具的应用基础上,建立基于信息化系统的网络环境,配置了齐全的服务器、工作站等硬件设备,采用计算机设计软件等数字化工具,构建了以软件开发、设计为主的软件开发平台、研发设计中心,开展计算机辅助设计,缩短了新产品的设计周期,显著提高了工作效率。日联科技采用仿真模拟软件,建立符合实际生产工艺的多维度有限元模型,提高了X射线检测设备辐射安全性、装配制造可靠性、产品质量稳定性,减少了生产过程材料的消耗与能耗。数字化技术与研发设计的融合进一步增强了公司创新力、竞争力,使得公司获得更大经济效益和发展。

3. 数字化技术与系统化管理融合阶段(2017—2021年)

日联科技应用数字化技术,推动生产装备智能化和生产过程自动化,加快建立现代生产体系。在这个阶段,公司两化融合的主要工作,是结合用户的要求,进行生产过程自动化技术研究和开发,从单台设备、单一参数的自动检测和控制,逐步发展到整条柔性生产线的数字化建设,大幅度降低了生产线人员使用,提高了产品质量和劳动生产率、材料利用率,大幅提高了企业在数字化条件下的竞争力。同时,以金蝶ERP为核心载体,配合邮件管理,全面整合采购、仓管、物流、生产、销售、财务、客户关系、人力资源、成本管理、绩效考核等环节,通过以信息为载体的传递与控制工具,整合和优化企业资源,构筑企业优化管理的机制和平台,全方位覆盖生产经营活动。

二、数字化赋能企业的探索：数字化从技术到管理

日联科技以打造国际一流的 X 射线智能检测解决方案提供商为目标，通过创新应用机器视觉、人工智能、物联网等数字化新技术，建立知识库，研发针对 X 射线检测设备的通用开发平台，大幅度缩短产品研发周期，提升检测设备的智能化、降低产品误判率；通过柔性生产线建设，搭建物联网、互联网多网融合的工厂网络，监测产品生产的全生命周期，接入生产工序的关键设备和终端，实现数据实时性、完整性和可追溯性；搭建以物联网云平台为核心的客户服务系统，实现公司产品远程监控、在线运维，把内部数据化管理、外部互联网服务持续作为企业核心业务发展方向。日联科技长期积累的数字化成果成功为企业赋能，成为企业高速发展的助推剂。

(一)"物联网＋人工智能"创新增值

日联科技基于 WEB 架构开发的工业级"云网信息平台"，可以用于创建设备数据监控与分析系统，把物联网技术应用于智能设备，实现设备在运行过程中对自身状态及周边环境的有效感知，实现设备状态监控、故障的预警、诊断、统计分析等功能，把被动的服务变成主动式、预警式服务，大幅提升了客户使用体验。通过标准和开放的数据接口，该平台还能够对产品在运行中的数据进行分析与挖掘，实现数据的二次业务开发和创新性应用。目前该平台已应用到日联科技所有的产品线设备，增加了产品附加值。

随着人工智能技术的快速发展，数字化变革 X 射线检测装备在不断升级。以"人工智能"缺陷检测自动识别技术为基础，日联科技实现了 X 射线检测装备在线化、自动化的发展，推动 X 射线检测技术在半导体、电子制造、锂电池等领域广泛运用，产品缺陷识别准确率提升至 99.9%，产品软件开发周期缩短 30%。

(二)自适应柔性制造系统

日联科技根据 X 射线检测设备"小批量、定制化"的特点，采用数字软件

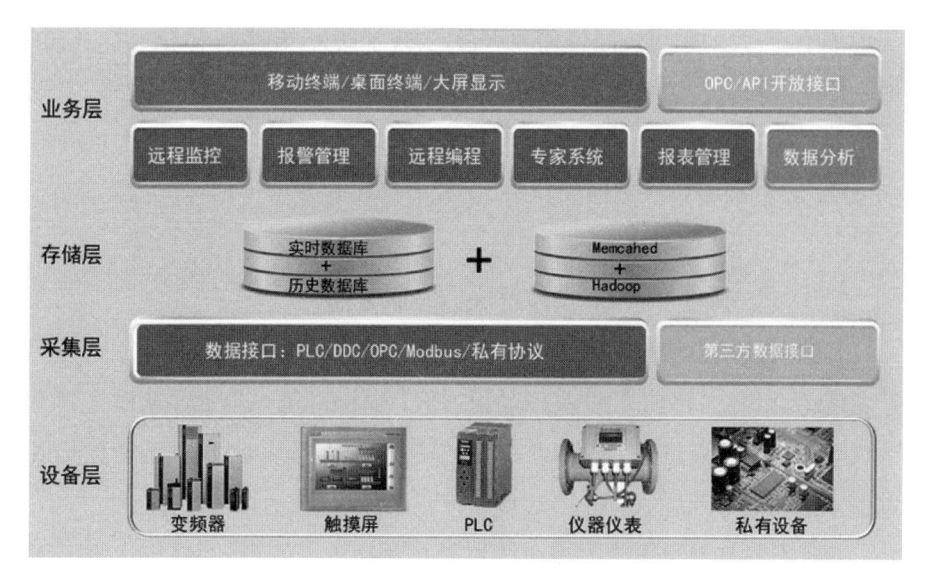

图 33-2 日联科技"云网信息平台"架构示意

进行工厂设计、产品设计,以生产设备(机器人、AGV)为基础,以 MES 为信息核心,以数据为驱动,打造出了兼容性强的 X 射线检测设备柔性制造系统。日联科技运用工业互联网打通产业链各环节,实现了产品与产品之间、产品与机器之间、机器与机器之间、人与机器之间的互联互通,构建智能化控制生产流程,实现柔性制造,有效提升生产效率。应用柔性制造系统之后,交货时间由 20 天缩短至 7 天以内,产品合格率达到 98%,75% 的生产设备和电脑系统实现工序自处理,人工工序只占 25%。在工厂生产面积和员工数不变的情况下,产能提高 4 倍,有效实现了柔性生产和个性化生产,实现了传统生产商向智能制造服务商的转型。

(三) 数字化覆盖全业务流程

日联科技构建以金蝶 ERP 为核心载体,涵盖 CRM、MES、PDM 等覆盖主要业务环节系统的信息化管理平台,配合邮件管理,全面整合销售、采购、仓储、物流、生产、财务、客户关系、人力资源、成本管理、绩效考核等,通过以信息为载体的传递与控制工具,整合和优化企业资源,构筑企业优化管理的机制和平台。该平台全方位覆盖生产经营活动,使资源达到实时充分共享,实现集中、高效的在线协同管理和运营,实现了研发/制造一体化、供应链制造一体化,全方位、多角度渗透到生产经营的各个活动环节,两化融合,完成了全业务流程的高级提升。通过推进数字制造,公司生产效率综合提升率约 20%,产品研发生产周期缩短约 25%,企业市场竞争力得到进一步提升。

(四)做"制造＋服务"整体解决方案服务商

日联科技结合检测装备行业发展特色,紧密围绕"设计—生产—服务"产业链条,以"互联网＋"和"高产品附加值"为核心,进一步延伸从设计到高效成型应用的产业链条,挖掘每一个环节服务价值提升点,提升智能化集成制造水平,纵深产品的价值链,实现本行业服务型制造的转型之路。

日联科技在解决方案方面主要提供整体检测方案设计、系统运维等服务。包括:(1)非标检测装备定制;(2)设备联网集成,多台套核心设备联网集成;(3)与 MES 系统集成,与 MES 系统的对接,完成数据交互实现设备在线运维监控、追溯管理等核心功能。

日联科技大力推动公司从单纯的制造企业向"生产制造＋供应链管理""生产制造＋研发设计""生产制造＋品牌""生产制造＋营销""生产制造＋销售"网络综合一体化方向的企业发展。不断提高研发及营销服务人员配比,实现企业高附加值化,把产品与服务在行业中做到极致。

日联科技数字化发展之路,率先完成了高端装备智能制造。生产效率综合提升率约 20%,产品开发合格率提升 5%,产品整体研制周期可缩短 25%,综合运营成本可降低 30%以上。日联科技数字化建设给出了以"高端化、小批量、定制化"为特点的装备制造企业智能工厂建设及高效管理体系的成功案例。高端检测技术为制造业高质量发展保驾护航,中国制造业规模已成为世界第一,"有没有"的问题已基本解决,但"好不好"的问题依然存在。把数字化智能检测与数字化智能制造结合起来是制造业发展的未来。日联科技的实践探索不仅对装备制造企业有借鉴,而且对各级政府相关管理部门也不乏启示。

执笔:辛　晨

B.34 从传统物流业迈向数字化服务业

——江苏佳利达国际物流股份有限公司

"十四五"时期,中国将加快构建以国内大循环为主体、国内国际双循环相互促进的新发展格局。供应链的数字化、智能化是形成新格局的重要手段,跨境电商业务也同样如此。佳利达公司依托自主开发的e-SCM系统,致力建设区域性企业供应链与跨境电商业务数字生态系统,采用大数据挖掘技术,探索了一条物流服务公司向数字服务公司转型的新路。

江苏佳利达国际物流股份有限公司(以下简称"佳利达")成立于2005年,系中国货代物流百强及民营五十强企业。佳利达主要业务涵盖国际货运代理、国内物流、供应链管理、保税业务、贸易、金融、食品进口供应链等一体化物流服务。佳利达2020年全年营业收入超14亿元,利税总额4 000多万元,员工1 200多人。佳利达在南京、苏州、常州、天津、深圳、重庆、成都、香港等20多个大中城市建有分支机构,全国仓库面积超35万平方米,自有物流车辆120多辆;先后在新加坡、越南、柬埔寨等国设立公司开展国际业务。

佳利达十几年来坚持以客户需求为导向,推陈出新,不断追求更具价值的服务。在初创期(2005—2006年),佳利达主营国际货代、报关报检和海关监管运输业务,自建仓库6 000平方米,开启国内仓储、配送业务。在成长期(2007—2012年),佳利达搭建全国性保税物流服务网络,自有仓储配送中心面积扩至20 000平方米。2012年,通过江苏省首家ISO28000供应链安全管理体系认证。2013—2017年是佳利达的成熟期。2013年,佳利达获得了海关 AA 类报关企业、预归类报关企业资质以及相关高级认证，荣获 2016 年度中国货代物流企业百强，民营五十强。2017 年，佳利达在新三板挂牌上市；荣获 2017 年度中国货代物流企业百强、民营五十强、仓储二十强等企业称号。

2018 年是佳利达发展的重要节点，这一年企业在数字化转型路上启程，佳利达首个零库存智慧物流仓库在无锡落成，被纳入江苏省首批运输服务新动能重点培育项目名单。2019 年，公司获批无车承运人试点企业资格，保税仓库总面积超过了 120 000 平方米，非保税仓库总面积超过 13 8000 平方米。一方面自身业务不断扩张，另一方面要面对行业新趋势、新技术的挑战，佳利达的发展需要转型升级。佳利达走什么路径？

一、打造企业供应链数字生态圈

（一）数字赋能制造企业供应链

2018 年佳利达建成无锡首个智慧物流仓库，构建了信息化管理平台（综保平台）和佳利达智慧物流架构，开发了数字化供应链管理系统 e-SCM。该系统主要在作业优化（供应链上成员通过一个平台进行操作、交流）、管理提升（信息共享、协同互通、效率提升）和战略决策（生产预测、物流预测、采购分析、商业决策）三个方面为供应链企业提供数字赋能。它是一个集采购 4.0、智能仓储、智能制造、数字营销、智慧 B2B 物流、供应链风险预测与防控以及数字化客户关系管理等于一体的集成生态系统。一方面，e-SCM 系统通过出入库自动读取货物信息，使得货物在库内移动自动识别，提高效率和准确性；另一方面，数据源与企业的 MES 系统直接对接，MES 系统将需求自动算给仓库，还可以和机器对接，实现供应链全程自动同步监控。借助 e-SCM 系统，可以去掉线边库、直送产线，为制造企业实现提高作业效率、减少原料库存和降低企业成本等目标。

ERP 系统与 e-SCM 系统数据交互关系以及 e-SCM 系统架构分别如图 34-1 和图 34-2 所示。

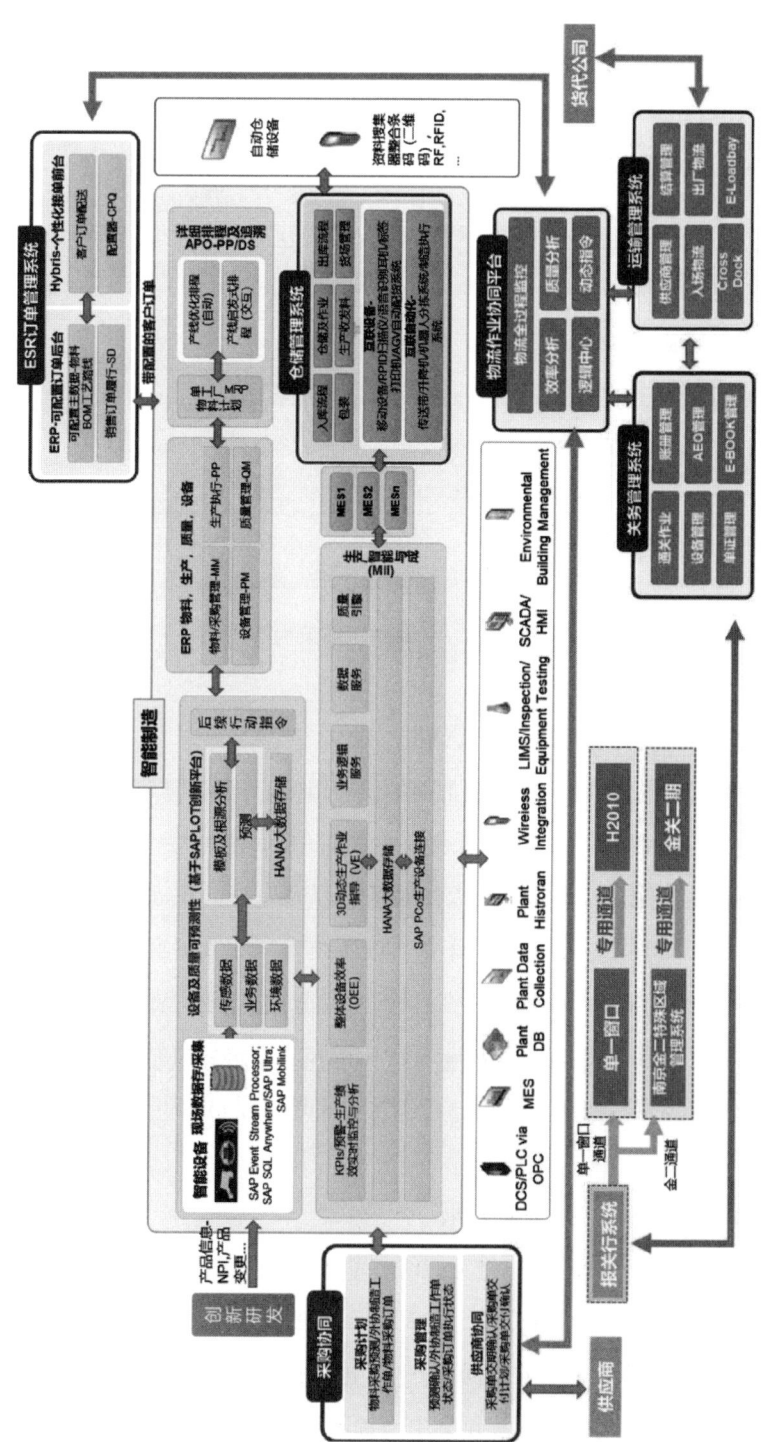

图 34-1 ERP 与 e-SCM 系统数据交互关系

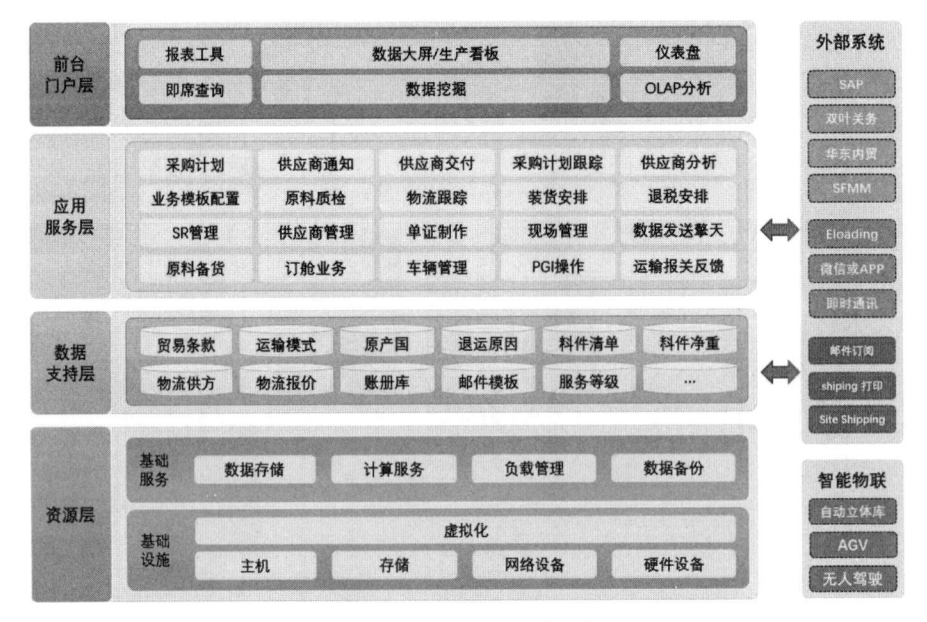

图 34‑2　e-SCM 系统架构

（二）数字赋能供应链安全管理

为解决危险品、保密货物运输方面的供应链安全问题，佳利达借助 e-SCM 系统，通过数字化保密手段，实时采集订单数据、卡车数据、货物数据和仓储数据，采用保密运输技术，确保保密货物的运输万无一失。在货物运输过程中，公司通过 e-SCM 系统实时跟踪货车是否按照逻辑顺序线路实施，进行逻辑监控，避免人为疏忽导致严重后果。在仓库—车间—仓库管理业务链条上，佳利达实现了供应链可视化，提升了防呆管理质量和多方贸易交易的可靠性，使货物直达最终收货人。仓库—车辆—仓库管理业务流程如图 34‑3 所示。

（三）数字赋能物流企业发展

佳利达借助 e-SCM 系统，将无锡综保仓库建成全国配送中心，并对无锡综保仓库进行数字化建设和管理。e-SCM 系统集成各方数据，甚至精确到分、秒等时间单位，比单一企业的数据更齐全、更实用。e-SCM 系统为供应商提供精准的数字服务，还为供应商提供集中出货还是平均出货等预测和决策服务。

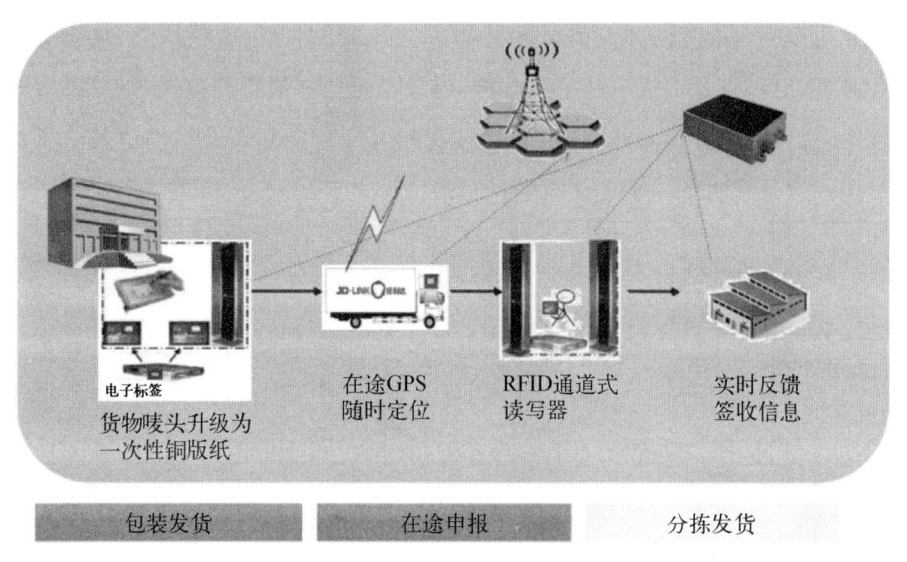

图 34-3　仓库—车辆—仓库管理业务流程

目前,在企业—仓库—海关的业务链条上,e-SCM 系统实现了作业效率提升,具有销售情况可分析、销售物流精准预测的功能,可将库内作业状况和海关通关情况纳入预测管理。企业—仓库—海关的业务流程如图 34-4 所示。

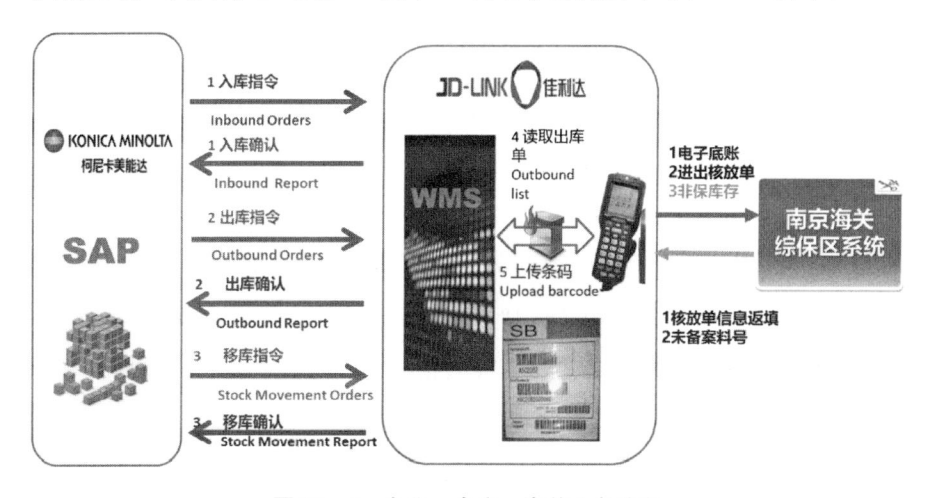

图 34-4　企业—仓库—海关业务流程

(四) 数字赋能园区管理

佳利达借助 e-SCM 系统和无人驾驶技术,在无锡综保园区内,将制造企业与外部仓库之间相关数据集成,实现无人驾驶物流,对使用方、运输方、仓储方、道路方全部进行数字化管理,通过大面积采集车辆数据对园区进行数字化管理,推动园区的数字化管理进程。目前,佳利达已经为捷普电子、村田一工厂和村田二工厂3家电子制造厂提供卡车无人驾驶测试。

图 34-5 无人驾驶测试工厂

二、搭建跨境电商数字生态圈

佳利达数字化转型的另一个重头戏是建立数字化跨境电商综合服务平台。数字赋能跨境电商产业发展,搭建跨境电商数字生态圈。佳利达设立跨境电商综合服务中心,主要服务于跨境电商企业、传统制造业、传统外贸公司和内贸电商企业。服务项目主要包括政策释疑、制定方案和操作指导等,针对传统企业提供企业和电商平台、教育机构、产教联盟、产业园、协会/商会和海外仓库等服务资源。佳利达将海量进出口大数据和跨境电商行业的大数据转化为供应链企业需要的数据和区域经济汇总数据。这些数据既可为跨境电商企业进行市场预测和管理所用,也可为地方政府部门宏观经济决策服务。目前,该中心已签约 40 家电商企业,建立了江阴、无锡服务点,面向乡镇服务下沉。截至 2020 年底,佳利达跨境电商业务规模已经达到全国第二、江苏第一。2020 年 11 月到 2021 年 3 月底,佳利达电子 1210 海外仓出口达 6 500 万美元。

(一) 合作构建 FY21 跨境交易履约体系

佳利达与阿里巴巴合作,构建阿里巴巴 FY21 跨境多元交易履约体系。佳利达凭借自身物流、财税、关务能力,融入交易履约服务,建立系列服务产品,以链主身份,以自由接入 SaaS 能力,为客户适配交易履约解决方案。佳利达针对 CGS 卖家订单交付的跟单及异常处理,提供精准交易履约服务,快速推动数字化交易和履约产品在 CGS 卖家侧渗透,扩大国际站卖家数字化交易规模。

(二) 聚焦数字交易规模化

佳利达坚持推动数字化交易规模化、可持续化。一是为卖家提供简单、确定、有温度的本地交易履约服务。二是在供给侧形成合力,数字交易在卖家侧的渗透率由原来的 50% 上升到 70%。三是数字化金融服务跟上,基于不同履约通道产品的商业特性,差异化设计信保 GMV 佣金,保障不同履约通道产品的规范健康营运,在实践中创新延伸 SaaS 物流、财税等服务。

(三) 开展外贸出口"一拍当"业务

佳利达利用自身跨境电商业务能力、所具备的先进信息化手段及供应链专业实力,借助阿里巴巴平台,开展受托代理外贸出口"一拍当"业务。该业务建立在融合自身平台、电商、海关、外管局、国税局、银行等大数据基础上,采用区块链、物联网等新技术,赋能对外出口企业,支持出海品牌产品,服务当地产业发展。

"新供应链思维"和"数据思维"引领佳利达从传统的物流业企业向现代数字化服务企业转型,致力打造数字服务生态系统,构建区域数字生态圈,并在实践中收获了值得点赞的成效。数字化是企业通向未来的必由之路,数字化永远在路上。我们期待更多佳利达式的企业快步行进在数字经济的大道上。

执笔:王晓红

B.35 踏上数字医疗征程

——江苏曼荼罗软件股份有限公司

走进数字时代,健康医疗将植入数字化基因,推动医疗卫生领域的改革创新,建立中国大健康数字信息系统,是惠民重大工程。时代召唤这样的先行者、践引者;他们要建立百姓健康医疗数据库、电子病历、诊疗协同平台、数字化医防体系、全生命周期健康管理网络……

"曼荼罗"在佛教中意译为坛场,指一切圣贤、一切功德的聚集之处,象征事物的本源。秉持"专业、专注、专攻"的企业理念,江苏曼荼罗软件股份有限公司(以下简称"曼荼罗")自 2004 年成立,一直坚持着唯有专注才能使心、神、行合一的企业文化,是国内最早以区域电子病历为核心、区域医疗协同为目标、支撑健康医疗数据资源整合应用的医疗 IT 企业。经历十七年发展,曼荼罗成为国内健康医疗信息化行业核心企业之一,深度参与国家卫健委医疗卫生信息化标准制定工作,承担多项 5G、健康医疗物联网、健康医疗大数据方面的国家和省级课题,用户遍及全国近千家医疗机构,近 30 多个地方的省或市卫健委。曼荼罗拥有 200 多项软件著作权,2 项授权专利和多项申请专利,获得国际软件开发成熟度最高标准 CMMI V1.3 五级,是江苏省高新技术企业、江苏省规划布局内重点软件企业。

一、第一个试点

基于创始团队的医学专业背景,曼荼罗成立之初,就以自主创新的电子病历系统为载体,为医院集成每个患者医疗全过程数据;同时,考虑到患者在不同医疗机构就医的数据连续性和共享需求,曼荼罗于 2007 年在无锡建立国内首个地级市规模的基于区域电子病历的医疗数据中心,开展医疗质控、临床科研、决策支持等方面的应用,使无锡成为国内第一个实现全市市属医院医疗全过程数据集成的地级市和原卫生部电子病历试点城市。

2010 年,曼荼罗在行业内率先提出区域医疗质控理念并发布产品,成为全行业区域卫生信息平台应用的"标准配置"。在"大数据"热潮到来之前,曼荼罗已经在医疗行为分析、抗生素使用分析、科研病历提取、疾病监测等方面进行大量实践;近年又在医疗卫生综合监管和面向医疗保险的大数据应用方面发力。曼荼罗始终与国家卫健委在医疗数据标准、大数据应用规范等方面密切对接,深度参与相关标准和规范的编写。曼荼罗研发电子病历后结构化技术并率先实现业内大规模应用,突破了区域医疗大数据集成的主要技术瓶颈,在河北、内蒙古、天津、青岛、合肥、长沙、昆明等 30 多个区域落地建设。

二、重大疾病数字智能救治平台

2013 年,曼荼罗借助国家物联网创新示范区试水物联网健康管理,打通无锡市居民健康档案、电子病历、物联健康数据,率先实现城市级规模化基于物联网的健康医疗整合服务模式创新应用。曼荼罗率先在无锡实现 2016 年国务院《"十三五"卫生与健康规划》提出的"以居民电子健康档案为基础,整合居民健康管理及医疗信息资源,开展居民健康医疗信息服务,提高居民自我健康管理能力"规划目标。2018 年,国家卫健委发布《关于深入开展"互联网+健康医疗"便民惠民活动的通知》,提出"有条件的医院要加快实现院前急救车载监护系统与区域或医院信息平台连接,加强患者信息共享、远程急救指导和院内急救准备,实现院前与院内的无缝对接。"曼荼罗于当年实现将社区、医院、120 急救中心、急救车辆与智能交通(车联网)物联融合的新一代重大疾病智能救治平台,成功构建无锡胸痛/卒中中心全市模式,并在 2018 年世界物联网博览会上发布相关成果。

同年,曼荼罗和江苏省卫生统计信息中心共建江苏省健康医疗大数据共享服务平台项目,初步建立了面向医疗、医药及医保的知识库,并积极探索健康医疗大数据安全共享的技术保障体系。该体系推进健康医疗大数据支持一线临床技术创新,以及深度医疗、智慧医疗应用创新,按照《"健康中国2030"规划纲要》提出的全民健康"立足全人群和全生命周期两个着力点"要求,形成覆盖智慧医院、医防协同、健康服务和大数据应用的较为完整的健康医疗信息化产品体系,为行业新一轮发展奠定基础。

三、全息医疗大数据模式

(一)自主可控,安全共享

曼荼罗作为国家卫生健康委员会健康医疗信息化数字化标准编写核心单位,在国内率先提出以全息医疗文档为核心,以物联网泛在健康数据为补充,探索建设基于国产芯片、服务器、中间件等信创产品的数据中台。数据中台作为可信交换的基础设施,在健康医疗大数据"自上而下"、面向"多数据库、多平台"的异构环境下,形成云化健康医疗大数据中心。它具有高效化、标准化、自主可控的特点,实现数据采集、安全共享、全程可追溯。它能提供人工智能分析评估、数据资产化运营、互联网智能服务,为健康医疗数字化的自主可控提供坚实技术保障。

(二)数智一体,赋能医院

曼荼罗以服务临床为主线,全面实现电子病历、HIS临床业务场景一体化、线上线下互联网服务与监管一体化、医院闭环管理一体化、诊前诊中诊后服务持续化。基于全结构化临床数据,以大数据应用、人工智能为创新方向,重构医院的智慧服务、智慧临床、智慧管理等业务场景。以业务协同、一体化管理、数字化经营为重点,辅助医疗集团、医联体、医共体数字化提升,提升区域医疗的预防、医疗、保健、康复、健康管理和健康教育的服务水平和能力。通过完善重大疾病网格化监测、预警和评估能力,提升医疗救治反应效率,提高救治成功率。助力医疗卫生服务真正实现小病在社区,大病转诊到医院,康复护理回社区;慢病诊断到医院、慢病管理健康管理在线,实现医疗卫生资源纵向整合、有效利用，节省患者医疗费用，降低全社会医疗成本。曼荼罗以患者为中心，全面推动中国医院数字化转型升级。

（三）夯实数据，智能服务

曼荼罗以人为中心，整合居民全生命周期的健康医疗数据和物联网智能感知数据，构建良好的服务于健康医疗数字化基础。有别于传统方式只采集首页、摘要等片段数据，曼荼罗通过全数据集成，强化医疗、医药、医保、公共卫生等跨域跨机构的数据服务能力，为卫生、健康管理部门和各医疗机构提供数据支持，强化卫生管理部门对医疗、医药、医保、预防、急救等业务动态全过程监管手段，提高智能预警决策能力，以数字化手段提高健康医疗管理工作科学化、精细化、专业化水平。数字化有效推动公立医院改革，完善现代医院管理制度，优化医疗卫生资源布局。通过人工智能算法模型研究，将健康医疗大数据广泛应用于区域疾病监测、居民健康管理、医保报销合规监管、医院绩效评价、循证医学、转换医学、精准医疗等场景。

（四）预防治疗，精准管理

曼荼罗利用物联网技术汇聚个人健康数据、环境数据、生活数据，融合电子病历和电子健康档案，通过大数据分析、智能算法，运用手机 App、小程序等推动覆盖全生命周期的预防、治疗、康复和健康管理的一体化服务。曼荼罗用数字化逐步实现健康平时主动防控，扭转以治疗为主的局面。开展居民健康管理，强调治未病，用物联网和互联网大数据为后续的疾病治疗提供全面翔实的健康信息，提高诊疗效率。同时，居民健康管理有助于及时发现特殊传染性疾病，追溯传染源头和传播路径，实现提前预警。曼荼罗开展疫情传播数学模型研究，利用大数据提前研判疫情传播路径和可能造成的影响，以便精准施策。数字化实施以防为主、治未病工作，促进了家庭医生制度、分级诊疗制度的落实，提高了医疗服务可及性，改善了患者就医体验。

(五) 健康账户,创新发展

曼荼罗借鉴金融账户在认证、授权、存证等方面的成功经验,创新了基于可信健康账户的健康医疗数据关联、交换和使用技术架构,融合主索引、国产密码、可信交换网关和国产版式文件等关键技术,建立健康医疗数据跨域、跨网的可信交换平台基座,使其逐步成为健康医疗大数据应用的可信服务与管理载体。曼荼罗以健康账户探索健康医疗大数据应用市场化运营模式,打造新的医疗服务生态,催生大健康领域新服务模式、新商业模式、新业态增长点。

表 35-1　　曼荼罗数字化大事记

时间	事件
2004 年	首发"DoqLei 结构化电子病历系统"
2006 年	率先提出"病历后结构化技术"
2007 年	首推"医患通"手机服务,获中国移动行业应用全国金奖
2008 年	首创"区域电子病历"解决方案
2012 年	全国首个"基于物联网的全民健康服务示范项目"落地无锡
2016 年	发布新一代医疗大数据集成与分析框架"全息临床文档"
2017 年	"江苏省健康医疗大数据共享服务平台"获江苏省经信委大数据应用示范项目
2020 年	全新发布新一代智能电子病历系统、智慧医院一体化信息系统

执笔:张　斌

B.36 数字化催生养老新模式

——江苏中科西北星信息科技有限公司

中国老龄化社会挑战直面而来,养老的刚性需求,呼唤时代全新养老产业。在大数据、云计算、物联网、人工智能为代表的科技驱动下,养老服务必须是智慧的、创新的、发展的,是不断迭代升级的。江苏中科西北星信息科技有限公司从诞生第一天起就以数字为资源,从数字化入手,探索在线上与线下打造一个数字化时代养老服务业。

江苏中科西北星信息科技有限公司(以下简称"中科西北星")成立于2011年9月,是中国科学院物联网研究发展中心联合中国科学院企业在国内孵化的第一家关注智慧养老的科技型公司,是中国科学院物联网研究发展中心下属高新、双软企业,也是国内"智慧健康养老"较早倡导者和践行者。中科西北星面向智慧健康养老领域开展关键技术研究、科研成果应用、智慧健康养老产品开发与产业化应用推广,积极参与国际国内全方位合作交流,形成从技术研究、产品研发、系统集成到典型应用示范的创新价值链,成为"智慧健康养老"的创新基地。中科西北星的养老理念从原先1.0时代的信息化、2.0时代的智能化、3.0时代的智慧化,一直迭代到现在4.0时代的数字化应用场景:包括健康档案数字化、生活习惯数字化、运动科学数字化、人性照护数字化、操作流程数字化、系统管理数字化等,并拓展至公司工作量数字化系统、科学评估数字化系统、学习空间数字化、语言支持、中药养生系统数字化功能模块,链接整合辅助护理智能设备、卫生清洁机器人、亲情陪护机器人、智能轮骑等终端设备,串联起数字化工作、数字化康复、数字化学习、数字化生活、数字化健康等多个维度,从生活到生产再到生命,展现出全数字链养老新模式。

一、数字化养老实践

中科西北星面向各类养老服务机构、养老管理机构及老年人,围绕"医、康、养、护、教、融"六个板块,提供智慧健康养老系列产品、系统、解决方案及技术咨询与服务,提供智能数字化方案的设计和实施,并基于平台开展养老服务运营。

中科西北星目前具有13项发明专利、52项软件著作权。中科西北星基于微服务、虚拟容器、领域模型等最新技术,结合物联网、云计算、大数据、人工智能等前沿科技研发的全新智慧健康养老平台及系列数字化智能产品基本覆盖国内养老服务业态,已在全国27个省份、68个城市的养老机构、养老社区、养老地产、居家养老、残疾人养老、医养融合等领域应用,累计在国内落地项目298个,共为3 156家养老机构、1 831家社区居家养老服务中心提供信息化支撑,服务老年护理人员近10万人,为近150万名老人提供智能化养老服务,为老服务总数突破13 000 000次。

中科西北星开发的首个江苏省无锡市智慧养老管理服务云平台建成市、区、街道(镇)、社区(村)四级联网、标准统一、互联互通的养老服务信息管理系统,涵盖养老机构设立和内部管理、养老服务补贴、尊老金管理、优待证管理等多个子系统。以此为基础,结合物联网、移动物联网、大数据等技术,中科西北星建成了全市智慧养老服务平台,可供全市162家养老机构和1 130余家居家养老服务机构常年免费使用。该平台全面联系市人社、卫计、公安、残联等多部门信息资源和市"96158"便民服务中心等区域性居家养老信息服务资源,以及其他社区便民服务资源,有效实现资源整合、信息共享、数据融通、功能放大,为智慧养老提供信息和技术支撑。该平台目前已经在无锡市的各级民政机构(含江阴市、宜兴市)应用,业务范围覆盖无锡市162家养老机构和1 355家社区养老服务中心,服务2万多名机构入住长者以及4万多名居家长者,为这些机构的8 574名工作人员提供服务支撑,为近3万名老人提供评估支撑服务。

经过十年深耕,中科西北星形成5个"1"优势。在无锡建立了第1个城市级的智慧养老平台(目前已经拓展到全国21个城市级平台);在无锡建立第1个区(县)级养老服务机构智能化终端服务全覆盖的智慧应用;参与编写并发布了国内第1个地方性《智慧养老建设规范》标准;业务拓展至全国68个城市,体系化、完整性落地项目(民政、机构、居家、社区、监管、评估、医养)数量居全国第一;研发了国内第1个中英文双界面的智慧养老云平台,满足国内外养老运营管理服务。中科西北星连续多年获得行业及专业机构颁发的奖项,奠定了中科西北星在国内智慧健康养老领域的引领地位。

二、数字化养老产品特色

作为研究物联网技术在养老管理服务应用的国家科技队,中科西北星在国内率先提出并落地应用的智慧养老"双三维"体系,将"政府垂直化管理、机构水平化运营、涉老资源社会化参与"的三维管理模式与"云计算、物联网、移动互联网"三维技术模式融为一体,实现"数据"支撑"服务"。三维空间的设计,符合目前国内养老服务业现状和业务形态,解决了养老服务管理过程中的难点、痛点问题,顺应了养老民生事业向产业发展的路线图。

中科西北星提供软硬件一体化的产品解决方案,在机构养老、社区养老和居家养老三种应用场景中为老人提供数字化智能服务,包括健康数据监测、体征检测、慢性病跟踪、无线定位、移动呼叫、跌倒监测、夜间监测、老人异常行为监测、失智老人防走失、视频智能联动、门禁系统联动、移动定位、消费娱乐等。

(一) 软件产品数字化

中科西北星的数字化康养平台涵盖了养老公众信息门户系统、老人动态数据档案管理系统、机构养老运营管理服务系统、O2O居家社区服务调度指挥系统、第三方评估管理服务系统、医养融合管理系统、志愿者管理系统、数据可视化融汇系统等12个子功能系统。软件产品开发过程以

CMM5、ITSS3、ISO9001、ISO20000、ISO27001等体系要求为标准,高标准、体系化的研发过程让系统具备了如下性能优势和产品特色:

一是常规性能指标优越。该系统的响应时间不超过3秒钟,吞吐量大于等于2 000TPS,并发用户数大于等于5 000人。

二是数据量级大、准确率高。该系统在数据规模上,可达到上亿级三元组,存储十万级老人的信息数据;在数据质量上,通过数据的清洗和融合等操作后达到较高准确率,对养老机构的各项安全检查信息,通过时态信息引入实现较高实时性。

三是数据融合高效化。该系统使用了协议适配技术、数据模型适配技术、批处理及流处理适配技术、动态剪枝执行拓扑等技术。在时间性能上实现了较低的批次平均处理时延,在数据融合质量上达到了较低的错误率和漏处理率,在容量上实现了上亿级的数据融合。

四是数据信息安全系数高。该系统满足《信息安全技术 信息技术产品供应方行为安全准则》(GB/T 32921－2016)。为保障数据安全,系统应用数据应集中存储备份,应用信息化安全策略,保障业务数据的安全性,借助本地及异地备份机制、全量及增量的备份方式,保障系统数据的可恢复性,进而提升系统稳定性和安全性。

五是信息交换共享率高。该系统信息交互满足《智慧城市信息交互技术要求》(YDB 145－2014),采用标准化的信息交换技术、XML技术及JSON技术,使得各类系统,无论是同构还是异构,都可以通过标准数据格式和接口进行信息的交换和共享。

六是接入性高。该系统采用SAAS的部署模式,能够支撑上千家养老服务机构的日常运营管理及安全检查,平台可以接入安全设备、管理设备、定位设备、健康采集及检测设备的接入,能够支撑上万台设备的信息接入,并能够及时开展设备数据的信息融合。

(二) 硬件产品数字化

中科西北星以"物联网＋智慧养老"为核心构架,设计了多款数字化智能产品,包括护士台终端机、门口分机、床头终端、智能基站、拉绳报警按钮、老人胸卡、智能手环、刷脸终端、刷卡器以及各类传感器等。这些产品不仅具备独立设备标识码,以及标准化传输模式、加密传输和通信方式,还具备数据实时传输能力、与大数据平台对接服务能力。相关数据系统符合信息安全标准与电气安全等国家标准,并通过 CE、Rohs 等强制性产品认证。中科西北星入选国家三部委联合发布《智慧健康养老产品及服务推广名录》中的智能终端和智能基站的性能特点如下:

1. 智能终端

智能终端适用于机构养老和居家养老两种应用场景,安装在床头、房间门口、护士台等位置,可实现双向通话、视频监护、服务登记、紧急呼叫、长者生活课堂、收音机、亲情相册、日历天气查询、快捷联系人设置以及照护服务计划等功能。老人可以进行触摸屏、一键呼出、紧急呼救等操作,护理人员可以进行触摸屏、刷卡登记、内容展示等操作。智能终端本身也可通过毫米波技术对卧床老人的心率、呼吸等生命体征进行无接触式检测,一旦数据超出阈值就会发出报警信息,规避风险;智能终端还配备摄像头,可以对护理过程进行实时监控,形成服务闭环。

2. 智能基站

智能基站以统一的物联网基站为基础,针对不同的业务场景,提供各种物联网设备的统一对接,最终达到养老物联网支撑和智能终端融合目标。智能基站涉及的开发内容有无线功能模组、MCU 微处理器、电源系统等。由 MCU 微处理器启动设备,通过无线功能模组与各类传感器产生信号联动,采集信息上传到云端服务器。电源系统保障整个过程的电力供应。智能基站一般安装在客厅或大堂位置,可接入其他居家智能硬件,可对接配套门磁、红外、烟感、水浸、燃气等布防、撤防,同时可通过设备上呼叫按钮实现紧急呼叫功能。智能基站可根据应用场景自由切换多种网络模式,基本涵盖 Wi-Fi、POE、LoRa、Zigbee ha 2.1、BLE 5.0、2G/4G 等常规网络协议。智能基站搭配活动探测、居家终端、穿戴设备,以及各种报警装置结合机构养老和居家养老形成智能终端套装,用以支撑整个养老物联网。智能终端涉及开发内容包括毫米波模组、Zigbee协调器、CPU中央处理器、核心电路板、UI交互界面和AI语音识别等。毫米波模组利用人体在波段的辐射特性差异探测目标的生命体征，CPU中央处理器存储和处理采集到的体征信息，UI交互界面支持在终端界面进行触摸屏操作，AI语音识别传递和处理口令信号。

三、数字化康养明天

中科西北星成立了全资子公司江苏微桔智能科技有限公司，专注于研发适老化、智能化设施设备，直接面向B端养老运营机构和C端养老消费群体提供适老化智能设备，通过产品嫁接为老服务。此举填补中科西北星在硬件产品上的短板，建立健全公司的产品体系和服务体系，并将"家庭病床"作为养老场景中的主力，进行技术延伸，开展非接触式人体感知技术研究和应用、应用型设备的研发及对接，以及AI在健康领域的应用研究，最终将解决方案应用到医养融合、养老教育、健康管理、慢病康复等更多养老领域。

核心技术积累和应用有效结合，是公司核心价值的体现。中科西北星根据企业整体规划及产品研发需求，重点研究蓝牙定位、健康体征检测算法、静止检测、毫米波模组、语义识别、人脸识别、机器人、基于知识图谱的智能语义分析等技术的研究工作，重点开发机器视觉与时空感知技术的老年人能力评估系统及设备、大数据知识融合的智慧养老分析预测平台、毫米波的非接触式智能照护终端，力求占领国内智慧康养领域技术高地，夯实智慧养老行业第一方阵地位，推动智慧养老、数字民政和未来友好社区等新型智慧城市模块建设。

中科西北星定位于"城市级数字化康养服务建设运营商"，在"物、大、云、智、链＋5G"科技创新驱动的大环境下，力争在原有核心业务增长的基础上实现增长。中科西北星面向G(政府)端，提供"线上监管平台＋线下援助服务＋AI系统分析评估＋监管平台运营服务＋评估服务(机构评估＋老年人评估)＋适老智能化改造及运营"；面向B(机构)端，提供"线上管理平台＋运营指导＋AI运营分析指导＋赋能(家庭床位/家庭病床)"；面向C

(大众)端,研发整合适老化、智能化设施、设备,通过"家庭床位运营平台＋适老智能化设备"来嫁接线下服务,开展安全运营服务;逐步从"娱乐＋益智＋健康＋预防"角度设计产品,向C端提升丰富产品系列。

表36-1　中科西北星数字化大事记

时间	事件
2021年	获评2020年度养老数字化TOP10企业
2020年	获评江苏省"数动未来"智慧健康养老融合创新中心
2019年	入选江苏省大数据优秀应用解决方案
2019年	入选无锡市新型智慧城市建设百优案例
2017年	获第三届SSIDC养老服务产业信息化创新大赛流程优化金奖

执笔:张阆年

B.37 "区块链+"赋能数字经济

——江苏恒为信息科技有限公司

《中华人民共和国国民经济和社会发展第十四个五年规划和2035年远景目标纲要》就加快推动数字产业化写道:"培育壮大人工智能、大数据、区块链、云计算、网络安全等新兴数字产业,提升通信设备、核心电子元器件、关键软件等产业水平。"区块链技术在未来数字产业中承担着重要角色。2015年,几位海外留学归来的青年,在自己的家乡无锡创立江苏恒为信息科技有限公司,开始区块链事业的征程。

区块链,是一个分布式存储以时间序列追加的共享数据结构,包含分布式存储、点对点传输、共识机制、加密算法、智能合约等计算机技术。存储于链上的数据或信息,具有"不可伪造""全程留痕""可以追溯""安全可信""集体维护"等特征。区块链给千行百业赋能:赋信任之能、赋安全之能、赋协同之能、赋价值之能。

一、各类平台建设

江苏恒为信息科技有限公司(以下简称"恒为信息科技")具备国际化业务素质的研发团队,拥有国内前沿的"区块链+"产品应用开发经验,相继开发了多链融合技术、区块链浏览器、区块链资产管理平台、区块链运维监管平台、NFT技术、IPSF技术等,并配套相应的工具件,已在医疗、农业、民生、金融领域实施了30多个项目案例。

(一)"区块链+农村'三资'"监管平台

2020年7月,恒为信息科技为苏州市相城区块链科技有限公司打造服务于相城区农业农村局以及相城区纪委、监委的"区块链+农村'三资'(资产、资源、资金)"平台,通过联盟链的方式,打通相城区现有"'三资'监管系统""产权交易系统""资金管理系统",形成了一套完整可信的"三资"基础数据。该平台通过区块链账户,为各系统中人员建立统一的区块链身份,实现对"三资"监管中"人"的穿透式监管。通过区块链将资产、资源、资金数字凭证化,凭证在不同系统间的转化均在链上存证,从而实现了对"三资"监管中"三资"的全生命周期管理。基于完整可信的数据存证和公开透明的智能合约,能够准确地分析出"三资"管理中存在的异常信息,为基层工作人员提供办事提醒,为农业农村局和纪委提供监督预警和报警。基于"人"的贯穿式行为留痕,和"物"的全生命周期管理,能够为纪委的线上问题核查提供完整的、不可篡改的证据,大大提高核查效率,从而实现对"三资"管理过程中权力运行的有效监管。截至2021年6月,该项目已经获得4个国家级荣誉以及2个省级荣誉。

(二)区块链技术优质农产品溯源平台

2019年4月,恒为信息科技为云南昆明的人参果项目以及南通秔茶虾稻大米项目打造"基于区块链技术优质农产品溯源平台",利用区块链及农业物联网技术,建立了从农产品种植、加工到最终消费环境的全链条溯源体系,实现农产品端到端的可视化销售。一颗果子,从播种到成熟,从被采摘到市场,整个过程都被物联网设备以及区块链平台"监控",从源头杜绝农药过量、药剂催熟、违规运输等现象发生。该平台构建起农产品信任体系,帮助建立优质农产品品牌,创造新的商业价值,从根本上解决了食品安全问题。

(三)区块链技术医疗溯源监管平台

恒为信息科技和江苏哲勤信息科技联合为济南疾控中心打造"基于区

块链技术医疗溯源监管平台"。区块链技术将原有疫苗运输管理系统、疫苗冷链检测系统、疫苗溯源扫描系统、疫苗流通管理系统等多个分割的业务系统数据打通,实时引用分享,实现医疗的全生命周期管理,避免了生命安全事故的发生。

(四)区块链技术农业金融及保险服务平台

恒为信息科技为浙江庆渔堂农业科技有限公司打造"基于区块链技术农业金融及保险服务平台"。庆渔堂通过农业物联网设备采集养殖鱼塘的各类信息,建立鱼塘的数字画像。区块链技术将鱼塘数字画像存证防篡改,将物流、销售等多个业务系统打通,保证行程完整的养殖信用。金融机构和保险机构基于这份区块链技术保证的不可篡改的养殖信用,给予农民提供金融贷款服务和养殖保险服务。"区块链+农业物联网"在建立优质农产品溯源体系的同时,还建立了信任机制,以此打通农民与金融机构的信任通路。

(五)区块链技术电子仓单质押融资平台

恒为信息科技将区块链技术与物流仓储等供应链数据相结合打造"基于区块链技术电子仓单质押融资平台"。区块链技术将货物仓单进行资产化标识,根据货物运输过程中不同的状态进行仓单资产化切割、转移,实现电子仓单全生命周期管理,再与物联网技术相结合,实现仓单和货物的一一对应。金融机构可根据区块链网络提供的可信电子仓单实现信贷服务中贷前、贷中、贷后全程管理。

(六)区块链技术政务大数据可信治理平台

恒为信息科技为无锡市高新区建设政务大数据可信治理平台。该平台监控全区所有政务信息化系统数据的生成、流转和应用,并通过区块链平台进行可信存证。通过该平台能够客观、量化地监管各政务系统的运行状态,为政府的信息化系统建设和管理提供可信依据。同时,借助区块链平台在数据安全和数据共享方面的优势,解决数据交换过程中,数据确权、数据授权、隐私保护等一系列问题,实现政府各部门间数据实时共享,让数据发挥出更大的价值。2021年恒为信息科技与无锡市大数据局一起打造智慧城市数字底座,包括具有城市级数据并发性能的城市链网主链——太湖链、满足政府监管要求的链管平台、赋能各个行业应用的多条平行链跨链平台。太湖链可以支撑政务数据治理共享。

(七) 区块链技术的知识产权确权交易平台

恒为信息科技为浙江阿特多多知识产权交易中心打造"基于区块链技术的知识产权确权交易平台",客户将原创作者的绘画通过高清扫描的方式变成电子画,用区块链可信数字化凭证NFT技术将电子画进行资产化确权登记,原创作者可以将数字资产进行分割、交易,实现原创绘画的单个使用权的切割交易,促进文创产业的繁荣发展。

(八) 基于区块链技术影视版权确权交易平台

电影版权的投资交易一直存在诸多问题。恒为信息科技为无锡华莱坞数字电影产业园打造"基于区块链技术影视版权确权交易平台",实现影视作品版权的确权登记、交易溯源、投资可信、公开透明等,并在版权证券化以及版权标准化金融产品等商业模式上进行创新。

二、恒为六年区块链之路印记

2017年,恒为信息科技与工信部电子技术标准化研究院共同编写了国内首本《中国区块链与物联网融合创新应用蓝皮书》,并在世界物联网博览会新产品新技术论坛上正式发布该蓝皮书。

同年,恒为信息科技为无锡高新区科信局独立自主开发的"基于区块链的信息共享平台 V1.0"系统,获得中国电子技术标准化研究院颁发的功能测试证书,成为国内首批通过该项测评的平台之一。

2018年8月,恒为信息科技与加拿大科技机构一起发起成立中加物联网与区块链产业发展研究院。

2018年9月,恒为信息科技承办2018年世界物联网大会区块链与物联网融合发展峰会,并在会上与国家工信部电标院、无锡市工信局一起发布《城市链计划》。

2019年,恒为信息科技成为工信部系统中国区块链技术和产业发展论坛理事成员,自主研发"恒为链"成功备案(苏网信备32021419481366870014号)。

2020年,恒为信息科技成为第一届全国区块链和分布式记账技术标准化技术委员会委员、无锡市区块链产业联盟首届会长单位。

2021年,与工信部电标院一起组织编写《区块链与物联网融合技术指南》《区块链与物联网融合应用指南》。

截至2020年,恒为信息科技实施项目30多个,拥有40多个软件著作权,9个发明专利全部进入实际审核阶段。在技术研发方面,恒为信息科技拥有安全自主可控的区块链底层技术,所有代码100%自主研发,在并发数、多资产支持、国密支持、政府监管支持、快速响应等区块链核心性能指标方面国内领先,对标国际。在项目落地方面,恒为信息科技是国内第一家将区块链技术与物联网芯片技术融合的企业,也是国内为数不多的能够在农业物联网、医疗物联网、工业互联网等领域都有成功应用案例的企业。恒为信息科技在上海自贸区、浙江等地设立了分公司。恒为信息科技不论在技术还是在实际应用方面,在国内该领域位列第一方阵。

三、区块链明天的思索

恒为信息科技创始人徐钰淳是加拿大多伦多大学的归国学子,坚持"持之以恒,事在人为"的理念,"让数据创造价值"是企业愿景,而"Blockchain is the future"是创业梦想。这群区块链人对明天有着热忱而理性的思考。

区块链技术从2008年诞生发展至今,不断试错和创新,已经探索出了一条普遍共识的技术路径,技术积累也已经能够满足当下的行业应用需求,但区块链产业发展才刚刚开始。一方面,区块链技术和各行各业的融合创新还浅显,离可持续发展的商业模式以及可复制推广的标准化应用有距离;

另一方面,传统公链技术给政府监管带来的冲击和挑战也在日益加剧。在技术上,区块链技术在网络安全、共识算法、分层分片、性能提升等方面都要不断研发和进步。在商业化上,要找到可复制推广的标准化产品。在人才上,该领域专业人才紧缺,尤其缺既懂产业又懂区块链的跨界人才。

区块链技术是数字产业的重要组成部分。区块链技术在诸多领域发挥重要作用,如:促进数据共享,建设信用体系;推动金融创新、实现产业赋能;完善新型基础设施建设,实现智慧城市和社会综合治理等。在数字人民币的推广和应用上,区块链技术也将承担重要角色。未来,恒为信息科技将推动区块链开发者、平台运营者加强行业自律、落实安全责任,把依法治网落实到区块链管理中,推动区块链安全有序发展;积极投身国际合作,参与国际区块链联盟及标准的创立制定,在国际赛道中,提升核心竞争力。

执笔:张何东

图书在版编目(CIP)数据

数字无锡　智创未来：无锡数字经济发展报告. 2021 / 无锡市新产业研究会组编 .— 上海：上海社会科学院出版社，2021
 ISBN 978 - 7 - 5520 - 3673 - 2

Ⅰ.①数… Ⅱ.①无… Ⅲ.①信息经济—经济发展—研究报告—无锡— 2021　Ⅳ.①F492.3

中国版本图书馆 CIP 数据核字(2021)第 172342 号

数字无锡　智创未来：无锡数字经济发展报告(2021)

| 组　　编：无锡市新产业研究会
| 责任编辑：应韶荃
| 封面设计：李　廉
| 出版发行：上海社会科学院出版社
| 　　　　　上海顺昌路 622 号　邮编 200025
| 　　　　　电话总机 021 - 63315947　销售热线 021 - 53063735
| 　　　　　http://www.sassp.cn　E-mail:sassp@sassp.cn
| 排　　版：南京展望文化发展有限公司
| 印　　刷：江阴市机关印刷服务有限公司
| 开　　本：710 毫米×1010 毫米　1/16
| 印　　张：25.5
| 字　　数：362 千
| 版　　次：2021 年 9 月第 1 版　2021 年 10 月第 2 次印刷

ISBN 978 - 7 - 5520 - 3673 - 2/F·680　　　　　定价：128.00 元

版权所有　翻印必究